幼儿园教师专业成长培训教材专题系列

学前教育法规与政策

主　编　沙　莉　李　萍

副主编　黄　爽

首都师范大学出版社
CAPITAL NORMAL UNIVERSITY PRESS

图书在版编目(CIP)数据

学前教育法规与政策/沙莉，李萍主编. —北京：首都师范大学出版社，2019.7（2024.6 重印）

幼儿园教师专业成长培训教材专题系列

ISBN 978-7-5656-4841-0

Ⅰ.①学… Ⅱ.①沙…②李… Ⅲ.①学前教育－教育法－中国－师资培训－教材 ②学前教育－教育政策－中国－师资培训－教材 Ⅳ.①D922.16 ②G619.20

中国版本图书馆 CIP 数据核字(2018)第 261117 号

幼儿园教师专业成长培训教材专题系列
XUEQIAN JIAOYU FAGUI YU ZHENGCE
学前教育法规与政策
沙莉　李萍　主编
黄爽　副主编

责任编辑　孙志强
首都师范大学出版社出版发行
地　址　北京西三环北路 105 号
邮　编　100048
电　话　68418523(总编室)　68982468(发行部)
网　址　http：//cnupn. cnu. edu. cn
印　刷　北京建宏印刷有限公司
经　销　全国新华书店
版　次　2019 年 7 月第 1 版
印　次　2024 年 6 月第 3 次印刷
开　本　710mm×1000mm　1/16
印　张　21.5
字　数　383 千
定　价　59.00 元

总　序

百年育人，立于幼学

幼儿时期是人的一生奠基的时期。幼儿教育在人的终身学习和发展中是最初的一环，也是十分重要的一环。近一些年来，党和政府十分重视幼儿教育，不仅下大力气扩大幼儿园学位资源，还采取诸多措施提升幼儿教育的质量。而谈到教育质量，就必须认识到，在影响幼儿教育质量的诸多因素中，教师的素质是至关重要的核心。“教育大计，教师为本”，必须把幼儿教师队伍整体素质的提升放在决定幼教事业发展水平的高度来看待。

幼儿教师是一项塑造生命、塑造心灵的职业，在儿童的启蒙时期，教师对他们的影响会持续终生。幼儿教师能不能用爱心、善心对待每个孩子，直接作用于儿童人格的养成、身心的健康。

同时，与其他学段的教师一样，幼儿园教师也是一个专业性的职业。它不再是从前人们印象中的“阿姨”“保姆”。每一位幼儿园教师也必须认识到这一点，只有具备了专业性，才是不可替代的，才能赢得家长和社会的认可和尊重。一个专业的老师，需要具备热爱教育、愿意终身投身于教育事业的理想信念，还要具有不断反思实践反思、持续学习提高的意识和能力。

近日，党中央、国务院发布了《关于学前教育深化改革规范发展的若干意见》，标志着我国学前教育的改革进入了新的阶段。学前教育事业的发展又迎来了新的春天。在这样的新形势下，首都师范大学学前教育研究中心组织撰写、出版本套丛书，有着非凡的意义。尤其是针对不同专业发展层次和不同岗位教师，本套丛书认真分析了她们的学习需求，采取“分层分类分岗”的原则，提供了很有针对性和导向性的学习养料。

衷心希望本套丛书的出版，能为全国幼儿教师的不断学习提供新的助力，也衷心希望我国学前教育事业能够在新的历史阶段不断取得更辉煌的成就！

是以为序。

中国著名教育家
中国教育学会原会长

前　言

依法治教、依法办园是学前教育发展的重要指导原则与保障。2017 年 9 月，中共中央办公厅、国务院办公厅印发的《关于深化教育体制机制改革的意见》中再次将“政府依法宏观管理、学校依法自主办学”作为我国深化教育体制机制改革的重要目标之一，并强调“加强幼儿园质量监管，规范办园行为”，不断“完善教育立法和实施机制，提升教育法治化水平”。2018 年 11 月 7 日，中共中央国务院《关于学前教育深化改革规范发展的若干意见》(以下简称《意见》)正式颁布，《意见》明确提出：“加快推进学前教育立法”，“推进学前教育走上依法办园、依法治教的轨道”。

“学前教育法规与政策”作为学前教育专业的一门重要基本理论课程，其目标旨在使学生掌握教育特别是学前教育政策法规的基本内涵、法规体系，熟悉我国重要的学前教育法规与政策内容，明确幼儿、幼儿教师、幼儿园的权利与义务，熟悉相关法规政策，并在此基础上能够综合、灵活地运用相关法规政策来分析学前教育实践中的案例。该教材的编写正是基于上述背景与宗旨，力求通过此教材的讲授与学习，丰富与夯实学前教育专业学生与在职幼儿教师的教育政策法规知识与理论素养，培养其教育法治意识与精神，提升其理解与运用相关政策法规分析问题、解决问题的能力。

本教材的作者团队由首都师范大学学前教育政策法规课程专任教师、幼儿教师教育专任教师、学前教育基本理论研究者构成，所有作者均具有高级职称或博士学位。作者们结合各自的高等院校及幼教师资培训机构中学前教育政策法规课程的教学、科研经验及幼儿园教育实践，在编写过程中力求理论与实践相结合、继承与创新相结合、科学性与可读性相结合。全书分为学前教育法规与政策的基本问题、幼儿权利保护、幼儿教师国家制度与权利保护、幼儿园管理、我国重要学前教育法规与政策解读共五章内容。本教材可供高校、高等师范院校学前教育专业本科生、中等幼儿师范学校学生，以及其他院校学前教育专业学生使用；也可作为在职园长、幼儿园教师继续教育培训教材；还可作为广大幼教工作者、幼儿家长，以及对学前教育政策法规感兴趣的各界人士的学习参考用书。

本教材是集体智慧的结晶，编写团队成员历经多次商讨与修改，不断充实和完善各方面内容。具体分工如下：全书由沙莉、李萍提出编写提纲；第一章由沙莉、李萍负责；第二章由李萍负责；第三章由沙莉、黄爽负责；第四章由刘莉、沙莉负责；第五章第一、二节由夏婧、白鸽负责，第三节由黄爽负责，第四节由李叶兰、杨利民负责；全书由沙莉、李萍、黄爽负责统稿。首都师范大学学前教育学院杨利民、刘园、白鸽、郭璇、蔺琪、赵娜娜参与了书稿校对工作。

教材编写过程中得到了多方面的支持和帮助。首都师范大学学前教育学院王建平教授、郭亚新副教授、刘昊副教授对本教材的出版给予了大力支持和关心；首都师范大学出版社编辑为本教材付梓做了大量细致而有效的工作。在此一并致以衷心感谢！

在编写过程中，吾等屡感才疏学浅；各位编者也都同时承担着繁重的教学与科研任务，时间精力所限，教材中还留有一些遗憾，也一定还存在着这样那样的问题。在此，恳切地希望各位专家、同行、读者不吝赐教，提出宝贵的意见和建议！

编者

北京首都师范大学馨德楼

2018 年 11 月 15 日

目　　录

第一章
学前教育法规与政策的基本问题

【重点与难点】

重点：1. 教育法规体系

2. 幼儿园、幼儿园教师与幼儿的法律关系

3. 幼儿园教师违法行为的认定

难点：学前教育法律关系的构成要素

【学习要点】

1. 学前教育法规的基本概念及我国当前学前教育法规概况
2. 学前教育政策的基本概念及我国当前学前教育政策概况
3. 教育法规体系
4. 学前教育法律关系的基本概念和构成要素
5. 幼儿园、幼儿园教师与幼儿的法律关系
6. 学前教育法律规范的逻辑结构和分类
7. 教育法律责任的概念及分类
8. 幼儿教师违法行为的认定

本章导航

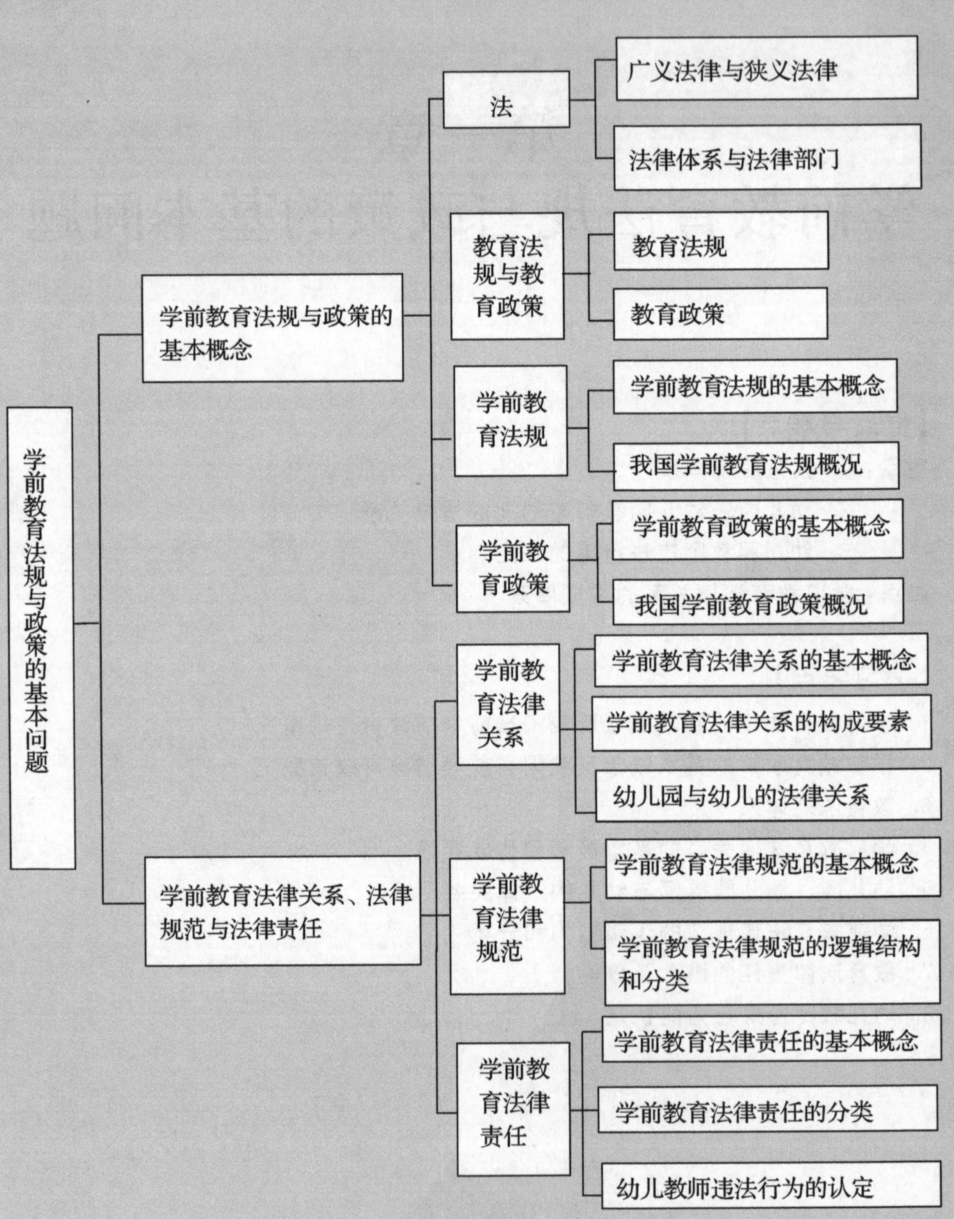
学前教育法规与政策的基本问题
学前教育法规与政策的基本概念
学前教育法律关系、法律规范与法律责任
法
广义法律与狭义法律
法律体系与法律部门
教育法规与教育政策
教育法规
教育政策
学前教育法规
学前教育法规的基本概念
我国学前教育法规概况
学前教育政策
学前教育政策的基本概念
我国学前教育政策概况
学前教育法律关系
学前教育法律关系的基本概念
学前教育法律关系的构成要素
幼儿园与幼儿的法律关系
学前教育法律规范
学前教育法律规范的基本概念
学前教育法律规范的逻辑结构和分类
学前教育法律责任
学前教育法律责任的基本概念
学前教育法律责任的分类
幼儿教师违法行为的认定

第一节　学前教育法规与政策的基本概念

依法治教是依法治国的重要组成部分，是社会主义法制建设的必然要求，更是教育事业改革与发展的重要保障。我国学前教育事业的健康与可持续发展同样需要依法治教。学前教育法规与政策既是保护学前儿童基本权益与身心健康发展的法宝，也是明晰幼儿教师义务、保障幼儿教师各项权益的有力武器，同时也为学前教育机构良好有序运行、保持并提升保教质量提供了必不可少的规范与保障。因此，我们首先要明确几个核心概念：什么是法？什么是教育法？什么是学前教育法规？什么是学前教育政策？

一、法

一般意义上而言，法即由国家制定或认可，并以国家强制力保证实施的行为规范的总和。我们可以从三个方面来理解法的本质：

首先，法是一种行为规范。所谓规范，即规则和标准。不以规矩不成方圆，没有规范就没有秩序。良好的社会秩序需要人们遵循一定的行为规范，从而调整一系列的利益关系，建立正常的社会关系。广义的行为规范包括自然行为规范和社会行为规范两大类。社会行为规范又包括法律规范、道德规范、政治规范等。其中，法律规范是通过行为控制来调整和控制社会关系。

其次，法是由国家制定或认可的一种行为规范。一般而言，国家创制规范有两种基本形式，即制定法律法规和认可法律法规。制定法律法规是指国家机关按照法定权限和程序，制定、修改和废止法律法规的行为；而认可法律法规则指国家机关通过一定的形式承认某些已经存在的习惯、判例等具有法律效力的行为。法只能由国家制定或认可，即如果行为规范不是由国家制定或认可，它就不是法律规范。这也是法与其他行为规范，如道德规范、家规校纪等的原则性区别之一。由于法由国家制定或认可，所以法具有国家意志属性，它高度统一，普遍有效。

再次，法是以国家强制力保证实施的行为规范。国家强制力即国家通过监狱、法庭、军队、警察等物质形态所体现出的国家暴力，这是法律权威存在的制度基础。具有国家强制力，是法律规范与其他行为规范的最重要区别。法如果没有国家强制力作保障，就会失去它的权威性。

(一)广义法律与狭义法律

“法律”具有广义和狭义两种用法。广义的法律指法律的整体。就我国目前的法律而言，包括作为根本法的宪法、全国人大及其常委会制定并通过的法律、国务院制定的行政法规、地方国家机关制定的地方性法规等。狭义的法律仅指全国人大及其常委会制定并通过的法律。我国《宪法》第三十三条规定："中华人民共和国公民在法律面前一律平等。"该项条款中的"法律"即为的广义用法；而《宪法》第六十二条规定："全国人民代表大会行使下列职权：……（三）制定和修改刑事、民事、国家机构的和其他的基本法律；……"第六十七条规定："全国人民代表大会常务委员会行使下列职权：……（二）制定和修改除应当由全国人民代表大会制定的法律以外的其他法律；……"这两项条款中的"法律"即为狭义用法。如无特别说明，本教材中"法律"即为狭义用法，仅指全国人大及其常委会制定并通过的法律。为了加以区别，一些法学著作中将广义的法律称为"法"。而在很多场合下，仍根据约定俗成的原则，统称为法律，即有时作为广义使用，有时作为狭义使用。

英语中"law"一词的用法，与汉语中"法律"一词的习惯用法相当，分为广义用法和狭义用法，其具体含义需要从该名词的单数或复数形式中，或联系上下文内容加以识别[①]。

（二）法律体系与法律部门

法律体系可以划分为不同的相对独立的部分，即法律部门，根据法律调整的对象和法律调整的方法，法律体系的基本框架可由若干相对独立的法律部门组成。

1. 法律体系

我国法学界比较一致地认为，作为一个国家整体的法律体系，通常指由一个国家的全部现行法律规范分类组合为不同的法律部门而形成的有机联系的统一整体，即部门法体系。

法律体系与立法体系密切相关，从一定意义上来讲，没有法律体系，就不会有立法体系；没有一定系统的立法，也就不会有法律体系，但二者不是完全等同的两个概念。如果把立法体系理解为国家机关制定的全部规范性法律文件，那么法律体系与立法体系的含义大致等同，均指一个国家的全部规范性法律文件；如果立法体系所指是立法规划，那么两者内涵则有所不同，法律体系的全部内容不可能都包括在立法规划中，立法规划的内容和范围总是有限的；如果立法体系是指法律规范性文件的系统化，而系统化又是采用某种综合性的形式，如《六法全书》等形式，那么可以认为立法体系与法律体系这两者是等同的[②]。

---

① 沈宗灵．法理学[M].2版．北京：北京大学出版社，2003：27.

② 沈宗灵．法理学[M].2版．北京：北京大学出版社，2003：298.

2. 法律部门

当代我国社会主义法律体系的基本框架或称之为基本结构，由以下几大法律部门组成：宪法、刑法、行政法、民法与婚姻家庭法、商法、经济法、劳动法和社会保障法、军事法、环境法、诉讼程序法①。以下就其中与学前教育更为相关的几个法律部门作简要介绍：

(1)宪法

作为法律部门的宪法，它是规定国家和社会根本制度，公民基本权利与义务，国家机关的地位、组织和活动原则等重大社会关系的同类法律规范的总称。宪法作为法的渊源具有最高的法律效力和地位，一切法律、法规和规范性法律文件都依据宪法而制定，不得违背宪法的规定。作为部门法的宪法，是我国社会主义法律体系的基础和主导性法律部门，是其他部门法所有规范性法律文件的最高依据，处于特殊地位并发挥着特殊作用。

作为宪法部门，除1982年12月4日第五届全国人大第五次会议通过的《中华人民共和国宪法》(后经1988年、1993年、1999年、2004年第七、八、九、十届全国人大修订)作为占主导地位的法律文件以外，还有处于附属层次的法律，主要包括以下法律：主要国家机关组织法；选举法和代表法；国籍法；特别行政区基本法；民族区域自治法；居民、村民自治法；公民基本权利法；法官法、检察官法；立法法和授权法；其他附属法律和规范性法律文件(如《国旗法》《国徽法》《戒严法》《外交特权与赦免条例》等)。

(2)刑法

刑法是指关于规定犯罪、刑事责任和刑罚的法律的总称。刑法部门是一个最基本的法律部门，它在国家生活中起着非常重要的作用。1979年我国颁布了第一部比较系统的《刑法》。此后，随着改革开放与社会主义现代化建设的形势发展和变化需要，针对社会上出现的新情况与新问题，1979年后《刑法》历经多次修订，先后于1997年、1999年、2001年、2002年、2005年、2006年、2009年、2011年和2015年颁布了修正案，最近一次即2015年8月29日第十二届全国人民代表大会常务委员会第十六次会议通过的《刑法修正案(九)》。

我国《刑法》分为总则、分则与附则三大部分共计十五章。第一编总则包括五章：第一章《刑法的任务、基本原则和适用范围》，第二章《犯罪》，第三章《刑罚》，第四章《刑罚的具体运用》，第五章《其他规定》；第二编分则包括十章：第一章《危害国家安全罪》，第二章《危害公共安全罪》，第三章《破坏社会主义市场经济秩序罪》，第四章《侵犯公民人身权利、民主权利罪》，第五章《侵犯财产

---

① 沈宗灵．法理学[M]．2版．北京：北京大学出版社，2003：305－313.

罪》，第六章《妨害社会管理秩序罪》，第七章《危害国防利益罪》，第八章《贪污贿赂罪》，第九章《渎职罪》，第十章《军人违反职责罪》。

(3)行政法

行政法是指关于规范和调整国家行政关系的法律的总称，主要包括关于行政管理体制，行政管理基本原则，行政机关活动的方式、方法、程序以及有关国家机关工作人员的法律规范。

行政法有一般行政法和特别行政法之分。一般行政法，指对一般的行政关系加以调整的法律规范的总称。它规范和调整国家行政机关的组织、任务、职权范围和活动方式，国家管理活动的任务、原则、方式和方法，国家行政管理人员的地位、相互关系、职权和职责，社会组织和公民个人在行政关系中的地位、权利和义务等，如《行政处罚法》《国家公务员暂行条例》和《人民警察法》等。特别行政法，指对特别的行政关系加以调整的法律规范的总称。它规范和调整各个行政职能部门的行政关系，包括《治安管理处罚条例》《居民身份证条例》《土地管理法》《邮政法》《铁路法》《城市规划法》等，《教育法》《义务教育法》《教师法》等教育法律法规也属于行政法的范畴。

(4)民法与婚姻家庭法

民法是指调整平等主体的公民之间、法人之间、公民和法人之间的财产关系和人身关系的法律规范的总称。其中，财产关系是指包括以财产所有权为主的物权、债权、继承权、知识产权关系；人身关系是指无直接财产内容，但可以成为取得财产权利的前提，与人身不可分离的一种社会关系，包括人格权和身份权。《民法通则》是我国主要的民法规范性法律文件，同时还有一系列单行法律法规，如《合同法》《商标法》《专利法》《著作权法》《音像制品管理条例》等。

婚姻家庭法是指调整婚姻和家庭关系的法律规范性文件的总称。有学者将婚姻家庭法归入民法部门，也有一些学者主张将婚姻家庭法与民法分列为两个部门，理由是民法中的一些基本原则，如等价交换，不完全适用于婚姻和家庭关系。婚姻家庭法主要规范性法律文件有《婚姻法》《婚姻登记管理条例》《收养法》等。

(5)劳动法和社会保障法

劳动法是指调整关于劳动关系以及由劳动关系产生的其他关系的法律规范的总称。它包括劳动就业、劳动合同、劳动时间、劳动报酬、休假、劳动安全、劳动卫生、女工和未成年工保护、职业培训、劳动纪律、劳动争议处理等问题的法律调整和规定。劳动法部门的主要规范性法律文件有《劳动法》《企业劳动争议处理条例》《工会法》《女职工劳动保护规定》《关于职工工作时间的规定》等。

社会保障法是指调整关于社会保险和社会福利关系的法律规范的总称。它主要是对于年老、患病、残疾、待业等丧失劳动能力者的物质帮助的各种措施，如社会保险与社会成员福利等的法律规定。我国社会保障部门的主要规范性法律文件有《保险法》《国有企业职工待业保险规定》《保险公司章程》等。

(6)诉讼程序法

诉讼程序法是指调整关于诉讼活动关系的法律规范的总称，它包括行政诉讼法、民事诉讼法和刑事诉讼法。

目前我国诉讼程序法部门的主要规范性法律文件有《行政诉讼法》《民事诉讼法》《刑事诉讼法》，以及《律师法》《仲裁法》《监狱法》《人民调解委员会条例》等。其中，《行政诉讼法》最主要的特点是国家行政机关作为被告同作为原告的公民或社会组织以平等的身份出庭应诉、接受审判并承担相应法律后果；《民事诉讼法》是我国目前规范民事诉讼活动，即公民之间、法人之间、其他组织之间以及他们相互之间因财产关系和人身关系，提起民事诉讼的最主要法律依据；《刑事诉讼法》对于刑法的正确实施、惩罚犯罪、保护人民、保障国家安全和社会公共安全、维护社会主义社会秩序起着极为重要的作用。

二、教育法规与教育政策

了解法的本质与内涵，特别是区分了广义法律与狭义法律，接下来我们需要深入教育领域，明晰教育法规与教育政策的相关概念与基本问题。

(一)教育法规

就教育法的内涵而言，也有广义的教育法律与狭义的教育法律之分，广义的教育法律一般称为教育法规。就教育法规体系而言，有横向结构与纵向结构之分。

1. 教育法律与教育法规

基于上述对法的内涵的认识，教育法律也有广义与侠义之分。广义的教育法律既包括全国人大及其常委会制定并通过的法律，也包括国务院制定的行政法规、地方国家机关制定的地方性法规等，即国家机关制定的有关教育方面的法律规范的总和，一般称之为教育法规；而狭义的法律仅指全国人大及其常委会制定并通过的有关教育方面的法律，即国家立法机关制定的有关教育方面的规范性文件，是特定或具体意义上的教育法律[①]。

2. 教育法规体系

所谓教育法规体系，是指按照一定原则组成的一个相互协调、完整统一的教育法律法规整体。它是教育法规按照一定的纵向和横向联系组成的覆盖各级

---

① 吴志宏，陈韶峰，汤林春．教育政策与教育法规[M]．上海：华东师范大学出版社，2003：157.

各类教育和教育的主要方面的，不同层级、不同效力的教育法律规范的体系①。

(1)教育法规体系的横向结构

教育法规体系的横向结构由若干处于同一层级、属于不同部门的法律规范组成。从教育法规体系的横向结构来看，一般包括教育基本法、基础教育法、高等教育法、职业教育法、民办教育法、成人教育法、教育人员法和教育经费法八大部类。目前我国教育法规体系仍在形成与完善过程中，各教育法规部类尚不完整。例如，我国尚未出台成人教育法与教育经费法，基础教育法中目前已经制定并颁布的有《义务教育法》，但作为基础教育重要奠基阶段的学前教育，尚无专门的《学前教育法》出台。

(2)教育法规体系的纵向结构

教育法规体系的纵向结构，是指由不同层级的教育法律法规组成的等级有序的纵向关系。《宪法》中关于教育的规定是我国教育事业发展的最根本依据和法律准绳，其他教育法规及相关法规中有关教育的规定均不得与《宪法》条款相违背。在《宪法》确立的基本原则与依据之下，我国教育法规体系纵向结构的第一层级是由全国人民代表大会通过的教育基本法律，主要规定我国教育的基本性质、地位、任务、基本法律原则和基本教育制度等，如《中华人民共和国教育法》。《中华人民共和国教育法》是我国全部教育法规的“母法”，是协调教育部门内部以及与其他社会部门相互关系的基本准则，也是制定教育部门其他法律法规的依据。第二层级是由全国人民代表大会常务委员会通过的教育单行法律，它主要调整各个教育部门的内外部关系。根据规范内容的不同以及我国的具体国情和实际需要，目前主要有《中华人民共和国教师法》《中华人民共和国高等教育法》《中华人民共和国民办教育促进法》《中华人民共和国职业教育法》《中华人民共和国学位条例》等。第三层级是由国务院制定的教育行政法规，它主要是为实施教育基本法和各单行法而制定的规范性文件。同时，它解决较为具体的、教育基本法和单行法未予规范的问题，并有相应的宪法和法律授权，如《教师资格条例》《残疾人教育条例》《中外合作办学条例》等。第四层级是由省、市、自治区的权力机关及其常务委员会制定的地方性法规、自治条例、单行条例、政府规章。其中，地方性法规是由省、直辖市和有地方立法权的人民代表大会及其常务委员会为执行国家有关教育的法律法规，根据本行政区域的实际需要而制定的规范性文件，如《北京市学前教育条例》《湖南省实施〈中华人民共和国义务教育法〉办法》。自治条例、单行条例则是民族自治地方的人民代表大会依照当地民族的政治、经济和文化的特点而制定的规范性文件。第五层级是由国务院

① 林雪卿．幼儿教育法规[M]．北京：科学出版社，2010：10.

各部委制定的政府规章，省、自治区、直辖市及省、自治区人民政府所在地和经国务院批准的较大的市人民政府根据行政需要而制定的规章，如《幼儿园管理条例》《幼儿园工作规程》等[①]（见表 1-1）。

表 1-1　我国教育法规体系的纵向结构

<table>
<tr><th>层级</th><th colspan="2">形式</th><th>制定机关</th></tr>
<tr><td></td><td colspan="2">《宪法》中关于教育的条款</td><td>全国人民代表大会</td></tr>
<tr><td>第一层级</td><td colspan="2">教育基本法律</td><td>全国人民代表大会</td></tr>
<tr><td>第二层级</td><td colspan="2">教育单行法律</td><td>全国人民代表大会常务委员会</td></tr>
<tr><td>第三层级</td><td colspan="2">教育行政法规</td><td>国务院</td></tr>
<tr><td>第四层级</td><td colspan="2">地方性教育法规</td><td>省、自治区、直辖市人大及其常委会</td></tr>
<tr><td rowspan="2">第五层级</td><td rowspan="2">教育规章</td><td>部门教育规章</td><td>国家教育部及国务院部委</td></tr>
<tr><td>政府教育规章</td><td>省、自治区、直辖市人民政府</td></tr>
</table>

（二）教育政策

政策，从广义上讲，是政策法规的总和；从狭义上讲，是不包括法律条文在内的行政决定[②]。教育政策即政府在一定时期为实现一定教育目的而制定的关于教育事务的行动准则[③]，它是公共政策的重要组成部分之一。依据教育政策的总体效力来划分，教育政策可分为元政策、基本政策和具体政策三大类。元教育政策又称为总政策，它是关于怎样制定教育政策的政策，对其他各项教育政策起着指导和规范作用，是其他层次教育政策的出发点和基本依据。教育基本政策是连接元教育政策与具体教育政策的中间环节，对上而言，它是元教育政策原则规定的具体化，对下而言，它又是制定各项具体教育政策的依据和原则。教育基本政策一般针对教育的某一领域或某个方面制定，如教育事业优先发展的政策、普及义务教育的政策、增加教育投入的政策、以提高教师队伍素质和社会地位为核心的教师政策、大力发展高等教育的政策等。具体教育政策则是针对某一个特定教育问题贯彻基本教育政策而制定的具体行动方案。它一般针对性强、内容细、效力单一、可操作性强，如高校毕业生分配政策、义务教育阶段就近入学政策、高校收费政策、派遣留学生政策等。

教育政策有其特定的表达方式，通常有文本和口头两种基本形式。前者一般称为政策文献，后者则可以说是一种政策意向。元教育政策或基本教育政策

---

① 杨莉君，李洋．学前教育政策法规[M]．长沙：湖南大学出版社，2015：4.

② 袁振国．教育政策学[M]．南京：江苏教育出版社，2001：1.

③ 吴志宏，陈韶峰，汤林春．教育政策与教育法规[M]．上海：华东师范大学出版社，2003：4.

的文本形式通常冠名为“纲要”“决议”“决定”等，例如《中共中央关于教育体制改革的决定》《中国教育改革和发展纲要》《面向21世纪教育振兴行动计划》《国务院关于基础教育改革与发展的决定》等。这些教育政策文本的特点在于，内容覆盖面广，简明扼要，形式较为固定，具有较强的政策效力。而具体教育政策的文本表达形式则更具灵活性，如“规定”“办法”“通知”“意见”等，其内容也更具体和更有可操作性，如《中小学骨干教师国家级培训对象选拔办法》《关于在小学减轻学生过重负担的紧急通知》《关于妥善解决优秀留学回国人员子女入学问题的意见》等。实践中，除了文本形式外，教育政策有时也会以另一种形式出现，即在某个较正式的场合，通过某个官方人士之口，表达政府的某种政策意向。此类教育意向虽暂时没有以政策文献形式出现，但却无疑是政府的“输出信号”，其包含的内在意义是十分明确的。

与其他公共政策相比，教育政策有其独特之处。第一，教育政策反映的是国家统治者在教育领域的意志、愿望和要求；第二，教育政策保护的是受教育者在教育方面的权利和利益；第三，与其他公共政策相比，文化传统对教育政策的制约作用尤为突出；第四，教育政策制定过程中有一些特别值得关注的核心问题，它们左右着教育政策的价值取向，其中最基本的三大焦点包括：国家的教育理想是追求精英主义还是平均主义；对下一代的培养是谋求社会本位还是个人本位；对教育的管理是中央控制还是学校自主①。

三、学前教育法规

依据上述对教育法的理解，一般而言，学前教育法律也有广义与狭义之分，广义的学前教育法律称为学前教育法规；而狭义的学前教育法律仅指全国人大及其常委会制定并通过的有关学前教育方面的法律。

(一)学前教育法规的基本概念

学前教育法规即国家机关制定的有关学前教育方面的法律规范的总和，既包括全国人大及其常委会制定并通过的法律，也包括国务院制定的行政法规、地方国家机关制定的地方性法规等。

(二)我国学前教育法规概况

目前，我国尚未出台由全国人大或全国人大常委会制定并通过的专门性学前教育法律，但在《宪法》《教育法》《教师法》等重要法律法规中均有关于学前教育的条款；由教育部颁布的全面规范我国学前教育事业发展的专门性法规有两

① 吴志宏，陈韶峰，汤林春．教育政策与教育法规[M]．上海：华东师范大学出版社，2003：8—19.

部：《幼儿园管理条例》和《幼儿园工作规程》。上述法律法规对规范与保障我国学前教育事业健康、可持续发展提供了重要法律依据。

1.《宪法》中有关学前教育的规定

《宪法》是我国的根本法，包括教育法规在内的所有法律规定均不得违背《宪法》条款。在我国《宪法》中，对发展学前教育事业、保护儿童等有明确规定。《宪法》第十九条规定："国家发展社会主义的教育事业，提高全国人民的科学文化水平。国家举办各种学校，普及初等义务教育，发展中等教育、职业教育和高等教育，并且发展学前教育。"第四十六条规定："中华人民共和国公民有受教育的权利和义务。国家培养青年、少年、儿童在品德、智力、体质等方面全面发展。"第四十九条规定："婚姻、家庭、母亲和儿童受国家的保护。禁止破坏婚姻自由，禁止虐待老人、妇女和儿童。"这些都构成了我国教育法规、学前教育法规相关规定的根本依据与基本原则。

2. 教育法律中有关学前教育的规定

目前，我国虽尚未出台专门的《学前教育法》，但《教育法》《教师法》《民办教育促进法》等教育基本法与单行法中，均有对学前教育的上位规定。

我国《教育法》第十七条规定："国家实行学前教育、初等教育、中等教育、高等教育的学校教育制度。"第十八条规定："国家制定学前教育标准，加快普及学前教育，构建覆盖城乡，特别是农村的学前教育公共服务体系。各级人民政府应当采取措施，为适龄儿童接受学前教育提供条件和支持。"

我国《教师法》所规范的"各级各类学校"即包含学前教育机构在内，指"实施学前教育、普通初等教育、普通中等教育、职业教育、普通高等教育以及特殊教育、成人教育的学校"，该法中"中小学教师"也明确包括幼儿园教师，"是指幼儿园、特殊教育机构、普通中小学、成人初等中等教育机构、职业中学以及其他教育机构的教师"。除普遍适用于包括幼儿教师在内全体教师的条款外，《教师法》中还有专门针对幼儿园及中小学教师的明确规定，内容涉及教师住房、工资待遇、教师资格认定等方面。例如，该法第十一条规定："取得教师资格应当具备的相应学历是：（一）取得幼儿园教师资格，应当具备幼儿师范学校毕业及其以上学历……"第二十八条规定："地方各级人民政府和国务院有关部门，对城市教师住房的建设、租赁、出售实行优先、优惠。县、乡两级人民政府应当为农村中小学教师解决住房提供方便。"第三十条规定："教师退休或者退职后，享受国家规定的退休或者退职待遇。县级以上地方人民政府可以适当提高长期从事教育教学工作的中小学退休教师的退休金比例。"第三十一条规定："各级人民政府应当采取措施，改善国家补助、集体支付工资的中小学教师的待遇，逐步做到在工资收入上与国家支付工资的教师同工同酬，具体办法由地方各级人民政府根据本地区的实际情况规定。”第三十三条规定：“中小学教师资格由县级以上地方人民政府教育行政部门认定。”

我国《民办教育促进法》的调整对象也包含学前教育相关法律主体及其法律关系，其中也有一些条款特别明确了对学前教育的规定。例如该法第十一条规定：“举办实施学历教育、学前教育、自学考试助学及其他文化教育的民办学校，由县级以上人民政府教育行政部门按照国家规定的权限审批。”

上述教育法律构成了我国专门性学前教育规章的上位法，为规范和保障学前教育事业发展提供了上位法律依据。除此之外，涉及未成年人保护、反家庭暴力、食品安全等领域的一些重要法律，其中也有针对学前教育领域的相关规定，同样构成了规范我国学前教育事业发展的重要上位法依据。

《未成年人保护法》中就有多项针对学前教育的明确规定。第三条和第五条对保护包括幼儿在内的未成年人的基本权利作出了总体性规定：“未成年人享有生存权、发展权、受保护权、参与权等权利，国家根据未成年人身心发展特点给予特殊、优先保护，保障未成年人的合法权益不受侵犯。未成年人享有受教育权，国家、社会、学校和家庭尊重和保障未成年人的受教育权”；“保护未成年人的工作，应当遵循下列原则：(一)尊重未成年人的人格尊严；(二)适应未成年人身心发展的规律和特点；(三)教育与保护相结合”。第二十六条对幼儿园的保教目标与宗旨作出规定：“幼儿园应当做好保育、教育工作，促进幼儿在体质、智力、品德等方面和谐发展。”该法第二十一至二十三条、第四十条专门就保护托幼机构未成年人的人身安全等作出了较为全面的明确规定。其中第二十一条规定：“学校、幼儿园、托儿所的教职员工应当尊重未成年人的人格尊严，不得对未成年人实施体罚、变相体罚或者其他侮辱人格尊严的行为。”第二十二条规定：“学校、幼儿园、托儿所应当建立安全制度，加强对未成年人的安全教育，采取措施保障未成年人的人身安全。学校、幼儿园、托儿所不得在危及未成年人人身安全、健康的校舍和其他设施、场所中进行教育教学活动。学校、幼儿园安排未成年人参加集会、文化娱乐、社会实践等集体活动，应当有利于未成年人的健康成长，防止发生人身安全事故。”第二十三条规定：“教育行政等部门和学校、幼儿园、托儿所应当根据需要，制定应对各种灾害、传染性疾病、食物中毒、意外伤害等突发事件的预案，配备相应设施并进行必要的演练，增强未成年人的自我保护意识和能力。”第四十条规定：“学校、幼儿园、托儿所和公共场所发生突发事件时，应当优先救护未成年人。”第四十二、四十四与第四十五条对政府及相关行政部门的学前教育职责作出规定。第四十二条规定：“公安机关应当采取有力措施，依法维护校园周边的治安和交通秩序，预防和制止侵害未成年人合法权益的违法犯罪行为。任何组织或者个人不得扰乱教学秩序，不得侵占、破坏学校、幼儿园、托儿所的场地、房屋和设施。”第四十四条规定：“卫生部门和学校应当对未成年人进行卫生保健和营养指导，提供必要的卫生保健条件，做好疾病预防工作。卫生部门应当做好对儿童的预防接种工作，国家免疫规划项目的预防接种实行免费；积极防治儿童常见病、多发病，加强对传染病防治工作的监督管理，加强对幼儿园、托儿所卫生保健的业务指导和监督检查。”第四十五条规定：“地方各级人民政府应当积极发展托幼事业，办好托儿所、幼儿园，支持社会组织和个人依法兴办哺乳室、托儿所、幼儿园。各级人民政府和有关部门应当采取多种形式，培养和训练幼儿园、托儿所的保教人员，提高其职业道德素质和业务能力。”第三十七条还规定：“禁止向未成年人出售烟酒，经营者应当在显著位置设置不向未成年人出售烟酒的标志；对难以判明是否已成年的，应当要求其出示身份证件。任何人不得在中小学校、幼儿园、托儿所的教室、寝室、活动室和其他未成年人集中活动的场所吸烟、饮酒。”与此同时，《未成年人保护法》第六十三条对托幼机构侵犯未成年人权益所应承担的法律责任也有相关规定：“学校、幼儿园、托儿所侵害未成年人合法权益的，由教育行政部门或者其他有关部门责令改正；情节严重的，对直接负责的主管人员和其他直接责任人员依法给予处分。学校、幼儿园、托儿所教职员工对未成年人实施体罚、变相体罚或者其他侮辱人格行为的，由其所在单位或者上级机关责令改正；情节严重的，依法给予处分。”

我国于2015年颁布的《反家庭暴力法》中对保护包括幼儿在内的未成年人不遭受家庭暴力侵害，也有相应明确规定。其中第十二条规定：“未成年人的监护人应当以文明的方式进行家庭教育，依法履行监护和教育职责，不得实施家庭暴力。”第十四条规定：“学校、幼儿园、医疗机构、居民委员会、村民委员会、社会工作服务机构、救助管理机构、福利机构及其工作人员在工作中发现无民事行为能力人、限制民事行为能力人遭受或者疑似遭受家庭暴力的，应当及时向公安机关报案。公安机关应当对报案人的信息予以保密。”第三十五条规定：“学校、幼儿园、医疗机构、居民委员会、村民委员会、社会工作服务机构、救助管理机构、福利机构及其工作人员未依照本法第十四条规定向公安机关报案，造成严重后果的，由上级主管部门或者本单位对直接负责的主管人员和其他直接责任人员依法给予处分。”

我国《食品安全法》中则专门针对婴幼儿食品的安全卫生标准、违反相关规定应承担的法律责任等，作出了多项明确规定。其第二十六条规定，食品安全标准应当包括“专供婴幼儿和其他特定人群的主辅食品的营养成分要求”。第三十四条规定：禁止生产“营养成分不符合食品安全标准的专供婴幼儿和其他特定人群的主辅食品”。第五十七条规定：托幼机构的食堂“应当严格遵守法律、法规和食品安全标准；从供餐单位订餐的，应当从取得食品生产经营许可的企业订购，并按照要求对订购的食品进行查验。供餐单位应当严格遵守法律、法规和食品安全标准，当餐加工，确保食品安全”，托幼机构的主管部门“应当加强对集中用餐单位的食品安全教育和日常管理，降低食品安全风险，及时消除食品安全隐患”。该法第六十七条还规定：预包装食品的包装上应当有标签。专供婴幼儿和其他特定人群的主辅食品，其标签还应当标明主要营养成分及其含量。与此同时，该法第一百二十四条还对行为人的违法责任作出了明确规定：托幼机构等集中用餐单位未按规定履行食品安全管理责任的，“尚不构成犯罪的，由县级以上人民政府食品药品监督管理部门没收违法所得和违法生产经营的食品、食品添加剂，并可以没收用于违法生产经营的工具、设备、原料等物品；违法生产经营的食品、食品添加剂货值金额不足一万元的，并处五万元以上十万元以下罚款；货值金额一万元以上的，并处货值金额十倍以上二十倍以下罚款；情节严重的，吊销许可证”。

3. 相关行政法规中有关学前教育的规定

我国现行的一些重要行政法规，虽不是专门针对学前教育领域的，但其中部分规定也适用于学前教育阶段，对规范和促进学前教育事业的改革与发展同样提供了有力保障。我国《教师资格条例》就有多项针对学前教育的规定。例如，第四条规定：教师资格类别中的第一类即“幼儿园教师资格”。第九条规定：“教师资格考试科目、标准和考试大纲由国务院教育行政部门审定。教师资格考试试卷的编制、考务工作和考试成绩证明的发放，属于幼儿园、小学、初级中学、高级中学、中等职业学校教师资格考试和中等职业学校实习指导教师资格考试的，由县级以上人民政府教育行政部门组织实施。”

我国《残疾人教育条例》中第三条规定：“残疾人教育是国家教育事业的组成部分。发展残疾人教育事业，实行普及与提高相结合、以普及为重点的方针，着重发展义务教育和职业教育，积极开展学前教育，逐步发展高级中等以上教育。”第七条规定：幼儿教育机构、各级各类学校及其他教育机构应当依照国家有关法律、法规的规定，实施残疾人教育。该条例第二章“学前教育”，还专门对实施残疾幼儿学前教育的机构、相关部门和机构在残疾幼儿学前教育中的职责等，作出了相应明确规定。第十条规定：实施残疾幼儿学前教育的机构包括“(一)残疾幼儿教育机构；(二)普通幼儿教育机构；(三)残疾儿童福利机构；(四)残疾儿童康复机构；(五)普通小学的学前班和残疾儿童、少年特殊教育学校的学前班”，“残疾儿童家庭应当对残疾儿童实施学前教育”。第十一条规定：“残疾幼儿的教育应当与保育、康复结合实施。”第十二条规定：“卫生保健机构、残疾幼儿的学前教育机构和家庭，应当注重对残疾幼儿的早期发现、早期康复和早期教育。

卫生保健机构、残疾幼儿的学前教育机构应当就残疾幼儿的早期发现、早期康复和早期教育提供咨询、指导。”

《校车安全管理条例》第六十条、第六十二条针对学前教育作出规定：“县级以上地方人民政府应当合理规划幼儿园布局，方便幼儿就近入园。入园幼儿应当由监护人或者其委托的成年人接送。对确因特殊情况不能由监护人或者其委托的成年人接送，需要使用车辆集中接送的，应当使用按照专用校车国家标准设计和制造的幼儿专用校车，遵守本条例校车安全管理的规定”；“本条例施行后，用于接送小学生、幼儿的专用校车不能满足需求的，在省、自治区、直辖市人民政府规定的过渡期限内可以使用取得校车标牌的其他载客汽车”。

《中外合作办学条例》对学前教育中外合作办学机构的设立与审批等作出规定：“申请设立实施中等学历教育和自学考试助学、文化补习、学前教育等的中外合作办学机构，由拟设立机构所在地的省、自治区、直辖市人民政府教育行政部门审批”；“外国教育机构同中国教育机构在中国境内合作举办以中国公民为主要招生对象的实施学历教育和自学考试助学、文化补习、学前教育等的合作办学项目的具体审批和管理办法，由国务院教育行政部门制定。”此外，我国《民办教育促进法实施条例》中规定：“实施学前教育的民办学校可以自主开展教育教学活动，但是该民办学校不得违反有关法律、行政法规的规定。”

4. 专门性学前教育规章及相关部门规章

除上述专门及相关的学前教育法律、条例，我国还有多部专门性学前教育部门规章，以及与学前教育事业发展相关的其他部门规章，也共同构成了规范我国学前教育改革与发展的法律法规体系。首先，除全面规范我国学前教育事业发展的《幼儿园管理条例》和《幼儿园工作规程》外，还有多部针对学前教育某一领域的部门规章。例如，原国家教育委员会于1988年颁布实施的《城市幼儿园建筑面积定额(试行)》、教育部与原卫生部于2010年联合颁布的《托儿所幼儿园卫生保健管理办法》，国家发展改革委、教育部与财政部于2011年联合颁布的《幼儿园收费管理暂行办法》、教育部于2013年颁布实施的《幼儿园教职工配备标准(暂行)》，以及我国住房和城乡建设部于2016年最新修订并颁布的《托儿所、幼儿园建筑设计规范》等。

此外，还有多部相关部门规章中，也有涉及或适用于学前教育领域的相应规定，对规范和促进学前教育事业发展也具有重要的法规指导与参照意义。例如，在教师队伍建设方面，有《教师和教育工作者奖励规定》(1998年)、《中小学教师继续教育规定》(1999年)、《中小学校长培训规定》(1999年)、《特级教师评选规定》(1993年)、《教师资格条例实施办法》(2000年)、《学校教职工代表大会规定》(2011年)、《中小学教师资格考试暂行办法》(2013年)、《中小学教师资格定期注册暂行办法》(2013 年)、《中小学教师违反职业道德行为处理办法》(2014 年)；在保障受教育对象安全方面，有《学生伤害事故处理办法》(2002 年)、《学校食堂与学生集体用餐卫生管理规定》(2002 年)、《中小学幼儿园安全管理办法》(2006 年)、《中小学幼儿园安全防范工作规范(试行)》(2015 年)，以及《教育督导暂行规定》(1991 年)、《少年儿童校外教育机构工作规程》(1995 年)、《中小学校电化教育规程》(1997 年)、《中小学德育工作规程》(1998 年)、《中小学接受外国学生管理暂行办法》(1999 年)、《中外合作办学条例实施办法》(2004 年)等。

四、学前教育政策

近年来，我国政府先后制定并颁布了一系列重要的学前教育政策，对规范和促进我国学前教育事业发展同样起到了非常重要的作用。

(一)学前教育政策的基本概念

依据上述对教育政策内涵的界定，学前教育政策作为教育政策的下位概念，即指政府在一定时期为实现一定学前教育目的而制定的关于学前教育事务的行动准则。它包括党和国家为实现一定历史时期的学前教育发展目标与任务，依据党和国家在一定历史时期的基本任务、方针而制定的关于学前教育的行动准则。学前教育政策是教育政策及公共政策的重要组成部分。

(二)我国学前教育政策概况

近年来，我国高度重视学前教育事业改革与发展，一方面在国家重要教育规划与政策中凸显学前教育重要性、从国家战略高度规划学前教育未来发展方向与改革措施，如《国家中长期教育改革和发展规划纲要(2010—2020 年)》《2003—2007 年教育振兴行动计划》《关于深化教育体制机制改革的意见》；另一方面，先后制定出台或修订一系列重要的专门性学前教育国家政策，如《中共中央 国务院关于学前教育深化改革规范发展的若干意见》《国务院关于当前发展学前教育的若干意见》《新时代幼儿园教师职业行为十项准则》《幼儿园教师违反职业道德行为处理办法》《学前教育三年行动计划》《第二期学前教育三年行动计划》《幼儿园教育指导纲要(试行)》《3—6 岁儿童学习与发展指南》《幼儿园教师专业标准(试行)》《幼儿园园长专业标准》《关于规范幼儿园保育教育工作防止和纠正“小学化”现象的通知》《关于改革实施中小学幼儿园教师国家培训计划的通知》《关于深化中小学教师职称制度改革的指导意见》《中小学、幼儿园安全技术防范系统要求》《关于加强中小学幼儿园消防安全管理工作的意见》等。上述教育政策与学前教育政策共同指明了我国学前教育事业未来发展方向，有效保障并促进了当前及未来我国学前教育事业的改革与发展。

作为21世纪我国教育改革与发展的重要纲领性文件，2010年7月由中共中央、国务院印发的《国家中长期教育改革和发展规划纲要(2010—2020年)》，从总体战略、发展任务、体制改革和保障措施四大部分共十二章，对今后一个时期我国教育改革与发展作出了重要规划。其中第二部分“发展任务”中的第一项即学前教育，提出“积极发展学前教育，到2020年，全面普及学前一年教育，基本普及学前两年教育，有条件的地区普及学前三年教育”；“明确政府职责。把发展学前教育纳入城镇、新农村建设规划。建立政府主导、社会参与、公办民办并举的办园体制”；“依法落实幼儿教师地位和待遇，加强幼儿教师队伍建设。教育行政部门宏观指导和管理学前教育，相关部门履行各自职责，充分调动各方面力量发展学前教育”；“重点发展农村学前教育。努力提高农村学前教育普及程度。着力保证留守儿童入园”。

2017年9月24日，中共中央办公厅、国务院办公厅印发了《关于深化教育体制机制改革的意见》(简称《意见》)，并发出通知，要求各地区各部门结合实际认真贯彻落实。《意见》专门就我国学前教育发展的体制机制改革作出重要指示：“要创新学前教育普惠健康发展的体制机制。强调要鼓励多种形式办园，有效推进解决入园难、入园贵问题。理顺学前教育管理体制和办园体制，建立健全国务院领导、省市统筹、以县为主的学前教育管理体制。省市两级政府要加强统筹，加大对贫困地区的支持力度。落实县级政府主体责任，充分发挥乡镇政府的作用。以县域为单位制定幼儿园总体布局规划，新建、改扩建一批普惠性幼儿园。鼓励社会力量举办幼儿园，支持民办幼儿园提供面向大众、收费合理、质量合格的普惠性服务。要加强科学保教，坚决纠正‘小学化’倾向。遵循幼儿身心发展规律，坚持以游戏为基本活动，合理安排幼儿生活作息。加强幼儿园质量监管，规范办园行为”，“要健全教育投入机制。强调要完善财政投入机制。……各地应结合实际制定出台公办幼儿园、普通高中生均拨款或生均公用经费标准，逐步健全各级各类教育经费投入机制”。

第二节 学前教育法律关系、法律规范与法律责任

学前教育法律关系、学前教育法律规范和学前教育法律责任是学前教育法规基础知识的重要组成部分。学习学前教育法律关系的基本概念、构成要素，旨在明确学前教育中的权利义务关系，特别是明确幼儿园与幼儿的法律关系；学习学前教育法律规范的基本概念、逻辑结构和分类，旨在帮助学习者正确把握学前教育法规文件的核心与实质，做到这一点是正确适用学前教育法律规范

的前提；学习学前教育法律责任的概念、分类以及违法行为的构成要件，旨在说明：弄清学前教育法律责任问题是学前教育法规实施的重要保证，是依法治园、依法治教的重要内容。

一、学前教育法律关系

在幼儿园具体案例的处理与分析过程中，一般均会涉及不同类型的学前教育法律关系。以下将对学前教育法律关系的基本概念与构成要素进行简要介绍。

(一)学前教育法律关系的基本概念

学前教育法律关系是指由学前教育法律法规调整的，人们在进行学前教育活动中的权利和义务关系。就学前教育法律关系涉及的主体而言，包括如下方面：政府与幼儿园的关系、幼儿园与教师的关系、幼儿园与幼儿的关系、教师与幼儿的关系等。

学前教育法律关系是教育法律关系中的一个组成部分，而教育法律关系又是我国整体法律关系中的一部分。我国法律关系包括实体法律关系和程序法律关系，实体法律关系有行政法律关系、民事法律关系、刑事法律关系，程序法律关系指诉讼法律关系。就学前教育法律关系的性质而言，当属行政法律关系。但学前教育法律关系又带有明显的综合性，在许多幼儿园具体案例中，都会同时涉及民事法律关系和刑事法律关系，例如幼儿园伤害伤亡事故、体罚和变相体罚等侵权行为。

(二)学前教育法律关系的构成要素

学前教育法律关系的构成要素包括：学前教育法律关系的主体、学前教育法律关系的客体、学前教育法律关系的内容。

1. 学前教育法律关系的主体

学前教育法律关系的主体是指学前教育法律关系的参加者，主要包括个体主体：幼儿园教师、园长、幼儿、幼儿家长等；还包括集体主体：幼儿园、学前教育行政机关。国家也可以成为学前教育法律关系的主体，例如作为国家所有权关系，或以国际法主体地位，签署有关国际学前教育协议或有关国际范围内幼儿权利保障方面的规范性文件。

2. 学前教育法律关系的客体

学前教育法律关系的客体是主体的权利和义务指向的对象。其特点如下：第一，具有客观性。它是学前教育法律关系产生的前提和依托。第二，权利和义务具有同一性。即是说在某一特定的关系里，它们指向的是同一对象。第三，受国家法律保护且能满足权利主体的利益。

具体包括以下几个方面：

(1)物质财富

物质财富包括幼儿园的园舍、场地、活动室、各种功能室、设施等不动产，资金、玩教具和其他教学设备等动产。

(2)非物质财富

非物质财富包括智力成果和与人身相联系的其他非财产性利益。前者如教师撰写的教材、专著、论文，有创新性的教案、教法、教具、发明等。后者如姓名权、名称权、肖像权、名誉权、生命健康权等。

(3)行为

这里的行为一般来讲是教育法律关系的主体实现权利和义务的作为和不作为。一定的作为或不作为会满足或侵犯权利主体的法定利益。在学前教育领域，主要包括相关教育行政机关履行职能的行为、幼儿园的自主管理行为、教师的保育教育行为等。

3. 学前教育法律关系的内容

学前教育法律关系的内容是指参加者的权利与义务的内容。在学前教育法律关系中，权利和义务具有同一性。这种同一性有三种理解：第一，权利主体权利的实现依赖义务主体义务的履行，特别表现在幼儿权利的实现上。由于幼儿在身体发育和心智上的弱能性，导致其权利实现对教师义务履行的严重依赖性。第二，主体享有权利的同时应当履行义务。但要注意幼儿的义务与成人不同，我们更多的是强调对他们权利的保护而不是义务的履行。第三，主体同一。权利本身就是义务。例如教师的保育教育权同时又是教师的义务，教育行政机关的管理权同时也是应尽职责。

(三)幼儿园与幼儿的法律关系

在这里，我们重点讨论一下幼儿园与幼儿的法律关系。正确理解和处理这一关系，对于幼儿园的工作人员明确自己的工作角色、职责，自觉维护幼儿的合法权益具有重要意义；对于侵权行为导致的纠纷，也是一个明辨责任、恰当解决的基本依据。

需要特别明确的是，幼儿园与幼儿之间不是民法意义上的监护关系，而是照顾、保护、教育和管理的关系。

1. 幼儿园、幼儿园教师不是幼儿的监护人

我国民法上的监护制度是指对无民事行为能力、限制民事行为能力人的一种监督和保护制度。监护人的顺序和范围是：(1)被监护人的父母；(2)祖父母、外祖父母，成年的兄或姐；(3)关系密切、愿意承担监护职责的近亲属；(4)被监护人父母的工作单位、民政部门、居民委员会或村民委员会。监护人的职责如下：(1)照顾被监护人的生活；(2)管理被监护人的财产；(3)代理被监护人进

行民事诉讼。

由上述法律规定可见，幼儿园或幼儿园教师不是幼儿的法定监护人。原因是幼儿园或教师不属于法定监护人范围，也不可能完全履行监护人职责。有人认为，家长把孩子送到幼儿园，从入园到离园，孩子都不在家长的视线和掌控之中，幼儿园教师自然是幼儿的临时监护人，所以只要孩子在幼儿园发生事故，教师就应当负全责。然而，这种观点没有法律依据，法律虽然允许公民将监护权通过委托协议部分或完全转移给他人，但事实上，幼儿园一般不会随便接受这种委托。

2. 幼儿园与幼儿是照顾、保护、教育、管理的关系

从若干学前教育法规来看，幼儿园对幼儿而言是照顾、保护、教育、管理的关系。《幼儿园管理条例》第三条规定："幼儿园的保育教育工作应当促进幼儿在体、智、德、美诸方面和谐发展。"同文第十三条规定："幼儿园应当贯彻保育和教育相结合的原则。"《幼儿园工作规程》第二条明确规定：" 幼儿园是对3周岁以上学龄前幼儿实施保育和教育的机构。幼儿园教育是基础教育的重要组成部分，是学校教育制度的基础阶段。"同文第十三条第一款规定：" 幼儿园的园舍应当符合国家和地方的建设标准，以及相关安全、卫生等方面的规范，定期检查维护，保障安全。幼儿园不得设置在污染区和危险区，不得使用危房。"同条第三款规定："入园幼儿应当由监护人或者其委托的成年人接送。"同文第四十一条规定幼儿教师的职责："（二）创设良好的教育环境，合理组织教育内容，提供丰富的玩具和游戏材料，开展适宜的教育活动。""（三）严格执行幼儿园安全、卫生保健制度，指导并配合保育员管理本班幼儿生活，做好卫生保健工作。"同文第四十二条规定保育员工作的职责："（二）在教师指导下，科学照料和管理幼儿生活，并配合本班教师组织教育活动。"

由此可见，幼儿园作为一种特殊的社会组织，从事的是我国学制系统内的国民素质教育。从学前教育的原则、目标、要求、教师的工作职责等方面看，毋庸置疑幼儿园与幼儿之间是一种教育关系，只是基于教育对象的年龄特征而更加强调保育和教育相结合。科学的照顾、得力的保护、以游戏为主的教育方式、精心的管理无不体现幼儿园与幼儿之间是依托法律而又倾注温情关怀的教育关系。

案例 1-1　幼儿园有没有罚款权

在春暖花开的时节，某幼儿园组织孩子们外出游玩儿。幼儿园在这次活动中全员出动，只留下门卫值班。

有两个园外的男孩，趁门卫不注意溜进了幼儿园。柳絮飘飞，满地浮白，

他俩玩起点棉絮的游戏。火被点燃后越燃越旺，烧坏了活动场地内堆积的玩具、体育器具、篮球筐，周围的白墙砖也被熏得一片黑。两个孩子傻眼了。值班的门卫发现后赶紧过来把火扑灭，才没有造成更大的损失。

春游回来的园长看到园里一片狼藉，气愤地责备了门卫。接着就调查是谁家的孩子干的……结果是住在附近一所职工宿舍的孩子。园长责成该两名孩子的家长回去好好管教孩子，并要求对损失进行赔偿并处以罚款。这两位家长自知理亏，也不反驳，认赔认罚，此事如此了结。

案例分析：此案涉及幼儿园有没有罚款权的问题。幼儿园可以要求两个孩子的家长，因其监护人的身份对幼儿园的损失进行民事赔偿，但幼儿园不能进行罚款处理。幼儿园有权请求损害赔偿，但对两名家长进行罚款是没有法律依据的。这里的罚款是一种行政处罚，只能由具有行政处罚权的行政机关在法定职权范围内实行，幼儿园对家长进行罚款是一种越权行为。幼儿园园长在处理问题的时候，应当弄清事件所涉及的法律关系，摆正幼儿园的法律地位和角色，不做违背法律的事情。

二、学前教育法律规范

学前教育法律规范是学前教育法律条文的主体与核心。下文将对学前教育法律规范的基本概念、逻辑结构和分类进行介绍与分析。

(一)学前教育法律规范的基本概念

学前教育法律规范是指对学前教育行为具有约束力的、以一定的法律文件表现出来的、具有内在逻辑结构的规定或规则，它既包括与学前教育相关的教育基本法、单行法律，也包括学前教育法规、规章等规范性文件。

法律规范与法律条文、法律文件具有一定的关系：法律规范以法律条文的形式表现出来，是法律条文的主体和核心。有些法律条文，如法律名称、制定发布机关、立法依据与目的、实施时间等不具有法律规范的属性。一部法律文件由若干法律条文构成。我们在学习学前教育法律规范时，要注意厘清三者关系，准确把握其实质内容。

(二)学前教育法律规范的逻辑结构和分类

1. 学前教育法律规范的逻辑结构

学前教育法律规范的逻辑结构是指构成学前教育法律规范的基本要件及其关系。基本要件有三个：法定条件、行为规则、法律后果。

(1)法定条件

它是指在什么情况下适用该法律规范，包括对什么人、什么时空和情形下。

(2)行为规则

它是法律规范内容本身。它告诉教育法律关系主体怎样合法实施一定的教育行为，什么能做、必须做，以及应当怎样做，什么禁止做。

(3)法律后果

它是法律对行为人因实施了一定的行为而给予的结果，肯定或否定，奖励或惩罚。

上述三者之间的基本逻辑关系是：如果……则……否则……。需要说明的是，每一个法律条文在逻辑上都必须具备这三个基本要件，但在文字表述上却未必都呈现出来。有的要件前述已详，后面为避免赘述而将其省略；有的是不说自明的事，只要具有一般经验和认知能力，就可以推测和预知到。例如：《中华人民共和国教师法》第三十五条规定：“侮辱、殴打教师的，根据不同情况，分别给予行政处分或者行政处罚；造成损害的，责令赔偿损失；情节严重，构成犯罪的，依法追究刑事责任。”在此条款里，法定条件是侮辱、殴打教师，包括这样的行为人和这样的情节。法律后果是根据情况，分别承担行政、民事和刑事责任。行为规则这一要件，我们虽然从文本上找不到，但潜台词是：禁止侮辱、殴打教师。这是众所周知的事，为文本简洁而省略。再例如《幼儿园工作规程》第六条规定：“幼儿园教职工应当尊重、爱护幼儿，严禁虐待、歧视、体罚和变相体罚、侮辱幼儿人格等损害幼儿身心健康的行为。”在此条款里，法定条件是幼儿园教职工，这就排除了家长殴打孩子的情况。法律规范是应当尊重、爱护幼儿，严禁实施各种有损幼儿身心健康的行为。法律后果虽在文中没有体现，但既然是“严禁”的行为，如若违背，法律法规不可能不给行为人以制裁，所以这一逻辑要件也当然存在。

2. 学前教育法律规范的分类

学前教育法律规范有三类：禁止性规范、义务性规范、授权性规范。

(1)禁止性规范

此类规范规定学前教育法律关系主体不得作出某种行为，否则便是违法违规。常用“不准”“不得”“禁止”等字词表示。例如《幼儿园管理条例》第七条规定：“举办幼儿园必须将幼儿园设置在安全区域内。严禁在污染区和危险区内设置幼儿园。”这里规定了不能设置幼儿园的区域，以保证幼儿的人身安全。

(2)义务性规范

此类规范规定学前教育法律关系主体必须作出某种行为，否则即是违法违规。常用“必须”“应该”“应当”等字词表示。例如《中华人民共和国未成年人保护法》第二十三条规定：“教育行政等部门和学校、幼儿园、托儿所应当根据需要，制定应对各种灾害、传染性疾病、食物中毒、意外伤害等突发事件的预案，配备相应设施并进行必要的演练，增强未成年人的自我保护意识和能力。”

(3)授权性规范

此类规范规定学前教育法律关系主体有权选择作出或不作出某种行为。做与不做取决于主体的自我考量、决断且都不违背法律法规。常用“可以”“有权”“有……自由”等字词表示。例如《幼儿园工作规程》第七条规定：“幼儿园可分为全日制、半日制、定时制、季节制和寄宿制等。上述形式可分别设置，也可混合设置。”这里赋予幼儿园根据实际情况选择办园形式的权力。

三、学前教育法律责任

法律责任是法理学的基本问题之一。具体到学前教育领域，学前教育法律责任是学前教育法律义务履行的保障机制和法律义务违反的矫正机制，在整个学前教育法律体系中占有十分重要的地位。

(一)学前教育法律责任的基本概念

学前教育法律责任是指，学前教育法律关系的主体由于实施了违反有关学前教育法律法规的行为而必须承担的法律后果。深入理解此概念需要把握三点：第一，承担学前教育法律责任的主体是处于学前教育法律关系中的国家机关、社会组织或个人，主要指政府的教育行政机关、幼儿园、幼儿园教师等，其违法行为是在履职过程中发生的，或者说是在教育关系中发生的，要避免与私生活相混淆。例如某教师在休假期间，在街上因私事与人发生冲突，将其人所携幼儿殴伤，而这名幼儿恰是自己班上的幼儿，在这种情况下，这名教师承担的就不是学前教育法律责任，而是其他法律责任。第二，行为主体承担法律责任的依据主要是学前教育法律法规，当然也不排除适用民法或刑法等法律的情形。第三，这种法律责任与制裁、惩罚联系在一起，由国家授权机关或司法机关施行，表达国家对违法行为的不赞许、不允许的立场和态度。

(二)学前教育法律责任的分类

学前教育法律责任分三类：行政法律责任、民事法律责任和刑事法律责任。

1. 行政法律责任

行政法律责任是指教育法律关系主体由于违反行政法的规定而必须承担的否定性法律结果。由于学前教育法规的实质是行政法，所以违法行为主体主要担的是行政法律责任，是学前教育违法行为中最常用的追责方式。行政法律责任的承担方式主要有两类：行政处罚和行政处分。

(1)行政处罚

它的主要法律依据是《中华人民共和国行政处罚法》，主要涉及四类处罚：申诫罚、财产罚、行为罚和人身罚。就学前教育领域来说，有可能涉及的处罚为：警告、通报、罚款、没收违法所得、撤销违法举办的幼儿园和其他学前教育机构、撤销教师资格证、责令停止招生、责令关停、吊销办园许可证、行政拘留等。

(2)行政处分

它是国家教育行政机关或幼儿园，依据法律法规或内部纪律(规章制度)给予违法、违纪失职的工作人员的一种制裁。它是一种内部制裁的措施，通常叫“纪律处分”。《中华人民共和国公务员法》第五十六条规定了行政处分的六个级别：警告、记过、记大过、降级、撤职、开除。行政处分需要经过如下程序：提起、调查、个人申辩、决定、通知、执行等。

2. 民事法律责任

民事法律责任是指教育法律关系主体由于破坏了平等主体之间的财产关系和人身关系而必须承担的否定性法律结果。《中华人民共和国教育法》第三十一条第二款规定：“学校及其他教育机构在民事活动中依法享有民事权利，承担民事义务。”第八十一条规定：“违反本法规定，侵犯教师、受教育者、学校或者其他教育机构的合法权益，造成损失、损害的，应当依法承担民事责任。”民事责任以财产为主要责任内容，带有等价补偿性，在于恢复被害者的民事权利，加害人致被害人损失多少，就赔偿和弥补多少；同样，被害人的诉求如果超越了法律的规定，法律也不会给予支持，以体现平等、公正的民法精神。民法从来不会偏袒一方主体，而漠视另一方主体的权益。例如在幼儿园伤害事故处理中，有的家长提出无理的赔偿要求，或“狮子大开口”，不分情况乱要精神损失赔偿费等，法律也不会予以支持。

根据我国《民法通则》的规定，承担民事责任的主要方式有：(1)停止侵害；(2)排除妨碍；(3)消除危险；(4)返还财产；(5)恢复原状；(6)修理、重做、更换；(7)赔偿损失；(8)支付违约金；(9)消除影响、恢复荣誉；(10)赔礼道歉。上述方式可以单独适用，也可以合并适用。

3. 刑事法律责任

刑事法律责任是指教育法律关系的主体由于违反了教育法的规定，同时触犯刑法，达到犯罪程度而必须承担的法律后果。《中华人民共和国教育法》第七十二条规定：“结伙斗殴、寻衅滋事，扰乱学校及其他教育机构教育教学秩序或者破坏校舍、场地及其他财产的，由公安机关给予治安管理处罚；构成犯罪的，依法追究刑事责任。”第七十一条规定：“明知校舍或者教育教学设施有危险，而不采取措施，造成人员伤亡或者重大财产损失的，对直接负责的主管人员和其他直接责任人员，依法追究刑事责任。”承担刑事责任的还包括教师体罚、变相体罚幼儿，手段恶劣，造成幼儿重伤或死亡的情形。

作为主要的学前教育法律关系的主体，幼儿园教师或其他工作人员，其行为性质和严重程度只要达到犯罪，就要按照我国《刑法》规定给予刑罚惩罚。我国的刑罚有主刑和附加刑两类。主刑有管制、拘役、有期徒刑、无期徒刑、死刑，只能独立适用；附加刑有罚金、剥夺政治权利、没收财产，可以附在主刑之下适用，也可以独立适用。

(三)幼儿教师违法行为的认定

教育法律关系主体一旦发生违法行为，就必须承担法律责任。作为学前教育法律关系主体之一的幼儿教师，其某一行为是否构成违法，要从四个构成要件来认定：

1. 行为人的行为具有违法性

简言之，行为的违法性是指行为人没有按照法律法规的要求履行自己的职责或做了法律法规禁止做的事情。

2. 行为结果有损害事实的存在

所谓事实，是指事情的真实情况。损害事实是指一定的行为或事件，使某人的人身遭受到不利、不良后果或不良状态。它是已经发生的且损害后果具有客观性，不以人的主观意志为转移，不是人的主观臆测或推断。损害事实在量上必须达到一定程度且具有确定性，具有补偿的必要性和可能性。

例如：教师批评了犯错误的一名幼儿，这个幼儿不高兴了。家长知道后指责老师伤害了孩子的心理健康，将来因此有可能考不上大学，故而要求赔偿“考不上大学”的损失费。再例如：有一家长自认为自己的孩子长得漂亮，将来肯定是明星演员。可这名幼儿在幼儿园不小心摔伤，磕破了脸皮，家长担心可能留疤并因此打碎明星梦，要求赔偿“机会损失费”。以上家长所诉，皆是指向未来的、非确定性的可能性，均不能构成事实。

3. 行为人的违法行为与损害结果之间具有因果联系

因果联系是现象间的必然联系，它们的发生在时间上表现为先行后续，且是引起和被引起的关系，前者决定后者的发生，后者是前者发生的必然结果。

4. 行为人在主观上有过错

行为人的过错是就行为人行为时的主观心理态度而言的，有故意和过失两种。故意是希望或促成损害结果的发生或已经预见其发生，不违背行为人本意。过失是行为人应该预见损害结果的发生，由于疏忽大意，未尽职责而没有预见；或已经预见损害结果会发生，却轻信自己能避免。前者是疏忽大意过失，后者是过于自信过失。

如果一个教师的某个行为皆具上述四个要件，就可以认定该行为是违法行为，行为人必须承担相应的法律责任；如果缺少其中任何一个要件，都不能认定该行为是违法行为，行为人也无须承担法律责任。

案例 1-2　开水烫伤幼儿，小张老师违法了吗？

小张老师是某幼儿园的保育员。有一次，她到水房打开水，水房和班里的厕所相通。张老师端着水杯往回走，走到厕所的一个拐角时，脚下不小心滑了一下，身体完全失去平衡。恰在这时，玉玉(化名)小朋友正低着头在这个角落上厕所，一杯开水从脖子被倒了进去，她当时疼痛难忍。老师立即将她送进了医院并通知了家长。医院诊断为5%面积烫伤，主要集中在背部和脖子，属于三度烫伤，治疗后期还要做植皮手术并留下疤痕。此后，玉玉的爸爸找到幼儿园要求赔偿。

案例分析：在这个案例里，小张老师的行为具有违法性。因为：第一，小张老师的行为违反了相关法律规定，没有履行好法定职责。幼儿作为公民具有人身权之生存权，包括生命权、健康权和身体权。《中华人民共和国未成年人保护法》第二十二条规定："学校、幼儿园、托儿所应当建立安全制度，加强对未成年人的安全教育，采取措施保障未成年人的人身安全。"《中华人民共和国教育法》第二十九条规定了学校及其他教育机构应当履行的义务："(三)维护受教育者、教师及其他职工的合法权益。"第二，玉玉的损害事实是成立的。案中有医生明确的诊断证明："医院诊断为5%面积烫伤，主要集中在背部和脖子，属于三度烫伤，治疗后期还要做植皮手术并留下疤痕。"第三，小张老师的行为与玉玉的损害结果之间存在着因果联系。小张老师不当行为在前，玉玉烫伤结果在后，且玉玉烫伤结果是小张老师不当行为引起的。第四，小张老师具有疏忽大意过失。教师在履行职务的过程中，应当时刻高度注意幼儿的人身安全。小张老师明知打水回来要途经厕所，应当预料可能会有幼儿上厕所，特别是走到视线容易受阻的拐角，更应当格外小心。可是她由于疏忽大意，没想到玉玉恰在此时此地上厕所，造成玉玉烫伤的后果。

综上所述，小张老师的行为具备违法行为的四个要件，因而可以认定为违法行为，应当承担法律责任。

【本章小结】

法、教育法都有特定的含义并有广义、狭义的划分。学前教育法规和学前教育政策有所不同，我们应当了解我国当前学前教育法规和学前教育政策概况。教育法规体系具有纵向和横向结构，它覆盖了我国各级各类教育和教育的主要方面，且有不同层次和效力。学前教育法律关系由主体、客体和内容三要素构成，且幼儿园、幼儿园教师对幼儿的关系是对幼儿进行照顾、管理、教育、保护的教育法律关系。教育法律责任分为行政法律责任、民事法律责任和刑事法律责任，幼儿教师的某一行为如果同时符合违法行为构成的四个要件，就可以认定为违法行为，就要承担相应的法律责任。

【讨论与思考】

1. 什么是教育法规体系？请具体说明其横向结构以及纵向的层级。

2. 幼儿园、幼儿园教师与幼儿之间是什么法律关系？明晰这一关系对幼儿教师的保教工作实践有什么重要意义？

3. 联系具体案例说明怎样认定幼儿教师的违法行为。

【推荐阅读】

1. 教育部：《学前教育政策法规规章汇编》，首都师范大学出版社，2014 年版。

2. 庞丽娟，韩小雨：《中国学前教育立法：思考与进程》，《北京师范大学学报(社会科学版)》，2010 年第 5 期。

3. 程亮：《儿童利益及其教育意义》，《教育研究》，2018 年第 3 期。

第二章
幼儿权利保护

【重点与难点】

重点：1. 幼儿人格权的主要内容及其维护

2. 幼儿园体罚行为的特征

3. 幼儿园伤害事故发生的原因

难点：1. 幼儿园伤害事故中意外事故的判断条件

2. 幼儿园伤害事故的归责原则

【学习要点】

1. 幼儿基本权利的内容
2. 幼儿教师如何维护幼儿的基本权利
3. 幼儿园体罚行为的特征和发生原因
4. 幼儿园伤害事故的概念和类型
5. 幼儿园伤害事故发生的原因
6. 幼儿园伤害事故的归责原则和民事赔偿

本章导航

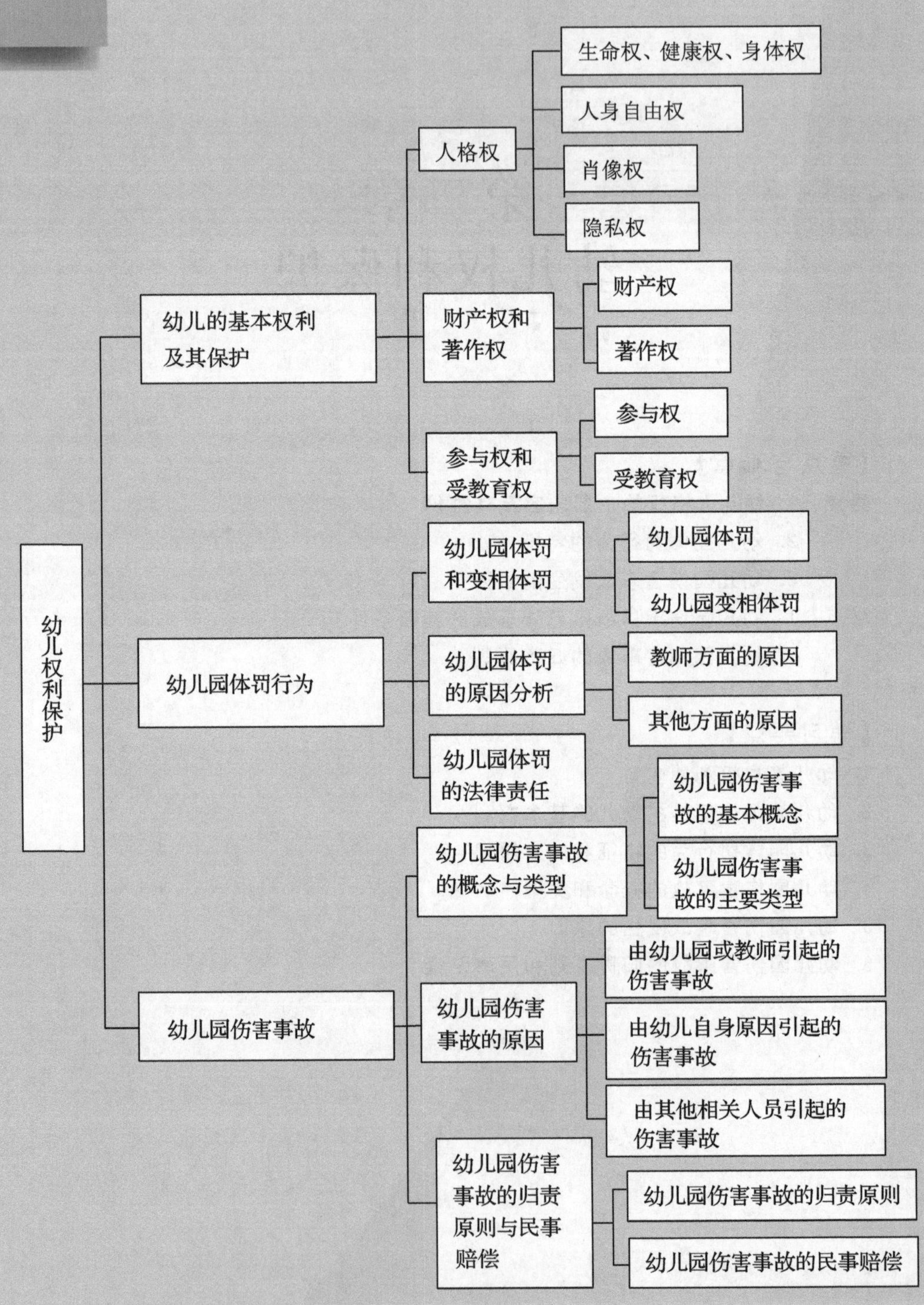

幼儿权利保护
幼儿的基本权利及其保护
人格权
生命权、健康权、身体权
人身自由权
肖像权
隐私权
财产权和著作权
财产权
著作权
参与权和受教育权
参与权
受教育权
幼儿园体罚行为
幼儿园体罚和变相体罚
幼儿园体罚
幼儿园变相体罚
幼儿园体罚的原因分析
教师方面的原因
其他方面的原因
幼儿园体罚的法律责任
幼儿园伤害事故
幼儿园伤害事故的概念与类型
幼儿园伤害事故的基本概念
幼儿园伤害事故的主要类型
幼儿园伤害事故的原因
由幼儿园或教师引起的伤害事故
由幼儿自身原因引起的伤害事故
由其他相关人员引起的伤害事故
幼儿园伤害事故的归责原则与民事赔偿
幼儿园伤害事故的归责原则
幼儿园伤害事故的民事赔偿

第一节　幼儿的基本权利及其保护

当前幼儿权利保护问题已经日益引起社会的广泛关注，它不仅直接关系幼儿身心健康发展，更是关乎我国提高国民素质和成为人力资源强国的战略问题。幼儿教育的现代化，其重要标志之一是纳入法制化轨道。幼儿园只有全面贯彻落实依法治园、依法治教，才能与国家依法治国方略相契合。幼儿作为民事主体的自然人、受教育者和未成年人，享有各种各样的权利。由于幼儿的弱能性，其权利的实现，相当程度上依赖教师义务的履行，幼儿教师应当首先懂得幼儿权利的基本内容。本节主要从人格权、财产权与著作权、参与权与受教育权的角度探讨了幼儿权利的基本内容，并且提示幼儿教师在维护幼儿权利上应当注意的具体问题，旨在帮助学习者更好地将法律知识运用于实践。

一、人格权

人格权是法律赋予公民、以人格利益为内容、为维护独立人格而必需的民事权利。人格权具有自然属性，它与人的法律意义上的“出生”相伴随，只要是自然人，都具有独立的人格权。人格权还具有平等性，人们无论在年龄、智力、能力、家庭出身、社会地位、种族、宗教信仰上有何不同，都享有平等的人格权。幼儿作为具有民事权利能力的公民，其人格权也应当受到尊重和保护。

(一)生命权、健康权、身体权

下面将结合具体案例，对幼儿的生命权、健康权与身体权的内涵与权利保护展开分析。

1. 生命权

生命权是自然人以生命安全利益为内容的最基本的权利。它是享有其他民事权利、从事一切民事活动的基础，具有不可逆转性，即所谓“人死不能复生”。

幼儿生命权的主要内容是：维护生命的延续，不受非法侵害和剥夺；排除生命危险，人们有权采取正当防卫或紧急避险制止对幼儿的不法侵害行为；改变可能威胁幼儿生命的环境，幼儿(或法定监护人)有权要求幼儿园采取措施，使幼儿园的园址、场地、园舍、设施、设备等处于安全状态，无任何危险因素存在。

案例 2-1　非法拘禁幼儿致死

某部队所属的寄宿制幼儿园，有一名叫张小惠(化名)的老师性情比较暴躁，对幼儿也缺少耐心，动不动就用各种手段惩罚幼儿。园长多次找她谈话，她都信誓旦旦地表示改正。

有一天，班上一名叫小禹(化名)的男孩又犯错误了。户外活动时，他用小木棍捅鸡笼，惹得大公鸡扑楞楞乱跳，弄得院里尘土飞扬。张老师看见后气不打一处来，提拎着小禹的耳朵将他拖进班里的一间储藏室。被关了禁闭的小禹，开始时还大声哭喊，张老师也不理他，后来声音便渐渐微弱下来……张老师一直忙着别的事，就把小禹给忘了。

第二天吃早餐时，别的老师发现桌边小椅子上少了小禹，就问张老师小禹到哪里去了。她突然想起昨天的事，急忙跑到储藏室把门打开，小禹早已气绝身亡。

案例分析：张老师的行为侵犯了小禹的生命权。幼儿的生命权是以其生命利益为内容的最基本的权利，任何人没有权力剥夺。张老师在教育小禹的过程中，应当懂得他作为幼儿的年龄特点，对事物充满好奇，喜欢挑战感兴趣的事情，对规则的认识尚达不到理性高度。对待犯错误的小禹，张老师应当耐心教育并给予充分的理解和宽容。但是她却采取了体罚的方式，将小禹关了禁闭，听到哭声也不理会，甚至忘记将其放出，以致孩子窒息而亡。张老师这种漠视生命、无视法律、教育方式粗暴简单、突破师德底线的行为，应当受到道义谴责和刑事制裁。《中华人民共和国未成年人保护法》规定："侵犯未成年人的人身权利或者其他合法权利，构成犯罪的，依法追究刑事责任。"

案例 2-2　强制午睡致幼儿死亡

郑老师是一所幼儿园小班的保育员。有一天她看幼儿午睡，时不时与旁边的老师小声聊天儿……

孩子们都是在睡眠室高出地面的地板上睡觉，每人有一个固定的位置。郑老师发现靠近自己的一名小女孩儿不睡觉，来来去去"翻烙饼"，致使旁边的幼儿无法入睡。她伸出胳膊像拖拉小狗一样将女孩儿拽过来，将其头部和上半身压在自己的胯下，继续跟旁边的老师聊着天……

开始时小女孩儿还在以两条腿使劲儿挣扎，不一会儿就不动了。郑老师以为她睡着了，就放开了压着的腿，没想到她是彻底不动了。小女孩因窒息导致死亡。

案例分析：在这个案例里，郑教师侵犯了小女孩儿的生命权。生命权是幼儿作为自然人的最基本的权利，是享有其他民事权利的基础。幼儿有与成年人一样的维护生命延续的权利，任何人不得非法侵害和剥夺。郑教师应当以尊重小女孩儿的生命健康权为前提进行教育，克制非理性冲动，耐心、有策略、循序渐进地帮助她养成午睡的习惯，而不能采取非法的暴力手段。

郑教师以残暴手段致幼儿死亡，情节与后果达到犯罪程度，应当给予刑事制裁。

2. 健康权

健康权是自然人维持机体组织功能正常发挥的权利。维护健康权旨在令人体机能正常运转，以维护生命的正常活动。

幼儿健康权的主要内容是：维护机体组织器官生理功能的正常，通过合理膳食、体育锻炼保持其完好状态；维护心理功能的正常，能够进行正常的意识活动和与人交往；一旦出现不正常情况，有权得到医治和调适，以恢复原有状态。

案例 2-3　扯耳朵

芳芳(化名)就读于深圳一所幼儿园的大班，6 岁的她有点贪玩儿。集体活动已经开始了，但她还在和小朋友玩儿刚才自由活动时的游戏，一边玩儿一边聊天儿嬉笑……

常老师看到了便走过来，不容解释扯着芳芳的耳朵把她拽到教室外面罚站。芳芳感到耳朵后面剧痛，用手一摸，看到手上沾的全是血，不由得大哭起来。常老师凶凶地走出来，冲着芳芳威胁着说："不许告诉你爸妈，要不然更治你！"

下午妈妈来接芳芳，发现孩子耳朵后面有血迹，急忙将孩子送往医院诊治。医生检查后说，血口纵向裂开达 4 厘米长。如此后果，可想而知常老师出手之狠！后来幼儿园把她开除了，同时因芳芳的人身损害向她进行了追偿。

案例分析：在这个案例里，常老师侵犯了芳芳的健康权。幼儿的健康权是维护其机体组织、器官功能正常的权利，是幼儿生存中最基本的权利之一。幼儿园所有的保育教育工作，都应当以维护幼儿生命健康权为前提，并以促进幼儿身心发展为目标。常老师将芳芳的耳朵扯裂达 4 厘米长，给芳芳造成身体的很大创伤和痛苦，而且对正在"流血"的芳芳不及时救助，还威胁她不让告诉家长，其手段和情节十分恶劣。这种蔑视幼儿健康权、毫无爱心可言的教师，应当受到最严重的行政处分，并责其承担相应的民事赔偿责任。

案例 2-4　罚幼儿吃屎

某个农村乡镇幼儿园的大班里，有三个爱搞恶作剧的男孩儿，经常无事生非，令老师颇为气恼。有一天，他们商量好，用小木棍挑出厕所的大便往其他幼儿身上抹。这样一来，就惹得其他幼儿惊叫着四处躲闪，他们却从中取乐。

老师看到后十分气愤，对这三名男孩儿说：“你们怎么这么讨厌！去，到茅房吃屎去！”

随后，三个男孩儿离开了教室。过了一会儿，其中一个孩子气喘吁吁地跑回来，对老师说另外两个孩子在吃屎。老师赶过去一看，发现他俩真的在吃屎，牙齿上已沾满了黄乎乎的东西。没过多久，他们便开始出现呕吐、腹痛等症状。

家长得知此事非常不满，找到园领导讨说法，要求惩治这位教师。鉴于这位教师严重侮辱了幼儿的人格，同时侵犯了幼儿的健康权，园方将其除名。

案例分析：在这个案例里，这名教师侵犯了幼儿的健康权。幼儿的健康权包括身体健康权和心理健康权，无论侵犯哪一种，侵权人都应当承担法律责任。我们通常非常关注幼儿的身体健康，而常常忽视他们的精神健康问题，这或许是因为心理健康的损害结果，常带有隐蔽性或显现的滞后性，但恰恰是身体健康恢复了，而心理问题却被遗留下来。幼儿期的心理伤害往往被压抑到当事人的潜意识里，可能对其终生发展造成负面影响。

这名教师命令幼儿去吃屎，其结果，伴随他们的肯定是羞辱、沮丧、无助、痛苦、自卑等不良情绪。这是对幼儿人格的严重侮辱，是严重的心理伤害。不仅如此，幼儿吃屎后还出现呕吐、腹痛等病症，他们的健康权也同时遭到了侵犯。也许，这名教师是在情绪失控时说出了一句气话，幼儿因其认知发展水平有限、听不懂“反话”“气话”，而信以为真了。这名教师缺乏对幼儿年龄特点的基本认识，由于幼儿往往对教师说出的话，不能准确判断真伪、正反，所以教师应当进行正面教育，谨慎用语。总之，这名教师犯有严重过错，应当受到严厉制裁。

3. 身体权

所谓身体，即自然人生理组织的整体，包括头颅、躯干、四肢和内部组织器官等主体部分以及毛发、指(趾)甲等附着于人体的附属部分。身体权是自然人维护身体组织器官完整并能够支配的权利。身体是自然人生命活动的物质载体，没有身体就无所谓其他任何权利，也不存在自然人法律人格的问题。

身体权是自然人享有的一种独立的人格权。当然，对身体权的侵害往往同时侵害生命权或健康权，此时应当以侵害生命权或健康权视之。但是，当只是侵害了身体，并未造成死亡或健康损害的后果时，应当以保护身体权为名义对被侵权人进行法律救济。

幼儿身体权的主要内容是：身体组织器官的完整、完好性；对自己身体组织器官的支配权。任何破坏幼儿身体组织器官完好性和限制其身体支配权的行为都是侵权行为。例如幼儿园教师故意剪掉幼儿的指甲，幼儿园伤害事故造成幼儿组织器官的缺损等。值得注意的是，教师非法剪掉幼儿的指甲、毛发、击打幼儿的身体，即使没有造成伤害和死亡后果，也仍然构成对幼儿身体权的侵犯。

为维护幼儿的生命权、健康权和身体权，幼儿园应当加强管理，重视加强对教师进行幼儿权利保护问题的教育，禁止虐待和体罚幼儿。幼儿园还应当建立健全各项安全制度，建立各种安全预案，并当危险来临时，本着“幼儿权益第一”的原则，最大限度地优先救助幼儿。

案例 2-5　脚夹幼儿下体取乐，老师行为严重违规

某个幼儿园有位姓申的教师，说话、做事素来有些随便，不太注意自己的行为举止是否符合教师的职业规范，也不考虑对幼儿的影响。她平常敲敲这个幼儿脑袋，拍拍那个幼儿屁股，揪揪幼儿耳朵，推搡推搡幼儿身体……孩子们非常不乐意，但也不敢声张、反抗。申老师觉得这些举动并没有造成幼儿的实体性伤害，故对自己的行为更加肆无忌惮。

有一天，一名男孩儿在活动区坐着搭积木，申老师走过去，告诉他该午餐了，让他赶紧收拾玩具。这个男孩儿玩得正起劲儿，听到老师说让收玩具，很是不乐意，磨磨蹭蹭，得玩会儿且玩会儿。申老师急了，一屁股坐到这个孩子面前，伸出腿用脚趾去夹他的小鸡鸡，一边夹一边问：“让你不听话，收不收?”孩子疼得直咧嘴，赶忙答应收玩具。这个老师很开心，觉得既逗弄了小男孩，又解决了问题。

第二天，得知此事的家长气愤地找到园长，要求处理这名教师。园长调出了当天的监控录像，看完后确认了该事实，然后对这名教师处以警告处分并罚扣奖金，还将此事的事发过程和处理结果通报全园，希望其他教师引以为戒。

案例分析：在这个案例里，申老师的行为构成对幼儿身体权的侵犯。身体权是幼儿作为自然人的基本权利之一，他们对自己的身体具有维护组织器官完整、自由支配的权利。幼儿首先在身体上是独立的，然后才有人格的独立。成人，特别是教师，不要因为幼儿自我意识尚不完善，反抗他人攻击的能力低弱就欺辱和侵犯幼儿身体。申老师不尊重幼儿的身体，借职务之便经常“冒犯”幼儿，甚至用脚趾去夹幼儿的下体取乐，这种“戏谑”幼儿的行为，即使没有造成幼儿肉体的伤害结果，也令幼儿产生身体痛苦和精神损伤。申老师不仅缺少法律意识，心理也很变态，且严重违反教师职业道德，将自己的“快乐”建立在幼儿的“痛苦”之上，如此为师岂能听之任之，幼儿园依规依矩给予她的惩罚是正当的。

(二)人身自由权

人身自由权是自然人依法享有的自主行为和自由思想的权利。人身自由是自然人从事社会生活，进行各种民事活动的前提条件，也是真实享有和履行法定权利与义务的基本保障。任何人不得非法剥夺、限制、阻碍他人的人身自由。

幼儿人身自由权的主要内容包括：第一，身体自由权。幼儿有权利支配自己肢体，在法定和规则范围内，去作为或不作为；幼儿有权让自己的身体处于自由状态，不受任何人的非法拘禁、逮捕和搜身。第二，精神自由权。幼儿有权按自由意志进行内在的思想活动，自主思维，以自己独特的方式观察世界，对社会现象作出自己的理解和判断。

幼儿教师为维护幼儿的人身自由权应当做到：以正面教育为原则，采用正确的教育方式，不要以体罚的手段对幼儿进行行为矫正：不要因为班里失窃物品而对幼儿进行搜身；不要限制幼儿大小便和喝水；允许和尊重幼儿独立思考，在不违背规则的前提下，自由表达自己的真实意思。

(三)肖像权

肖像权是自然人享有的以肖像为精神和物质利益的人格权。肖像是人特有或专属的外在形象，通过摄影、绘画、录像、雕塑等艺术手法固化于一定的物质载体。它的精神利益是因肖像而发生的社会评价和自我认知；它的物质利益是因使用权利人的肖像而产生的财产利益，或基于权利人的社会身份、知名度，或基于权利人肖像的美学价值。肖像权具有专属性，任何人不得非法窃取、占有、毁损、玷污他人肖像，未经权利人同意，不得以营利为目的使用他人肖像。但是经过权利人同意，肖像可以被一次或重复使用、利用。《民法通则》第一百条规定：“公民享有肖像权，未经本人同意，不得以营利为目的使用公民的肖像。”

幼儿肖像权的主要内容如下：第一，拥有权。每个幼儿的肖像都是独一无二的。在肖像权上，他们存在着独立的人格利益，未经监护人许可，他人无权拥有幼儿的肖像。第二，专有使用、处理权。幼儿可以使用、收藏、处理自己的肖像，也可以通过转让获取精神和物质利益。第三，受保护权。幼儿(通过法定代理人)有权在肖像权上寻求法律保护。如果肖像受到玷污、毁损、丑化或被用于营利，他们有权要求侵权人停止侵害、恢复名誉、赔礼道歉和赔偿损失。

幼儿园或幼儿园教师在维护幼儿肖像权上应当做到：未经监护人同意，不要将幼儿的肖像给厂商、店商、报刊媒体、印刷单位等使用；未经监护人同意，不要擅自做主同意影视公司、电视台给幼儿录像和公开播放；不要私自拍摄幼儿照片，随意发至微博、朋友圈，或发给其他人；不要玷污、毁损、恶意丑化幼儿的肖像；要慎重利用幼儿的照片为幼儿园做宣传或公开展示。

案例 2-6 封面背后的侵权风波

向日葵幼儿园小一班有一对双胞胎姐妹，姐姐小樱，妹妹小桃。姐妹俩长得可爱、漂亮，且能歌善舞，甚是招人喜欢。

有一天，李园长接到一个熟人的电话，说自己刚刚成立了一家幼儿类杂志社，想将首刊办得漂亮点，想一炮打响学前教育出版市场。他还说："听说你们幼儿园有一对双胞胎女孩儿非常可爱，能否摆个 pose 拍个照片用作封面?"李园长迟疑了一下说："这两个女孩儿的家长不同意怎么办?"对方说："就拍个照片，很快，没啥大动静，家长应当不会知道。"还说事成之后付一定的报酬给幼儿园。李园长最终还是答应了。

过了一个月左右，杂志出版了，两个孩子的照片被做成封面。小樱、小桃的妈妈偏偏是个早期教育的爱好者，那天恰好买了这本新杂志，看到自己孩子的照片后吃了一惊。她随后找到李园长讨要说法，因双方言语不和她一气之下以法定代理人身份，以侵犯孩子肖像权为由，将杂志社和幼儿园作为共同被告告到法院。

案例分析：在这个案件里，幼儿园园长和杂志社共同侵犯了小樱、小桃的肖像权。幼儿的肖像权是其在肖像上所享有的以人格利益为内容的权利，他们具有制作和使用自己肖像的专有权，任何其他人未经幼儿监护人同意，不得以营利为目的使用幼儿的肖像。《民法通则》第一百条规定："公民享有肖像权，未经本人同意，不得以营利为目的使用公民的肖像。"本案中，幼儿园和杂志社未经小樱、小桃家长的同意，擅自以营利为目的拍摄她们的照片并在杂志上使用，侵犯了她们的肖像权。根据《民法通则》第一百二十条规定，公民的肖像权受到侵害的，有权要求停止侵害、恢复名誉、消除影响、赔礼道歉并可以要求赔偿损失。本案中幼儿园园长和杂志社应当承担侵犯小樱、小桃肖像权的民事责任。

案例 2-7 小小表演队与酒店广告

某幼儿园有一只小小表演队，由各班挑选出的舞蹈、音乐特长生组成，平时有指导老师对他们进行精心的指导和训练。小小表演队每逢"六一"儿童节、纪念日或举行重大活动时，都为大家进行表演，渐渐变得远近闻名。

有一次，某大酒店要开业了，酒店负责人找到幼儿园园长，希望能请到小小表演队为酒店助兴，并承诺向幼儿园支付一定演出费用，园长答应了。开业那一天，小小表演队进行了精彩的表演。电视台也被请来进行录像了。后来，孩子们的表演被当作这家酒店的广告片在电视上进行了播放。有家长在电视上看到了自己孩子后，就把消息传到家长微信群里。最后，共有 40 多位家长联名向法院起诉，状告电视台、酒店、幼儿园共同侵犯了幼儿们的肖像权。

案例分析：在这个案例里，电视台、酒店和幼儿园共同侵犯了多名幼儿的肖像权。幼儿作为自然人权利主体拥有肖像权，且与他们的人格不可分。幼儿不仅对自己的照片具有专有权，对其他物质载体，如录像、绘画、雕塑等也同样具有专有权。该大酒店为自己开业，邀请小小表演队为其助兴，本不涉及肖像权的问题。但利用幼儿的肖像在电视上做广告，为其营利服务就涉嫌侵犯肖像权了。幼儿园在这件事情上存在违法问题——侵犯了幼儿的肖像权。幼儿园为酒店利用幼儿肖像做电视广告提供条件，且接受酒店的报酬。电视台在未经幼儿家长同意的前提下，拍摄带有幼儿肖像的录像并在电视台公开播放，为酒店扩大商业影响服务，显然侵犯了幼儿的肖像权。所以，当由酒店、幼儿园、电视台共同承担侵权行为的民事责任。

(四)隐私权

隐私权是自然人对不违背法律和社会公德的私人事物、私生活秘密、个人信息所享有的不受非法公开、宣扬，私人生活安宁得到法律保护的权利。隐私是人的精神世界里最薄弱的地方，具有隐蔽性，一旦被他人获悉、干扰，就会受到伤害，所以任何人不得侵犯他人隐私权。幼儿虽然年龄小，心智系统不健全，但作为自然人其隐私权也同样受到法律保护。《儿童权利公约》第十六条规定："儿童的隐私、家庭、住宅或通信不受任意或非法干涉，其荣誉和名誉不受非法攻击。"《中华人民共和国未成年人保护法》第三十九条规定："任何组织或者个人不得披露未成年人的个人隐私。"同法第五十八条规定："对未成年人犯罪案件，新闻报道、影视节目、公开出版物、网络等不得披露该未成年人的姓名、住所、照片、图像以及可能推断出该未成年人的资料。"

幼儿隐私权的主要内容包括：幼儿个人的特征资料或有关数据，如生理特征、缺陷，身体健康状况等；幼儿个人生活中的特殊经历，如个人身世、患病经历、痛苦往事等；幼儿的私人领域，如身体、私人物品和私人空间等；幼儿的档案信息和受教育资料等。

幼儿教师在维护幼儿隐私权上要做到：第一，注意对有生理缺陷幼儿的隐私保护。教师对无关保育工作需要的幼儿隐性生理缺陷，不要刻意打探，知道了也不要对他人宣扬；在与其他教师交谈时，不要当着幼儿的面泄露某一特定幼儿的生理缺陷；对幼儿明显的生理缺陷，不要过分惊讶和指点，以免引起其他幼儿的过度注意。教师不要以关爱幼儿为名，反复向生病幼儿提及其治病经历，因为每一次回忆，都是一次痛苦的体验。第二，注意对离异家庭幼儿的隐私保护。教师不要公开宣扬离异家庭幼儿的处境，不要总对这样的幼儿提及不与他一起生活的父或母是否爱他等，以免孩子有不安全感、孤独感和被抛弃感。第三，注意对幼儿身体的隐私保护。教师不要轻易触碰幼儿身体的隐私部位，也不能拿幼儿身体的某个隐私部位开玩笑，帮孩子换掉脏衣裤时，要注意回避众人视线。第四，注意对幼儿个人信息资料的保护。教师不要轻易将幼儿的家庭地址、父母工作单位、联系方式等信息泄露给他人，勿将幼儿个人受教育资料、个人档案资料、身体检查报告等公开示众。

案例 2-8　冰冰午睡为什么不脱袜子？

小班的小女孩儿冰冰(化名)是个非常乖巧的孩子，她有一个和其他小朋友不同的习惯——午睡时从不脱袜子。眼瞅着夏天到了，天气越来越热，李老师决定帮助冰冰改掉这个“毛病”。

有一天要午睡时，她来到冰冰的小床前，蹲下身去，关切地说：“冰冰，脱掉袜子吧，这样睡觉会更加舒服的!”说着，就伸出手去，给冰冰脱袜子。冰冰紧张地往后缩着自己的脚，眼里还噙满了泪水。令李老师惊讶的是，冰冰的右脚长了六个脚趾。她后悔自己太鲁莽，迅速地把脱下的袜子又给冰冰穿上，对冰冰说：“对不起，宝贝，不愿意脱就不脱吧，没关系!”又动手帮冰冰盖上薄被。此后，李老师一直为冰冰保密，班上的其他小朋友，谁都不知道冰冰脚的事，三年来，冰冰在幼儿园里度过了快乐的时光。

案例分析：冰冰的脚趾有生理缺陷，显然这是她的个人隐私。李老师在给她脱袜子的时候，冰冰极其紧张，直往后缩脚。这表明她不想让人知道自己脚的缺陷，害怕被发现，害怕被发现后遭受别人的讽刺和嘲笑，这是可以理解的。

李老师没有侵犯幼儿的隐私权。她是在履行职务的过程中，出于对冰冰的关心与爱护，想帮助她建立良好的生活习惯而替她脱袜子的，不是有意刺探和非法窃取他人信息资料和生活秘密。当她发现这个秘密后，又对自己的鲁莽行为进行补救，很快又将袜子替冰冰穿上，也安慰了冰冰。李老师也没有高声喊叫，大声宣扬她的发现，此后也一直替冰冰保守秘密，就当什么事情都没发生一样，维护了冰冰的隐私权。

二、财产权和著作权

尽管幼儿年龄幼小、心智尚未发育成熟，但其与成年人一样，同样享有法律规定的财产权与著作权，任何个人或单位侵犯幼儿的财产权和著作权，也是应当依法承担相应法律责任的。

(一)财产权

财产权是自然人依法对自己的财产享有占有、使用、收益、处分的权利。

“占有”是所有权人对自己财产的实际控制、占领，非所有权人经过所有权人同意也可以占有。“使用”是对物品的使用价值加以利用，所有权人可以自己使用，也可以同意他人使用。“收益”是指收取物之利益，包括孳息和利润，孳息分为法定孳息和自然孳息，前者是因法律关系所获的收益，比如银行利息、根据租赁合同收取的房租等，后者是因物的自然属性而获得的收益，幼儿拿到幼儿园的小金鱼、小猫、小狗产下的仔儿，即属自然孳息。“处分”是指财产所有权人对自己的财产进行处理，使其物质形态发生变化或令其消失。幼儿虽然年龄幼小，但也享有与成年人平等的财产权，属于幼儿个人所有的物品，无论价值大小、品性如何，都应当视其为个人所有权范围。《中华人民共和国教育法》第四十二条规定：“教师侵犯学生人身权和财产权的，学生有权进行申诉或提起诉讼。”

幼儿园里可能涉及的幼儿私人物品包括：幼儿自己的服装、鞋帽、被褥、其他生活用品；幼儿拿到幼儿园的宠物；幼儿身上携带的零用钱；幼儿拿到幼儿园的玩具、图书及其他文化用品；幼儿拿到幼儿园的电子产品如：手机、iPad 、游戏机、录音笔等。上述私人物品被幼儿携带到幼儿园后，无论其是否被园规班规允许，都会产生财产权的法律问题。

幼儿教师在维护幼儿财产权上应当做到：要妥善看管好幼儿的衣物，避免失窃、损坏、误穿；不要私自占有、使用幼儿的个人物品；不要以各种借口和理由没收幼儿的个人物品；即使出于善意，对幼儿藏在身上的细小玩具零件等危险物品，或影响幼儿正常学习的东西，如游戏机、手机等进行临时代管，也要征得或说服幼儿同意并告知家长。教师对幼儿的贵重物品要精心保管，不要发生损坏和遗失。如果教师侵犯了幼儿的财产权，应当承担相应的民事赔偿责任。

案例 2-9　没收游戏机，丢了也要赔

大班的苗苗(化名)将自己心爱的游戏机带到了幼儿园。白老师组织集体教学活动时发现苗苗不好好听讲，低着头只顾玩游戏机，就从她手里拿过游戏机并将其放到办公室了。过了一段时间，苗苗忍不住找到白老师，请求归还游戏机。白老师告诉她，没收的东西，就不再归还了。

没想到，办公室发生了盗窃事件，许多物品连同游戏机不知了去向。苗苗知道后大哭一场，非让父母再买一台不可。苗苗的父母觉得不能花冤枉钱，找到园长要求赔偿。园长的意见则是：苗苗在老师组织集体活动时玩儿游戏机是错误的，白老师出于对苗苗的学习负责，其没收行为没什么不对。游戏机被盗并不是幼儿园所为，完全属于意外事件，应当由盗窃分子承担责任，幼儿园不

应为此负责。

案例分析：本案中白老师的行为侵犯了苗苗的财产权。财产所有权，是指所有人依法对其财产享有占有、使用、收益、处分的权利。苗苗虽然是幼儿，也具有与成年人一样的财产权，其财产权应当受到幼儿园及其教师的尊重和保护。白老师为了教育苗苗，制止其不当行为，可以将其财产暂时保管，但应在课后或离园时归还给苗苗，或直接交给其监护人。游戏机的被盗是由白老师没收且拒绝归还行为间接引起的，幼儿园也没有尽到保护幼儿财产的责任，致使苗苗的个人财产受到损失，幼儿园应当承担相应的民事赔偿责任。

案例 2-10　录音笔背后的“不信任”事件

菲菲(化名)是一个可爱、开朗的 5 岁女孩儿，她每次从幼儿园回家，都兴高采烈地说说白天的事。妈妈看出孩子非常喜欢幼儿园，一直生活得很快乐。但是最近一段时间，菲菲回到家以后不怎么说笑了，像是有什么心事，不管妈妈怎么询问，菲菲都说没什么事。妈妈还是不放心，左思右想：“莫非是老师批评或冷落孩子了？甚至还可能……”她越想越不放心，真想知道孩子在幼儿园到底发生了什么。于是有一天她送菲菲上幼儿园时，在她的衣兜里秘密地放了一只录音笔。

刘老师是一个非常负责的老师，她每次晨检时，都要检查一下孩子们身上有没有带细小的危险品。这次她无意间摸到了菲菲身上的录音笔，一下子就明白什么意思了：“这是想监督我，看我是怎么对待你家孩子的!”刘老师越想越生气，觉得自己对菲菲一直细心照顾，却换来了家长如此的“不信任”。她将菲菲身上的录音笔翻出来，拿着它气愤地找到园长，将此事告诉了园长并对园长说她打算将录音笔没收。

园长先是安抚了刘老师，让她先消消气，待她冷静下来以后说：“家长可能是误会了，你应当主动找家长沟通一下，至于录音笔嘛，还是要还给菲菲，随便没收幼儿的物品是侵权行为。”刘老师听从了园长的劝告，把录音笔还给了菲菲。下午离园时又与菲菲的妈妈主动交谈，介绍了菲菲在幼儿园一天的表现。

其实什么事都没有发生，菲菲在幼儿园一直情绪正常，是妈妈多虑了。菲菲妈妈也很后悔，觉得自己的做法确有不妥，向刘老师道了歉，以后双方加强沟通，家园关系相处得通畅而融洽。

案例分析：本案中的刘老师差点因一念之差侵犯菲菲的财产权，由于园长能够知法守法、依法治园，在她的劝导下，才避免了一起侵权事件的发生。幼儿带到幼儿园的物品，无论价值大小、用意何为，教师都不能随意没收、侵占和处置，无论在什么情况下，都要审慎地对待幼儿财产权的问题，不要因一时冲动失去理性。菲菲的妈妈，自认为孩子在幼儿园受了委屈，出于弄清“真相”而采取了隐蔽的“藏录音笔”的方式，确实会让老师觉得心里不舒服，但从另一个角度讲，也暴露出“家园共育”的不足。如果双方勤于沟通，也许遇到事情就会坦诚相待、相互信任、避免误解。这件事情告诉我们，教师在处理类似问题时应当保持清醒和冷静，把“信任问题”和“法律问题”分开，不要在情绪失控下作出违法的行为。

(二)著作权

著作权，又称版权，是作者对其创作的文学、艺术、科学技术作品依法享有的专有权。它包括著作人身权和著作财产权两类。著作人身权是一种精神权利，是作者因其发表作品而获得名誉、声望和维护作品完整性权利，具体包括发表权、署名权、修改权、保护作品完整权；著作财产权是作者因使用其作品所带来的物质利益，具体包括复制权、发行权、展览权、表演权、摄制权、改编权、汇编权等。

幼儿也享有法律赋予的著作权。成人不应因其年龄幼小，知识经验不足而剥夺他们的著作权。况且幼儿往往好奇心强，想象力丰富，乐于从事创造性活动，幼儿中也不乏产生令人耳目一新的优秀作品。幼儿著作权的范围通常包括：创意画、儿童国画、泥塑、折纸、剪贴画、手工、摄影、创编舞、幼儿诗歌等。幼儿对他们创作的这些艺术作品享有专有权，他们可以(经过其监护人)发表、署名、修改、发行、展览、表演，获得名誉、社会评价及经济利益。

在维护幼儿著作权上，未经监护人同意，教师不要任意做以下事情：公开展览幼儿的作品；把幼儿作品向报刊投稿；编辑、汇编出版幼儿的作品；把幼儿的作品据为己有，以素材形式出版教案或做教材一部分。另外还要注意尊重幼儿对发表作品的修改权和保持作品完整权。

案例 2-11　棒棒画的画，稿酬该归谁？

棒棒(化名)是某幼儿园大班的一名幼儿，从小爱好画画，在美术上颇有几分天赋。这个班的王老师又恰恰是一名美术素养非常好的老师。棒棒在美术上发展得很快，尤其是创意画，她总是能够根据王老师提供的主题，展开丰富的想象，画出与众不同的作品来。王老师很是欣赏棒棒的作品，经常对她做更深入的指导。有一次，市里开展幼儿科幻画比赛，王老师推荐了棒棒的作品，并获得了一等奖。

有一个出版社要出版一套儿童绘画丛书，王老师知道后将棒棒的作品送了过去，由于是获奖作品，出版社没有犹豫即将其编入丛书出版，并付了王老师稿酬。棒棒的妈妈得知此事后，觉得王老师侵犯了棒棒的著作权，要求她归还棒棒稿酬并赔礼道歉。王老师拒绝了，她认为棒棒之所以在美术上小有成绩，是由于自己的悉心指导和推荐。双方陷入争执中。

案例分析：这是一起因著作权引起的纠纷案，王老师的行为构成对棒棒著作权的侵犯。著作权是著作权人对自己的文学、艺术、科技等作品享有发表、署名、使用、修改、获得报酬的权利。我国《著作权法》第九条、第十一条规定，著作权首先归于作者，即作品的创作人。

谁可以成为作者呢？这与人的年龄和行为能力无关。幼儿作为完全无行为能力的人，也可以独创作品并受到法律保护。棒棒的科幻画是自己亲自手绘出来的，且表达了独立的思想，应当被确认为作品的作者。王老师不能以指导过棒棒画画，帮助棒棒提高了绘画能力为由，而未经棒棒法定监护人同意，任意把棒棒的作品拿到出版社发表，她只不过是尽了一个教师应尽的工作义务而已。所以王老师的行为显然具有侵权性质，棒棒妈妈索要稿酬和要求赔礼道歉的诉求是合理合法的。作为幼儿教师要把幼儿当作一个拥有独立法律人格的公民来看待，公开发表、展览幼儿任何形式的创作品都要履行合法的程序，切勿因鲁莽或怀有侥幸心理而触犯法律。

三、参与权和受教育权

幼儿作为独立个体，依据《儿童权利公约》和我国相关法律法规，依法享有参与家庭与社会生活的权利，依法享有进入幼儿园等教育机构、接受适宜其身心发展水平的学前教育的权利。

(一)参与权

幼儿的参与权是指他们参与家庭、社会、文化生活的权利。《儿童权利公约》第十二条规定：“缔约国应确保有主见能力的能够形成自己看法的儿童有权对影响到其本人的一切事项自由发表自己的意见，对儿童的意见应按照其年龄和成熟程度给以适当的看待。”同文第十三条规定：“儿童应有自由发表言论的权利，此项权利应包括通过口头、书面或印刷、艺术形式或儿童所选择的任何其他媒介，寻求、接收和传递各种信息和思想的自由，而不论国界。”

幼儿的认知和表达能力虽然尚弱，但作为独立个体也具有表达自我需要、思想感情、意见建议的权利。尊重幼儿的参与权，有利于培养他们平等的、负责任的公民意识，激发独立思考、自主判断、质疑创新的潜能与习惯，长大后不做唯唯诺诺、附庸他人、听之任之、得过且过之人。

幼儿园里的幼儿，他们的参与权包括不同程度地参与教育教学的权利，具体来说表现在：第一，自主选择权。例如幼儿可以自主选择区域活动的内容、合作伙伴等。第二，自主决策权。例如幼儿可以在老师的帮助下，共同讨论班里的事情，自主作出取舍或采取措施解决问题。第三，自主游戏权。例如幼儿可以自主选择游戏的内容、方式，选择在游戏中扮演某一角色，提出新的游戏方案并尝试与实施。第四，话语权。例如幼儿可以自由地对有关自己的某件事情表达意愿，对幼儿园一日生活的一些内容，在自己认知能力范围内，表达想法、意见和建议。

幼儿教师在维护幼儿参与权上应当做到：告知幼儿参与权的具体内容，让他们知道自己是权利主体，这是幼儿实现参与权的前题；要鼓励、支持、引导幼儿主动参与幼儿园的一日生活，充分发挥他们的潜能，学习做自己的主人，不要对所有事情包办代替；要为幼儿实现参与权创造条件，提供环境、机会和宽松的氛围等；要尊重幼儿的参与权、耐心倾听他们的心声，听取和采纳他们合理的意见和建议；要随着幼儿的成长与经验图式日趋丰富，不断提升“幼儿参与的阶梯”，拓展幼儿参与各种活动的深度与广度。

案例 2-12　动动小脑筋，班规自己订

北京市海淀区某所幼儿园大一班，最近来了一位姓焦的老师，是从别的班调过来的。据说焦老师是带着“任务”来的，因为这个班的幼儿有点特殊：过分活跃，纪律比较差，集体教学活动时，老师难以掌控秩序；由于活动室比较狭窄，孩子们总是乱走乱跑，经常发生冲撞，然后就有幼儿大声叫喊和互相打骂。眼瞅着就要进行“幼小衔接教育”了，新入学的小学生哪能是这个样子呀！园长找来有经验的焦老师，希望她能接手大一班，解决这个令人头疼的问题。

焦老师走马上任了，她觉得首要的问题是为孩子们立规矩，但是以前班里也有常规，还挂在教室的显著位置上，但实际上形同虚设。焦老师仔细观察这个班的幼儿，发现它们的闪光点是思维活跃，喜欢创新，有一定的主见。焦老师认为最好采取因势利导的方法，让孩子们自己为自己立班规。为此她精心设计了一次教育活动，题目是：做自己的小主人。孩子们结合成小组，共同讨论班里存在的问题，然后提出最佳解决方案，最后各小组比赛，看哪个小组的小朋友提出的方案最有创新，并且合理、可行。

孩子们的积极性和潜能被充分调动出来了，他们七嘴八舌、各抒已见，提出了许多建议和措施。焦老师帮助孩子们做了归纳，一份新的班规出台并张贴到墙面。比如上面写着：“在教室里要像小猫一样轻轻走路，不要打闹”，“不小心碰到其他小朋友时要礼貌地说‘对不起’”，等等。由于这份班规是大家集思广益制定出来的，得到了普遍认可，小朋友们都能自觉地遵守。此后，班里一日生活渐渐变得秩序井然了。

案例分析：这个案例涉及幼儿参与权的问题。幼儿是学习的主体，他们用自己的方式观察世界、理解事物，在与环境的交互作用中丰富着自己的经验图式，在人际交往中学会扮演自己的角色。所以，教育活动、家庭生活、社会生活都应当将幼儿置于主动的位置，让他们真正地参与到有关他们自己事务的过程中来，并在其中发表自己的意见，在能力范围内为自己的事情做决策。成人，包括教师不要在所有事情上包办代替，或颐指气使，这样只能培养出不负责任、缺少担当、唯唯诺诺、没有创新精神的公民。国际社会许多教育发达的国家，都从早期教育开始就很注重幼儿的参与权问题，把它作为人权保障的重要内容。

本案中焦老师能够发现这个班的幼儿思维活跃的特点，因势利导充分调动幼儿在解决班级问题上的能动性，让他们参与到班规制定过程中，尊重他们合理且富有创意的“小点子”，学习做自己的主人。这一切说明她把幼儿参与权的实现落在实处，这不仅是一种正确的教育价值观，也是在依法治教。

(二)受教育权

幼儿的受教育权是指他们依法享有的、能够进入幼儿园或其他学前教育机构、以适合于其身心发展的方式接受系统的学前教育的权利。受教育权是幼儿的一项基本人权。《世界人权宣言》第二十六条规定：“人人都有受教育权的权利，教育应当免费，至少在初级和基本阶段应如此。”我国《宪法》第四十六条规定：“中华人民共和国的公民有受教育的权利和义务。”《中华人民共和国未成年人保护法》第二十八条规定：“各级人民政府应当保障未成年人受教育的权利，并采取措施保障家庭经济困难的、残疾的和流动人口中的未成年人等接受义务教育。”

幼儿受教育权的主要内容是：第一，学习机会权。幼儿有接受学前教育的机会，可以由其监护人代为选择适合的幼儿园或其他学前教育机构。第二，学习条件权。幼儿在受教育过程中，在课程设置、内容、师资水平、保教设施方面获得同等条件的支持。第三，参加幼儿园的教育教学活动的权利。幼儿能够参与幼儿园有目标、有计划、有组织的教育活动，参与幼儿园一日生活的各个环节。第四，学习成功权。幼儿通过在幼儿园接受保育和教育，促使自己在体、智、德、美诸方面和谐发展。第五，获得公正评价权。幼儿有权获得来自幼儿园(主要是教师)对于自己在个性品质、能力、身心发展状况等方面的科学、恰当、公平、公正的评价。

政府、幼儿园、教师在维护幼儿受教育权上应当注意：政府要履行相应的职责。政府相关职能部门应当举办和支持举办各级各类幼儿园和学前教育机构，保证财政投入和普惠性政策的实施，保证适龄幼儿能够接受系统、正规的学前教育。幼儿园应当按照国家法律法规的规定招收幼儿入园。幼儿园在招生中杜绝徇私舞弊，私设违反国家规定的入园条件，例如收取赞助费、组织入园考试等，也不得违反规定开除幼儿。不要随意组织幼儿或幼儿表演队参与以营利为目的的活动，例如工商企业或媒体广告、庆典等活动。幼儿园教师不得以任何借口剥夺幼儿参与集体性、区域性或其他自主性的游戏活动，禁止将幼儿轰出活动室、睡眠室、功能室以惩罚幼儿，或将幼儿关禁闭。教师应当关心、爱护幼儿，对发展滞后、学习有困难的幼儿，应当耐心教育、帮助，不得歧视或漠视。

案例 2-13　胎记长得不是地儿

星星幼儿园装饰一新，外围墙还挂上彩旗，这是一年一度的招生季。这所幼儿园是一所公立示范幼儿园，按照教委的规定，应当招收附近的适龄幼儿入园。幼儿园软、硬件条件都很好，附近的居民都希望将自己的孩子送到这所幼儿园。

小岩(化名)家就属于划片范围，爸爸妈妈带他玩的时候，经常指着这所幼儿园对他说："将来你就上这，这所幼儿园可好了!"小岩很喜欢这所幼儿园，因为它看上去真漂亮，还有滑梯、木桥、小篮球场等。小岩今年已经三岁了，到了入园的年龄。

报名那天凌晨5点，妈妈就提着马扎来排队了，排了个第一名。面试那天，妈妈领着小岩来见老师。老师瞧了瞧小岩，摇摇头，回身去找园长嘀咕了什么。一会儿，这个老师过来对小岩的妈妈说："很抱歉，我们不能收您的孩子入园。"妈妈不解，着急地问为什么？老师回答说："您家的孩子脸上的胎记太厉害了，半边脸都是红的，我们怕吓着其他孩子。"妈妈再三求情，幼儿园最终还是没有收小岩入园。小岩难受极了，觉得自己是另类，性格也变得越来越内向了。

案例分析：在这个案例里，幼儿园侵犯了小岩的受教育权。受教育权是公民的基本权利之一。公民能够享有受教育权，首先必须具有平等入学的机会，它意味着：公民能够有机会进到学校或其他教育机构接受系统的教育；在受教育上不因民族、种族、性别、职业、出身、宗教信仰和身体状况的差异而受到不平等待遇和歧视。《中华人民共和国教育法》第三十六条规定："受教育者在入学、升学、就业等方面依法享有平等权利。"

幼儿园因为小岩脸部有胎记而拒绝其入园，实际上是一种相貌歧视，侵犯了小岩平等受教育的权利。幼儿园作为从事社会公益事业的社会组织，承担着对作为未成年人的幼儿的保护和教育的义务，不能因为幼儿自身的条件而推卸社会责任，应当切实保障幼儿的受教育权，为幼儿的成长和发展提供适宜、良好的受教育条件。

案例 2-14　禁止玩儿玩具

早晨的集体活动结束了。喝完水后，赵老师让孩子们到活动区挑选自己喜欢的玩具玩儿。东东(化名)刚起身准备去取自己喜欢的小汽车，赵老师冲着他大声喊道："不许动，别的小朋友可以玩儿，就不准你玩儿！刚才上课时，谁叫你坐在小椅子上扭来扭去、不好好听讲的，现在只许你看着其他小朋友玩儿！"

东东一下子傻眼了，坐在椅子上不敢动。看着其他小朋友玩儿得那么开心，他委屈极了，眼泪吧嗒吧嗒一直流到午餐时间。

案例分析：在这个案例里，赵老师侵犯了东东的受教育权。幼儿的受教育权内容广泛，其中包括幼儿有参与幼儿园教育活动的权利，也包括幼儿有使用幼儿园教育设施、设备、玩教具的权利。赵老师在组织集体教育活动时，东东虽然没有遵守纪律，但是这不能成为老师剥夺东东自主游戏、使用班里玩具的合法理由。赵老师应当懂得，幼儿园一日生活的各个环节都是完整的教育过程的组成部分，游戏更是幼儿园教育的主要形式，无论是集体活动还是幼儿个别活动，都属于受教育权范围。因此，赵老师禁止东东选玩儿自己喜欢的玩具，还让他"看着"其他小朋友玩儿，是侵犯了东东的受教育权。这件事警醒教师，对待有缺点的幼儿，应当耐心细致地进行说服教育，让教育充满师爱的温暖，而不能以剥夺幼儿受教育权，令其因需要得不到满足从而产生痛苦的方式来惩罚幼儿。

第二节　幼儿园体罚行为

幼儿园体罚是一种严重的侵犯幼儿权利的行为，它会不同程度地对幼儿身体和心理造成损害，甚至成为幼儿终生发展挥之不去的阴影。这种现象为幼儿家长深恶痛绝、为社会舆论声讨谴责、为道义国法不容姑息。本节所述内容涉及了幼儿园体罚的概念、幼儿园体罚行为的特征，并从不同角度分析了产生幼儿园体罚的原因。本节内容着重分析了幼儿园教师体罚幼儿的原因，不仅从师德、法律意识层面进行分析，还更加深入地从非理性因素的心理层面进行探源。本节最后部分涉及了幼儿园体罚的法律责任，以彰显法律对幼儿园体罚行为的否定、制裁意志。本节的学习，旨在帮助学习者清楚地认识有关幼儿园体罚的问题，提高幼儿权利保护的自觉性，杜绝保育教育工作中的体罚行为。

一、幼儿园体罚和变相体罚

体罚与变相体罚均是严重侵犯幼儿合法权利的行为，也是法律法规明令禁止的行为。下文将重点对幼儿园体罚与变相体罚的界定、主要特征、原因及其法律责任等进行介绍与分析。

(一)幼儿园体罚

幼儿园体罚是指幼儿园的工作人员(主要是教师)以暴力的方式、手段，或以暴力相威胁，或以各种强制性手段，侵害幼儿身心健康的行为。例如：踢打推搡、扇耳光、针扎、罚站、拧耳朵、贴“驴耳朵”、关禁闭等。幼儿园体罚是严重的侵犯幼儿权利的行为，是法律法规明令禁止的行为。《幼儿园管理条例》第十七条规定：“严禁体罚和变相体罚幼儿。”《幼儿园工作规程》第六条规定：“尊重、爱护幼儿，严禁虐待、歧视、体罚和变相体罚、侮辱幼儿人格等损害幼儿身心健康的行为。”

幼儿园体罚行为的特征表现在实施主体、行为本身、行为后果和实施人主观心理态度等方面。了解这些特征，有助于我们明确判断教师的某一行为是否构成体罚，从而对体罚行为进行惩戒。

幼儿园体罚行为的实施主体，一般是直接承担保育教育职责的教师或幼儿园的管理人员，体罚者与被体罚者之间存在着特定的学前教育法律关系，即其发生于教师履行职务的过程中，幼儿处于幼儿园负有管理职责的时空内。我们需要注意区别教师“体罚”幼儿与家长“殴打”孩子，虽然实施者都采取了暴力方式，但其承担法律责任的性质不一样，幼儿寻求法律救济的渠道也不一样。

幼儿园体罚行为是教师违法行使职权的行为。教师虽然具有教育、管理幼儿的权利，但法律从未赋予教师采用暴力的权利，体罚行为属于教师滥用职权。我们必须明确：幼儿园的一切体罚行为，公开的、隐蔽的、有缘由的、无缘由的俱是非法行为，在道义上也是应当被谴责的。

教师体罚幼儿的行为后果有：幼儿身体受到伤害甚至死亡；幼儿精神受到损伤，产生恐惧、痛苦、抑郁心理，智力发展受到影响等。

实施体罚行为的教师在主观上是有故意或过错的。所谓故意，是指教师希望实施体罚后，造成幼儿的身体或精神的损害性结果，或损害结果不违背其本意。例如有的变态教师以戏谑幼儿为乐，也有的教师以使幼儿产生畏惧为目的，认为这样可以控制幼儿的行为，让他们乖乖就范、听话。

(二)幼儿园变相体罚

幼儿园变相体罚是一种非暴力式、以教育为幌子，以体罚为实际目的的侵权行为。例如：罚抄作业、罚坐高凳、罚劳动、不让吃饭、罚吃脏东西等。还有一种号称“自我教育”的体罚方式叫“自罚自”，就是让幼儿自己惩罚自己，例如自己扇耳光、自己打屁股。更有甚者，有的品行极其恶劣的教师教唆幼儿充当打手，当其他幼儿不听话时，代替老师实施体罚等。

二、幼儿园体罚的原因分析

幼儿园体罚行为的产生有着方方面面的原因，我们只有剖析这些原因，才能对症下药，遏制和预防体罚行为的发生。因为通常以教师所为常见，所以我们首先重点分析教师方面的原因。当然，其他方面的原因，也不同程度地助长了体罚现象。

(一)教师方面的原因

教师的职业道德素养低、法律意识淡薄是作出体罚行为的最主要原因，一些“不良情绪”“规训意志”等非理性因素也对引发教师体罚行为起着不可小觑的作用。

1. 职业道德素养与法律意识低下

实施体罚的教师往往对幼儿教师职业道德规范缺少认知和理解，或知行脱节，不具有职业道德理性精神，对幼儿没有爱心和责任感。这样的教师在教育观、教师观、儿童观上也存在一定的问题。此外，当一个教师缺少教育智慧、教育很“无能”时，也往往采取“以罚代教”的方式解决问题。

同时，实施体罚的教师往往法律观念淡薄，缺少儿童权利保护的意识，平时不注意学前教育法律法规的学习，遇到事情不会用法律思维解决问题，很多情况下，自己做着违法的事却不自知。也有的教师竟敢以身试法，觉得即使体罚了幼儿，法律也不能拿自己怎么样。的确，当一名教师初次的体罚行为没有及时得到遏制，他往往变本加厉，甚至形成恶习。

2. 非理性因素

非理性因素在体罚问题上不容小觑。所谓非理性因素是指人的情感、情绪、意志、动机、信念、潜意识等，也包括以非逻辑形式出现的幻想、想象、灵感、直觉等。非理性因素具有正面和负面作用。一般来讲，人虽受控于理性因素，但当一个人在特定的情景下失去理智时，非理性因素就会成为脱缰的野马，它的动力、诱导、激发功能一旦指向错误方向(负向)，就会威胁甚至摧毁正常的人类秩序。教师在实施体罚行为时，往往受到一些非理性因素的影响，如不良情绪、规训意志、潜意识等。

幼儿教师的“不良情绪”表现为愤怒、沮丧、失落、倦怠、报复、压抑、嫉恨等。教师在不良情绪支配下容易催生各种体罚现象。例如愤怒导致暴力伤害幼儿身体，如拳打脚踢、扇耳光、控制幼儿身体等；嫉恨、压抑、报复心滋生对幼儿的心理伤害，如讽刺、挖苦、咒骂、关禁闭，或用更加隐蔽的、类似针扎的手段惩罚幼儿。

“规训意志”是教师让幼儿“听话”或“遵守常规”的执拗心理。当一个教师产生了这样的意志，其行动就难免产生体罚的方向性和坚持力。一般来讲，幼儿教师体罚行为不会“出于动物的本能”或“自保性”。每一起体罚事件都有具体原因，但普遍性的原因都指向“规训”，因而教师体罚幼儿的行为从这个意义上来看是一种基于“规训”的职务行为。

“潜意识”是一种被压抑在人的意识深处的精神活动，它总是悄无声息地操纵着主体的行为。心理不健康的教师的体罚偏好，实际上与他们自己的成长经历有关。他们年幼时可能遭遇过贫困、孤独、暴力、性别歧视、父母离异等痛苦，度过的是灰色的童年，许多早期的欲望受到压抑，成为潜意识的冰体，进而衍生出异常行为的暗流。如果这样的人其后没有通过完善的教育给予弥补，就容易潜藏职业上的暴力倾向。

(二)其他方面的原因

除上述来自教师方面的原因外，幼儿园、相关部门及家长的一些不当态度与行为等，也是诱发幼儿园体罚的因素。

1. 园方的漠视或包庇

幼儿园管理方对体罚现象的态度，直接关系到该园有没有体罚以及体罚的严重程度。有体罚现象的幼儿园往往能从其管理上一窥端倪，有的园长或保教主任本身就是一个体罚者，自然对其他教师的体罚行为熟视无睹。有的管理者在观念上存在着偏颇，认为教师体罚幼儿是“对工作负责”，对“有问题”的幼儿不体罚则意味着放任。更多的情况是对体罚行为的包庇，怕“家丑外扬”后，招致家长的索赔、上级管理部门的追责、社会舆论的谴责等。

2. 教育主管部门履职不力

有些学前教育主管部门的干部，对学前教育管理工作不熟悉，不注重学习、更新学前教育的知识、思想和法规理念，自己尚不懂法，又何谈规范别人。也有的管理干部对所辖区的幼儿园和学前教育机构的实际状况调查研究不够，只会听取汇报，懒得深入基层，偶尔走走也是走马观花式。这样的话，许多问题容易被掩盖，造成监督管理不够。还有的个别管理者甚至已经发现了问题，还轻描淡写、互相推诿，得不管且不管，害怕问题暴露后，影响他们的政绩和承担必要的责任。

3. 家长的软弱与幼儿的无力反抗

现在许多幼儿家长的维权意识比较高，一旦知道自己的孩子被教师体罚就会据理力争、“讨要说法”，但也仍有家长的态度比较“复杂”。有的家长觉得“骑虎难下”，害怕孩子一时转不了园，还在老师的掌控中，追究起来，唯恐孩子会受到老师进一步的打击报复，因而被迫采取隐忍的态度。也有的家长盲目信任老师，认为一定是自己的孩子“犯了严重的错误”而招致惩处。另外，在现实生活中，幼儿权利保护的观念并没有家喻户晓，许多家长，特别是文化水平较低的家长不懂得如何依靠法律保护自己孩子免受侵权，一旦被侵权又不知道如何寻求法律途径解决。凡此种种，软弱的家长们对幼儿园体罚的不指控、不力反的态度，某种程度上令实施体罚的教师更加肆无忌惮。

此外，学前教育阶段的教师体罚行为比任何一个学段都更具有“易施性”，这与幼儿的“弱能性”有关。幼儿在身体、心理、智能方面的发展尚不完善，对是非善恶的判断能力有限，对自己的权利懵懵懂懂，也对教师的侵权行为无力反抗。有的幼儿甚至认为老师体罚自己是合理的，“谁叫自己没有听话呢”！

三、幼儿园体罚的法律责任

幼儿园体罚幼儿是一种严重的侵权行为，行为者应当受到法律的制裁以维护幼儿的合法权利和幼儿园正常的工作秩序。因为体罚的具体情节与后果不同，行为人所承担的法律责任亦不同。《中华人民共和国未成年人保护法》第六十条规定：“违反本法规定，侵害未成年人的合法权益，其他法律、法规已规定行政处罚的，从其规定；造成人身财产损失或者其他损害的，依法承担民事责任；构成犯罪的，依法追究刑事责任。”根据上述规定，幼儿园体罚者应承担的法律责任如下：

第一，情节轻微的，给予批评教育。

第二，情节严重的，给予行政处分或解聘。所谓“情节严重”是指如下情况：造成幼儿人身重大伤害或死亡后果；对某一特定幼儿多次实施体罚，屡教不改或对多名幼儿实施体罚；体罚手段特别恶劣。

第三，情节严重构成犯罪的，由人民法院追究其刑事责任。承担刑事责任是对实施体罚者最严厉的惩处，行为人必须接受刑罚制裁。所获罪名如“虐待被看护人罪”“过失伤害罪”“故意伤害罪”“过失致人死亡罪”等。

第四，造成幼儿人身和财产损失的，承担民事赔偿责任。

案例 2-15　针刺幼儿，法理难容

2015 年年底，吉林省四平市某幼儿园陆续有家长发现自己孩子的腰部、腿部、头部等多处有红色针孔，少则几个，多则十几个。有家长向派出所报了案。

这一发现在家长微信群里传开了，更多的家长也发现自己的孩子身上有数量不等的针孔，最多的孩子身上被扎 50 多处。共有 20 多名孩子被扎，涉及两

个班的四名教师。被送往医院治疗的孩子，医院对其出具的诊断书为：体表软组织多处针刺样伤口。

四名作案教师针刺幼儿的理由是“谁不听话，就扎谁”，而且认为“就是扎了，也不能把我怎么样”。他们还一律选择幼儿园的监控盲区对幼儿下手。

该四名教师的行为被法院认定为刑事犯罪，分别被判处有期徒刑两年六个月至两年十个月。

案例分析：这是一起典型的幼儿园体罚事件。这四名涉案教师是在履行职务的过程中，故意采用了非法、残忍而隐蔽的手段“管教”幼儿，即针刺幼儿。其结果造成幼儿身心的严重损伤。他们作案后不思悔过，还认为“就是扎了，也不能把我怎么样”。这种蔑视法律、以身试法的态度极其嚣张。他们的作案手段十分恶劣并涉及多名幼儿，达到犯罪的严重程度，故应当受到刑罚惩罚。

案例 2-16　关小黑屋的“绝招”

某幼儿园的一名教师采用一种“绝招”对付特别淘气的孩子——关小黑屋。所谓“小黑屋”就是班里的一间储藏室，平常放一些杂物。有一次，一名“闹腾”的男孩儿被拖了进去。关了一会儿后，这位老师走过来，在门外问男孩儿：“你还捣乱吗?”直到这个男孩儿回答要好好表现以后，老师方将其放出。

这种方法居然还很“见效”。这名男孩儿以后只要一不听话，老师就威胁将其关进“小黑屋”，他立刻就吓得直哆嗦，更不敢淘气了。

案例分析：这也是一起幼儿园体罚事件。实施体罚的该名老师，是在履行职务的过程中，故意采取限制幼儿人身自由的、非法的、强制的手段，造成幼儿心理伤害的结果。她如此所为，显然也是一种“以罚代教”，缺乏幼儿教师的职业道德和法律意识。所以，她应当受到幼儿园的批评教育，如果屡教不改，还应当给予其行政处分或解聘。

案例 2-17　吃掉地上的米粒儿

小慧(化名)是某幼儿园大班一个性格腼腆的小女孩儿。有一天午餐时，她不小心将饭碗碰到了地上，饭粒儿撒了一地，黏黏的不好清扫。保育员老师正在给其他小朋友盛饭，看到后生气地对小慧说：“没出息，连饭碗都把不住，去，把地上的米饭给我吃了！”说完后，就接着干她的活儿。小慧平常是个胆怯而乖巧的孩子，听老师斥责自己便吓坏了，她蹲到地上，一点一点抠掉米饭粒儿吃到肚子里。

下午妈妈来接她时，她闷闷不乐，反应也有些迟钝。妈妈问她怎么了，她“哇”的一声哭出来，断断续续地说出了中午发生的事。妈妈听说后火冒三丈，拽着孩子的手找到园长室，冲着园长大声斥责那个老师。园长赶紧安抚小慧和她妈妈，并答应对这个老师进行处理。后来，这个罚小慧吃掉地上米粒儿的老师被给予了行政处分。

案例分析： 此案中保育员老师命令小慧吃掉撒落到地上的米粒儿，是一种变相体罚行为。这起事件虽然没有明显的暴力色彩，但老师却试图以这样侮辱幼儿人格的方式，达到惩罚的目的。《中华人民共和国未成年人保护法》第二十一条规定："学校、幼儿园、托儿所的教职员工应当尊重未成年人的人格尊严，不得对未成年人实施体罚、变相体罚或者其他侮辱人格尊严的行为。"小慧在被体罚后身心俱受伤害。吃掉地上的脏物，肯定有害孩子的身体，同时对其心理的伤害恐怕更为严重。"吓坏了""闷闷不乐、反应迟钝""'哇'的一声哭出来"这些细节足以说明小慧内心的恐惧、痛苦与委屈。另外，该名保育员老师是出于"故意"心态惩罚小慧的，她就想看到如此所为的结果是：小慧再也不敢将米饭碰翻到地上了。鉴于以上情况，幼儿园作出给予其行政处分的决定是正确的。

第三节　幼儿园伤害事故

幼儿在幼儿园学习和生活是以人身安全为前提的，如果幼儿人身不保，何谈教育？要真正做到"以幼儿为本"，就必须将幼儿的人身安全置于幼儿园工作的首位，时刻警醒、常抓不懈，让幼儿家长放心，让社会满意。事实证明，许多幼儿园伤害事故都与幼儿园的管理、教师不当的保育教育工作有关，如果了解原因后对症下药，把预防工作做到家，就可以大大降低伤害事故发生的概率。本节内容涉及幼儿园伤害事故的认定、类型、原因以及有关民事赔偿的相关法律问题，旨在帮助学习者认清、辨别幼儿园伤害事故的责任，懂得如何预防，并且学会合理合法、妥善解决与幼儿家长之间的纠纷问题。

一、幼儿园伤害事故的概念与类型

本部分将就幼儿园伤害事故的基本概念、主要类型、产生原因及其赔偿问题等进行介绍与分析。

(一)幼儿园伤害事故的基本概念

幼儿园伤害事故是指幼儿在幼儿园生活、学习期间，或参加幼儿园组织的外出集体活动而处于幼儿园管理职责范围内，在幼儿园的园舍、场地、其他教育教学、生活设施内发生的人身伤害后果的事故。

幼儿园伤害事故的构成要素有四个：第一，时间要素。一般来讲，发生伤害事故的时间范围应是从幼儿入园到离园。第二，空间要素。伤害事故发生的地点是幼儿园管辖范围内的场地、园舍、功能教室、其他用房等。第三，对象要素。幼儿园只对在册幼儿负有管理义务，幼儿园与非在册幼儿不存在教育法律关系，也就是说不存在权利与义务关系。第四，后果要素。伤害事故造成了幼儿的人身损害事实。某一起事故只有都具备上述四个要素，才可以认定为“幼儿园伤害事故”。

(二)幼儿园伤害事故的主要类型

幼儿园伤害事故的类型主要有三种：责任事故、意外事故、不可抗力事故。

1. 责任事故

责任事故是指责任主体由于故意或过失，未能尽到职责而导致的事故。以责任主体不同，又可以具体细化为以下四类：幼儿园责任事故、幼儿责任事故、其他相关人员责任事故、混合型责任事故。

(1)幼儿园责任事故

幼儿园责任事故是指由幼儿园教师或其他工作人员造成的伤害事故。他们出于故意或过失，没有尽到保育教育职责而造成了幼儿的伤害后果，其中更多的情形是过失性责任事故。例如教师没有尽到看护、管理义务，造成幼儿摔伤、烫伤、撞伤、窒息、走失等。在这种情况下，幼儿园应当承担法律责任。

(2)幼儿责任事故

幼儿责任事故是指由幼儿造成的伤害事故，包括幼儿自己伤害自己和互相伤害。幼儿责任事故由幼儿监护人来承担法律责任。

(3)其他相关人员责任事故

其他相关人员责任事故是指与幼儿园有关系的社会人员或单位造成的幼儿伤害事故。如提供药品、饮用水、食品、服装、车辆等的人或单位，其提供的物品或服务，不符合国家安全卫生标准从而造成幼儿伤害事故。这种情况下则需要这些相关人员或单位承担法律责任。

(4)混合型责任事故

混合型责任事故是指两个或两个以上责任主体都有过错而导致的幼儿伤害事故。在这种情况下，应当分清责任的主次和大小，按法律规定承担责任。

2. 意外事故

意外事故是由于当事人意志以外的原因而偶然发生的事故。判断意外事故必须具备的条件是：不可预见、不可避免、偶然发生。

(1)不可预见

不可预见通常以此衡量：一个智力正常的人，在合理注意的情况下，事前不可能会想到发生某种伤害结果。

(2)不可避免

当事人为避免损害结果的发生已经尽了全力，或采取了应有的措施。伤害结果是其意志以外的原因引起的，不是当事人自身行为所致。

(3)偶然发生

发生概率非常低。如果一个幼儿园事故被认定为意外事故，幼儿园就可以不承担法律责任。

3. 不可抗力事故

不可抗力事故是指不受人的意识支配，由人力不可抗拒的现象引发的伤害事故，包括自然灾害和战争。

对于不可抗力造成的幼儿伤害事故，幼儿园一般不承担法律责任，除非有证据证明幼儿园事前已获得了自然灾害的官方预报却没有采取任何防范措施。

案例 2-18　歹徒闯园，踢伤东东

中三班的小朋友正在王老师的指导下开展集体教育活动。突然，教室的门猛地被人踹开，一个男子闯了进来。他直奔王老师，用一只胳膊控制了王老师的身体，另一只手攥着匕首指向她的脖子。这时，坐在第一排的东东(化名)被吓得“哇”的一声哭出来。歹徒飞起一脚，踢向东东的面部，两行鲜血从东东的鼻腔里流了出来。有人立刻报了警，警方赶来制服了歹徒。

原来这名歹徒是因为个人原因，产生报复社会之心，翻过幼儿园的围墙，跑到幼儿园行凶的。事后，东东的爸爸因东东受伤一事，找到幼儿园园长要求赔偿。

案例分析：在这个案例里，东东受伤属于意外事故。因为在此事故里，王老师不可能预见某时某刻有歹徒闯园。她的身体又受制于歹徒，客观上不能阻止歹徒对东东的攻击，而且幼儿园从未发生过此类事情，歹徒翻墙而入，而幼儿园的围墙又符合国家相关标准，所以该事件纯属意外。东东所受伤害的法律责任，应当由闯园的歹徒承担。

案例 2-19　地震来袭，赛买提受伤致残

2013 年 5 月的一天，在新疆某县一所幼儿园大一班里，张老师正组织孩子们进行语言活动，孩子们跟着老师朗诵着诗歌。

突然，大地颤动起来，桌椅板凳也在摇晃，吊灯来回地剧烈摇摆。张老师立刻意识到是地震了，赶紧让孩子们躲到桌子底下。由于照顾孩子们，张老师被屋顶塌下的瓦砾砸中受伤。小朋友赛买提(化名)动作比较迟缓，还没有来得及躲藏，也被砸中整个下体，由于伤势严重，当时他就昏迷过去。张老师不顾

自己受伤，和园里其他人员一起，赶紧将赛买提送往医院。

经过全力治疗的赛买提还是落下了终生残疾。后来，赛买提的家长找到幼儿园要求赔偿。理由是：孩子是在幼儿园受的伤，幼儿园应当承担责任。幼儿园则认为：地震达到了6.8级，而且相关部门没有做任何预报，幼儿园也不可能事先预知屋顶的坍塌，这纯属不可抗力的自然灾害，故幼儿园不应承担法律责任。

案例分析：此案涉及的是由不可抗力自然灾害引起的伤害事故的责任免除问题。幼儿园在这起伤害事故中没有责任。因为地震发生前，幼儿园没有接到预报，也无法预知地震来袭，幼儿园的一切活动处于正常中。地震发生后，张老师不顾自己受伤，第一时间全力帮助幼儿躲避危险。幼儿园还及时将受伤的赛买提送往医院救治，已经履行了应有的职责，整个处理事情的过程并无不当。

根据《学生伤害事故处理办法》第十二条第(一)项规定，因地震、雷击、台风、洪水等不可抗的自然因素造成的学生伤害，学校已履行了相应职责，行为并无不当的，无法律责任。但是，这件事情也警醒我们，幼儿园应加强对幼儿的安全意识教育，平时进行演练，让幼儿掌握地震、火灾等发生时的避险、自救和逃生方法。

二、幼儿园伤害事故的原因

幼儿的人身安全是幼儿园的头等大事，不可掉以轻心。幼儿园一旦发生伤害事故，不仅幼儿的身体会受到伤害，也会出现工作中的被动局面。当然，伤害事故发生以后，幼儿园应当采取正确的方法、途径妥善解决，补偏救弊、亡羊补牢。但是更重要的则是以预防为主，防患于未然。这就需要分析幼儿园伤害事故发生的原因，有的放矢地规避风险。

(一)由幼儿园或教师引起的伤害事故

由于园方或幼儿教师引发的幼儿园伤害事故，主要涉及以下几个方面的原因：

1. 设施设备、用品不安全

这主要是指幼儿园的园舍、场地、设施、教育教学设备、玩教具等有不安全因素或不符合国家卫生标准；幼儿园向幼儿提供的药品、食品、饮用水不符合国家或行业标准等。

2. 制度缺失、管理不善

这主要是指幼儿园的下列制度不健全或执行不力：门卫制度、食品卫生管理制度、夜间值班制度、消防安全制度、安全检查制度、设施设备管理维修制度、卫生保健制度(病儿隔离、幼儿用药等)、车辆管理制度、幼儿接送交接制度、实验品和药品管理制度等。

另外还指幼儿园的下列安全预案不具备或有疏漏：自然灾害预案、火灾预案、食物中毒预案、传染性疾病预案、突发疾病预案、意外伤害预案等。

3. 聘用人员不当

这主要是指用人单位由于疏忽，聘用了不适宜的人员在幼儿园工作。例如精神病患者、发病期间的传染病病人、以往有犯罪记录的人员等。

4. 教师违反保教工作要求和幼儿身心发展规律

这主要是指教师违反相关规定，安排幼儿从事不适宜的劳动和体育活动；幼儿突发疾病或受到伤害后，教师没有及时、妥当、科学处置，致使延误治疗和扩大损害；教师对幼儿擅自离园或有人身不安全的信息，没有及时告知监护人，导致幼儿长时间脱离监护人监护；教师安排和选择的教育活动内容，违反动静交替的原则，不符合幼儿年龄特点，有损他们的身心健康等。

5. 教师责任心差、师德缺失

这主要是指教师未尽看护职责，造成幼儿摔伤、碰伤、烫伤、剪伤、走失等；教师体罚或变相体罚而致幼儿受伤害；幼儿家长告知幼儿有特异体质或特殊疾病，不能参加某种活动或用某种饮食，或家长告知幼儿面临某种危险而教师没有引起足够重视，进而导致幼儿受到伤害；教师在负有责任期间，发现幼儿之间有引起冲突、打斗的危险因素，未能及时制止、管理、告诫而致幼儿受伤害等。

(二)由幼儿自身原因引起的伤害事故

这是指教师的保育教育方式并无不当，是因幼儿自身心理承受能力太低而致的自我伤害；或是教师的保育教育方式并无不当的情况下，幼儿之间的相互伤害。

(三)由其他相关人员引起的伤害事故

这主要是指提供食品、药品、园服、活动场地、设备，交通工具的其他社会组织或个人有过错而致幼儿受到伤害；其他社会人员为报复社会，闯入或潜入幼儿园对幼儿进行人身侵害等。

案例 2-20　信阳幼儿园房舍倒塌案

2014 年 3 月的一天凌晨，河南省信阳市浉河区某一所幼儿园的睡眠室突然发生房顶坍塌，造成一名幼儿死亡，多名幼儿受伤。该所幼儿园的园长得知消息后也因心脏病发作在中心医院进行治疗。据调查，屋顶倒塌原因系幼儿园园长在 2 月 28 日擅自拆除两间房子中间的山墙，致使房顶失去依托，结构不稳。至于为什么要拆除山墙，是因为要扩充空间，扩招幼儿入园。当时有人劝阻过园长，说拆除山墙会出危险，但园长心存侥幸、执迷不悟，结果悲剧发生。此案发生后公安机关立即介入。幼儿园园长以及相关涉事人员的行为已触犯我国刑法。

案例分析：此案涉嫌教育设施重大安全事故罪。此罪是指学校领导人或者教育主管部门负责人明知校舍或者教育教学设施有危险，而不采取措施或者不及时报告，致使发生重大伤亡事故的行为。

从犯罪构成角度看，本案四个要件一应俱全，即客体、客观方面、主体、主观方面，因而可以认定其为犯罪行为。本案侵犯的客体是幼儿的人身安全。本案在客观方面表现为幼儿园园长明知睡眠室被拆墙后存在重大安全隐患，却一意孤行且不采取任何防护措施，致使发生重大伤亡事故的行为；在主观方面是过失，即园长应当预见拆去山墙会破坏房屋结构，存在安全隐患，而心存侥幸认为不会发生。事发后，他本人也被吓得心脏病发作住进医院。本案的主体是特殊主体，是作为幼儿园法定代表人的幼儿园园长。

《中华人民共和国教育法》第七十三条规定："明知校舍或者教育教学设施有危险，而不采取措施，造成人员伤亡或者重大财产损失的，对直接负责的主管人员和其他直接责任人员，依法追究刑事责任。"《刑法》第一百三十八条规定："明知校舍或者教育教学设施有危险，而不采取措施或者不及时报告，致使发生重大伤亡事故的，对直接责任人员，处三年以下有期徒刑或者拘役；后果特别严重的，处三年以上七年以下有期徒刑。"幼儿园园舍安全无小事，我们应当引以为戒。

案例 2-21　假外婆接孩子

2016 年 12 月 9 日下午，新疆某地市一所幼儿园正值离园前，小一班的孩子们坐在小椅子上等待家长来接。一名 50 多岁的女子，对老师声称是小可(化名)的外婆，说孩子患感冒咳嗽想提前接走，班级、姓名都说得很对，但老师没有同意她接走孩子。因为该所幼儿园建立了严格的接送卡制度，认卡不认人。几分钟后，小可的爸爸来接孩子，老师对他说了刚才有人要接小可的事。

小可的爸爸听说后吓出一身冷汗，他对老师说："这怎么可能？小可的外婆刚做完膝盖手术还没有恢复，不可能来接孩子，我的父母又远在石河子。一定是有人冒充！"他请求老师调出门口的监控查看，但是那天监控设备由于升级没有录下当时的情况。小可的爸爸回到家里后，向家人再次确认此事后报了警。

第二天，幼儿园门口贴出一则告示：最近有不法分子冒充家长接孩子，请大家提高警惕！

案例分析：此案中该幼儿园由于建有严格的幼儿接送交接制度，成功避免了一起幼儿丢失的责任事故。众所周知，幼儿园作为重要的学前教育的社会组织，应当贯彻落实国家“依法治园”的要求。依法治园就是按照国家有关学前教育的法律法规、政策管理幼儿园，它包括教育行政机关对幼儿园的管理，也包括幼儿园的内部管理。从实践性来讲，幼儿园的依法治园可以具体表现为依据国家的法律法规制订幼儿园的可操作性的规章制度。《幼儿园工作规程》第十二条规定：“幼儿园应当严格执行国家和地方幼儿园安全管理的相关规定，建立健全门卫、房屋、设备、消防、交通、食品、药物、幼儿接送交接、活动组织和幼儿就寝值守等安全防护和检查制度，建立安全责任制和应急预案。”同文第十三条第三款规定：“入园幼儿应当由监护人或者其委托的成年人接送。”

幼儿园不仅要建立健全各项规章制度，还要始终不渝地严格执行。该所幼儿园的老师没有轻易相信“假外婆”的解释，也没有因其把小可的情况说得有多么准确而动摇意志，只认卡，不认人，在执行制度上可谓“一板一眼”，以此保证了幼儿在接送环节上的人身安全。这种做法和行为值得赞誉！

案例 2-22　老师赴约，幼儿将农药当饮料

一所偏远地区的村办幼儿园里，只有一名教师，十几名幼儿。有一天，这位老师接到一个朋友的电话，约他出去吃饭商量点私事，他答应了。快到中午临走时，他对孩子们说：“老师有事出去一趟，你们自己吃饭，然后午睡吧。”

老师走了以后，孩子们可自由了！有一名男孩不知在哪里找到一瓶“饮料”，喝了喝觉得挺甜，就让其他孩子也轮流喝了，结果十多名孩子集体中毒。幸亏被他人及时发现，孩子们全部被送入医院接受治疗。原来这瓶所谓“饮料”其实是农药。事发时这名老师还在赴约吃饭呢！

案例分析：这是一起幼儿园责任事故。这名老师未能履行法律法规和工作职责范围内应尽的义务，导致多名幼儿受到伤害，后果严重。

这位教师的错误主要有两点：一是擅自离岗不履职。老师为自己的私事弃幼儿于不顾，使幼儿处于被管理和保护的空缺状态。而幼儿又是完全无民事行为能力的人，靠他们自我管理，难免会造成秩序混乱而乱中出事。二是携带、存储和未管理好危险物品。幼儿园是幼儿一日生活和学习的地方，是禁止存在任何安全隐患的。农药显然属于危险物品，根本不能将之带入幼儿园，因为幼儿的认知能力有限，他们不能将“甜农药”与“甜饮料”加以区分，也不能判断和预见事情的危害结果。我国《中小学幼儿园安全管理办法》第十七条规定：“学校应当……禁止将非教学用易燃易爆物品、有毒物品、动物和管制器具等危险物品带入校园。”《幼儿园工作规程》第十二条规定：“幼儿园应当严格执行国家和地方幼儿园安全管理的相关规定，建立健全门卫、房屋、设备、消防、交通、食

品、药物、幼儿接送交接、活动组织和幼儿就寝值守等安全防护和检查制度，建立安全责任制和应急预案。”同文第十四条规定：“幼儿园应当严格执行国家有关食品药品安全的法律法规，保障饮食饮水卫生安全。”国务院《农药管理条例》第三十三条规定：“农药使用者应当遵守国家有关农药安全、合理使用制度，妥善保管农药，并在配药、用药过程中采取必要的防护措施，避免发生农药使用事故。”由此可见，在这起幼儿园伤害事故中，这位老师的行为违反了有关法律法规，须承担法律责任。

案例 2-23　晓亮被后妈杀害，老师难逃干系

某幼儿园大班的晓亮(化名)身处离异家庭，他跟着爸爸生活。后来，他的爸爸同一位叫王艳(化名)的女子结婚。一开始，家庭生活还算和谐。晓亮的爸爸忙着生意，经常委托王艳接送孩子。但后来，晓亮爸爸的生意越来越难经营，家庭经济出了问题，加上爸爸偏向晓亮，作为后妈的王艳心生不满和嫉恨，家庭矛盾日渐升级。一天早晨，爸爸亲自送晓亮来园，告诉接待晨检的刘老师说：“我刚和我的对象吵了架，如果她来接孩子，千万别让她接走!”老师表示知道了。

下午午睡后，孩子们刚吃完水果，王艳急匆匆从外面赶过来，跟老师说家里有急事，需要提前将晓亮接走。刘老师一时忘记早晨他爸爸的嘱咐，就让王艳将孩子带走了。过了一会儿，刘老师突然想起早晨的事，就赶到晓亮的家，敲了门没有回应，她又回到幼儿园。她左思右想，一种不祥的预兆涌上心来。于是她又回到晓亮家，在众人帮助下破门而入，在一堆衣服下发现了孩子的尸体。原来王艳将孩子接回家后，为报复其父，将晓亮——一个无辜的小生命，掐死了!

案例分析：在这起案件里，晓亮的被害，主要责任在于其后母王艳，她应当承担故意杀人的刑事责任。但刘老师在此案件里也有不可推卸的责任，因为晨检时晓亮的父亲已经告诉她孩子处于危险之中，她就应当牢记且十分注意，时刻把孩子的生命安全放在首位。但她犯了疏忽的错误，忘记了晓亮父亲的叮嘱，致使王艳轻而易举地将孩子接走。如果刘老师是一个恪尽职守、认真负责的老师，也就不会发生这个事故，晓亮也不会惨遭毒手，所以刘老师因过错也要承担一定的法律责任。

三、幼儿园伤害事故的归责原则与民事赔偿

过错责任原则是我国最基本、最一般的归责原则，幼儿园伤害事故的归责也普遍适用过错责任原则。下文将对幼儿园伤害事故的归责原则与民事赔偿问

题进行介绍与分析。

(一)幼儿园伤害事故的归责原则

“归责”就是根据侵害事实确定责任的归属，也就是对“由谁来承担法律责任”的问题给出结论。所谓归责原则是司法机关确定和追究侵权行为人民事责任的根据和标准。我国《民法》规定侵权行为的归责原则有：过错责任原则、无过错责任原则、公平责任原则。在司法实践中，幼儿园伤害事故的归责原则虽然并不排除其他两种原则的适用，但却一般以“过错责任原则”为主处理案件纠纷。下面我们重点讨论一下“过错责任原则”的问题。

过错责任原则是指以行为人主观上是否有过错来确定其是否须要承担损害结果的民事责任的归责原则。我国《民法通则》第一百零六条第二款规定：“公民、法人由于过错侵害国家的、集体的财产，侵害他人财产、人身的应当承担民事责任。”这就确定了过错责任原则是我国最基本、最一般的归责原则。

幼儿园伤害事故也普遍适用过错责任原则。最高人民法院《关于贯彻执行〈中华人民共和国民法通则〉若干问题的意见》第一百六十条规定：“在幼儿园、学校生活、学习的无行为能力的人和精神病人，幼儿园有过错时，应适当承担相应责任。”《学生伤害事故处理办法》第八条规定：“学生伤害事故的责任，应当根据相关当事人的行为与损害后果之间因果关系依法确定。因学校、学生或者其他相关当事人的过错造成的学生伤害事故，相关当事人应当根据其行为过错程度的比例及其与损害后果之间的因果关系承担相应的责任。当事人的行为是损害后果发生的主要原因，应当承担主要责任；当事人的行为是损害结果发生的非主要原因，承担相应的责任。”《人身损害赔偿司法解释》第七条规定：“对未成年人依法负有教育、管理、保护义务的学校、幼儿园或其他教育机构，未尽职责范围内的相关义务致使未成年人遭受人身损害，或者未成年人致他人人身损害的，应当承担与其过错相应的赔偿责任。”由此可见，幼儿园伤害事故的赔偿是看其过错，有过错就要赔偿，无过错就不予赔偿，换句话说，之所以幼儿园应负赔偿责任，不是因为幼儿有损害，而是幼儿园有过错。

关于“过错”一词，究竟应当怎样理解？民法上的“过错”，通常是指侵权人实施侵权行为时的主观心理状态，分为故意和过失。就幼儿园伤害事故的发生来说，其“过错”应当这样理解：幼儿园的教职员工故意不按照国家法律法规的规定履行自己的职责，或在履行职责的过程中有过失。其中包括作为的形式和不作为的形式。作为的形式是出于故意或过失实施了法律法规禁止做的事情，不作为的形式是出于故意或过失没有履行法定职责。前者例如教师体罚或变相体罚幼儿，后者例如看见幼儿之间互殴而不去制止。

在过错责任原则的适用过程中有一种特殊情形，即过错推定。所谓过错推定就是行为人如果不能证明自己没有过错，司法机关就要推定其有过错并判令其承担民事责任。《侵权责任法》第六条规定："行为人因过错侵害他人民事权益，应当承担侵权责任。依据法律规定，推定行为人有过错，行为人不能证明自己没有过错的，应承担侵权责任。"同法第三十八条规定："无民事行为能力人在幼儿园、学校或者其他教育机构学习、生活期间受到人身损害的，幼儿园、学校或者其他教育机构应当承担责任，但能够证明尽到教育、管理职责的，不承担责任。"

可见，司法机关在处理幼儿园伤害事故的过程中，对于过错的认定也适用过错推定的方式，它实际上是一种举证责任倒置的情况，以此彰显对完全无民事行为能力的幼儿进行特殊保护的法律精神。

(二)幼儿园伤害事故的民事赔偿

以下将就幼儿园伤害事故民事赔偿的具体情形，民事赔偿的项目、范围和标准进行介绍与分析。

1. 民事赔偿的具体情形

幼儿园伤害事故的民事赔偿有不同情形，它是根据幼儿园在事故中的具体责任情况划分的，共分为三种：完全责任赔偿、部分责任赔偿以及责任免除。

完全责任赔偿是指在一起伤害事故中，幼儿园负有全部责任，故应当承担全部赔偿责任。

部分责任赔偿是指在一起伤害事故中，有包括幼儿园在内的两个以上责任主体，幼儿园只负责赔偿与其责任相当的部分。

根据教育部《学生伤害事故处理办法》规定，在以下情况下，如果幼儿园的行为并无不当，可以免除法律责任：第一，因不可抗力发生的事故。比如地震、台风、洪水、雷击等。但应当注意的是，这还要看是否有官方预报，幼儿园是否采取了应对措施。第二，来自于幼儿园外部的突发性、偶发性侵害。第三，幼儿属于特异体质或患有特殊疾病，幼儿家长未尽告之义务。第四，在对抗性或者具有风险性的体育竞赛活动中造成的人身伤害。

案例 2-24　霸气的俫俫惹出祸，谁来承担赔偿责任?

俫俫(化名)是某幼儿园大班一名淘气的小男孩儿，平常有点"霸气"，经常抢其他小朋友的玩具，还出手打人。老师曾就此情况跟家长沟通，希望家长配合教育。

有一天临近离园，王老师组织孩子们上厕所，然后等待家长来接。俫俫抢先跑到厕所，发现啸啸(化名)已经在厕所准备小便，他冲过去用力推了啸啸一把，啸啸没有站稳，一个趔趄摔到墙角，疼得直哭。王老师发现之后走了过去，安慰了啸啸，也批评了倈倈，双方家长各自将孩子接走。

夜晚的时候，啸啸疼痛难忍，腿上还鼓出大包，爸爸赶紧将孩子送往医院。经过检查，医生确诊其为大腿骨骨折。住了两周医院，花去医药费、营养费、交通费、看护费、父母误工费等各项费用共计 14000 元。待啸啸伤好归园后，他的爸爸找到园长要求赔偿损失，双方协商不成，他便一纸诉状将幼儿园告上法庭。

人们对于此案有三种意见：一是认为啸啸的伤是倈倈故意所为，应当由倈倈的父母承担赔偿责任；二是认为啸啸的伤是在幼儿园发生的，倈倈是完全无民事行为能力的人，应当由幼儿园承担赔偿责任；三是认为幼儿园老师和倈倈都有责任，应当共同承担赔偿责任。法庭采取的是第三种意见，认为此案中老师和倈倈都有责任，倈倈是直接责任人，应负主要责任，老师没有尽到工作职责，应负次要责任，故判决倈倈父母负责赔偿 8000 元，幼儿园负责赔偿 6000 元，此案了结。

案例分析：在这起幼儿园伤害事故里，有两个责任主体，幼儿园只承担部分赔偿责任。具体来说，案中的倈倈故意将啸啸推倒，造成啸啸受伤，是直接责任人，负有主要责任。由于倈倈属于完全无行为能力的人，其赔偿责任应当由其监护人，也就是他的父母来承担。老师在这件事情中也有责任，没有尽到管理、看护义务，是间接责任人，负有次要责任。但是老师的这种“不作为”行为是在工作期间发生的，它是一种职务行为而不是个人行为，所以应当由幼儿园承担法律责任，幼儿园有权对当事教师进行追偿。法院判决由双方共同承担赔偿责任是合乎法律规定的。

2. 民事赔偿的项目、范围和标准

我国《民法通则》第一百一十九条规定：“侵害公民身体造成伤害的，应当赔偿医疗费、因误工减少的收入、残疾者生活补助费等费用；造成死亡的，并应支付丧葬费、死者生前抚养的人必要的生活费等费用。”《侵权责任法》第十六条规定：“侵害他人造成人身损害的，应当赔偿医疗费、护理费、交通费等为治疗和康复支出的合理费用，以及因误工减少的收入，造成残疾的，还应当赔偿残疾生活辅助具费和残疾赔偿金，造成死亡的，还应当赔偿丧葬费和死亡赔偿金。”

(1)物质性赔偿

幼儿园伤害事故的物质性赔偿包括直接损害赔偿和间接损害赔偿。直接损害赔偿包括：医疗费、营养费、伙食补助费、与医疗有关的住宿费、交通费、残疾用具费、丧葬补助费；间接损害赔偿包括：父母误工费、残疾生活补助费、残疾护理补助费、死亡补助费等。

(2)精神损害赔偿

精神损害赔偿是指民事主体因其人身权利受到不法侵害，使其人格利益和身份利益受到损害或遭受精神痛苦，要求侵权人通过财产赔偿等方法进行救济和保护的民事法律制度。精神损害赔偿的主要依据是最高人民法院《关于确定民事侵权精神损害责任若干问题的解释》。

幼儿园伤害事故的精神损害赔偿是对被侵权幼儿的一种心灵抚慰与救济，旨在恢复被侵权幼儿的精神健康。应当引起特别注意的是，幼儿由于认知能力弱，对某些侵害产生的精神痛苦的后果，只有长大后才能深刻体会到，所以我们应当在可预见到的范围内考虑到这个问题。

幼儿精神损害赔偿必须具备两个条件：受害幼儿由其法定代理人提出赔偿诉求；侵权行为造成了幼儿精神损害的严重后果。精神损害赔偿的方式有停止侵害、恢复名誉、消除影响、赔礼道歉、赔偿精神抚慰金等。最高人民法院《关于确定民事侵权精神损害责任若干问题的解释》第八条规定："因侵权致人精神损害，但未造成严重后果，受害人请求赔偿精神损害的，一般不予支持，人民法院可以根据情形判令侵权人停止侵害、恢复名誉、消除影响、赔礼道歉。因侵权致人精神损害，造成严重后果的，人民法院除判令侵权人承担停止侵害、恢复名誉、赔礼道歉等民事责任外，可以根据受害人一方的请求判令其赔偿相应的精神损害抚慰金。"

幼儿园伤害事故的精神损害赔偿具体数额，很难有一个统一的标准，因为精神损害本身无法用金钱来衡量，但应该起到这样的作用：赔偿数额能够对受害幼儿当下或可预见的未来的精神痛苦起到抚慰作用，对侵权人起到惩罚作用。在审理具体案件时，法官会依法并结合实际情况，行使自由裁量权。

【本章小结】

幼儿享有人格权、财产权和著作权、参与权和受教育权，其中人格权又包括生命权、健康权、身体权、人身自由、肖像权、隐私权等。幼儿教师应当懂得如何维护幼儿的基本权利，了解侵权行为应当承担的法律后果。幼儿园必须严禁体罚和变相体罚幼儿。幼儿园伤害事故的构成具有时间、空间、对象和结果要素，分为责任事故、意外事故和不可抗力事故。幼儿园和幼儿园教师应当详尽分析伤害事故发生原因并采取必要的预防措施。

【讨论与思考】

1. 说明幼儿人格权的具体内容。联系实际谈谈幼儿教师如何维护幼儿的人格权以及对幼儿健康成长的意义。

2. 什么是幼儿园体罚行为？它具有什么特征？幼儿园体罚行为的法律责任是什么？

3. 什么是幼儿园伤害事故？分析说明造成责任事故的主要原因和预防措施。

【推荐阅读】

1. 申卫星：《民法学》，北京大学出版社，2003 年版。

2. 玛丽亚·蒙台梭利：《童年的秘密》，武汉大学出版社，2014 年版。

3. 最高人民法院民事审判第一庭：《〈最高人民法院关于确定民事侵权精神赔偿责任若干问题的解释〉的理解与适用》，人民法院出版社，2001 年版。

第三章
幼儿教师资格与聘任制度及其权利保护

【重点与难点】

重点：幼儿教师的权利与义务

难点：1. 幼儿教师资格的取得与注册制度

2. 幼儿教师聘任合同

【学习要点】

1. 幼儿教师资格证的取得、认定、注册、丧失与撤销
2. 幼儿教师聘任制的基本要求、基本形式
3. 幼儿教师聘任合同的法律特征和基本条款
4. 幼儿教师职称等级标准的条件
5. 幼儿教师的权利
6. 幼儿教师的义务

本章导航

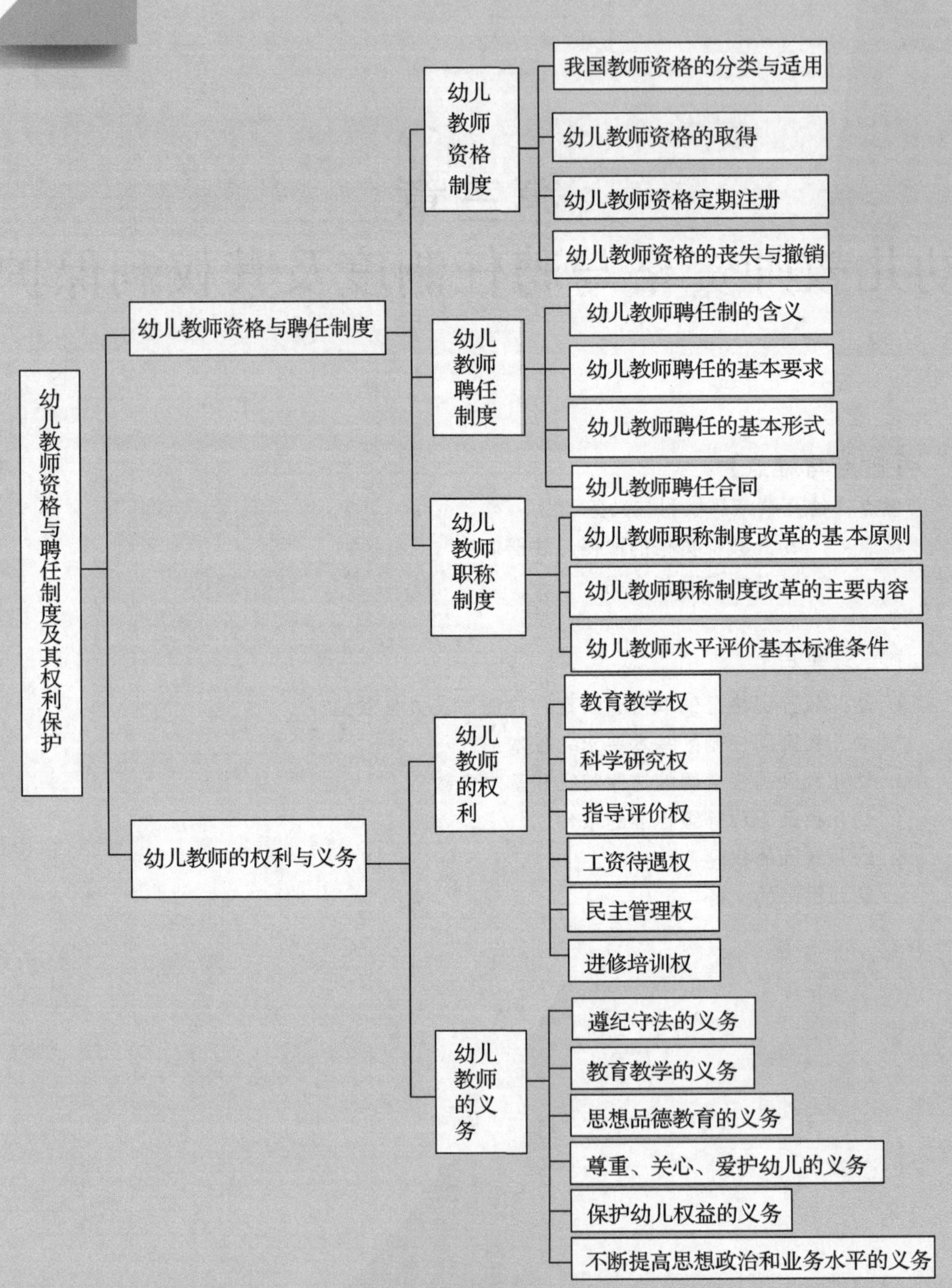

幼儿教师资格与聘任制度及其权利保护
幼儿教师资格与聘任制度
幼儿教师资格制度
我国教师资格的分类与适用
幼儿教师资格的取得
幼儿教师资格定期注册
幼儿教师资格的丧失与撤销
幼儿教师聘任制度
幼儿教师聘任制的含义
幼儿教师聘任的基本要求
幼儿教师聘任的基本形式
幼儿教师聘任合同
幼儿教师职称制度
幼儿教师职称制度改革的基本原则
幼儿教师职称制度改革的主要内容
幼儿教师水平评价基本标准条件
幼儿教师的权利与义务
幼儿教师的权利
教育教学权
科学研究权
指导评价权
工资待遇权
民主管理权
进修培训权
幼儿教师的义务
遵纪守法的义务
教育教学的义务
思想品德教育的义务
尊重、关心、爱护幼儿的义务
保护幼儿权益的义务
不断提高思想政治和业务水平的义务

第一节 幼儿教师资格与聘任制度

学前教育是我国基础教育的重要起始与奠基，是终身教育的基础阶段。而作为学龄前儿童成长中的“重要他人”，幼儿教师在幼儿身心发展过程中发挥着不可替代的重要作用；幼教师资队伍的素质也直接决定了整个学前教育的质量。我国现有三大幼儿教师制度——幼儿教师资格制度、幼儿教师聘任制度、幼儿教师职称制度，为依法规范我国幼儿教师队伍建设、保证并持续提升幼教师资质量，提供了重要制度保障。

一、幼儿教师资格制度

幼儿教师资格制度是国家对幼儿教师实行的一种特定的职业许可制度。我国《中华人民共和国教师法》和《教师资格条例》中明确规定：中国公民在各级各类学校和其他教育机构中专门从事教育教学工作，应当依法取得教师资格。国务院教育行政部门主管全国教师资格工作。

(一)我国教师资格的分类与适用

1. 教师资格的分类

依据国务院1995发布的《教师资格条例》，我国教师资格共分为七大类别，分别为：(1)幼儿园教师资格；(2)小学教师资格；(3)初级中学教师和初级职业学校文化课、专业课教师资格(统称初级中学教师资格)；(4)高级中学教师资格；(5)中等专业学校、技工学校、职业高级中学文化课、专业课教师资格(统称中等职业学校教师资格)；(6)中等专业学校、技工学校、职业高级中学实习指导教师资格(统称中等职业学校实习指导教师资格)；(7)高等学校教师资格。成人教育的教师资格则按照成人教育的层次来确定相应类别。

2. 教师资格的适用

在我国，各类别教师资格采取“向下适用”原则，即取得教师资格的公民，可以在本级及其以下等级的各类学校和其他教育机构担任教师。也就是说，取得幼儿教师资格的我国公民，仅可以在学前教育机构担任教师，不能在小学及以上类别的教育机构从事教师职业。而高级中学教师资格与中等职业学校教师资格是可以相互通用的。此外，取得中等职业学校实习指导教师资格的公民只能在中等专业学校、技工学校、职业高级中学或者初级职业学校担任实习指导教师。

(二)幼儿教师资格的取得

1. 幼儿教师资格条件

《中华人民共和国教师法》第十条明确规定："中国公民凡遵守宪法和法律，热爱教育事业，具有良好的思想品德，具备本法规定的学历或者经国家教师资格考试合格，有教育教学能力，经认定合格的，可以取得教师资格。"具体到幼儿教师方面，我国《幼儿园工作规程》(2016 年)第三十九条规定："幼儿园教职工应当贯彻国家教育方针，具有良好品德，热爱教育事业，尊重和爱护幼儿，具有专业知识和技能以及相应的文化和专业素养，为人师表，忠于职责，身心健康。幼儿园教职工患传染病期间暂停在幼儿园的工作。有犯罪、吸毒记录和精神病史者不得在幼儿园工作。"

在学历水平的要求方面，取得幼儿园教师资格，应当具备幼儿师范学校毕业及其以上学历。幼儿园园长除应当符合《幼儿园工作规程》第三十九条规定外，还应具备大专以上学历、有三年以上幼儿园工作经历和一定的组织管理能力，并取得教师资格证书及幼儿园园长岗位培训合格证书。

我国其他类别教师资格应当具备的学历要求如下：(1)取得小学教师资格，应当具备中等师范学校毕业及其以上学历；(2)取得初级中学教师、初级职业学校文化、专业课教师资格，应当具备高等师范专科学校或者其他大学专科毕业及其以上学历；(3)取得高级中学教师资格和中等专业学校、技工学校、职业高中文化课、专业课教师资格，应当具备高等师范院校本科或者其他大学本科毕业及其以上学历；(4)取得中等专业学校、技工学校和职业高中学生实习指导教师资格应当具备的学历，由国务院教育行政部门规定；(5)取得高等学校教师资格，应当具备研究生或者大学本科毕业学历；(6)取得成人教育教师资格，应当按照成人教育的层次、类别，分别具备高等、中等学校毕业及其以上学历。

2. 幼儿教师资格考试

教师资格考试是评价申请教师资格人员是否具备从事教师职业所必需的教育教学基本素质和能力的考试。建立健全教师资格考试制度，是严格教师职业准入、保证教师质量的重要手段。依照我国《教师法》与《教师资格条例》的规定，不具备《教师法》规定的教师资格学历的公民，申请获取教师资格，必须通过国家教师资格考试。近年来，随着我国社会政治经济的新发展，新的历史时期对幼儿教师队伍建设、资质标准等也提出了新的时代要求。依据《教师法》《教师资格条例》与《国家中长期教育改革和发展规划纲要(2010—2020 年)》等重要法规与政策精神，近年我国对学前教育与中小学教育阶段的教师资格考试制度进行了重大改革。教育部于 2013 年 8 月印发《中小学教师资格考试暂行办法》，明确规定：参加教师资格考试合格是教师职业准入的前提条件。申请幼儿园、小学、初级中学、普通高级中学、中等职业学校教师和中等职业学校实习指导教师资格的人员，均必须分别参加相应类别的教师资格考试。与此同时，该办法对我国现行幼儿教师、中小学教师资格考试的总体要求、报考条件、考试内容与形式、考试实施、考试安全与违规处理、考试的组织管理等分别作出了明确规定。

(1)报考条件

《中小学教师资格考试暂行办法》第六条至第九条规定："第一，可以报名参加幼儿教师资格考试的人员需符合以下基本条件：具有中华人民共和国国籍；遵守宪法和法律，热爱教育事业，具有良好的思想品德；符合申请认定教师资格的体检标准；符合《教师法》规定的学历要求。普通高等学校在校三年级以上学生，可凭学校出具的在籍学习证明报考。第二，申请人应在户籍或人事关系所在地报名参加教师资格考试。普通高等学校在校生可在就读学校所在地报名参加教师资格考试。第三，试点省份试点工作启动前已入学的全日制普通高校师范类专业学生，可以持毕业证书申请直接认定相应的教师资格。试点工作启动后入学的师范类专业学生，申请中小学教师资格应参加教师资格考试。第四，对于被撤销教师资格的人员，5 年内不得报名参加考试；受到剥夺政治权利，或故意犯罪受到有期徒刑以上刑事处罚的，不得报名参加考试。曾参加教师资格考试有作弊行为的，则按照《国家教育考试违规处理办法》的相关规定执行。"

(2)考试内容与形式

《中小学教师资格考试暂行办法》第十条至第十八条对幼儿教师资格考试的内容与形式进行了统一规定：幼儿教师资格考试包括笔试和面试两大部分。首先，笔试主要考查申请人从事幼儿教师职业所应具备的教育理念、职业道德、法律法规知识、科学文化素养、阅读理解、语言表达、逻辑推理和信息处理等基本能力；教育教学、学生指导和班级管理的基本知识；拟任教学科领域的基本知识，教学设计实施评价的知识和方法，运用所学知识分析和解决教育教学实际问题的能力。幼儿园教师资格考试笔试科目为《综合素质》《保教知识与能力》两科。笔试主要采用计算机考试和纸笔考试两种方式进行。采用计算机考试和纸笔考试的范围和规模，根据各省(区、市)实际情况和条件确定。笔试的成绩合格线由国家统一确定。其次，幼儿园教师资格考试的面试主要考查申请人的职业认知、心理素质、仪表仪态、言语表达、思维品质等教师基本素养和教学设计、教学实施、教学评价等教学基本技能。幼儿园教师面试采取结构化面试、情境模拟等方式，通过抽题、幼儿园活动设计、回答规定问题、试讲、答辩、评分等环节进行。面试成绩合格线则由省级教育行政部门来确定。再次，幼儿园教师资格考试的笔试单科成绩有效期为 2 年。笔试和面试均合格者由教育部考试中心(教育部教师资格考试中心)颁发幼儿园教师资格考试合格证明。

教师资格考试合格证明有效期为3年。教师资格考试合格证明是考生申请认定教师资格的必备条件。同时，考生在笔试和面试成绩公布后，可通过教师资格考试网站查询本人的考试成绩。考生如对本人的考试成绩有异议，可在考试成绩公布后10个工作日内向本省(区、市)教师资格考试机构提出复核申请。

(3)考试实施

幼儿园教师资格考试的笔试和面试每年各举行两次，笔试一般在每年3月和11月各举行一次，面试一般在每年5月和12月各举行一次。省级教师资格考试机构按照《中小学教师资格考试考务工作规定》《中小学教师资格考试机考考务细则》组织实施笔试考务工作；按照《中小学教师资格考试面试工作规程》，制定面试实施细则，组织实施面试工作。省级教师资格考试机构使用教师资格考试考务管理信息系统进行笔试和面试的报名受理、考点设置、考场编排等考务管理工作。省级教师资格考试机构组织开展本省(区、市)考务相关人员的安全保密教育和考务流程培训工作。笔试和面试机考软件系统的使用实行首席技术负责人制度，采取分级培训方式进行。此外，各级教育行政部门及教师资格考试机构不得组织教师资格考试培训。

笔试和面试考生通过教师资格考试网站进行报名后，需携带省级教师资格考试机构规定的相关材料，到指定考点进行报名审核，并现场确认报考信息。考生笔试各科成绩合格并在有效期内的，方可报名参加面试。

面试一般按学科分组进行。每个考评组由不少于3名考官组成，设主考官1名。面试考官由高校专家、中小学和幼儿园优秀教师、教研机构专家等组成。面试考官须具备以下条件：第一，熟悉教师资格考试相关政策；第二，具有良好的职业道德，公道正派，身体健康；第三，具有扎实的专业知识、较强的分析概括能力、判断能力和语言表达能力；第四，从事相关专业教学或研究工作5年以上，一般应具有副高级以上专业技术职务(职称)；第五，参加省级或国家级教师资格考试机构组织的培训并获得证书。

有关幼儿园教师资格考试实施的上述内容，在《中小学教师资格考试暂行办法》第十九条至第二十七条中均有相关明确规定。

(4)考试安全与违规处理

幼儿教师资格考试是国家依法依规组织实施的国家统一考试，具有严肃性和规范性，任何人均不得有损害考试安全与考试公平的违规违纪行为。对此，《中小学教师资格考试暂行办法》第二十八条至三十条也作出了明确规定：首先，省级教师资格考试机构根据《中小学教师资格考试应急处置预案实施办法(试行)》处置和应对考试期间的突发事件。其次，对试题命制、考务管理、监考等考试相关人员发生的违规行为按照《保守国家秘密法》《国家教育考试违规处理办法》进行处罚。情节严重、构成犯罪的，由司法机关依法追究刑事责任。再次，对考生违规行为按照《国家教育考试违规处理办法》认定和处理。

(5)考试组织管理

幼儿教师资格考试标准与考试大纲，均由教育部依据教师专业标准和教师教育课程标准，组织专门人员制订和审定。幼儿教师资格考试的组织实施也由教育部统一负责。具体而言，教育部的主要职责包括：第一，依据考试标准拟定考试大纲；第二，组织命制笔试和面试试题，建设试题库；第三，制定考务管理规定，研发和维护考试管理系统；第四，组织考务工作，培训技术人员；第五，组织阅卷，负责考试成绩管理与评价；第六，指导、监督、检查各省、自治区、直辖市考试实施工作。

省级教育行政部门全面负责本行政区域内幼儿教师资格考试工作。可成立教师资格考试领导小组，由省级教育行政部门的主要领导兼任领导小组组长。指定专业化教育(教师资格)考试机构，在省级教育行政部门领导下具体负责考务组织工作，主要职责包括：第一，制定本地区考务管理具体措施；第二，组织本地区考务工作；第三，组织面试考官及考务工作人员培训；第四，管理、指导、监督本行政区域各考区工作；第五，负责本行政区域教师资格考试安全保密工作。

幼儿教师资格考试以市(地、州、盟)为单位设立考区。各考区的教师资格考试的组织实施由市(地、州、盟)教育行政部门和教师资格考试机构负责。

3. 幼儿教师资格认定

在我国，幼儿教师资格必须遵循国家法定程序，经过法定机构的认定。《教师法》与《教师资格条例》规定：幼儿园、中小学教师资格由县级以上地方人民政府教育行政部门认定。中等专业学校、技工学校的教师资格由县级以上地方人民政府教育行政部门组织有关主管部门认定。普通高等学校的教师资格由国务院或者省、自治区、直辖市教育行政部门或者由其委托的学校认定。具备《教师法》规定的学历或者经国家教师资格考试合格的公民，要求有关部门认定其教师资格的，有关部门应当依照《教师法》规定的条件予以认定。取得教师资格的人员首次任教时，应当有试用期。

1)幼儿教师资格认定的程序

(1)申请人提出申请

认定幼儿园教师资格，应当由本人提出申请。申请认定幼儿园教师资格者应当在规定时间向教师资格认定机构或者依法接受委托的高等学校提交各项基本材料。教育行政部门和受委托的高等学校每年春季、秋季各受理一次教师资格认定申请。具体受理期限由教育行政部门或者受委托的高等学校规定，并以适当形式公布。申请人应当在规定的受理期限内提出申请。

《〈教师资格条例〉实施办法》规定，申请认定幼儿园教师资格者的教育教学能力应当符合下列要求：第一，具备承担教育教学工作所必需的基本素质和能力。具体测试办法和标准由省级教育行政部门制定。第二，普通话水平应当达到国家语言文字工作委员会颁布的《普通话水平测试等级标准》二级乙等以上标准。少数方言复杂地区的普通话水平应当达到三级甲等以上标准；使用汉语和当地民族语言教学的少数民族自治地区的普通话水平，由省级人民政府教育行政部门规定标准。第三，具有良好的身体素质和心理素质，无传染性疾病，无精神病史，适应教育教学工作的需要，在教师资格认定机构指定的县级以上医院体检合格。

(2)教育行政部门审查受理与颁发证书

教师资格认定机构或者依法接受委托的高等学校应当组织成立教师资格专家审查委员会。教育行政部门或者受委托的高等学校在接到公民的教师资格认定申请后，应当对申请人的条件进行审查。申请人提交的证明或者材料不全的，教育行政部门或者受委托的高等学校应当及时通知申请人于受理期限终止前补齐。对符合认定条件的，应当在受理期限终止之日起 30 日内颁发幼儿教师资格证书；对不符合认定条件的，应当在受理期限终止之日起 30 日内将认定结论通知本人。

2)申请人须提交的基本材料

申请认定幼儿园教师资格者应当在规定时间向教师资格认定机构或者依法接受委托的高等学校提交下列基本材料：

第一，由本人填写的《教师资格认定申请表》一式两份(教师资格认定申请表由国务院教育行政部门统一格式)。

第二，身份证原件和复印件。

第三，学历证书原件和复印件。

第四，由教师资格认定机构指定的县级以上医院出具的体格检查合格证明(体检项目由省级人民政府教育行政部门规定，其中必须包含“传染病”“精神病史”项目。申请认定幼儿园和小学教师资格的，参照《中等师范学校招生体检标准》的有关规定执行；申请认定初级中学及其以上教师资格的，参照《高等师范学校招生体检标准》的有关规定执行)。

第五，普通话水平测试等级证书原件和复印件(普通话水平测试由教育行政部门和语言文字工作机构共同组织实施，对合格者颁发由国务院教育行政部门统一印制的《普通话水平测试等级证书》)。

第六，思想品德情况的鉴定或者证明材料(申请人思想品德情况的鉴定或者证明材料按照《申请人思想品德鉴定表》要求填写。在职申请人，该表由其工作单位填写；非在职申请人，该表由其户籍所在地街道办事处或者乡级人民政府填写。应届毕业生由毕业学校负责提供鉴定。必要时，有关单位可应教师资格认定机构要求提供更为详细的证明材料)。

3)幼儿园教师资格证书的管理

《〈教师资格条例〉实施办法》要求：各级人民政府教育行政部门应当加强对教师资格证书的管理。教师资格证书作为持证人具备国家认定的教师资格的法定凭证，由国务院教育行政部门统一印制。《教师资格认定申请表》由国务院教育行政部门统一格式。同时，《教师资格证书》和《教师资格认定申请表》由教师资格认定机构按国家规定统一编号，加盖相应的政府教育行政部门公章、钢印后生效。

取得幼儿教师资格的人员，其《教师资格认定申请表》一份存入本人的人事档案，其余材料由教师资格认定机构归档保存。教师资格认定机构建立教师资格管理数据库。

教师资格证书遗失或者损毁影响使用的，由本人向原发证机关报告，申请补发。原发证机关应当在补发的同时收回损毁的教师资格证书。

对使用假资格证书的，一经查实，按弄虚作假、骗取教师资格处理，5 年内不得申请认定幼儿教师资格，由教育行政部门没收假证书。对变造、买卖幼儿园教师资格证书的，依法追究法律责任。

(三)幼儿教师资格定期注册

为完善教师资格制度，健全教师管理机制，建设高素质专业化教师队伍，根据《教师法》《教师资格条例》和《国家中长期教育改革和发展规划纲要(2010—2020 年)》，教育部制定了《中小学教师资格定期注册暂行办法》，并于 2013 年 8 月正式颁布。该办法对包括幼儿教师在内的我国中小学教师资格定期注册制度作出了全面规定。

1. 基本原则、注册周期和主管部门

教师资格定期注册是对教师入职后从教资格的定期核查。幼儿教师资格定期注册的对象为幼儿园在编在岗教师。教师资格定期注册应与幼儿教师人事管理工作紧密结合，将严格幼儿教师考核和促进幼儿教师专业发展作为重要的工作目标。定期注册坚持以人为本、科学规范和公开公平公正的原则，客观体现教师职业道德、业务水平和工作业绩情况。

幼儿教师资格实行 5 年一周期的定期注册。定期注册不合格或逾期不注册的人员，不得从事学前教育教学工作。

国务院教育行政部门主管教师资格定期注册工作。县级以上地方教育行政部门负责本地教师资格定期注册的组织、管理、监督和实施。承担幼儿教师资格定期注册改革试点的省(区、市)组织实施教师资格定期注册工作。省级教育行政部门可根据本地教师队伍建设的实际需要，将依法举办的民办普通中小学、中等职业学校和幼儿园教师纳入定期注册范围。

2. 注册条件

申请幼儿教师资格首次注册者，应当具备下列条件：第一，具有与任教岗位相应的幼儿教师资格；第二，聘用为幼儿园在编在岗教师；第三，省级教育行政部门规定的其他条件；第四，对于首次任教人员须试用期满且考核合格。

满足下列条件的，定期注册合格：第一，遵守国家法律法规和《中小学教师职业道德规范》，达到省级教育行政部门规定的师德考核评价标准，有良好的师德表现；第二，每年年度考核合格以上等次；第三，每个注册有效期内完成不少于国家规定的360个培训学时或省级教育行政部门规定的等量学分；第四，身心健康，胜任教育教学工作；第五，省级教育行政部门规定的其他条件。

有下列情形之一的，则应暂缓注册：第一，注册有效期内未完成国家规定的教师培训学时或省级教育行政部门规定的等量学分；第二，已中止幼儿园教育教学和教育管理工作一学期以上，但经所在学校或教育行政部门批准的进修、培训、学术交流、病休、产假等情形除外；第三，一个注册周期内任何一年年度考核不合格。暂缓注册者达到定期注册条件后，可重新申请定期注册。具体办法由省级教育行政部门根据实际情况制定。

注册不合格的情形包括：第一，违反《中小学教师职业道德规范》和师德考核评价标准，影响恶劣的；第二，一个注册周期内连续两年以上(含两年)年度考核不合格的；第三，依法被撤销或丧失幼儿教师资格的。

3. 注册程序

(1)申请人提出申请

取得教师资格，初次聘用为幼儿教师的，试用期满考核合格之日起60日内，申请首次注册。经首次注册后，每5年应申请一次定期注册。教师应当在定期注册有效期满前60日内，申请办理下一次教师资格定期注册。定期注册实行网上申请。幼儿教师资格定期注册须由本人申请，所在幼儿园集体办理，按照人事隶属关系报县级以上教育行政部门审核注册。定期注册工作不收取幼儿教师和园所任何费用。

申请教师资格定期注册，应当提交下列材料：

第一，《教师资格定期注册申请表》一式2份。

第二，《教师资格证书》。

第三，幼儿园或主管部门聘用合同。

第四，所在幼儿园出具的师德表现证明。

第五，5年的各年度考核证明。

第六，省级教育行政部门认可的教师培训证明。

第七，省级以上教育行政部门根据当地实际要求提供的其他材料。

申请首次注册者，应当提交上述第一、二、四、七项材料，同时提交试用期考核合格证明。对于在《中小学教师资格定期注册暂行办法》实施之日前已获得教师资格证书的幼儿园在编在岗教师，首次注册的办法由省级教育行政部门规定。

(2)教育行政部门审查与公示

县级以上教育行政部门在受理注册申请终止之日起90个工作日内，对申请人提交的材料进行审核并给出注册结论。注册结论应提前进行公示。县级教育行政部门负责申报材料的初审，提出注册结论的建议；地市级教育行政部门负责申报工作的复核；省级教育行政部门对注册申请进行终审，并在全国中小学教师资格定期注册管理信息系统中填报注册结论及有关信息。

(3)存档

县级以上教育行政部门将申请人的《教师资格注册申请表》一份存入个人人事档案，一份归档保存。同时在申请人《教师资格证书》附页上标明注册结论。

4. 罚则

首先，申请人隐瞒有关情况或提供虚假材料申请幼儿教师资格注册的，视情况暂缓注册或注册不合格，并给予相应处罚；已经注册的，应当撤销注册。其次，所在园所未按期如实提供申请人定期注册证明材料的，上级教育行政部门应当责令改正，对直接负责的主管人员和其他直接责任人依法给予行政处分。再次，地方教育行政部门实施定期注册，有下列情形之一的，由其上级教育行政部门或者监察机关责令改正，对直接负责的主管人员或者其他直接责任人员依法给予行政处分：对不符合教师定期注册条件者准予定期注册的；对符合教师定期注册条件者不予定期注册的。此外，注册范围内的幼儿教师无故逾期不申请定期注册，按照注册不合格处理。幼儿教师资格定期注册申请人如对定期注册结果有异议的，可依法提出申诉或者行政复议。

(四)幼儿教师资格的丧失与撤销

1. 幼儿教师资格的丧失

我国《教师法》《教师资格条例》，以及《教师资格条例实施办法》规定：受到剥夺政治权利或者故意犯罪受到有期徒刑以上刑事处罚的，不能取得教师资格；已经取得教师资格的，丧失教师资格。丧失教师资格者，由其工作单位或者户籍所在地相应的县级以上人民政府教育行政部门按教师资格认定权限会同原发证机关办理注销手续，收缴证书，归档备案。丧失教师资格者不得重新申请认定教师资格。

2. 幼儿教师资格的撤销

《教师资格条例》第十九条、第二十条明确规定，有下列情形之一的，由县级以上人民政府教育行政部门撤销其教师资格：(1)弄虚作假、骗取教师资格的；(2)品行不良、侮辱学生，影响恶劣的。被撤销教师资格的，自撤销之日起5年内不得重新申请认定教师资格，其教师资格证书由县级以上人民政府教育行政部门收缴。参加教师资格考试有作弊行为的，其考试成绩作废，3年内不得再次参加教师资格考试。

与此同时，《教师资格条例实施办法》中对教师资格证书造假等行为的处理及法律责任作出了规定：对使用假资格证书的，一经查实，按弄虚作假、骗取教师资格处理，5年内不得申请认定教师资格，由教育行政部门没收假证书。对变造、买卖教师资格证书的，依法追究法律责任。

此外，《教师资格条例》第二十一条、第二十二条还进一步规定：教师资格考试命题人员和其他有关人员违反保密规定，造成试题、参考答案及评分标准泄露的，依法追究法律责任。在教师资格认定工作中玩忽职守、徇私舞弊，对教师资格认定工作造成损失的，由教育行政部门依法给予行政处分；构成犯罪的，依法追究刑事责任。

案例 3-1　男教师打伤幼儿致教师资格被撤销

倩倩(化名)是某幼儿园中班的一位女孩。一天离园回家的路上，倩倩边走边跟妈妈说：今天在幼儿园老师打她屁股了。倩倩的妈妈一开始也没太在意，以为是倩倩调皮，老师为了教育她就象征性地在屁股上轻轻拍了拍。可没想到的是，回家后倩倩妈妈竟然发现倩倩的屁股上清清楚楚地有巴掌印记，而且已经有些青紫了。于是赶紧联系幼儿园问清原委。原来是由于倩倩好几次没有听主班老师的话，这位男老师一下子火了，竟然狠狠地在倩倩的小屁股上打了一巴掌。当被问到具体是怎么不听话时，这位男老师表示，倩倩扰乱教学秩序，在椅子上扭来扭去，还笑，屡次提醒都无效，所以在气头上就对孩子动了手。

事后这位男老师也很后悔，并主动提出给倩倩家三千元的赔偿金。但倩倩的家长不能接受这样的事情发生，不仅拒收赔偿金，还把这位教师告到了当地教育局。后经教育局查证，最终撤销了这位男教师的教师资格证。

教育局应该撤销这位老师的教师资格吗？有何法律法规依据？

案例分析：依据我国《教师法》《教师资格条例》的相关规定，幼儿教师有下列情形之一的，由所在学校、其他教育机构或者教育行政部门给予行政处分或者解聘，撤销教师资格：弄虚作假、骗取教师资格的；故意不完成教育教学任务给教育教学工作造成损失的；体罚学生，经教育不改的；品行不良、侮辱学生，影响恶劣的。被撤销教师资格的，自撤销之日起5年内不得重新申请认定教师资格，其教师资格证书由县级以上人民政府教育行政部门收缴。如有“体罚学生，经教育不改的；品行不良、侮辱学生，影响恶劣”的情形之一，构成犯罪的，依法追究刑事责任。本案例中男教师的做法对当事人倩倩的身心健康均带来了不良影响，既属于体罚幼儿，对孩子也是一种侮辱性的不良行为，影响恶劣。因此，教育局撤销其教师资格证的做法是有理有据、合法依规的。

二、幼儿教师聘任制度

聘任制是指用人单位通过契约确定与人员关系的一种任用方式，又称聘用合同制，是相对委任制而言的。一般的做法是由用人单位采取招聘或竞聘的方法，经过资格审查和全面考核后，由用人单位与确定的聘任人选签订聘书，明确双方的权利义务关系和受聘人员职责、待遇、聘任期等。聘任制既有利于保证合同期内用人单位和受聘者个人的工作稳定性，又能够拓宽选拔渠道，有利于人员的合理流动，从而有利于调整教师结构，在制度上激励教师奋发上进，并扩大用人单位灵活的用人自主权。

(一)幼儿教师聘任制的含义

教师聘任制，是在符合国家法律制度的情况下，聘任双方在平等自愿的前提下，由学校、幼儿园或者教育行政部门根据教育教学岗位设置，聘请有教师资质或教学经验的人担任相应教师职务的一项教师任用制度。

我国《教师法》第十七条规定：“学校和其他教育机构应当逐步实行教师聘任制。教师的聘任应当遵循双方地位平等的原则，由学校和教师签订聘任合同，明确规定双方的权利、义务和责任。实施教师聘任制的步骤、办法由国务院教育行政部门规定。”《幼儿园工作规程》(2016年)第四十一条也规定：“幼儿园教师必须具有《教师资格条例》规定的幼儿园教师资格……幼儿园教师实行聘任制。”

依照此规定，我国幼儿园也实行教师聘任制度，在双方地位平等的原则下，由幼儿园和幼儿教师签订聘任合同，明确规定双方的权利、义务和责任。只有签订了聘用合同，取得幼儿教师资格的公民才能够从事幼儿园教育教学活动，相关法规规定的幼儿教师权利与义务才能变为现实的权利与义务。幼儿教师聘任制对建立一支合格稳定的幼儿教师队伍，提高幼儿园办学的自主性，调动广大幼儿教师工作积极性，确保幼儿教师的社会地位和待遇，促进幼儿教师合理流动，提升学前教育教学质量，以及推动幼儿园内部管理规范化、科学化和持续健康发展等，均具有重要意义。

(二)幼儿教师聘任的基本要求

《幼儿园工作规程》第三十九至第四十二条、《教师法》第十条、第十一条规定：第一，幼儿园教职工应当贯彻国家教育方针，具有良好品德，热爱教育事业，尊重和爱护幼儿，具有专业知识和技能以及相应的文化和专业素养，为人师表，忠于职责，身心健康。第二，幼儿园教职工患传染病期间暂停在幼儿园的工作。有犯罪、吸毒记录和精神病史者不得在幼儿园工作。第三，幼儿园教师必须具有《教师资格条例》规定的幼儿园教师资格，应当具备幼儿师范学校毕业及其以上学历。第四，幼儿园园长应当具有《教师资格条例》规定的教师资格、具备大专以上学历、有三年以上幼儿园工作经历和一定的组织管理能力，并取得幼儿园园长岗位培训合格证书。幼儿园园长由举办者任命或者聘任，并报当地主管的教育行政部门备案。第五，幼儿园保育员应当具备高中毕业以上学历，受过幼儿保育职业培训。

(三)幼儿教师聘任的基本形式

幼儿教师聘任制依其聘任主体实施行为的不同可以分为以下几种形式：

(1)招聘，即幼儿园面向社会公开、择优选择具有幼儿教师资格的应聘人员。

(2)续聘，即聘任期满后，幼儿园与幼儿教师继续签订聘任合同。

(3)解聘，即幼儿园因某种原因不适宜继续聘任幼儿教师，双方解除合同关系。

(4)辞聘，即受聘幼儿教师主动请求幼儿园解除聘任的合同行为。

(四)幼儿教师聘任合同

一般而言，幼儿园采取招聘或竞聘的方法，经过资格审查和全面考核后，由幼儿园与确定的聘任人选签订聘书，明确双方的权利义务关系和受聘人员职责、待遇、聘任期等。受聘人拟任工作岗位或职务一般通过竞争取得，确定的形式可以签订聘任合同，也可以签订聘约，或颁发聘书，也可以签订目标责任书。教师聘任合同是广义劳动合同的特殊形式，具有一般劳动合同的法律特征。

1. 聘任合同的一般法律特征

第一，幼儿教师聘任合同是幼儿园、幼儿教师双方当事人意思表示一致的法律行为，而非单方的法律行为。也就是说，只有幼儿园和幼儿教师双方意思表示一致，自愿达成协议时，聘任合同才成立。

第二，聘任合同中双方当事人的法律地位平等。这既是园所与幼儿教师双方自由表达意愿的前提，也是双方实现权利与义务的重要基础。订立聘任合同，应当遵循合法、公平、平等自愿、诚实信用的原则。幼儿园可依据国家有关规定和幼儿园教育教学工作的实际需要，自主选择能够胜任幼儿教师岗位的专业人才，而幼儿教师也有权根据本人的专业知识与能力、专业发展需求等选择适合于自己的园所及工作岗位。

第三，聘任合同是正式合同。聘任合同是确立用人单位和受聘人员聘用关系的重要协议，国家规定聘任合同必须采用书面合同的形式，聘任关系未以书面形式确立的，聘任合同就不能成立和生效。因此，幼儿教师与园所的聘任合同也必须以书面形式订立。

2. 聘任合同的基本条款

依据《劳动合同法》等相关法规的规定，幼儿园与幼儿教师订立劳动合同应当具备以下条款：(1)幼儿园的名称、住所和法定代表人或者主要负责人；(2)幼儿教师姓名、住址和居民身份证或者其他有效身份证件号码；(3)劳动合同期限；(4)工作内容和工作地点；(5)工作时间和休息休假；(6)劳动报酬；(7)社会保险；(8)劳动保护、劳动条件和职业危害防护；(9)法律、法规规定应当纳入劳动合同的其他事项。除上述规定的必备条款外，幼儿园与幼儿教师还可以约定试用期、培训、保守秘密、补充保险和福利待遇等其他事项。

案例 3-2　难道都是怀孕惹的祸?

晓晴大学毕业后经过正式招考被一个公立幼儿园录用，并和幼儿园签订了为期三年的聘用合同。工作一年后，她怀孕了。不久后，园领导找她谈话，希望她回家休息。但晓晴说她身体很好，不用休息。快放寒假了，园里默许她继续上班。可是这个寒假后，新学期开学当天，晓晴就接到园方的通知：因为她有孕在身，已不能胜任幼儿园的工作，园方解除与她的劳动合同。此后，她多次打电话给幼儿园领导要求上班，但都遭到了拒绝。从那以后，一直没收到园里发的工资。

遇到这种情况，晓晴该怎么办呢?

案例分析：包括幼儿教师在内的很多女性职工都会在工作聘期内面临怀孕生子的问题。应该说随着女性社会地位的提高，国家和社会对妇女权益保障的日益重视，当前我国女性幼儿教师在孕期、产期、哺乳期这三个特殊时期的合法权益已经有了多部专门性及相关法律法规、政策的保障。但在实践中，仍存在违法解聘幼儿教师，特别是在特殊时期违法解聘女性幼儿教师的现象。该案例中园方的做法就显然已经违反了相关法律规定，侵犯了晓晴的合法权益。《中华人民共和国劳动合同法》第四十二条第四款规定：“女职工在孕期、产期、哺乳期的，用人单位不得解除劳动合同。”《中华人民共和国妇女权益保障法》第二十六条也规定：“任何单位不得以结婚、产假、哺乳等为由，辞退女职工或者单方面解除劳动合同。”《女职工劳动保护特别规定》第五条也明确规定：“用人单位不得因女职工怀孕、生育、哺乳降低其工资、予以辞退、与其解除劳动或者聘用合同。”晓晴可以向当地劳动争议仲裁委员会递交相关仲裁申请书，请求裁决幼儿园继续履行劳动合同，支付寒假以来至今的工作报酬，并为其补缴期间各项社会保险。作为女性幼儿教师，对上述各项规定都应逐一了解，并增强运用法律、法规武器来维护自身权益的意识与能力。

案例 3-3 资格老也要签合同

某机关幼儿园聘用了一名原在某教育部门工作的退休职工刘某做幼儿园的工勤人员。他脾气倔，爱摆老资格，还总是指挥别人，再加上他儿子是教育局里的一位领导，因此人们都对他“礼让三分”，不敢得罪。幼儿园虽聘用刘某为工勤人员，但并没有签订劳动合同。平时他的工作想干就干，不想干就不干。新来的李园长决定改变这种不正常的管理状态，却为如何与刘某签订合同犯了难。

幼儿园究竟应该如何与教职工签订劳动合同呢？

案例分析：该案例涉及幼儿园如何与劳动者签订劳动合同的问题。劳动合同是维护劳动者和用人单位合法权益的法律保障。对于幼儿园和教职工来说，签订一份完备、公平、合理的劳动合同是十分必要和重要的。本案例中刘某之所以爱摆资格、指挥别人、不积极主动做好分内工作，与幼儿园未与其签订劳动合同、职责未予明确有关。新来的园长如果要改变这种不正常的现象，就应该先从签订劳动合同这一环节抓起，与刘某签订合同，明确其工作职责和范围，避免其越权干预其他工作，或对自己的本职工作不负责任。此案例也再次提醒园方，在聘用教职工时应依法定程序签订书面劳动合同，明确教职工的工作内容，并且在劳动合同中明确工作岗位职责，便于加强幼儿园依法管理，也有助于保障教职工的合法权益①。

三、幼儿教师职称制度

幼儿教师是我国专业技术人才队伍的重要组成部分，是全面实施素质教育、推动基础教育事业又好又快发展的重要奠基力量。我国《教育法》第三十六条明确规定：“学校及其他教育机构中的教学辅助人员和其他专业技术人员，实行专业技术职务聘任制度。”我国幼儿及中小学教师职称制度始建于 1986 年，对调动包括幼儿教师在内的基础教育阶段广大教师的积极性、提高教师队伍整体素质、

① 周天枢，严凤英．幼儿园 100 个法律问题[M]. 广州：新世纪出版社，2010：127.

促进基础教育事业发展发挥了积极作用。但随着幼儿园、中小学人事制度改革的深入推进、素质教育的全面实施和教师队伍结构的不断优化，这种教师职称制度存在的等级设置不够合理、评价标准不够科学、评价机制不够完善、与事业单位岗位聘用制度不够衔接等问题也日益凸显。与此同时，为落实《国家中长期人才发展规划纲要(2010—2020年)》和《国家中长期教育改革和发展规划纲要(2010—2020年)》要求，建设高素质专业化的幼儿园、中小学教师队伍，在前期部分地区试点改革的基础上，2015年，人力资源社会保障部与教育部联合印发了《关于深化中小学教师职称制度改革的指导意见》的通知，在全国范围全面推行幼儿园、中小学教师职称制度改革。

(一)幼儿教师职称制度改革的基本原则

《关于深化中小学教师职称制度改革的指导意见》确定了幼儿园与中小学教师职称制度改革的五项基本原则：第一，坚持以人为本，遵循中小学教师成长规律和职业特点，提高中小学教师职业地位，促进中小学教师全面发展；第二，坚持统一制度、分类管理，建立统一的制度体系，体现中学和小学的不同特点；第三，坚持民主、公开、竞争、择优，鼓励优秀人才脱颖而出；第四，坚持重师德、重能力、重业绩、重贡献，激励中小学教师提高教书育人水平；第五，坚持与中小学教师岗位聘用制度相配套，积极稳妥、协同推进，妥善处理改革发展稳定的关系。

(二)幼儿教师职称制度改革的主要内容

幼儿教师职称制度改革的主要内容包括健全制度体系、完善评价标准、创新评价机制、实现与事业单位岗位聘用制度的有效衔接四大方面。

1. 健全制度体系

第一，改革原中学和小学教师相互独立的职称(职务)制度体系。贯彻落实义务教育法，建立统一的中小学教师职务制度，教师职务分为初级职务、中级职务和高级职务。原中学教师职务系列与小学教师职务系列统一并入新设置的中小学教师职称(职务)系列。

第二，统一职称(职务)等级和名称。初级设员级和助理级；高级设副高级和正高级。员级、助理级、中级、副高级和正高级职称(职务)名称依次为三级教师、二级教师、一级教师、高级教师和正高级教师。

第三，统一后的中小学教师职称(职务)，与原中小学教师专业技术职务的对应关系是：原中学高级教师(含在小学中聘任的中学高级教师)对应高级教师；原中学一级教师和小学高级教师对应一级教师；原中学二级教师和小学一级教师对应二级教师；原中学三级教师和小学二级、三级教师对应三级教师。

第四，统一后的中小学教师职称(职务)分别与事业单位专业技术岗位等级相对应：正高级教师对应专业技术岗位一至四级，高级教师对应专业技术岗位五至七级，一级教师对应专业技术岗位八至十级，二级教师对应专业技术岗位十一至十二级，三级教师对应专业技术岗位十三级。

2. 完善评价标准

第一，教师专业技术水平评价标准是教师职称评审的重要基础和主要依据。幼儿教师专业技术水平评价标准，要充分体现幼儿教师职业特点，着眼于幼儿教师队伍长远发展，并在实践中不断完善。要充分考虑幼儿教育教学工作的专业性、实践性、长期性，坚持育人为本、德育为先，注重师德素养，注重教育教学方法，注重教育教学一线实践经历，切实改变过分强调论文、学历的倾向，引导教师立德树人，爱岗敬业，积极进取，不断提高实施教育的能力和水平。

第二，国家制定幼儿教师专业技术水平评价的基本标准条件。各省、自治区、直辖市及新疆生产建设兵团(以下简称各省)根据本地教育发展情况，结合各类幼儿园的特点和教育教学实际，制定幼儿教师具体评价标准条件。具体评价标准条件要综合考虑乡村幼儿园实际，对农村教师予以适当倾斜，稳定和吸引优秀教师在边远贫困地区幼儿园任教。正高级教师、高级教师的具体评价标准条件要体现幼儿园的特点和要求。对于少数特别优秀的教师，可制定相应的破格评审条件。各省具体评价标准条件可在国家基本标准条件的基础上适当提高。

3. 创新评价机制

(1)建立以同行专家评审为基础的业内评价机制

建立健全同行专家评审制度。各省要加强对幼儿教师职称评审工作的领导和指导，完善评委会的组织管理办法，扩大评委会组成人员的范围，注重遴选高水平的教育教学专家和经验丰富的一线教师，健全评委会工作程序和评审规则，建立评审专家责任制。

(2)改革和创新评价办法

认真总结推广同行专家评审在幼儿教师专业技术水平评价中的成功经验，继续探索社会和业内认可的实现形式，采取说课讲课、面试答辩、专家评议等多种评价方式，对幼儿教师的业绩、能力进行有效评价，确保评价结果的客观公正，增强同行专家评审的公信力。要在水平评价中全面推行评价结果公示制度，增加评审工作的透明度。

4. 实现与事业单位岗位聘用制度的有效衔接

第一，幼儿教师职称评审是幼儿教师岗位聘用的重要依据和关键环节，岗位聘用是职称评审结果的主要体现。幼儿教师岗位出现空缺，教师可以跨校评聘。公办幼儿教师的聘用和待遇，按照事业单位岗位管理制度和收入分配制度管理和规范。

第二，幼儿教师职称评审，在核定的岗位结构比例内进行。幼儿教师竞聘上一职称等级的岗位，由幼儿园在岗位结构比例内按照一定比例差额推荐符合条件的教师参加职称评审，并按照有关规定将通过职称评审的教师聘用到相应教师岗位。人力资源社会保障部门、教育行政部门应及时兑现受聘教师的工资待遇，防止在有评审通过人选的情况下出现“有岗不聘”的现象。

第三，坚持幼儿教师岗位聘用制度。按照深化事业单位人事制度改革以及中小学人事制度改革的要求，全面实行中小学教师聘用制度和岗位管理制度，发挥幼儿园在用人上的主体作用，实现幼儿教师职务聘任和岗位聘用的统一。要建立健全考核制度，加强聘后管理，在岗位聘用中实现人员能上能下。

第四，幼儿教师职称评审和岗位聘用工作，要健全完善评聘监督机制，充分发挥有关纪检监察部门和广大教师的监督作用，确保评聘程序公正规范，评聘过程公开透明。评聘工作按照个人申报、考核推荐、专家评审、学校聘用的基本程序进行。(1)个人申报。幼儿教师竞聘相应岗位，要按照不低于国家和当地制定的评价标准条件，按规定程序向聘用幼儿园提出申报。(2)考核推荐。幼儿园对参加竞聘的教师，要结合其任现职以来各学年度的考核情况，通过多种方式进行全面考核。根据考核结果，经集体研究，由幼儿园在核定的教师岗位结构比例内按照一定比例差额推荐拟聘人选参加评审。(3)专家评审。由同行专家组成的评委会，按照评价标准和办法，对幼儿园推荐的拟聘人选进行专业技术水平评价。评审结果经公示后，由人力资源社会保障部门审核确认。(4)幼儿园聘用。幼儿园根据聘用制度的有关规定，将通过评审的教师聘用到相应岗位。

第五，对改革前已经取得幼儿教师专业技术职务任职资格但未被聘用到相应岗位的人员，原有资格依然有效，聘用到相应岗位时不再需要经过评委会评审。各地区要结合实际制定具体办法，对这部分人员择优聘用时给予适当倾斜。

第六，在乡村幼儿园任教(含城镇幼儿园教师交流、支教)3 年以上、经考核表现突出并符合具体评价标准条件的教师，同等条件下优先评聘。

第七，幼儿教师高级、中级、初级岗位之间的结构比例，以及高级、中级、初级岗位内部各等级的结构比例，根据新的教师职称等级体系，按照国家关于幼儿园岗位设置管理的有关规定执行。其中，正高级教师数量国家实行总量控制。

幼儿教师职称(职务)评聘工作分级组织实施。高级教师及以下职称(职务)等级教师的评聘工作，由各省按照本意见制定本地区的实施办法和相关配套政策，并组织实施。正高级教师由人力资源社会保障部、教育部核定数量，各省具体组织评审，评审结果报两部备案。

(三)幼儿教师水平评价的基本标准条件

首先，拥护党的领导，胸怀祖国，热爱人民，遵守宪法和法律，贯彻党和国家的教育方针，忠诚于人民教育事业，具有良好的思想政治素质和职业道德，牢固树立爱与责任的意识，爱岗敬业，关爱学生，为人师表，教书育人。其次，具备相应的教师资格及专业知识和教育教学能力，在教育教学一线任教，切实履行教师岗位职责和义务。再次，身心健康。除必须达到上述标准条件，幼儿教师评聘各级别职称(职务)，还应分别具备以下标准条件：

1. 正高级教师

(1)具有崇高的职业理想和坚定的职业信念；长期工作在教育教学第一线，为促进青少年学生健康成长发挥了指导者和引路人的作用，出色地完成班主任、辅导员等工作任务，教书育人成果突出。

(2)深入系统地掌握所教学科课程体系和专业知识，教育教学业绩卓著，教学艺术精湛，形成独到的教学风格。

(3)具有主持和指导教育教学研究的能力，在教育思想、课程改革、教学方法等方面取得创造性成果，并广泛运用于教学实践，在实施素质教育中，发挥了示范和引领作用。

(4)在指导、培养一级、二级、三级教师方面作出突出贡献，在本教学领域享有较高的知名度，是同行公认的教育教学专家。

(5)一般应具有大学本科及以上学历，并在高级教师岗位任教 5 年以上。

2. 高级教师

(1)根据所教学段学生的年龄特征和思想实际，能有效进行思想道德教育，积极引导学生健康成长，比较出色地完成班主任、辅导员等工作，教书育人成果比较突出。

(2)具有所教学科坚实的理论基础、专业知识和专业技能，教学经验丰富，教学业绩显著，形成一定的教学特色。

(3)具有指导与开展教育教学研究的能力，在课程改革、教学方法等方面取得显著的成果，在素质教育创新实践中取得比较突出的成绩。

(4)胜任教育教学带头人工作，在指导、培养二级、三级教师方面发挥了重要作用，取得了明显成效。

(5)具备博士学位，并在一级教师岗位任教 2 年以上；或者具备硕士学位、学士学位、大学本科毕业学历，并在一级教师岗位任教 5 年以上；或者具备大学专科毕业学历，并在小学、初中一级教师岗位任教 5 年以上。城镇中小学教师原则上要有 1 年以上在薄弱学校或农村学校任教经历。

3. 一级教师

(1)具有正确教育学生的能力，能根据所教学段学生的年龄特征和思想实际，进行思想道德教育，有比较丰富的班主任、辅导员工作经验，并较好地完成任务。

（2）对所教学科具有比较扎实的基础理论和专业知识，独立掌握所教学科的课程标准、教材、教学原则和教学方法，教学经验比较丰富，有较好的专业知识技能，并结合教学开展课外活动，开发学生的智力和能力，教学效果好。

（3）具有一定的组织和开展教育教学研究的能力，并承担一定的教学研究任务，在素质教育创新实践中积累了一定经验。

（4）在培养、指导三级教师提高业务水平和教育教学能力方面作出一定成绩。

（5）具备博士学位；或者具备硕士学位，并在二级教师岗位任教 2 年以上；或者具备学士学位或者大学本科毕业学历，并在二级教师岗位任教 4 年以上；或者具备大学专科毕业学历，并在小学、初中二级教师岗位任教 4 年以上；或者具备中等师范学校毕业学历，并在小学二级教师岗位任教 5 年以上。

4. 二级教师

（1）比较熟练地掌握教育学生的原则和方法，能够胜任班主任、辅导员工作，教育效果较好。

（2）掌握教育学、心理学和教学法的基础理论知识，具有所教学科必备的专业知识，能够独立掌握所教学科的教学大纲、教材、正确传授知识和技能，教学效果较好。

（3）掌握教育教学研究方法，积极开展教育教学研究和创新实践。

（4）具备硕士学位；或者具备学士学位或者大学本科毕业学历，见习 1 年期满并考核合格；或者具备大学专科毕业学历，并在小学、初中三级教师岗位任教 2 年以上；或者具备中等师范学校毕业学历，并在小学三级教师岗位任教 3 年以上。

5. 三级教师

（1）基本掌握教育学生的原则和方法，能够正确教育和引导学生。

（2）具有教育学、心理学和教学法的基础知识，基本掌握所教学科的专业知识和教材教法，能够完成所教学科的教学工作。

（3）具备大学专科毕业学历，并在小学、初中教育教学岗位见习 1 年期满并考核合格；或者具备中等师范学校毕业学历，并在小学教育教学岗位见习 1 年期满并考核合格。

第二节　幼儿教师的权利与义务

除我国《宪法》所规定的一般公民的各项权利与义务以外，依据国家与社会发展对教师的基本要求，以及教师自身的职业特点等，幼儿教师还依法享有其他多项权利，相应地须履行多项义务。幼儿教师的权利与义务是对立统一的。对此，我国《教育法》《教师法》有多项明确规定。作为一名合格的幼儿教师，无论其享受应有的权利，还是履行应尽的义务，均应自觉遵守相关法律法规，在法定界限内进行。

一、幼儿教师的权利

我国《教育法》第三十三条、第三十四条规定："教师享有法律规定的权利，履行法律规定的义务，忠诚于人民的教育事业"，"国家保护教师的合法权益，改善教师的工作条件和生活条件，提高教师的社会地位。教师的工资报酬、福利待遇，依照法律、法规的规定办理"。我国《教师法》第七条明确了包括幼儿教师在内的教师依法享有的各项权利，包括：教育教学权、科学研究权、指导评价权、工资待遇权、民主管理权和进修培训权。

(一)教育教学权

我国《教师法》第七条第一款明确规定，包括幼儿教师在内的教师均享有"进行教育教学活动，开展教育教学改革和实验"的权利，简称教育教学权。这是充分体现教师这一职业特点的基本权利，也是教师义不容辞的责任。在遵循国家相关法规与政策规定的前提下，幼儿教师有权利依据国家学前教育宗旨、课程标准与幼儿身心发展规律，有条不紊地开展各项教育教学工作，制定并适时调整教学大纲，整合教育教学内容，探索与尝试新的教学手段和方式，进行学前教育改革与实验，有目的、有计划地组织教育活动等。

案例 3-4　班级环创，主任说改就得改吗?

冯老师是某幼儿园中二班的主班老师，开学以来，冯老师带着班上的师生一直围绕着春天这个主题在开展主题活动，本班活动室的环境创设——从主题墙到各活动区，也都是围绕春天这个主题来精心设计和布置的。冯老师所在的幼儿园是一所以幼儿科学教育为特色的园所，而且是市级示范园。4 月中旬，区里领导要来园里，在那之前，园里特意召开了全体教师大会，对各班近期教育活动的组织实施提出了统一要求，并给各班一周的时间对本班环境创设进行调整和准备。而后，保教主任到各班巡视检查环创情况。检查到中二班时，主任提出来，虽然冯老师在以春天为主题的活动开展中也注意到了科学领域的内容，但结合得不够，要求各个区角的创设都突出科学的内容和元素，并且春天这个主题在中二班已经进行一段时间了，最好换掉这个主题，重新设计并实施一个更能充分突出科学领域内容的主题活动，班级环创也相应调整。而冯老师认为，目前她们班春天的主题活动正渐入佳境，幼儿们的兴趣日渐浓厚，戛然而止是对幼儿需求和兴趣的不尊重，也是违背幼儿学习和身心发展规律与特点的；并且，她和班里其他老师也有意识地在主题活动实施及环创中融入和体现了科学领域的内容，这和园所整体特色也是相吻合的，没必要全都更换。

冯老师的想法对吗？园里保教主任的做法合适吗？

案例分析：教育教学权是幼儿教师的一项基本权利。幼儿教师有权利依据幼儿身心发展特点与规律，兼顾幼儿发展的个体差异，选择、设计和实施适宜的教育活动，以及创设班级环境。该案例所描述的情形中，冯老师的想法合情合理合法，尊重了幼儿的学习进程与兴趣；而保教主任的做法欠妥，尽管她的初衷也是好的，希望本园给视察工作的领导留下好的印象，但实际上她的做法已经侵犯了幼儿教师的教育教学权，影响和打乱了冯老师原本适宜、正常的教育教学计划，对幼儿的学习与发展也是不利的。

(二)科学研究权

我国《教师法》第七条第二款规定，幼儿教师依法享有“从事科学研究、学术交流，参加专业的学术团体，在学术活动中充分发表意见”的权利，简称科学研究权。教育教学工作的改进，教育质量的提升，均离不开对教育理论与实践的研究，离不开学术同行之间的交流与分享。因此，幼儿教师在完成教育教学任务的同时，一定要进行科学研究，参加相关的学术交流活动，并在学术交流中发表自己的意见和观点。因此，科学研究权是幼儿教师必须享有的一项基本权利。

(三)指导评价权

幼儿教师作为幼儿园教育教学活动的主体，有权利依据幼儿身心发展特点与规律，针对不同幼儿身心发展水平的个体差异，科学引导幼儿的学习、游戏等各项活动，提供适宜的教育和帮助，因材施教，促进幼儿的身心和谐发展。与此同时，幼儿教师也有权利对幼儿的身心发展水平作出客观公正的评价，观察、记录与分析每个幼儿各自发展特点与发展需求，关心、热爱、关注每个幼儿，成为幼儿成长的促进者、支持者与合作者。

(四)工资待遇权

除我国《教师法》第七条第四款对幼儿教师“按时获取工资报酬，享受国家规定的福利待遇以及寒暑假期的带薪休假”的权利作出规定外，该法第六章专门就包括幼儿教师在内的我国教师应享受的各项待遇进行了明确规定：第一，工资水平方面。幼儿教师的平均工资水平应当不低于或者高于国家公务员的平均工资水平，并逐步提高。建立正常晋级增薪制度，具体办法由国务院规定；各级人民政府应当采取措施，改善国家补助、集体支付工资的幼儿教师待遇，逐步做到在工资收入上与国家支付工资的教师同工同酬，具体办法由地方各级人民政府根据本地区的实际情况规定。第二，津贴、补贴方面。幼儿教师享受教龄津贴和其他津贴，具体办法由国务院教育行政部门会同有关部门制定。地方各级人民政府对教师以及具有中专以上学历的毕业生到少数民族地区和边远贫困地区从事教育教学工作的，应当予以补贴。第三，住房方面。地方各级人民政府和国务院有关部门，对城市教师住房的建设、租赁、出售实行优先、优惠。县、乡两级人民政府应当为农村幼儿教师解决住房提供方便。第四，医疗保健方面。幼儿教师的医疗同当地国家公务员享受同等的待遇；定期对教师进行身体健康检查，并因地制宜安排教师进行休养。医疗机构应当对当地教师的医疗提供方便。第五，退休方面。幼儿教师退休或者退职后，享受国家规定的退休或者退职待遇。县级以上地方人民政府可以适当提高长期从事教育教学工作的幼儿退休教师的退休金比例。《教师法》第三十三、三十四条还对包括幼儿教师在内的教师奖励事宜作出了法律规定：教师在教育教学、培养人才、科学研究、教学改革、学校建设、社会服务、勤工俭学等方面成绩优异的，由所在学校予以表彰、奖励。国务院和地方各级人民政府及其有关部门对有突出贡献的教师，应当予以表彰、奖励。对有重大贡献的教师，依照国家有关规定授予荣誉称号。国家支持和鼓励社会组织或者个人向依法成立的奖励教师的基金组织捐助资金，对教师进行奖励。

与此同时，《教师法》第八章就侵犯幼儿教师合法权利的个人或机构应当依法承担的行政责任与刑事责任等，作出了明确规定。该法第三十八条规定："地方人民政府对违反本法规定，拖欠教师工资或者侵犯教师其他合法权益的，应当责令其限期改正。违反国家财政制度、财务制度，挪用国家财政用于教育的经费，严重妨碍教育教学工作，拖欠教师工资，损害教师合法权益的，由上级机关责令限期归还被挪用的经费，并对直接责任人员给予行政处分；情节严重，构成犯罪的，依法追究刑事责任。"第三十五条规定："侮辱、殴打教师的，根据不同情况，分别给予行政处分或者行政处罚；造成损害的，责令赔偿损失；情节严重，构成犯罪的，依法追究刑事责任。"第三十六条规定："对依法提出申诉、控告、检举的教师进行打击报复的，由其所在单位或者上级机关责令改正；情节严重的，可以根据具体情况给予行政处分。"国家工作人员对教师打击报复构成犯罪的，依照刑法第一百四十六条的规定追究刑事责任。

此外，《教师法》第三十九条对幼儿教师申诉等相关事宜加以明确规定："教师对学校或者其他教育机构侵犯其合法权益的，或者对学校或者其他教育机构作出的处理不服的，可以向教育行政部门提出申诉，教育行政部门应当在接到申诉的三十日内，作出处理。教师认为当地人民政府有关行政部门侵犯其根据本法规定享有的权利的，可以向同级人民政府或者上一级人民政府有关部门提出申诉，同级人民政府或者上一级人民政府有关部门应当作出处理。”

案例 3-5　领导不给幼儿教师发补贴的理由成立吗?

某年 12 月，某市教育局计财科按工作常规对所管辖的区镇教育办进行了一年一度的财务审核。经审核，发现该镇中心幼儿园(公办)两名编制内教师至今还未领到市教育局从当年 1 月开始给本市中小学编内教师(包括幼儿园在编教师)每月增加的生活补贴(每月 250 元)。原来，教育局的拨款已经到位，问题在于该园的主管领导，同时也是该镇抓教育的副镇长不同意发放给上述两位教师。其理由是：第一，要保持编内教师与编外教师收入的平衡，如果这两位编内教师有补贴，而编外教师没补贴的话，就会拉开二者的收入差距；第二，她认为幼儿园教师待遇不能与小学教师等同。所以，一直没有给该园两位编制内幼儿教师发放这项补贴[①]。

案例分析：按劳取酬是我国《宪法》《教育法》《教师法》等多部法律法规的明确规定。我国《宪法》第四十二条规定：“中华人民共和国公民有劳动的权利和义务。国家通过各种途径，创造劳动就业条件，加强劳动保护，改善劳动条件，并在发展生产的基础上，提高劳动报酬和福利待遇。”《教师法》第七条第四款规定：教师享有“按时获取工资报酬”，“享受国家规定的福利待遇以及寒暑假期的带薪休假”的基本权利。《教育法》第八十三条规定，侵犯教师合法权益，包括拖欠教师工资等，造成损失、损害的，应当依法承担民事责任。具体来讲，幼儿教师的工资待遇权包含三个方面的内容：一是按时、足额获取工资报酬权，包括基础工资、岗位职务工资、奖金、津贴和其他各种政府补贴；二是享受国家规定的福利待遇权，包括医疗、住房、退休等方面；三是享受寒暑假的带薪休假权。上述案例中市教育局发放的生活补贴属于“其他各种政府补贴”这部分幼儿教师应依法享受的工资待遇。而这位副镇长兼园领导私自扣留两位幼儿教师生活补贴的理由并不成立，其做法不仅完全没有法律依据，并且属严重违法行为，应当依法承担相应法律责任，责令其限期改正。

案例 3-6　幼儿园该不该这样对待小刘?

小刘老师在某幼儿园工作 5 年了，去年 1 月份结婚后，6 月份经医院检查证实已怀孕 1 个多月，妊娠反应比较明显，几乎吃什么吐什么，浑身无力、头

---

① 林雪卿．幼儿教育法规[M]．北京：科学出版社，2010：77.

晕，已经无法正常到园工作，因而提出在家休息一段时间，想过了妊娠反应比较剧烈的时期再继续上班。但园长并没有同意，还提出因为小刘自身原因已经影响到了正常教育教学工作的完成，所以要辞退她。后来经小刘再三恳求，与园方协商，园长同意继续聘用她，给她安排了夜间看护幼儿睡眠的工作。但夜班有夜班的辛苦，本来妊娠反应就严重的小刘更是难以应付，身体状况也越来越不容乐观。

幼儿园可以给孕期女教师安排夜班工作吗？女教师在怀孕期间都有哪些基本权益、能享受哪些劳动保护呢？

案例分析：园方这样对待处于孕期的小刘老师，是违反我国相关法律法规规定的。我国《劳动合同法》《妇女权益保障法》《女职工劳动保护特别规定》等法律、法规中均对孕期、产期、哺乳期妇女的劳动权益作出了具体规定。如《女职工劳动保护特别规定》中就有多项明确规定，其第六条规定："对怀孕7个月以上的女职工，用人单位不得延长劳动时间或者安排夜班劳动，并应当在劳动时间内安排一定的休息时间。怀孕女职工在劳动时间内进行产前检查，所需时间计入劳动时间。"第八条规定："女职工产假期间的生育津贴，对已经参加生育保险的，按照用人单位上年度职工月平均工资的标准由生育保险基金支付；对未参加生育保险的，按照女职工产假前工资的标准由用人单位支付。女职工生育或者流产的医疗费用，按照生育保险规定的项目和标准，对已经参加生育保险的，由生育保险基金支付；对未参加生育保险的，由用人单位支付。"第九条规定："对哺乳未满1周岁婴儿的女职工，用人单位不得延长劳动时间或者安排夜班劳动。用人单位应当在每天的劳动时间内为哺乳期女职工安排1小时哺乳时间；女职工生育多胞胎的，每多哺乳1个婴儿每天增加1小时哺乳时间。"第十条还规定："女职工比较多的用人单位应当根据女职工的需要，建立女职工卫生室、孕妇休息室、哺乳室等设施，妥善解决女职工在生理卫生、哺乳方面的困难。"此外，该规定在附录中还对女职工在孕期、哺乳期禁忌从事的劳动范围作出了详细规定。因此，小刘老师首先可以和园方进一步协商解决问题；如果协商不成，可请求教育行政部门进行调解，或者也可以向有关仲裁机构申请仲裁，积极维护自身合法权益。

(五)民主管理权

我国《教师法》第七条第五款明确规定：教师享有"对学校教育教学、管理工作和教育行政部门的工作提出意见和建议，通过教职工代表大会或者其他形式，参与学校的民主管理"的权利。《教育法》第三十一条也规定："学校及其他教育机构应当按照国家有关规定，通过以教师为主体的教职工代表大会等组织形式，保障教职工参与民主管理和监督。"2011年我国专门以教育部令的形式正式颁布了《学校教职工代表大会规定》。该规定适用于我国境内所有公办幼儿园和各级各类学校，民办幼儿园、民办学校、中外合作办学机构参照该规定执行。该规定明确了教职工代表大会的职权，教职工代表大会代表的选举、更换、权利、义务，教职工代表大会的组织规则与工作机构等。

该规定中第九条明确规定："凡与学校签订聘任聘用合同、具有聘任聘用关系的教职工，均可当选为教职工代表大会代表。"第十一条则对教职工代表大会代表的主体与构成比例加以明确规定："教职工代表大会代表以教师为主体，教师代表不得低于代表总数的60%，并应当根据学校实际，保证一定比例的青年教师和女教师代表。民族地区的学校和民族学校，少数民族代表应当占有一定比例。"关于代表任期，第十二条规定："教职工代表大会代表实行任期制，任期3年或5年，可以连选连任。"依据该规定第十三条，教职工代表大会代表享有以下权利：第一，在教职工代表大会上享有选举权、被选举权和表决权；第二，在教职工代表大会上充分发表意见和建议；第三，提出提案并对提案办理情况进行询问和监督；第四，就学校工作向学校领导和学校有关机构反映教职工的意见和要求；第五，因履行职责受到压制、阻挠或者打击报复时，向有关部门提出申诉和控告。

(六)进修培训权

进修培训是幼儿教师不断充实理论知识、提高教育实践能力、实现可持续专业发展的重要途径，也是有效提升幼教师资队伍整体素质水平的重要保证。幼儿教师依法享有参加进修或者其他方式培训的基本权利。各级政府教育行政部门、学前教育机构主管部门和幼儿园均应履行相应职责，为幼儿教师的进修培训积极创造有利条件，支持并保障幼儿教师进修培训权利的实现。

我国《教师法》第四章专门针对教师培训作出规定，其第十八条至第二十一条规定："各级人民政府和有关部门应当办好师范教育，并采取措施，鼓励优秀青年进入各级师范学校学习。各级教师进修学校承担培训中小学教师的任务。非师范学校应当承担培养和培训中小学教师的任务；各级人民政府教育行政部门、学校主管部门和学校应当制定教师培训规划，对教师进行多种形式的思想政治、业务培训；国家机关、企业事业单位和其他社会组织应当为教师的社会调查和社会实践提供方便，给予协助；各级人民政府应当采取措施，为少数民族地区和边远贫困地区培养、培训教师。"

案例3-7 进修学习也有错吗?

小宋硕士毕业后就职于当地一所公立幼儿园，她一直对心理学特别感兴趣，在工作过程中也越发觉得有必要进一步系统地学习有关心理学的专业知识。于是工作4年后，小宋通过自己的业余学习和努力，考取了当地某高校心理学院的全日制硕士研究生。而后小宋向园里提出了脱产2年攻读硕士研究生的申请，并提出自己在脱产学习期间不拿工资薪酬及其他福利，办理停薪留职即可。但幼儿园领导认为：首先，小宋已经取得教育学硕士学位，现在又要攻读同一层次的另一个硕士学位，没有必要，而且目前小宋的学历与专业知识与技能已达到了从事她现任工作岗位的要求；其次，园里现在师资十分短缺，人手紧张，当时聘用小宋、帮她解决进京指标也是费了不少力气，一方面小宋各方面素质都不错，另一方面也是为了解决当时师资匮乏的燃眉之急。现在，经过几年的锻炼，小宋已经具备了一定工作经验，成为一名较有经验的幼儿教师，也是园里的骨干力量。突然离开岗位脱产学习 2 年，给园里的正常教育教学工作将带来很大影响。所以，园方不同意小宋脱产学习的申请。但小宋最终还是脱产去攻读了心理学硕士。在小宋离职半年后，幼儿园办理了她的自动离职手续，并且书面通知了小宋。

小宋为了提高自身专业水平去攻读学位，这不是好事吗？在这件事上，幼儿园是不是侵犯了小宋的进修培训权呢？

案例分析：诚然，进修培训权是我国《教师法》规定的包括幼儿教师在内的所有教师应当享有的一项重要基本权利。但《教师法》第八条第二款也同时对幼儿教师的法定义务作出了详细规定：幼儿教师具有“执行学校的教学计划，履行教师聘约，完成教育教学工作任务”的义务。也就是说，教师实现进修培训权的过程中，首先不应影响到幼儿园正常的教育教学工作。同时，就包括幼儿教师在内的教师培训进修而言，我们主张“三为主”的基本原则，即在职为主、业余为主、自学为主。如果确实需要较长时间脱产学习，应提前与园方知会并安排、交接好自己所负责的教育教学工作，征得园方同意。就小宋这个情况而言，因为她是在没有征得园方同意的前提下就脱岗去攻读硕士学位了，实则属于自动离职。自动离职经劝告无效，期限超过 3 个月的，依照有关规定，幼儿园是可以作为自动离职除名处理的。我国《劳动合同法》第三十九条也有相关明确规定：“严重违反用人单位的规章制度的，严重失职，给用人单位造成重大损害的，用人单位可以解除劳动合同。”从小宋的这次经历我们也能够得出一些经验与启示：进一步深造学习是好事，如果需要脱产，我觉得可以早点跟园方说明自己的意愿，尽可能取得园方的理解与信任，同时提前沟通也可以让园方能够提前找好相应师资作为接替，不影响日常保教工作的延续与正常开展。如果已经拿到录取通知，马上就要离职就读时才跟园里协商此事，显然园方会措手不及。当然，作为幼儿园领导，在依法依规、不影响幼儿园正常工作的前提下，也应宽容、开明，尽可能保护与支持本园教师积极要求上进、参加各种形式的在职进修、培训以及提升学历水平的深造。

二、幼儿教师的义务

我国《教师法》第二章第八条明确规定了包括幼儿教师在内的教师应当履行的各项义务：第一，遵守宪法、法律和职业道德，为人师表；第二，贯彻国家的教育方针，遵守规章制度，执行学校的教学计划，履行教师聘约，完成教育教学工作任务；第三，对学生进行宪法所确定的基本原则的教育和爱国主义、民族团结的教育，法制教育以及思想品德、文化、科学技术教育，组织、带领学生开展有益的社会活动；第四，关心、爱护全体学生，尊重学生人格，促进学生在品德、智力、体质等方面全面发展；第五，制止有害于学生的行为或者其他侵犯学生合法权益的行为，批评和抵制有害于学生健康成长的现象；第六，不断提高思想政治觉悟和教育教学业务水平。

(一)遵纪守法的义务

宪法和法律是以国家意志形式体现的对一切社会组织和公民都具有约束力的基本行为准则体系，任何组织和个人都必须遵守宪法和法律。幼儿教师作为中华人民共和国公民，必须遵守宪法、法律。教师职业道德就是教师在从事教育教学工作中所必须遵守的道德规范。教师自身的职业道德如何，体现了教师素质，关系着教师自身的社会形象。幼儿园教师作为“人类灵魂的工程师”，应当遵守职业道德，做到爱国守法、爱岗敬业、诚实守信、关爱学生、教书育人、为人师表、终身学习。

案例 3-8　教师的思想政治素质与法制意识要过硬

北京市怀柔区教师张某，痴迷法轮功后，课堂变成了她宣讲法轮功的主阵地，除了带领学生在课堂上朗诵《转法轮》，还要求学生回家把她讲的法轮功内容进行默写。随着“学法”的深入，精力用在修炼上，教学成绩一落千丈。后经由家长发现反映到学校有关部门。

河南省许昌市小学教师刘某，在课堂上大讲法轮功所谓的“真相”，还让学生放学后在家写对法轮功的感想日记。学生在当晚的日记中写道：“听了老师的话，看来法轮功的确是好的，但电视上为什么说法轮功是不好的呢?”家长将此事反映给学校，另有一部分家长纷纷将孩子转学。①

案例分析：遵守宪法、法律是教师的一项基本义务。教师不仅自己要遵纪守法，而且有“对学生进行宪法所确定的基本原则的教育和爱国主义、民族团结的教育，法制教育以及思想品德、文化、科学技术教育，组织、带领学生开展有益的社会活动”的义务。在本案例中，教师在课堂上宣讲法轮功，属于发表反

① 人民网海南视窗，http://hi.people.com.cn/n2/2016/0912/c376252-28987880.html，2016.

动言论，违反了我国基本的法律法规，会承担民事甚至是刑事责任。我国《宪法》第二十八条规定："国家维护社会秩序，镇压叛国和其他危害国家安全的犯罪活动，制裁危害社会治安、破坏社会主义经济和其他犯罪的活动，惩办和改造犯罪分子。"我国《刑法》第一百零五条还规定："组织、策划、实施颠覆国家政权、推翻社会主义制度的，对首要分子或者罪行重大的，处无期徒刑或者十年以上有期徒刑；对积极参加的，处三年以上十年以下有期徒刑；对其他参加的，处三年以下有期徒刑、拘役、管制或者剥夺政治权利。以造谣、诽谤或者其他方式煽动颠覆国家政权、推翻社会主义制度的，处五年以下有期徒刑、拘役、管制或者剥夺政治权利；首要分子或者罪行重大的，处五年以上有期徒刑。"

(二)教育教学的义务

教育方针是党和国家的教育政策的总概括，规定了教育事业的性质、发展指导思想、教育目的及其实现途径。《中华人民共和国教育法》第一章第五条对我国的教育方针以法律形式进行了明确的规定："教育必须为社会主义现代化建设服务、为人民服务，必须与生产劳动和社会实践相结合，培养德、智、体、美等方面全面发展的社会主义建设者和接班人。"一切教育工作者都必须全面贯彻教育方针基本要求，幼儿教师也不例外。

幼儿教师还应当遵守教育行政部门和幼儿园制定的教育教学管理的各项规章制度。为保证一定的教育教学秩序和教育质量，教育主管部门和幼儿园必然要通过制定必要的规章制度进行管理，幼儿教师应当遵守和服从这些管理制度，如劳动纪律制度、集体备课和听课制度、工作绩效考核制度等。

教育教学工作是教师的本职工作。幼儿教师应执行幼儿园依据国家规定的教学大纲、教学计划或教学基本要求而制订的具体的计划。履行教师聘任合同中约定的教育教学职责，完成职责范围的教育教学任务，保证教育教学质量。《幼儿园工作规程》第四十一条明确提出幼儿园教师的主要职责："(一)观察了解幼儿，依据国家有关规定，结合本班幼儿的发展水平和兴趣需要，制订和执行教育工作计划，合理安排幼儿一日生活；(二)创设良好的教育环境，合理组织教育内容，提供丰富的玩具和游戏材料，开展适宜的教育活动；(三)严格执行幼儿园安全、卫生保健制度，指导并配合保育员管理本班幼儿生活，做好卫生保健工作；(四)与家长保持经常联系，了解幼儿家庭的教育环境，商讨符合幼儿特点的教育措施，相互配合共同完成教育任务；(五)参加业务学习和保育教育研究活动；(六)定期总结评估保教工作实效，接受园长的指导和检查。"

案例 3-9　幼儿园提前解聘教师是否侵犯其合法权益?

2006 年 9 月，某幼儿园与全园老师签订了任期 3 年的聘任合同。该园编内老师陈某自家盖有两层楼房，利用底层开了一间杂货店，陈老师经常骑摩托车往家送货，影响了正常教学工作，一个学期15次迟到半小时以上。

2007年7月，陈老师的年度考核结果为不合格。2007年9月，幼儿园对陈老师改为试聘，时间半年，不发绩效奖金。陈老师每月收入从2300元降到1850元。试聘期间，陈老师以各种理由请假，一学期27次迟到半小时以上，且备课上课都马虎应付。家长为此意见也很大。学期末，陈老师的考核结果仍为不合格。幼儿园决定解聘陈老师，并在教师大会上正式宣布。

陈老师不服，向市教育局申诉，理由如下：第一，幼儿园与她签订的合同聘期是3年，签约1年多就解聘，幼儿园侵犯了她的合法权益；第二，教师从事第二职业比比皆是，而且她家经济困难，利用业余时间增加收入，虽然对教学有点影响，但也没到要被解聘的程度。

幼儿园则认为：第一，陈老师的行为属于故意不完成教学任务，给教育教学工作造成了损失；第二，陈老师的家庭收入处于当地中上水平，不算生活困难，从事第二职业已影响教学；第三，幼儿园有权解聘考核不合格的教师。

案例分析：幼儿园解聘陈老师并没有侵犯她的合法权益。因为“完成教育教学工作任务”是包括幼儿教师在内的所有教师应当履行的一项重要义务，陈老师上课多次迟到，没有保质保量完成教育教学任务，且《教师法》第三十七条规定：“教师有下列情形之一的，由所在学校、其他教育机构或者教育行政部门给予行政处分或者解聘：(一)故意不完成教育教学任务给教育教学工作造成损失的……”陈老师没有履行聘任合同中所规定的职责和义务，应当承担相应的法律责任。因此，幼儿园发现陈老师不履行义务时，经协商失效后，有权提出解除合同。

(三)思想品德教育的义务

我国《教师法》第八条第三款规定的“对学生进行宪法所确定的基本原则的教育和爱国主义、民族团结的教育，法制教育以及思想品德、文化、科学技术教育，组织、带领学生开展有益的社会活动”是教师的基本义务之一。一个人思想品德的形成是一个长期的、连续的过程，幼儿时期重要的奠基阶段。由于幼儿的认知水平还比较有限，幼儿教师应当结合自己教育教学业务的特点，把思想品德教育渗透在平日的保教过程之中。在对幼儿渗透思想品德教育的过程中，特别要注意教育内容和教育方法的选择应符合幼儿身心发展的规律，适应幼儿身心发展的特点，通过各种游戏或者活动萌发幼儿爱家乡、爱祖国、爱集体、爱劳动、爱科学的情感，培养幼儿良好的品德和行为习惯。

(四)尊重、关心、爱护幼儿的义务

人格尊严是公民的一项基本权利。我国《宪法》第三十八条规定：“中华人民共和国公民的人格尊严不受侵犯。”幼儿虽然年纪较小，但其人格尊严同样应当受到尊重和保护。我国《未成年人保护法》第一章第五条规定：“尊重未成年人的人格尊严。”这是保护未成年人的工作应当遵循的基本原则之一。教育机构和教

师对保护未成年学生承担着重要的责任，《教师法》进一步要求把尊重学生人格与关心、爱护学生相结合，体现于培养学生德、智、体全面发展的教育教学活动之中。幼儿由于年龄小，心智等各方面还不成熟，人格尊严往往容易被忽视，一旦受到伤害，会严重影响他们的身心健康成长，长大以后也难以形成健全人格。因此，幼儿教师必须树立尊重幼儿人格尊严的法制观念。《未成年人保护法》第三章第五条规定："学校、幼儿园、托儿所的教职员工应当尊重未成年人的人格尊严，不得对未成年人实施体罚、变相体罚或者其他侮辱人格尊严的行为。"对于有缺点、错误的幼儿，教师切不能采取简单、粗暴的方法，不能侮辱、歧视他们，更不能体罚或变相体罚他们，因为这些行为不仅违背了教师的职业道德，更是违背有关教育法律法规的违法行为。《教师法》第八章第三十七条明确规定，对"体罚学生，经教育不改的""品行不良、侮辱学生，影响恶劣的"教师，"由所在学校、其他教育机构或者教育行政部门给予行政处分或者解聘"，如果"情节严重，构成犯罪的，依法追究刑事责任"。

此外，《教师法》还规定教师应"促进学生在品德、智力、体质等方面全面发展"。全面发展不是要求受教育者各方面才能得到平均发展，而是在具有鲜明、健康个性基础上的身心各方面协调发展。为此，幼儿教师应充分了解并尊重幼儿的个体差异，正确对待幼儿的兴趣、爱好，让每个幼儿在自身已有基础上取得进步、获得最大的发展。

(五)保护幼儿权益的义务

我国《未成年人保护法》第一章第五条规定："教育与保护相结合"，这是保护未成年人的工作应当遵循的基本原则之一。第六条提出："保护未成年人，是国家机关、武装力量、政党、社会团体、企业事业组织、城乡基层群众性自治组织、未成年人的监护人和其他成年公民的共同责任。对侵犯未成年人合法权益的行为，任何组织和个人都有权予以劝阻、制止或者向有关部门提出检举或者控告。"从《未成年人保护法》来看，保护幼儿是各单位、团体、组织以及每个成年公民的共同责任，作为教师来说，更有义不容辞的责任和义务。由于教师其职业的特殊社会职能，不仅应当做到自己不侵犯幼儿的合法权益，促进幼儿的身心健康成长，而且还应当保护幼儿合法权益和身心健康成长免受其他不法行为或不良现象侵害。我国《教师法》第二章第八条第五款作了明确的规定，教师具有"制止有害于学生的行为或者其他侵犯学生合法权益的行为，批评和抵制有害于学生健康成长现象"的义务。

教师履行这一项义务包括两个方面的具体含义：(1)教师在教育教学工作中，对有害于幼儿健康成长的行为或者侵犯幼儿合法权益的行为有制止的义务；(2)教师作为公民，有批评和抵制有害于幼儿健康成长的现象的义务。

案例 3-10　该拒绝时果断说“不”

读幼儿园中班的冬冬(化名)跟姥姥住，他们家所在的胡同只住了两户人。两天前，邻居家来的客人将一个装有多张银行卡和6000多元现金的提包落在了停在门口的摩托车上，几分钟后想起来时，提包已经不见了。邻居向派出所报了案，并提出可能是冬冬的姥姥拿走了提包。由于事发当天冬冬因病没有去幼儿园，留在家里跟姥姥在一起。负责办案的警察便希望通过询问冬冬来获得线索。于是，警察来幼儿园要求找冬冬了解情况，幼儿园园长经过考虑，拒绝了他们的要求。

案例分析：我国《教师法》规定教师有义务“制止有害于学生的行为或者其他侵犯学生合法权益的行为”，本案例中冬冬还是个身心尚未发育成熟的幼儿，身体和心理都比较容易受到伤害。作为办案人员的警察，他们平时跟幼儿接触不多，也不是从事教育工作的专业人士，所以对待幼儿的言行举止并不一定能被幼儿所接受，如果警察在追查案件的过程中，提问方式或者交流方式不当，也许就会给幼儿造成不愉快的体验，甚至给幼儿带来更大的伤害，而且幼儿的认知水平有限，常常把想象和真实的事情混淆，即使幼儿接受了警察的询问，回答也不一定是真实可靠的。所以，幼儿园园长拒绝警察的要求是完全合理的。联合国通过的《儿童权利公约》中有一条原则是“儿童最大利益原则”，第一部分第三条第一点指出：“关于儿童的一切行为，不论是由公私社会福利机构、法院、行政当局或立法机构执行，均应以儿童的最大利益为一种首要考虑。”也就是说，只要涉及儿童的一切事物和行为，都应首先考虑以儿童的最大利益为出发点。那么成人或社会作决定时，应考虑到符合儿童的最大权益。所以，在这个案例中，在幼儿园认为这个事件可能会对幼儿造成伤害，损害幼儿利益的情况下，幼儿园是可以拒绝的。

(六)不断提高思想政治和业务水平的义务

教师的教育教学工作是一项专业性很强的工作，教师承担着教书育人、培养社会主义建设事业的建设者和接班人、提高民族素质的使命。这要求教师具有较高的思想政治觉悟和教育教学业务水平。而随着社会的进步，科学技术的发展，知识更新步伐不断加快，这对教师提出了更高的要求。作为一名幼儿教师，要更好地履行教育教学职责，胜任本职工作，必须要不断学习，加强自身的思想道德修养，提高政治觉悟，调整知识结构，提高教育教学业务水平。我国《教师法》把“不断提高思想政治觉悟和教育教学业务水平”规定为教师的基本义务之一，同时也规定“各级人民政府教育行政部门、学校主管部门和学校应当制定教师培训规划，对教师进行多种形式的思想政治、业务培训”，教师应当积极参与教育行政部门、学校主管部门和学校为其提供的培训机会，努力采取各种方式全面提高自身素质。

【本章小结】

幼儿教师资格制度是对幼儿教师实行的职业准入制度；幼儿教师聘任制度要求幼儿园或学前教育机构通过与幼儿教师签订聘任合同，明确双方的权利、义务和责任；幼儿教师申请评聘各类职称(职务)时必须符合相应的标准条件。幼儿教师享有教育教学权、科学研究权、指导评价权、工资待遇权、民主管理权、进修培训权；幼儿教师应当履行自己的义务，遵纪守法、完成保教工作任务，尊重、关心、爱护幼儿，维护幼儿的合法权益，不断提升自己的师德和个体品德素养水平。幼儿教师应当自觉将权利与义务相统一。

【讨论与思考】

1. 什么是幼儿教师资格制度?取得幼儿教师资格必须具备哪些具体条件?

2. 幼儿教师聘任合同的法律特征有哪些?聘任合同应当具备哪些基本条款?

3. 幼儿教师法定的权利和义务有哪些?

【推荐阅读】

1. 滕晓春，李志强:《〈中华人民共和国劳动合同法〉条文释义与案例精解》，中国民主法制出版社，2007年版。

2. 劳凯声:《教师职业的专业性和教师的专业权利》，《教育研究》，2008年第2期。

3. 李晓燕:《我国教师的权利与义务及其实现保障机制研究》，广东教育出版社，2001年版。

第四章
幼儿园管理

【重点与难点】

重点：1. 幼儿园保教工作的基本内容

　　　2. 幼儿园不同岗位教职工的职责和基本要求

难点：1. 幼儿园的环境与设施设备配备标准

　　　2. 幼儿园的组织管理制度

【学习要点】

1. 幼儿园保育工作的基本内容
2. 幼儿园教育的基本原则与内容
3. 幼儿园设施设备的基本要求
4. 幼儿园教职工的配备标准
5. 幼儿园教师的任职资格和岗位职责
6. 幼儿园保育员的任职资格和岗位职责

本章导航

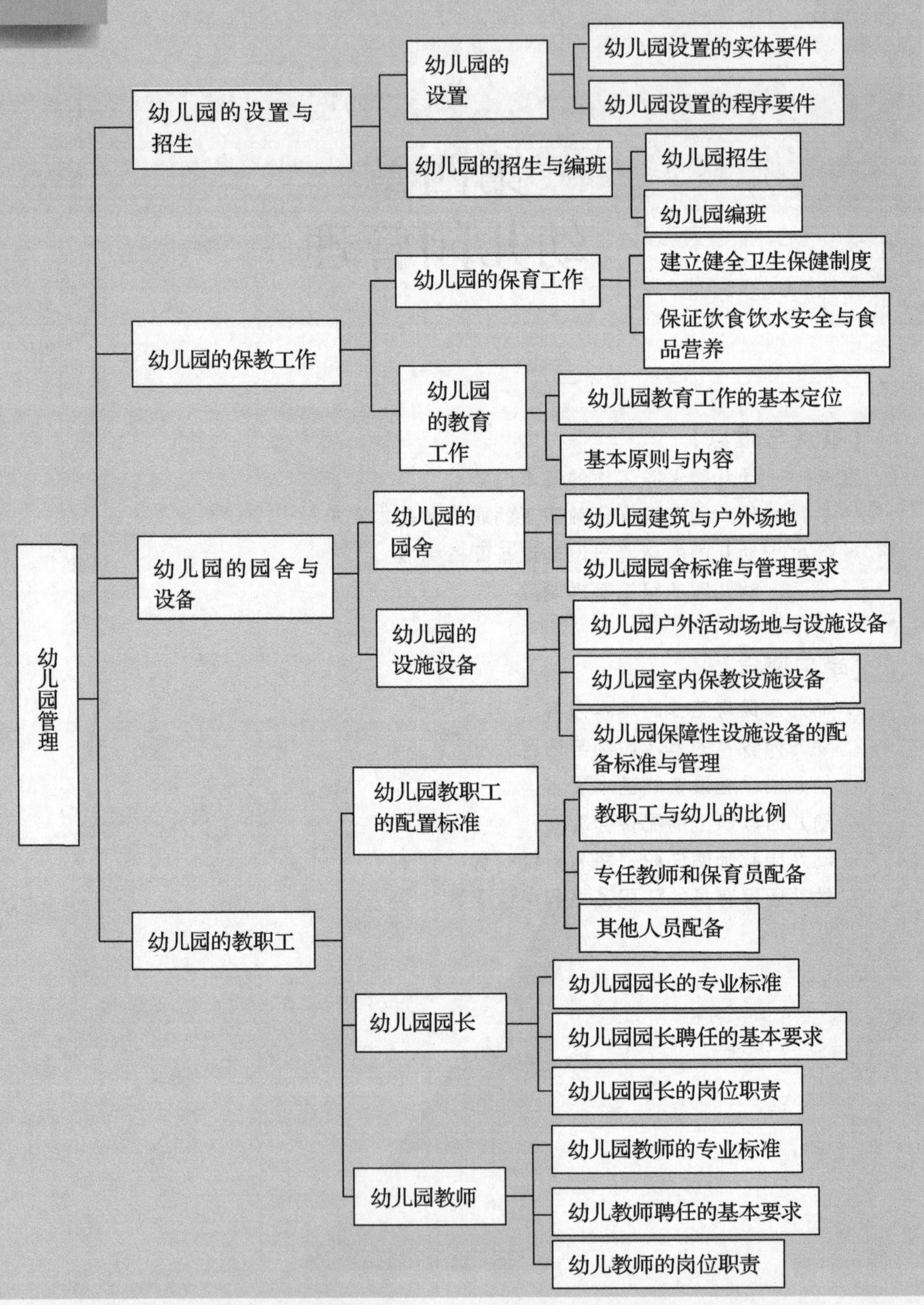

幼儿园管理
幼儿园的设置与招生
幼儿园的设置
幼儿园设置的实体要件
幼儿园设置的程序要件
幼儿园的招生与编班
幼儿园招生
幼儿园编班
幼儿园的保教工作
幼儿园的保育工作
建立健全卫生保健制度
保证饮食饮水安全与食品营养
幼儿园的教育工作
幼儿园教育工作的基本定位
基本原则与内容
幼儿园的园舍与设备
幼儿园的园舍
幼儿园建筑与户外场地
幼儿园园舍标准与管理要求
幼儿园的设施设备
幼儿园户外活动场地与设施设备
幼儿园室内保教设施设备
幼儿园保障性设施设备的配备标准与管理
幼儿园的教职工
幼儿园教职工的配置标准
教职工与幼儿的比例
专任教师和保育员配备
其他人员配备
幼儿园园长
幼儿园园长的专业标准
幼儿园园长聘任的基本要求
幼儿园园长的岗位职责
幼儿园教师
幼儿园教师的专业标准
幼儿教师聘任的基本要求
幼儿教师的岗位职责

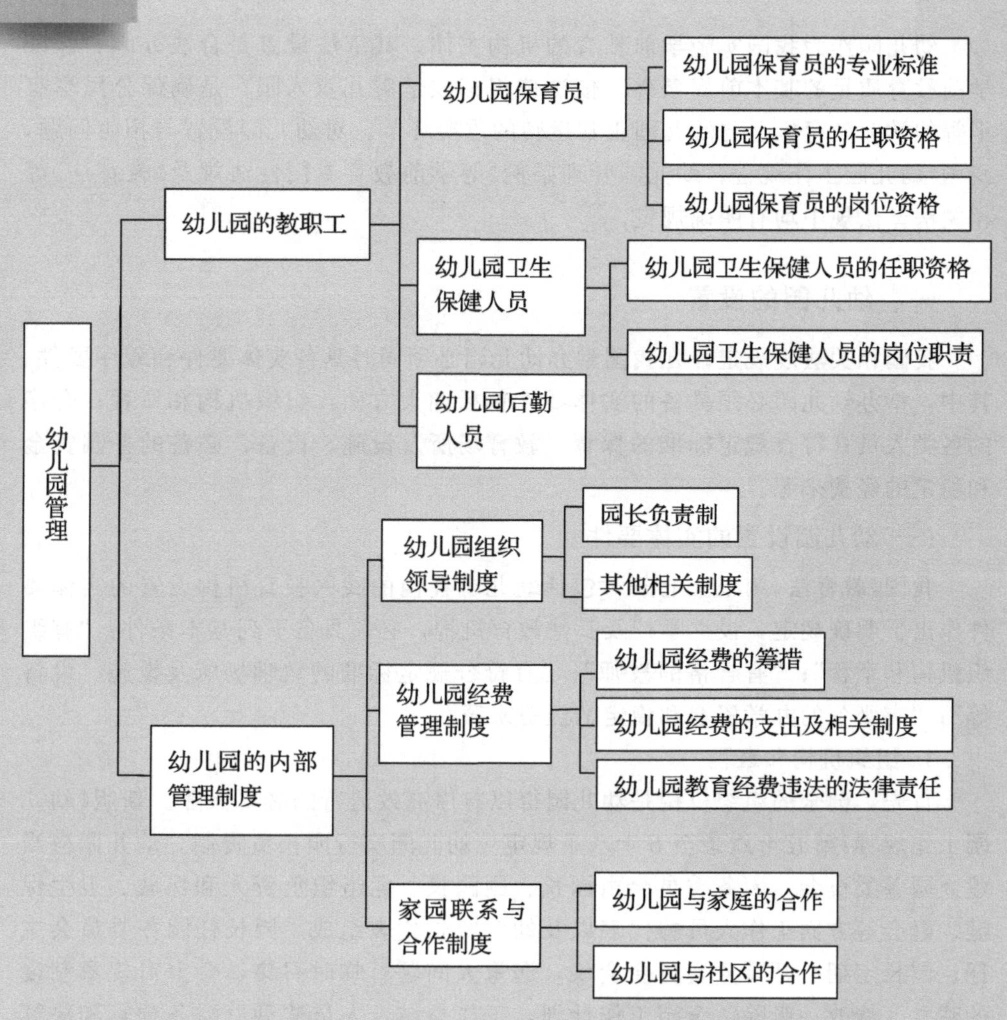
幼儿园管理
幼儿园的教职工
幼儿园保育员
幼儿园保育员的专业标准
幼儿园保育员的任职资格
幼儿园保育员的岗位资格
幼儿园卫生保健人员
幼儿园卫生保健人员的任职资格
幼儿园卫生保健人员的岗位职责
幼儿园后勤人员
幼儿园的内部管理制度
幼儿园组织领导制度
园长负责制
其他相关制度
幼儿园经费管理制度
幼儿园经费的筹措
幼儿园经费的支出及相关制度
幼儿园教育经费违法的法律责任
家园联系与合作制度
幼儿园与家庭的合作
幼儿园与社区的合作

第一节　幼儿园的设置与招生

幼儿园作为我国实施学前教育的机构主体，其依法设置是合法办园、保证学前教育质量的基本前提条件。依法依规招收适龄儿童入园，是确保公民享有平等的学前教育机会与幼儿园正常运转的重要环节。对幼儿园设置与招生问题，我国《幼儿园工作规程》《幼儿园管理条例》等学前教育专门性法规及《教育法》等相关法律法规中均有明确规定。

一、幼儿园的设置

我国相关法规规定，在我国举办幼儿园必须同时具备实体要件和程序要件。其中，举办幼儿园必须具备的实体要件包括四大方面：组织机构和章程；合格的各类人员；符合规定标准的保育、教育场所及设施、设备；必备的办园资金和稳定的经费来源。

(一)幼儿园设置的实体要件

我国《教育法》第二十七条对包括幼儿园在内的我国教育机构设置的实体要件作出了明确规定，设立学校及其他教育机构，必须具备下列基本条件：“有组织机构和章程”；“有合格的教师”；“有符合规定标准的教学场所及设施、设备等”；“有必备的办学资金和稳定的经费来源”。

1. 组织机构和章程

首先，健全的组织机构是幼儿园得以有序高效运行的必要保障。新版《幼儿园工作规程》第五十六条至五十八条规定：幼儿园实行园长负责制。幼儿园应当建立园务委员会。园务委员会由园长、副园长、党组织负责人和保教、卫生保健、财会等方面工作人员的代表以及幼儿家长代表组成。园长任园务委员会主任。园长定期召开园务委员会会议，遇重大问题可临时召集，会上对规章制度的建立、修改、废除，全园工作计划，工作总结，人员奖惩，财务预算和决算方案，以及其他涉及全园工作的重要问题进行审议。幼儿园应当加强党组织建设，充分发挥党组织政治核心作用、战斗堡垒作用。幼儿园应当为工会、共青团等其他组织开展工作创造有利条件，充分发挥其在幼儿园工作中的作用。幼儿园应当建立教职工大会制度或者教职工代表大会制度，依法加强民主管理和监督。

其次，教职工代表大会是幼儿园教职工参与学校民主管理和监督，完善现代学校制度，促进依法治园、依法治教的重要保障。依据我国《学校教职工代表大会规定》，幼儿园“应当建立和完善教职工代表大会制度。教职工代表大会应当高举中国特色社会主义伟大旗帜，以马克思列宁主义、毛泽东思想、邓小平理论、‘三个代表’重要思想和习近平新时代中国特色社会主义理论为指导，深入贯彻落实科学发展观，全面贯彻执行党的基本路线和教育方针，认真参与学校民主管理和监督”。教职工代表大会和教职工代表大会代表应当遵守国家法律法规，遵守学校规章制度，正确处理国家、幼儿园、集体和教职工的利益关系。教职工代表大会在中国共产党学校基层组织的领导下开展工作，其组织原则是民主集中制。依据该规定第七条和第八条，幼儿园教职工代表大会的主要职权包括：第一，听取幼儿园章程草案的制定和修订情况报告，提出修改意见和建议；第二，听取幼儿园发展规划、教职工队伍建设、教育教学改革、园所建设以及其他重大改革和重大问题解决方案的报告，提出意见和建议；第三，听取幼儿园年度工作、财务工作、工会工作报告以及其他专项工作报告，提出意见和建议；第四，讨论通过幼儿园提出的与教职工利益直接相关的福利、园内分配实施方案以及相应的教职工聘任、考核、奖惩办法；第五，审议幼儿园上一届(次)教职工代表大会提案的办理情况报告；第六，按照有关工作规定和安排评议园所领导干部；第七，通过多种方式对幼儿园工作提出意见和建议，监督幼儿园章程、规章制度和决策的落实，提出整改意见和建议；第八，讨论法律法规规定的以及幼儿园与幼儿园工会商定的其他事项。教职工代表大会的意见和建议，以会议决议的方式作出。幼儿园应当建立健全沟通机制，全面听取教职工代表大会提出的意见和建议，合理吸收采纳；不能吸收采纳的，应当作出说明。

再次，幼儿园章程是为促进园所正常运行，就办园宗旨、内部管理体制与财务活动等重大、基本问题作出全面规范而形成的自律性基本文件。我国《教育法》第二十九条明确规定，包括幼儿园在内的学校及其他教育机构具有“按照章程自主管理”的权利。它是幼儿园自主管理的基本依据，是现代幼儿园运行机制的基石。因而，也有人将幼儿园章程称为幼儿园的“小宪法”。

2. 合格的教职员工

合格的各类教职员工是幼儿园正常教育教学秩序与教育质量水平的重要保证。我国《教育法》《教师法》《教师资格条例》《幼儿园工作规程》《幼儿园管理条例》《幼儿园教职工配备标准(试行)》等多部法律法规中均对此有相关明确规定。新版《幼儿园工作规程》第三十八条至第三十九条对幼儿园各类教职工的配备、基本素质要求等作出了整体性规定：“幼儿园按照国家相关规定设园长、副园长、教师、保育员、卫生保健人员、炊事员和其他工作人员等岗位，配足配齐教职工”；“幼儿园教职工应当贯彻国家教育方针，具有良好品德，热爱教育事业，尊重和爱护幼儿，具有专业知识和技能以及相应的文化和专业素养，为人师表，忠于职责，身心健康”；“幼儿园教职工患传染病期间暂停在幼儿园的工作。有犯罪、吸毒记录和精神病史者不得在幼儿园工作”。

该《规程》第四十条至第四十三条则逐一对园长、教师、保育员、卫生保健人员等的基本资质、工作职责进行明确规定。其中，第四十条规定：“幼儿园园长应当符合本规程第三十九条规定，并应当具有《教师资格条例》规定的教师资格、具备大专以上学历、有三年以上幼儿园工作经历和一定的组织管理能力，并取得幼儿园园长岗位培训合格证书。幼儿园园长由举办者任命或者聘任，并报当地主管的教育行政部门备案。园长负责幼儿园的全面工作。”第四十一条规定：“幼儿园教师必须具有《教师资格条例》规定的幼儿园教师资格，并符合本规程第三十九条规定。”第四十二条规定：“幼儿园保育员应当符合本规程第三十九条规定，并应当具备高中毕业以上学历，受过幼儿保育职业培训。”第四十三条规定：“幼儿园卫生保健人员除符合本规程第三十九条规定外，医师应当取得卫生行政部门颁发的《医师执业证书》；护士应当取得《护士执业证书》；保健员应当具有高中毕业以上学历，并经过当地妇幼保健机构组织的卫生保健专业知识培训。”

3. 符合规定标准的教学场所及设施、设备

必要的合乎标准的教学场所、设施及设备，是幼儿园设立与运行的必备基础条件，也是正常开展教育教学活动所必需。对此，我国《教育法》《幼儿园工作规程》《幼儿园管理条例》《托儿所、幼儿园建筑设计规范》《城市幼儿园建筑面积定额(试行)》等法律法规中均有相关规定。如《幼儿园管理条例》第八条规定：“举办幼儿园必须具有与保育、教育的要求相适应的园舍和设施。幼儿园的园舍和设施必须符合国家的卫生标准和安全标准。”

第一，幼儿园选址与园舍。新版《幼儿园工作规程》第十三条规定：“幼儿园的园舍应当符合国家和地方的建设标准，以及相关安全、卫生等方面的规范，定期检查维护，保障安全。幼儿园不得设置在污染区和危险区，不得使用危房。”第三十四条规定：“幼儿园应当按照国家的相关规定设活动室、寝室、卫生间、保健室、综合活动室、厨房和办公用房等，并达到相应的建设标准。有条件的幼儿园应当优先扩大幼儿游戏和活动空间。寄宿制幼儿园应当增设隔离室、浴室和教职工值班室等。”

第二，幼儿园设施与设备。新版《幼儿园工作规程》第十三条规定：“幼儿园的设备设施、装修装饰材料、用品用具和玩教具材料等，应当符合国家相关的安全质量标准和环保要求。”第三十五条和第三十六条规定：“幼儿园应当有与其规模相适应的户外活动场地，配备必要的游戏和体育活动设施，创造条件开辟

沙地、水池、种植园地等，并根据幼儿活动的需要绿化、美化园地；幼儿园应当配备适合幼儿特点的桌椅、玩具架、盥洗卫生用具，以及必要的玩教具、图书和乐器等。玩教具应当具有教育意义并符合安全、卫生要求。幼儿园应当因地制宜，就地取材，自制玩教具。”

第三，法律责任。《幼儿园管理条例》第二十七条和第二十八条对违反该条例须承担的法律责任作出了明确规定。其中第二十七条规定：“园舍、设施不符合国家卫生标准、安全标准，妨害幼儿身体健康或者威胁幼儿生命安全的(未经登记注册，擅自招收幼儿的)，由教育行政部门视情节轻重，给予限期整顿、停止招生、停止办园的行政处罚。”第二十八条规定：“使用有毒、有害物质制作教具、玩具的，或侵占、破坏幼儿园园舍、设备的，或在幼儿园周围设置有危险、有污染或者影响幼儿园采光的建设和设施的单位或者个人，由教育行政部门对直接责任人员给予警告、罚款的行政处罚，或者由教育行政部门建议有关部门对责任人员给予行政处分，情节严重，构成犯罪的，由司法机关依法追究刑事责任。”

案例 4-1　租房办园遭遇不靠谱的二手承租人

2011 年 7 月 5 日，被告人孙某将某县城一处小院落转租给梁某，梁某用来开办一所私立幼儿园。双方约定，租赁期限为三年，租金按半年交，先由梁某交清全部租赁转让款 6.6 万元及第一个半年租金后，双方再正式签订书面租赁合同。梁某于 2011 年 7 月 5 日将租赁转让款人民币 6.6 万元及半年租金人民币 3 万元均交付孙某，但孙某却迟迟未与梁某签订书面租赁合同。三个月后，即 2011 年 10 月 9 日，有位自称张某的人来到园址找孙某，并对梁某说要收回小院。这时梁某才感到情况不妙，经追问才得知，原来此小院的房主姓陈，这位张某是第一手承租人，张某将小院转租给了孙某，租期为一年，即 2010 年 10 月 9 日至 2011 年 10 月 9 日。因此，孙某实为小院的第二手承租人。而孙某对梁某隐瞒了上述情况，把仅剩下三个月租期的小院在第一手承租人张某不知情的前提下转租给了梁某。张某催促梁某赶快搬走，而梁某希望孙某出面解决此事，继续租用该小院，实在不行必须搬走的话，孙某退还其租赁转让款和半年租金。孙某一边答应着，但实则没有什么具体行动，一直在拖延。最终梁某将孙某告到了法院。

法院会支持梁某的诉求吗？租用房屋举办幼儿园应该注意哪些事项呢？

案例分析：首先，孙某未经第一手承租人张某同意擅自将房屋转租给梁某，且超过原租期。我国《合同法》第五十一条规定：“无处分权的人处分他人财产，经权利人追认或者无处分权的人订立合同后取得处分权的，该合同有效。”该案例中，孙某与梁某并未签订书面租赁合同，双方有口头协议。但孙某转租并未取得张某同意，张某事后也不予以追认，因此依据上述法律规定，孙某与梁某的口头协议无效。其次，孙某将小院转租给梁某时，有义务告知梁某相关重要事实，而这些事实是梁某决定是否承租该小院用于开办幼儿园的重要因素。而孙某故意隐瞒相关事实，导致梁某无法正常开办幼儿园。孙某约定的"交完半年租金和转让款后再签订书面合同"也无法兑现。孙某的行为与诚实信用、公平正义原则相违背。《合同法》第四十二条规定："当事人在订立合同过程中有下列情形之一，给对方造成损失的，应当承担损害赔偿责任：……(二)故意隐瞒与订立合同有关的重要事实或者提供虚假情况；(三)有其他违背诚实信用原则的行为。"与此同时，《合同法》第五十八条规定："合同无效或者被撤销后，因该合同取得的财产，应当予以返还；不能返还或者没有必要返还的，应当折价补偿。有过错的一方应当赔偿对方因此所受到的损失，双方都有过错的，应当各自承担相应的责任。"最终，法院支持了梁某诉求，判决被告孙某返还租赁转让款人民币6.6万元及两个月租金人民币1万元合计7.6万元给原告梁某。

该案例提醒我们，在租赁房屋开办幼儿园时，一定要充分了解情况，并与出租人签订正式的书面租赁合同。在签订房屋租赁合同时，需注意以下方面的问题：第一，查看出租人的房产证和有效身份证明。如是共有产权，须出示共有人同意出租的证明。第二，将住宅或其他用房改作经营用房出租时，应出示规划部门和房管部门同意证明，房管部门直管公房内的场地出租时，应出示房管部门同意的证明。第三，签订房屋租赁合同时，应写明房租包含的内容，如水、电、气和物业管理费等，上述费用一定要明确是包含在房租内由出租人承担，还是不包含在房租内而由承租人单独支付。第四，要求出租人在房屋正式出租给承租人前，结清水、电、气、物业费、垃圾清运费等各项费用。第五，商定交付租金的具体方式。第六，约定房屋租赁的期限、用途和房屋修缮责任。第七，出租方须查看租赁方的身份证明，并在合同中约定不得有违法行为。第八，明确违约责任，并约定违约责任的承担方式。

有以下情形之一的房屋不得租赁：第一，没有房屋所有权合法凭证；第二，司法机关和行政机关依法裁定、决定查封或以其他形式限制房地产权利的；第三，共有房屋未取得共有人同意的；第四，房屋权属有争议的；第五，属于违法建筑的；第六，不符合安全标准的；第七，已经抵押未经抵押人同意的；第八，不符合公安、环保、卫生等主管部门有关规定的。

4. 必备的办学资金和稳定的经费来源

必备的办园资金和稳定的经费来源是幼儿园有序健康运行的基本保障，也是其作为权利主体，进行各种法律活动、享受权利与承担义务的物质基础。我国《幼儿园管理条例》第十条规定："举办幼儿园的单位或者个人必须具有进行保育、教育以及维修或扩建、改建幼儿园的园舍与设施的经费来源。"新版《幼儿园工作规程》第四十六条也对此有明确规定："幼儿园的经费由举办者依法筹措，保障有必备的办园资金和稳定的经费来源。"并对接受财政扶持的普惠性幼儿园财务监督等事宜作出了总体规定："按照国家和地方相关规定接受财政扶持的提供普惠性服务的国有企事业单位办园、集体办园和民办园等幼儿园，应当接受财务、审计等有关部门的监督检查。"

我国幼儿园教育经费的主要来源有三个：第一，举办者投入。依据幼儿园举办者的具体情况大致有两大类：一是公办幼儿园的办园经费以财政拨款为主；二是企事业组织、社会团体及其他社会组织和个人依法举办的幼儿园，其办园经费由举办者负责筹措。第二，家长缴纳保教费用。幼儿园教育属于非义务教育阶段，可依法收取保教费。幼儿园的收费应坚持法定的收费项目和收费标准，杜绝乱收费。由国家发展改革委、教育部、财政部于 2011 年发布的《幼儿园收费管理暂行办法》第七条至第九条即对幼儿园收费标准、收费项目作出了明确规定："公办幼儿园保教费标准根据年生均保育教育成本的一定比例确定。保育教育成本包括以下项目：教职工工资、津贴、补贴及福利、社会保障支出、公务费、业务费、修缮费等正常办园费用支出。不包括灾害损失、事故、经营性费用支出等非正常办园费用支出"；"公办幼儿园住宿费标准按照实际成本确定，不得以营利为目的"；"民办幼儿园保教费、住宿费标准，由幼儿园按照《民办教育促进法》及其实施条例规定，根据保育教育和住宿成本合理确定，报当地价格主管部门、教育行政部门备案后执行"。第三，接受社会捐助。幼儿园接受社会捐助要遵循自愿、量力、群众受益的原则。捐赠的方式与内容必须符合我国相关法律法规及政策的相应规定，不得违反我国教育方针。

(二)幼儿园设置的程序要件

除上述必须具备的四项实体要件外，成立幼儿园还必须经过法定程序。我国《教育法》第二十八条明确规定："学校及其他教育机构的设立、变更和终止，应当按照国家有关规定办理审核、批准、注册或者备案手续"。我国《幼儿园管理条例》第十一条、第十二条规定："国家实行幼儿园登记注册制度，未经登记注册，任何单位和个人不得举办幼儿园。城市幼儿园的举办、停办，由所在区、不设区的市的人民政府教育行政部门登记注册。农村幼儿园的举办、停办，由所在乡、镇人民政府登记注册，并报县人民政府教育行政部门备案。此外，当幼儿园变更或撤销时，应向原登记注册机关办理注销备案手续。"

设立幼儿园实行登记注册制度的意义在于：第一，设立幼儿园有了合法程序，其法律地位才能得以确认，各项合法权益才能得到法律的保障；第二，有利于主管部门的管理和监督；第三，能够防止擅自设立幼儿园，有利于幼儿园合理布局，避免低水平重复设置而导致教育资源的浪费①。

案例 4-2　缓解"入园难"就能违法办园吗?

某市红星区二条地区仅有2所幼儿园，近年来该地区入园压力逐年增大，"入园难"问题日渐凸显。于是该街道办事处在民意调查的基础上，年初开始筹办向日葵幼儿园，第二年2月份园址及基本建筑、设备设施等大部分筹备完毕，登记注册手续预计8月初完成。为不影响招生和正常开学，在尚未完成登记注册手续的情况下，当年3月已开始正式招生，当年共招收60余名适龄幼儿。其园舍条件尚好、收费标准亲民，在一定程度上缓解了周边地区的入园难问题，得到了群众好评。但谁知还没开学，幼儿家长便接到通知：经有关部门调查核实，确定该园为非法办园，勒令停止办园。

案例分析：在这个案例中，幼儿园举办方的初衷是好的，为缓解当地"入园难"的问题，但其做法并不符合我国相关法律法规的规定。我国《教育法》第二十八条规定：包括幼儿园在内的"学校及其他教育机构的设立、变更和终止，应当按照国家有关规定办理审核、批准、注册或者备案手续"。我国《幼儿园管理条例》第十一条、第十二条规定："国家实行幼儿园登记注册制度，未经登记注册，任何单位和个人不得举办幼儿园"，"城市幼儿园的举办、停办、由所在区、不设区的市的人民政府教育行政部门登记注册。农村幼儿园的举办、停办，由所在乡、镇人民政府登记注册，并报县人民政府教育行政部门备案"。

因此，上述案例中的向日葵幼儿园并未完成相关登记注册手续，就开始招生办园，属违法行为，应限期整顿、停止招生、停止办园，并没收违法所得。对此，我国《教育法》《幼儿园管理条例》《民办教育促进法》均有明确规定。《教育法》第七十五条规定："违反国家有关规定，举办学校或者其他教育机构的，由教育行政部门或者其他有关行政部门予以撤销；有违法所得的，没收违法所得；对直接负责的主管人员和其他直接责任人员，依法给予处分。"《幼儿园管理条例》第二十七条第一款规定："未经登记注册，擅自招收幼儿的"，"由教育行政部门视情节轻重，给予限期整顿、停止招生、停止办园的行政处罚"。《民办教育促进法》第六十四条规定："社会组织和个人擅自举办民办学校的，由县级以上人民政府的有关行政部门责令限期改正，符合本法及有关法律规定的民办学校条件的，可以补办审批手续；逾期仍达不到办学条件的，责令停止办学，造成经济损失的，依法承担赔偿责任。"

① 林雪卿．幼儿教育法规[M]．北京：科学出版社，2010：40.

综上，登记注册制度是在我国举办幼儿园必备的程序要件。与此同时，依法办园还必须具备法律法规明确规定的四项实体要件：第一，必须有组织机构和章程；第二，必须有合格的各类人员；第三，必须有符合规定标准的保育教育场所及设施、设备；第四，必须有必备的办园资金和稳定的经费来源。关于幼儿园设置的实体要件与程序要件，我国《教育法》《幼儿园管理条例》《幼儿园工作规程》等均有明确规定。

二、幼儿园的招生与编班

在我国，幼儿园教育是基础教育的重要组成部分，是学校教育制度的基础阶段。幼儿园的主要任务是：贯彻国家的教育方针，按照保育与教育相结合的原则，遵循幼儿身心发展特点和规律，实施德、智、体、美等方面全面发展的教育，促进幼儿身心和谐发展。目前，我国幼儿园招生对象是 3 周岁以上学龄前幼儿。我国幼儿园学制一般为三年制。

(一)幼儿园招生

首先，我国《幼儿园管理条例》第十四条对幼儿园招生与编班作出总体规范：幼儿园的招生、编班应当符合教育行政部门的规定。其次，《幼儿园管理条例》《幼儿园工作规程》等进一步对我国幼儿园招生时间、招生对象的年龄、招收特殊对象，以及企事业单位等办园对社会人员开放等事项，作出了多项具体规定。

依据我国新版《幼儿园工作规程》与《幼儿园管理条例》的相关规定：第一，在招生时间方面，幼儿园每年秋季招生。平时如有缺额，可随时补招。第二，在招生对象的年龄范围方面，我国幼儿园适龄幼儿一般为 3 周岁至 6 周岁。第三，在特殊对象的招收方面，幼儿园对烈士子女、家中无人照顾的残疾人子女、孤儿、家庭经济困难幼儿、具有接受普通教育能力的残疾儿童等入园，按照国家和地方的有关规定予以照顾。第四，在企事业单位等办园对外开放方面，我国企业、事业单位和机关、团体、部队设置的幼儿园，除招收本单位工作人员的子女外，应当积极创造条件向社会开放，招收附近居民子女入园。第五，在正式入园前的相关检查方面，幼儿入园前，应当按照卫生部门制定的卫生保健制度进行健康检查，合格者方可入园。幼儿入园除进行健康检查外，禁止任何形式的考试或测查。

此外，《幼儿园管理条例》第二十七条规定："违反本条例，具有下列情形之一的幼儿园，由教育行政部门视情节轻重，给予限期整顿、停止招生、停止办园的行政处罚：未经登记注册，擅自招收幼儿的；园舍、设施不符合国家卫生标准、安全标准，妨害幼儿身体健康或者威胁幼儿生命安全的；教育内容和方法违背幼儿教育规律，损害幼儿身心健康的。"

(二)幼儿园编班

幼儿园总体规模、编班、师幼比等均是幼儿园办园标准的重要内容，也是满足幼儿在园生活、游戏和学习需要，确保幼儿接受基本的、有质量的学前教育，促进幼儿健康成长的重要保障条件。

我国幼儿园分为全日制、半日制、定时制、季节制和寄宿制等，这些形式可分别设置，也可混合设置。新版《幼儿园工作规程》第二章专门就幼儿园编班作出明确规定，其第十一条规定："幼儿园规模应当有利于幼儿身心健康，便于管理，一般不超过 360 人。幼儿园每班幼儿人数一般为：小班(3 周岁至 4 周岁)25 人，中班(4 周岁至 5 周岁)30 人，大班(5 周岁至 6 周岁)35 人，混合班 30 人。寄宿制幼儿园每班幼儿人数酌减。幼儿园可以按年龄分别编班，也可以混合编班。"

2013 年发布的《幼儿园教职工配备标准(暂行)》对我国不同服务类型幼儿园教职工与幼儿的配备比例，以及班级规模及其专任教师与保育员的配备比例等作出了明确细致的规定(见表 4-1、表 4-2)。

表 4-1 不同服务类型幼儿园教职工与幼儿的配备比例

服务类型	全园教职工与幼儿比	全园保教人员与幼儿比
全日制	1∶5～1∶7	1∶7～1∶9
半日制	1∶8～1∶10	1∶11～1∶13

表 4-2 幼儿园班级规模及专任教师和保育员配备标准

年龄班	班级规模(人)	全日制		半日制	
		专任教师	保育员	专任教师	保育员
小班(3～4 岁)	20～25	2	1	2	有条件的应配备 1 名保育员
中班(4～5 岁)	25～30	2	1	2	
大班(5～6 岁)	30～35	2	1	2	
混龄班	＜30	2	1	2～3	

案例 4-3 不想上中班的果果

新学期，果果(化名)升入了中班，但由于果果所在的幼儿园近两年正在进行园舍的改扩建，中班幼儿一律安排在离本园大概 500 米的分园，而且正好赶上教师重新组合，中班主班老师也更换了。由于对新环境、新教师都不熟悉，果果每天入园都哭闹不止，白天情绪也不稳定。于是果果的家长提出：干脆不让果果升入中班了，还留在小班。教师向果果的家长解释说明也无济于事，不仅遭到了家长的反驳，一怒之下，果果家长还打翻了教师办公桌上的茶杯，并且还有意鼓动其他家长也不让孩子正常升入中班。

果果可以继续留在小班吗？园方遇到这种情况该怎么处理呢？

案例分析：新版《幼儿园工作规程》第十一条规定：幼儿园可以按年龄分别编班，也可以混合编班。大多数幼儿园按照年龄段分为大、中、小班，果果所在的幼儿园也是如此。随年龄增长由小班升入中班是很正常的事，也是符合幼儿身心发展规律的。同时，小班学位规模也是有限的，如果都像果果一样不愿升入中班，势必也会影响下一年新生的正常入园。因此，果果于情于理于规，均应升入中班，不该继续留在小班。每个幼儿适应新环境、新事物的能力不同，具有个体差异性。园方与教师首先应正确认识这一点，遇到果果这样的幼儿，应重点关心和引导，培养其良好的个性心理品质。与此同时，园领导和教师应主动耐心地做好家长工作，说明幼儿园编班的依据及幼儿身心发展的规律与特点，使家长全面了解幼儿园的工作，并与家长一起订立帮助幼儿尽快适应新环境的办法与具体措施，促使家长更好地配合园方工作。对此，《幼儿园工作规程》第五十二、五十三条也有相关规定，第五十二条提出：幼儿园应当主动与幼儿家庭沟通合作，为家长提供科学育儿宣传指导，帮助家长创设良好的家庭教育环境，共同担负教育幼儿的任务。第五十三条规定：幼儿园应当建立幼儿园与家长联系的制度。幼儿园可采取多种形式，指导家长正确了解幼儿园保育和教育的内容、方法，定期召开家长会议，并接待家长的来访和咨询。幼儿园应当认真分析、吸收家长对幼儿园教育与管理工作的意见与建议。

第二节　幼儿园的保教工作

学前教育是基础教育的重要组成部分，是学校教育制度的基础阶段。在我国，幼儿园是对3周岁以上学龄前幼儿实施保育和教育的机构，保育和教育是幼儿园的核心工作内容，幼儿园应当贯彻保育与教育相结合的原则，创设与幼儿的教育和发展相适应的和谐环境，一方面保障幼儿的身体健康，培养幼儿的良好生活、卫生习惯；另一方面促进幼儿的智力发展，培养幼儿热爱祖国的情感以及良好的品德行为，引导幼儿个性的健康发展。我国幼儿园的任务为：贯彻国家的教育方针，按照保育与教育相结合的原则，遵循幼儿身心发展特点和规律，实施德、智、体、美等方面全面发展的教育，促进幼儿身心和谐发展。

一、幼儿园的保育工作

幼儿园的保育工作主要指幼儿在园的生理和心理卫生保健工作，它涉及方方面面。新版《幼儿园工作规程》第十七条对此有总体性规定："幼儿园必须切实做好幼儿生理和心理卫生保健工作。幼儿园应当严格执行《托儿所幼儿园卫生保健管理办法》以及其他有关卫生保健的法规、规章和制度。"我国 2010 年发布的《托儿所幼儿园卫生保健管理办法》第十五条明确了托幼机构卫生保健工作的主要内容，托幼机构应当严格按照《托儿所幼儿园卫生保健工作规范》开展卫生保健工作，包括以下内容：第一，根据儿童不同年龄特点，建立科学、合理的一日生活制度，培养儿童良好的卫生习惯；第二，为儿童提供合理的营养膳食，科学制订食谱，保证膳食平衡；第三，制订与儿童生理特点相适应的体格锻炼计划，根据儿童年龄特点开展游戏及体育活动，并保证儿童户外活动时间，增进儿童身心健康；第四，建立健康检查制度，开展儿童定期健康检查工作，建立健康档案，坚持晨检及全日健康观察，做好常见病的预防，发现问题及时处理；第五，严格执行卫生消毒制度，做好室内外环境及个人卫生，加强饮食卫生管理，保证食品安全；第六，协助落实国家免疫规划，在儿童入托时应当查验其预防接种证，未按规定接种的儿童要告知其监护人，督促监护人带儿童到当地规定的接种单位补种；第七，加强日常保育护理工作，对体弱儿进行专案管理。配合妇幼保健机构定期开展儿童眼、耳、口腔保健，开展儿童心理卫生保健；第八，建立卫生安全管理制度，落实各项卫生安全防护工作，预防伤害事故的发生；第九，制订健康教育计划，对儿童及其家长开展多种形式的健康教育活动；第十，做好各项卫生保健工作信息的收集、汇总和报告工作。

以下将从建立健全各项卫生保健制度、保证饮食饮水安全与食品营养两大方面来梳理相关法规，其中卫生保健制度又分为生活作息制度、健康检查与档案制度、卫生消毒与疾病预防制度、用药委托交接制度。

(一)建立健全卫生保健制度

建立健全合理有效的幼儿园卫生保健制度，既是幼儿健康成长的保证，也是确保幼儿在园安全的重要途径。新版《幼儿园工作规程》从幼儿安全管理的高度，对幼儿园的食品、药物等卫生保健制度提出了总体性要求：幼儿园应当严格执行国家和地方幼儿园安全管理的相关规定，建立健全房屋、设备、食品、药物、活动组织和幼儿就寝值守等安全防护和检查制度，建立安全责任制和应急预案。

1. 合理生活作息制度

合理的幼儿园生活作息制度是保证幼儿身心健康的基本前提。新版《幼儿园工作规程》第十八条规定：幼儿园应当制定合理的幼儿一日生活作息制度。正餐间隔时间为 3.5～4 小时。在正常情况下，幼儿户外活动时间(包括户外体育活动时间)每天不得少于 2 小时，寄宿制幼儿园不得少于 3 小时；高寒、高温地区可酌情减少。第二十三条、第二十四条进一步规定："幼儿园应当积极开展适合幼儿的体育活动，充分利用日光、空气、水等自然因素以及本地自然环境，有计划地锻炼幼儿肌体，增强身体的适应和抵抗能力。正常情况下，每日户外体育活动不得少于1小时。幼儿园在开展体育活动时，应当对体弱或有残疾的幼儿予以特殊照顾"，"幼儿园夏季要做好防暑降温工作，冬季要做好防寒保暖工作，防止中暑和冻伤"。

相关政策法规中还就幼儿睡眠、大小便习惯养成、正确的体态姿势等作出规定和指导。《3—6岁儿童学习与发展指南》中提出："保证幼儿每天睡11～12小时，其中午睡一般应达到2小时左右。午睡时间可根据幼儿的年龄、季节的变化和个体差异适当减少。"《幼儿园工作规程》中明确："幼儿园应当培养幼儿良好的大小便习惯，不得限制幼儿便溺的次数、时间等。"对于幼儿的体态与正确姿势的形成，《3—6岁儿童学习与发展指南》中建议："注意幼儿的体态，帮助他们形成正确的姿势。如：提醒幼儿要保持正确的站、坐、走姿势；发现有八字脚、罗圈腿、驼背等骨骼发育异常的情况，应及时就医矫治。桌、椅和床要合适。椅子的高度以幼儿写画时双脚能自然着地、大腿基本保持水平状为宜；桌子的高度以写画时身体能坐直，不驼背、不耸肩为宜；床不宜过软。"

2. 体检与健康档案制度

新版《幼儿园工作规程》第十九条规定："幼儿园应当建立幼儿健康检查制度和幼儿健康卡或档案。每年体检一次，每半年测身高、视力一次，每季度量体重一次；注意幼儿口腔卫生，保护幼儿视力。"《3—6岁儿童学习与发展指南》中提出幼儿园应"每年为幼儿进行健康检查"。《托儿所幼儿园卫生保健管理办法》第十八条也明确规定："儿童入托幼机构前应当经医疗卫生机构进行健康检查，合格后方可进入托幼机构"，"儿童离开托幼机构3个月以上应当进行健康检查后方可再次入托幼机构"。《幼儿园工作规程》中还进一步规定：幼儿园应"对幼儿健康发展状况定期进行分析、评价，及时向家长反馈结果"；与此同时，幼儿园还"应当关注幼儿心理健康，注重满足幼儿的发展需要，保持幼儿积极的情绪状态，让幼儿感受到尊重和接纳"。

3. 卫生消毒与疾病预防制度

卫生消毒与疾病预防、传染病控制等是幼儿园保育工作的重要内容。新版《规程》第二十条对此有总体性规定："幼儿园应当建立卫生消毒、晨检、午检制度和病儿隔离制度，配合卫生部门做好计划免疫工作。幼儿园应当建立传染病预防和管理制度，制定突发传染病应急预案，认真做好疾病防控工作。"

对于疾病特别是传染病预防和控制，《幼儿园管理条例》《托儿所幼儿园卫生保健管理办法》中均有相关具体规定。《幼儿园管理条例》第十八条、第二十条规定：幼儿园应当建立卫生保健制度。幼儿园发生传染病流行时，举办幼儿园的单位或者个人应当立即采取紧急救护措施，并及时报告当地教育行政部门或卫生行政部门。《托儿所幼儿园卫生保健管理办法》第十六条规定："托幼机构应当在疾病预防控制机构指导下，做好传染病预防和控制管理工作。托幼机构发现传染病患儿应当及时按照法律、法规和卫生部的规定进行报告，在疾病预防控制机构的指导下，对环境进行严格消毒处理。在传染病流行期间，托幼机构应当加强预防控制措施。"第十七条规定："疾病预防控制机构应当收集、分析、调查、核实托幼机构的传染病疫情，发现问题及时通报托幼机构，并向卫生行政部门和教育行政部门报告。"第十八条规定："托幼机构发现在园(所)的儿童患疑似传染病时应当及时通知其监护人离园(所)诊治。患传染病的患儿治愈后，凭医疗卫生机构出具的健康证明方可入园(所)。"

案例 4-4 "原则问题"丝毫情面不能讲

周一早间入园时，保健医刘老师和往常一样给孩子们做晨检，结果发现了一个小班幼儿可可咽喉红肿并有疱疹，疑似疱疹咽峡炎。去年幼儿园里有一个班就有八九个孩子得了这个病，所以刘老师特别警觉，赶紧把这个孩子带到医务室暂时隔离开，并报告了园长，同时第一时间联系了幼儿的家长。可是令人没有想到的是，家长知道孩子得了疱疹咽峡炎，说周六带孩子已经去医院看过大夫，开了药，把药装孩子书包里了，送孩子的时候忘了跟老师交接药的事，正想打电话告诉老师中午怎么给孩子服药呢。电话中，刘老师告诉可可妈妈，这是传染病，按照规定是不能来园的，需要在家休息，待病好后才能再来幼儿园，否则还会传染给其他小朋友。但是可可妈妈央求老师说：家里没人看可可，虽然生病了，但也只能把他送幼儿园里，而且他也正吃着药，应该没什么传染性了。就是不愿把可可接走。

这种情况下可可能留在幼儿园吗？刘老师和园方应该如何应对呢？

案例分析：依据我国法律法规的相关规定，患有传染病的幼儿在患病期间严禁入园，以防疾病的大面积传染与流行。例如我国《幼儿园管理条例》第十八条、第二十条规定：幼儿园应当建立卫生保健制度。幼儿园发生传染病流行时，举办幼儿园的单位或者个人应当立即采取紧急救护措施，并及时报告当地教育行政部门或卫生行政部门。《托儿所幼儿园卫生保健管理办法》中第十八条也明确规定："托幼机构发现在园(所)的儿童患疑似传染病时应当及时通知其监护人离园(所)诊治。患传染病的患儿治愈后，凭医疗卫生机构出具的健康证明方可入园(所)。"可可所患的疱疹咽峡炎是由肠道病毒引起的以急性发热和咽峡部疱疹溃疡为特征的急性传染性咽峡炎，以粪口或呼吸道为主要传播途径，传染性很强，传播快，夏秋季为高发季节，主要侵犯1～7岁小儿。临床以发热、咽痛、咽峡部黏膜小疱疹和浅表溃疡为主要表现，一般病程4～6日，重者可至2周。同一患儿可重复多次发生本病。因此，可可仍在患病期间，且该病具有很强的传染性，坚决不能让可可入园参加正常的一日生活，即使可可妈妈称家中无人看管，也不能同意将其留在园内，这是为绝大多数在园幼儿的健康考虑，保证在园全体幼儿的健康、防止传染病在幼儿之间传播与流行，这是幼儿园卫生保健工作的基本原则，不是讲不讲情面的问题。因此，刘老师及园方负责人无论如何应想办法请可可的家长把其接离幼儿园，例如，如果可可的父母确实没有办法白天照看孩子，可以请可可的其他家人来暂时照顾一下可可。总之，一定要请家长把可可接回家；同时也要告诉可可的家长，孩子在患病期间，需要在家充分休养，从可可尽快康复的角度来讲也不适宜入园。此外，幼儿园还要做好相应的消毒防护措施，并注意观察园内特别是可可同班幼儿近期的身体情况，密切关注有无传染现象发生，做好预案，如有传染流行发生，及时采取应急措施并上报相关部门。

4. 用药委托交接制度

依据我国《托儿所幼儿园卫生保健工作规范》的要求，托幼机构卫生保健人员的工作范围主要包括：根据儿童不同年龄特点，建立科学、合理的一日生活制度，培养儿童良好的卫生习惯；为儿童提供合理的营养膳食，科学制订食谱；制订与儿童生理特点相适应的体格锻炼计划，根据儿童年龄特点开展游戏及体育活动，并保证儿童户外活动时间；建立健康检查制度，开展儿童定期健康检查工作；建立健康档案；坚持晨检及全日健康观察，做好常见病的预防；严格执行卫生消毒制度；加强饮食卫生管理；协助落实国家免疫规划；建立卫生安全管理制度，落实各项卫生安全防护工作，预防伤害事故的发生；制订健康教育计划，对儿童及其家长开展多种形式的健康教育活动等。卫生部颁布的《处方管理办法》规定，在我国，只有经注册的执业医师在执业地点方可取得相应的处方权。经注册的执业助理医师在乡、民族乡、镇、村的医疗机构独立从事一般的执业活动，可以在注册的执业地点取得相应的处方权。因此，托幼机构卫生保健人员不具有处方权，不能给托幼机构内的幼儿开具处方及用药。只能在必要的情况下，依据相关规定接受家长委托，遵医嘱给在园幼儿服药。对此，我国新版《幼儿园工作规程》第十四条、第二十条有明确规定：“幼儿园应当严格执行国家有关食品药品安全的法律法规”，“建立患病幼儿用药的委托交接制度，未经监护人委托或者同意，幼儿园不得给幼儿用药。幼儿园应当妥善管理药品，保证幼儿用药安全。”

案例 4-5　病毒灵，一吃就灵吗？

2014 年 3 月 10 日晚，位于西安市科技路西口的枫韵幼儿园的多功能教室，数十名家长围坐在一起，等待园方给一个说法。“我是最先发现孩子在幼儿园服用这种药片的。”程女士说，她的女儿今年 5 岁半，读太阳班(大班)。上周四(3 月 6 日)，女儿放学回家后对她说：“妈妈，我以后再也不会得感冒了!”程女士觉得很奇怪，追问之下，得知幼儿园老师让所有小朋友统一吃药。程女士很震惊，幼儿园怎么能随意给孩子吃药？她告诉孩子，如果老师还给吃药一定不能吃，把药带回来。第二天，孩子带回一片白色药片，上面印着“ABOB”。程女士上网查询得知，这个药名叫“盐酸吗啉胍片”，俗称“病毒灵”。消息就这样在家长中传开。现场多名家长证实，自家孩子也曾经在幼儿园服用过这种药片。几名家长还回忆说，孩子经常喊肚子疼，但一直没在意，现在回想起来，可能是因为服用这种药片造成的。一些家长集中反映，孩子出现盗汗、食欲不振，也怀疑跟服药有关。

对于家长的诸多疑问，幼儿园园长 10 日晚表示，根据幼儿园保健医生对该药的了解，“病毒灵”是一种对多种病毒交叉感染的预防药，今年开学初，考虑到孩子一个月未入园，加上假期很多孩子都在外地度过，春季又是传染病的高发期，所以幼儿园给孩子们服用了此药。园长称，这学期小班幼儿是在 2 月 13 日、14 日连服两天，每天一次，一次一片；中大班幼儿是在 3 月 3 日、4 日、5 日连服 3 天，一天一次，一次一片半。

对于这种说法，家长并不满意。有家长质疑，园长的说法跟许多孩子的说法是不相符的。从大班孩子的说法来看，孩子们不光是这个学期吃过药。对此，该幼儿园副园长也是保健医生的黄老师含糊表示：“以前也用过板蓝根。”据调查，该幼儿园保健医生黄老师目前只能提供一张广东省发的医师资格证的复印件，但按照规定，从业医师必须在从业机构所在地的卫生部门注册后，才有医师资格。据查，黄老师并没有在雁塔区注册。

11 日，西安市教育局、食药监局、卫生局以及莲湖区食药监局、卫生局、公安局、教育局等多个部门组成了处置工作领导小组，进驻幼儿园调查此事。对幼儿园有关涉嫌违法违规行为进行取证，相关药物带回药监所化验。莲湖区教育局从区内抽调 1 名园长、24 名幼儿园教师，进驻该园开展保教工作；责令枫韵幼儿园即日起停业整顿。之后，西安市政府负责人也及时赶到现场，向家长通报了事件的调查进展：第一，幼儿园未经家长同意给幼儿服用“病毒灵”，不仅违规还涉嫌违法，幼儿园园长和保健医生已被警方控制；第二，690 名幼儿今后将由莲湖区教育局接管，莲湖区教育局将派驻幼儿老师，负责保教工作；

第三，莲湖区教育局一名副局长进驻幼儿园，协助家长处理后续事宜，即日起，将以班级为单位对幼儿进行登记，由西安市卫生局协调医疗机构，就近给孩子们免费体检；第四，尽快组织专家对“病毒灵”的药理进行分析鉴定，及时公布调查结果。目前，枫韵幼儿园的资产已被冻结，关于后续的赔偿问题，家长们可以和幼儿园法人代表协商，也可进行法律程序①。

案例分析：幼儿的身心健康、和谐发展是幼儿园保教工作的主要宗旨和任务。相对成人而言，幼儿抵抗力较弱，难免会有生病的现象，幼儿园应密切注意在园幼儿的身体状况，切实做好各项卫生保健工作，尽可能避免疾病的出现特别是在园内的传染和流行。但是如果为此而擅自给幼儿用药，则严重违反了我国相关规定，对幼儿身心健康带来了极其不利的影响。我国 2010 年颁布的《托儿所幼儿园卫生保健管理办法》第十条明确规定：托幼机构应当根据规模、接收儿童数量等设立相应的卫生室或者保健室，具体负责卫生保健工作。卫生室应当符合医疗机构基本标准，取得卫生行政部门颁发的《医疗机构执业许可证》，“保健室不得开展诊疗活动”，其配置应当符合保健室设置基本要求。近年颁布的新版《幼儿园工作规程》第二十条也特别增加了用药安全方面的规定：“幼儿园应当建立患病幼儿用药的委托交接制度，未经监护人委托或者同意，幼儿园不得给幼儿用药。幼儿园应当妥善管理药品，保证幼儿用药安全。”案例中的幼儿园私自多次给健康幼儿服用抗病毒类处方药，严重违背了相关法规。就园方保健医黄老师而言，其也完全不具备行医资格，无处方权。因此，一方面教育行政部门应对直接责任人员给予警告、罚款等行政处罚，或者由教育行政部门建议有关部门对责任人员给予行政处分；另一方面由教育行政部门，给予幼儿园限期整顿、停止招生、停止办园的行政处罚。与此同时，由于给幼儿身心健康带来了负面影响，当事人还应当承担相应民事责任，具体事宜幼儿家长可以与幼儿园协商，进行精神抚慰和民事赔偿。

(二)保证饮食饮水安全与食品营养

进餐、饮水是幼儿在园一日生活环节中必不可少的重要组成部分，因而食品及饮用水的安全卫生、餐食的营养搭配，对幼儿身体健康甚至生命安全至关重要。

1. 确保饮食饮水安全

新版《幼儿园工作规程》对此有多项规定，其第十四条为总体性规定：“幼儿园应当严格执行国家有关食品药品安全的法律法规，保障饮食饮水卫生安全。”

① 西安一幼儿园给娃吃处方药已被停业整顿[EB/OL].[2014-3-12/2017-7-28]http://epaper.jinghua.cn/html/2014-03/12/content_71578.htm(京华时报).

第二十一条条、第二十二条还明确要求，幼儿园要“按照相关规定进行食品留样”；“幼儿园应当配备必要的设备设施，及时为幼儿提供安全卫生的饮用水”。《幼儿园管理条例》中对食物中毒的防止与紧急处理也作出了相关规定，其第十八条与第二十条规定：幼儿园应当建立卫生保健制度，防止发生食物中毒；幼儿园发生食物中毒时，举办幼儿园的单位或者个人应当立即采取紧急救护措施，并及时报告当地教育行政部门或卫生行政部门。2010 年经卫生部通过、教育部同意，正式颁布的《托儿所幼儿园卫生保健管理办法》中对设有食堂的托幼机构也明确要求：“托幼机构设有食堂提供餐饮服务的，应当按照《食品安全法》《食品安全法实施条例》以及有关规章的要求，认真落实各项食品安全要求。”同时，“托幼机构的建筑、设施、设备、环境及提供的食品、饮用水等应当符合国家有关卫生标准、规范的要求”。

我国《学校食堂与学生集体用餐卫生管理规定》则针对包括幼儿园在内的教育机构的食堂与集体用餐卫生管理作出了更加细化的规定。首先，在食堂环境、设施设备、餐饮具方面。其第四条至第九条明确规定：“食堂应当保持内外环境整洁，采取有效措施，消除老鼠、蟑螂、苍蝇和其他有害昆虫及其滋生条件”，“食堂的设施设备布局应当合理，应有相对独立的食品原料存放间、食品加工操作间、食品出售场所及用餐场所”，“餐饮具使用前必须洗净、消毒，符合国家相关卫生标准。未经消毒的餐饮具不得使用。禁止重复使用一次性使用的餐饮具。消毒后的餐饮具必须贮存在餐饮具专用保洁柜内备用。已消毒和未消毒的餐饮具应分开存放，并在餐饮具贮存柜上有明显标记。餐饮具保洁柜应当定期清洗、保持洁净”，“餐饮具所使用的洗涤、消毒剂必须符合卫生标准或要求。洗涤、消毒剂必须有固定的存放场所(橱柜)，并有明显的标记”。其次，在食品采购、贮存及加工方面。该规定第十一条至第十七条明确要求：第一，“严格把好食品的采购关。食堂采购员必须到持有卫生许可证的经营单位采购食品，并按照国家有关规定进行索证；应有相对固定的食品采购的场所，以保证其质量”，禁止采购以下食品：“腐败变质、油脂酸败、霉变、生虫、污秽不洁、混有异物或者其他感官性状异常，含有毒、有害物质或者被有毒、有害物质污染，可能对人体健康有害的食品”，“未经兽医卫生检验或者检验不合格的肉类及其制品”，“超过保质期限或不符合食品标签规定的定型包装食品”，“其他不符合食品卫生标准和要求的食品”；第二，“食品贮存应当分类、分架、隔墙、离地存放，定期检查、及时处理变质或超过保质期限的食品。食品贮存场所禁止存放有毒、有害物品及个人生活物品。用于保存食品的冷藏设备，必须贴有标志，生食品、半成品和熟食品应分柜存放”；第三，“用于原料、半成品、成品的刀、墩、板、桶、盆、筐、抹布以及其他工具、容器必须标志明显，做到分开使用，定位存放，用后洗净，保持清洁”；第四，“食堂炊事员必须采用新鲜洁净的原料制作食品，不得加工或使用腐败变质和感官性状异常的食品及其原料”；第五，“加工食品必须做到烧熟熟透，需要熟制加工的大块食品，其中心温度不低于70℃”；第六，“加工后的熟制品应当与食品原料或半成品分开存放，半成品应当与食品原料分开存放，防止交叉污染。食品不得接触有毒物、不洁物”；第七，“幼儿园的食堂不得制售冷荤凉菜”。

案例4-6 师生食物中毒，幼儿园“瞒天过海”终败露

2010年8月4日中午，在义乌市大元幼儿园食堂刚刚吃过午饭的师生陆续出现恶心和腹泻的症状，截至当天下午1时，共有14人出现不良反应。发生群发性疑似食物中毒事件后，大元幼儿园负责人并没有按规定第一时间向卫生部门报告，而是把14名师生送往东阳市人民医院治疗。由于病员众多，东阳市人民医院接诊后立即向当地卫监所报告。卫监所执法人员介入调查后，幼儿园负责人说病员来自“小状元幼儿园”。但执法人员调查发现，当地压根就没有“小状元幼儿园”。在他们的反复追问与教育下，大元幼儿园负责人才说出实情，并带执法人员到事发现场调查取证。

执法人员在大元幼儿园确认事发现场后，采集了食堂内剩余的米饭及师生的呕吐物，送往市疾控中心检验，随后又通报给义乌市卫生局。当天下午，大元幼儿园食堂被暂时查封。根据流行病学调查、现场卫生学调查、病人临床表现和实验室检验结果，卫生部门确认这是一起急性中毒事件，是由大元幼儿园食堂用隔日未经充分加热的剩饭引起。后据园方当事人说，该幼儿园厨师为了节约，看到前一天幼儿园食堂剩下许多米饭，就把这些米饭未经加热就混进了当天新做的米饭里，结果引发了14名师生食物中毒。当年9月，大元幼儿园接到了义乌市卫监大队的行政处罚通知，被罚款4万元[①]。

案例分析：食品安全不仅关系幼儿身体健康，更关乎生命安全，不容小视。案例中幼儿园厨师的做法，以及食物中毒发生后园方负责人欲隐瞒不上报的行为，都是极其错误的，完全违背了幼儿园基本的食品安全与卫生保健原则和要求，违反了我国多部法律法规的相关规定，造成了严重的不良后果。我国新版《幼儿园工作规程》第十四条规定：“幼儿园应当严格执行国家有关食品药品安全的法律法规，保障饮食饮水卫生安全。”《幼儿园管理条例》第十八条与第二十条规定：“幼儿园应当建立卫生保健制度，防止发生食物中毒；幼儿园发生食物中

① 朱翔，吴昕华．师生食物中毒 幼儿园欲“瞒天过海”败露被罚款4万[EB/OL]．[2010-9-30/2017-3-12]http：//zjnews.zjol.com.cn/05zjnews/system/2010/09/30/016974074.shtml(浙江在线—浙江新闻)

.

毒时，举办幼儿园的单位或者个人应当立即采取紧急救护措施，并及时报告当地教育行政部门或卫生行政部门。”《学校食堂与学生集体用餐卫生管理规定》中也明确要求：“食堂炊事员必须采用新鲜洁净的原料制作食品，不得加工或使用腐败变质和感官性状异常的食品及其原料”；应“及时处理变质或超过保质期限的食品”；该规定第三十四条进一步明确了违反有关规定引起食物中毒特别是隐瞒实情不上报的责任人应承担的法律责任：“建立学校食品卫生责任追究制度。对违反本规定，玩忽职守、疏于管理，造成学生食物中毒或者其他食源性疾患的学校和责任人，以及造成食物中毒或其他食源性疾患后，隐瞒实情不上报的学校和责任人，由教育行政部门按照有关规定给予通报批评或行政处分。对不符合卫生许可证发放条件而发放卫生许可证造成食物中毒或其他食源性疾患的责任人，由卫生行政部门按照有关规定给予通报批评或行政处分。对违反本规定，造成重大食物中毒事件，情节特别严重的，要依法追究相应责任人的法律责任。”

2. 保证合理膳食

在确保幼儿园饮食饮水安全卫生的基础上，保证幼儿餐食的营养、合理膳食，对于幼儿身体发育和健康成长也是十分重要的。因此，在我国多部政策法规中对此也有明确规定和具体要求。首先，幼儿园应有经过科学编制的营养食谱。新版《幼儿园工作规程》第十一条规定：幼儿园应当“编制营养平衡的幼儿食谱，定期计算和分析幼儿的进食量和营养素摄取量，保证幼儿合理膳食”，并且“幼儿园应当每周向家长公示幼儿食谱，并按照相关规定进行食品留样”。其次，《3—6 岁儿童学习与发展指南》对于幼儿科学的膳食搭配及烹调方式提出了具体指导：应“为幼儿提供营养丰富、健康的饮食。参照《中国孕期、哺乳期妇女和0～6 岁儿童膳食指南》，为幼儿提供谷物、蔬菜、水果、肉、奶、蛋、豆制品等多样化的食物，均衡搭配。烹调方式要科学，尽量少煎炸、烧烤、腌制”。再次，有关规定中对托幼机构工作人员在食品安全与膳食营养方面的知识素养等也提出了要求。例如，《托儿所幼儿园卫生保健管理办法》第十三条规定：托幼机构卫生保健人员应当定期接受保健专业知识培训，同时，托幼机构卫生保健人员应当对机构内的工作人员进行卫生保健知识宣传教育、膳食营养、食品卫生、饮用水卫生等方面的具体指导。

二、幼儿园的教育工作

我国多部法规及政策中就幼儿园教育工作的地位与价值、主要任务与目标，以及基本原则与内容等，作出了总体性规定及具体要求。

(一)幼儿园教育工作的基本定位

1. 地位与价值

作为我国学制系统的奠基、基础教育的第一阶段，学前教育在我国整个教育体系中具有重要的地位和价值。新版《幼儿园工作规程》第二条明确了“幼儿园是对3周岁以上学龄前幼儿实施保育和教育的机构。幼儿园教育是基础教育的重要组成部分，是学校教育制度的基础阶段”。我国《幼儿园教育指导纲要(试行)》中也提出：幼儿园教育是基础教育的重要组成部分，是我国学校教育和终身教育的奠基阶段。城乡各类幼儿园都应从实际出发，因地制宜地实施素质教育，为幼儿一生的发展打好基础。

此外，对于忽视学前教育应有价值、违背学前教育规律的行为，相关法规对其应承担的法律责任也有明确规定。如《幼儿园管理条例》第二十七条、第二十八条规定：幼儿园教育内容和方法违背幼儿教育规律、损害幼儿身心健康的，由教育行政部门视情节轻重，给予限期整顿、停止招生、停止办园的行政处罚；干扰幼儿园正常工作秩序，体罚或变相体罚幼儿的单位或个人，由教育行政部门对直接责任人员给予警告、罚款的行政处罚，或者由教育行政部门建议有关部门对责任人员给予行政处分，情节严重，构成犯罪的，由司法机关依法追究刑事责任。

2. 主要任务和目标

概括而言，我国学前教育的主要任务和目标有以下几大方面：第一，实施德、智、体、美等方面全面发展的教育，促进幼儿身心和谐发展；第二，向家长提供科学育儿指导，促进幼儿园与家庭、社区的密切合作；第三，为小学教育奠定良好基础，促进幼小衔接。

我国《未成年人保护法》第二十六条特别针对学前教育明确规定：“幼儿园应当做好保育、教育工作，促进幼儿在体质、智力、品德等方面和谐发展。”《幼儿园管理条例》第三条、第十三条规定：“幼儿园的保育和教育工作应当促进幼儿在体、智、德、美诸方面和谐发展”，“幼儿园应当贯彻保育与教育相结合的原则，创设与幼儿的教育和发展相适应的和谐环境，引导幼儿个性的健康发展。幼儿园应当保障幼儿的身体健康，培养幼儿的良好生活、卫生习惯；促进幼儿的智力发展；培养幼儿热爱祖国的情感以及良好的品德行为”。

新版《幼儿园工作规程》中对幼儿园教育工作的主要任务和目标也有相应规定。其第三条规定幼儿园的任务是“贯彻国家的教育方针，按照保育与教育相结合的原则，遵循幼儿身心发展特点和规律，实施德、智、体、美等方面全面发展的教育，促进幼儿身心和谐发展”，同时“面向幼儿家长提供科学育儿指导”。其第五条明确幼儿园保教工作的主要目标是：第一，促进幼儿身体正常发育和机能的协调发展，增强体质，促进心理健康，培养良好的生活习惯、卫生习惯和参加体育活动的兴趣。第二，发展幼儿智力，培养正确运用感官和运用语言交往的基本能力，增进对环境的认识，培养有益的兴趣和求知欲望，培养初步的动手探究能力。第三，萌发幼儿爱祖国、爱家乡、爱集体、爱劳动、爱科学的情感，培养诚实、自信、友爱、勇敢、勤学、好问、爱护公物、克服困难、讲礼貌、守纪律等良好的品德行为和习惯，以及活泼开朗的性格。第四，培养幼儿初步感受美和表现美的情趣和能力。

《幼儿园教育指导纲要(试行)》提出：幼儿园应为幼儿提供健康、丰富的生活和活动环境，满足他们多方面发展的需要，使他们在快乐的童年生活中获得有益于身心发展的经验；幼儿园应与家庭、社区密切合作，与小学相互衔接，综合利用各种教育资源，共同为幼儿的发展创造良好的条件。《3—6岁儿童学习与发展指南》中也指出：幼儿园教育“以为幼儿后继学习和终身发展奠定良好素质基础为目标，以促进幼儿体、智、德、美各方面的协调发展为核心”。

(二)基本原则与内容

概括而言，我国相关法规与政策中所明确的幼儿园教育的基本原则与内容主要有以下几点：第一，尊重幼儿人格尊严与合法权益；第二，保护弱势儿童受教育权利；第三，尊重幼儿身心发展规律与个体差异，因材施教，促进幼儿全面发展；第四，以游戏为基本活动形式，教育活动内容及形式多样化；第五，防止“小学化”倾向；第六，增强幼儿安全意识与自我保护能力。

1. 尊重幼儿人格尊严与合法权益

联合国《儿童权利公约》开篇即明确提出：“关于儿童的一切行动”，“均应以儿童的最大利益为一种首要考虑”。我国《幼儿园教育指导纲要(试行)》开篇也明确指出：“幼儿园教育应尊重幼儿的人格和权利。”对此，我国《未成年人保护法》有多项条款加以规范，第一条即明确指出：制定本法的重要目的之一即“保障未成年人的合法权益”；第三条指出：“未成年人享有生存权、发展权、受保护权、参与权等权利，国家根据未成年人身心发展特点给予特殊、优先保护，保障未成年人的合法权益不受侵犯。未成年人享有受教育权，国家、社会、学校和家庭尊重和保障未成年人的受教育权”；第五条规定，保护未成年人工作应遵循的基本原则之一即“尊重未成年人的人格尊严”；第二十一条还特别针对托幼机构作出规定：“幼儿园、托儿所的教职员工应当尊重未成年人的人格尊严，不得对未成年人实施体罚、变相体罚或者其他侮辱人格尊严的行为”；对于侵犯幼儿合法权益的行为，该法第六条和第六十三条均有明确规定：“任何组织和个人都有权予以劝阻、制止或者向有关部门提出检举或者控告”，“学校、幼儿园、托儿所侵害未成年人合法权益的，由教育行政部门或者其他有关部门责令改正；情节严重的，对直接负责的主管人员和其他直接责任人员依法给予处分”。

2. 保护弱势儿童受教育权利

多部政策法规中都体现了对残疾儿童、家庭经济困难儿童等弱势儿童群体学前教育权利的优先照顾与保护。联合国《儿童权利公约》第二十三条针对残疾儿童受教育权和发展权等基本权益的优先保障作出了具体规定：缔约国确认身心有残疾的儿童应能在确保其尊严、促进其自立，有利于其积极参与社会生活的条件下享有充实而适当的生活；缔约国确认残疾儿童有接受特别照顾的权利，应鼓励并确保在现有资源范围内，对合格儿童及负责照料该儿童的人提供援助；鉴于残疾儿童的特殊需要，考虑到儿童的父母或其他照料人的经济情况，在可能时应免费提供相关援助，这些援助的目的应是确保残疾儿童能有效地获得和接受教育、培训、保健服务、康复服务等，其方式应有助于该儿童尽可能充分地参与社会，实现个人发展。我国《教育法》第三十八、三十九条分别对保护家庭经济困难儿童和残疾儿童受教育权作出规定：“国家、社会对符合入学条件、家庭经济困难的儿童、少年、青年，提供各种形式的资助”，“国家、社会、学校及其他教育机构应当根据残疾人身心特性和需要实施教育，并为其提供帮助和便利”。《幼儿园教育指导纲要(试行)》中也指出：“幼儿园应当为在园残疾儿童提供更多的帮助和指导。”

3. 因材施教，促进幼儿全面发展

新版《幼儿园工作规程》第二十五条明确规定，“幼儿园教育应当贯彻以下原则和要求”：“德、智、体、美等方面的教育应当互相渗透，有机结合”，“遵循幼儿身心发展规律，符合幼儿年龄特点，注重个体差异，因人施教，引导幼儿个性健康发展”。《幼儿园管理条例》第三条与第十三条规定：“幼儿园的保育和教育工作应当促进幼儿在体、智、德、美诸方面和谐发展”，“幼儿园应当贯彻保育与教育相结合的原则，创设与幼儿的教育和发展相适应的和谐环境，引导幼儿个性的健康发展。幼儿园应当保障幼儿的身体健康，培养幼儿的良好生活、卫生习惯；促进幼儿的智力发展；培养幼儿热爱祖国的情感以及良好的品德行为”。《幼儿园教育指导纲要(试行)》中指出：幼儿园教育应“尊重幼儿的人格和权利，尊重幼儿身心发展的规律和学习特点”，“关注个别差异，促进每个幼儿富有个性地发展”，“幼儿园应当充分尊重幼儿的个体差异，根据幼儿不同的心理发展水平，研究有效的活动形式和方法，注重培养幼儿良好的个性心理品质”。近年颁布的《3—6岁儿童学习与发展指南》中也特别提出：幼儿教师和家长应“了解3—6岁幼儿学习与发展的基本规律和特点，建立对幼儿发展的合理期望，实施科学的保育和教育”；“尊重幼儿发展的个体差异。幼儿的发展是一个持续、渐进的过程，同时也表现出一定的阶段性特征。每个幼儿在沿着相似进程发展的过程中，各自的发展速度和到达某一水平的时间不完全相同。要充分理解和尊重幼儿发展进程中的个别差异，支持和引导他们从原有水平向更高水平发展，按照自身的速度和方式到达《指南》所呈现的发展“阶梯”，切忌用一把“尺子”衡量所有幼儿”。同时，联合国《儿童权利公约》中也明确了：“缔约国一致认为教育儿童的目的应是：最充分地发展儿童的个性、才智和身心能力。”《未成年人保护法》第五条和第十九条也强调了未成年人教育工作应当遵循的原则即包括“适应未成年人身心发展的规律和特点；教育与保护相结合”等；包括幼儿园在内的教育机构“应当根据未成年学生身心发展的特点”，对其进行相关教育和指导。

4. 以游戏为基本形式，教育活动内容及形式多样化

《幼儿园管理条例》第十六条规定：“幼儿园应当以游戏为基本活动形式。幼儿园可以根据本园的实际，安排和选择教育内容与方法，但不得进行违背幼儿教育规律、有损于幼儿身心健康的活动”，“教育内容和方法违背幼儿教育规律，损害幼儿身心健康的”幼儿园，“由教育行政部门视情节轻重，给予限期整顿、停止招生、停止办园的行政处罚”。新版《幼儿园工作规程》在第五章“幼儿园的教育”中有多项相关规定：幼儿园“综合组织健康、语言、社会、科学、艺术各领域的教育内容，渗透于幼儿一日生活的各项活动中，充分发挥各种教育手段的交互作用”，“以游戏为基本活动，寓教育于各项活动之中”；“幼儿园应当将游戏作为对幼儿进行全面发展教育的重要形式。幼儿园应当因地制宜创设游戏条件，提供丰富、适宜的游戏材料，保证充足的游戏时间，开展多种游戏”；“幼儿一日活动的组织应当动静交替，注重幼儿的直接感知、实际操作和亲身体验，保证幼儿愉快的、有益的自由活动”；“幼儿园应当为幼儿提供丰富多样的教育活动”，“教育活动内容应当根据教育目标、幼儿的实际水平和兴趣确定，以循序渐进为原则，有计划地选择和组织”；“教育活动的组织应当灵活地运用集体、小组和个别活动等形式，为每个幼儿提供充分参与的机会，满足幼儿多方面发展的需要，促进每个幼儿在不同水平上得到发展”；“教育活动的过程应注重支持幼儿的主动探索、操作实践、合作交流和表达表现，不应片面追求活动结果”。《幼儿园教育指导纲要（试行）》在总则部分也明确提出：“尊重幼儿身心发展的规律和学习特点，以游戏为基本活动，促进每个幼儿富有个性的发展。”《3—6岁儿童学习与发展指南》从健康、语言、社会、科学、艺术五个领域描述幼儿的学习与发展。每个领域按照幼儿学习与发展最基本、最重要的内容划分为若干方面。实施《3—6岁儿童学习与发展指南》应把握的重要方面之一即“关注幼儿学习与发展的整体性。儿童的发展是一个整体，要注重领域之间、目标之间的相互渗透和整合，促进幼儿身心全面协调发展，而不应片面追求某一方面或几方面的发展”。

5. 防止“小学化”倾向

我国多部政策法规中均对幼儿园不得教授小学内容，杜绝幼儿园教育“小学化”倾向作出了严格明确规定。新版《幼儿园工作规程》第三十三条规定：“幼儿园和小学应当密切联系，互相配合，注意两个阶段教育的相互衔接。幼儿园不得提前教授小学教育内容，不得开展任何违背幼儿身心发展规律的活动。”《3—6岁儿童学习与发展指南》中也明确提出：“理解幼儿的学习方式和特点。幼儿的学习是以直接经验为基础，在游戏和日常生活中进行的。要珍视游戏和生活的独特价值，创设丰富的教育环境，合理安排一日生活，最大限度地支持和满足幼儿通过直接感知、实际操作和亲身体验获取经验的需要，严禁‘拔苗助长’式的超前教育和强化训练”；“忽视幼儿学习品质培养，单纯追求知识技能学习的做法是短视而有害的”。特别是，教育部于2012年专门针对幼儿园教育“小学化”现象颁布了《关于规范幼儿园保育教育工作防止和纠正“小学化”现象的通知》，指出：“严禁幼儿园提前教授小学教育内容。幼儿园不得以举办兴趣班、特长班和实验班为名进行各种提前学习和强化训练活动，不得给幼儿布置家庭作业”，“创设适宜幼儿发展的良好条件，整治‘小学化’教育环境”，“严禁教育行政部门推荐和组织征订各种幼儿教材和教辅材料，严禁任何单位和个人以各种名义向幼儿园推销幼儿教材和教辅材料。幼儿园不得要求家长统一购买各种幼儿教材、读物和教辅材料”，“幼儿园不得违反国家相关规定超额编班，坚决纠正大班额现象”，“严格执行义务教育招生政策，严禁一切形式的小学入学考试。规范小学招生程序，依法坚持就近免试入学制度，严禁小学举办各种形式的考核、面试、测试等招生选拔考试，不得将各种竞赛成绩作为招生的依据”，“严禁小学提前招收不足入学年龄的幼儿接受义务教育”，“存在‘小学化’现象的幼儿园，举办招生选拔考试的小学一律不得参与评优、评先”。

案例 4-7　这作业到底该不该做?

新学期开始了，哆哆也升入了大班。最近有一件事可让哆哆妈妈犯了愁——哆哆的主班老师闫老师经常会通过家长微信群给孩子布置回家完成的作业：

9月16日　今日作业：

1. 下周一早上带一个新的算术本。

2. 拼音a、o、e、i在拼音本上各写3行。要求：必须认真完成（不能出现出格现象）。

3. 请家长为幼儿准备好拿回家的那本最小的英语故事书，放到书包里。周一带到幼儿园。

9月19日　今日作业：

1. 把算术本上的数学题写完，要求(家长只能检查幼儿作业，不能包办代替，请家长配合)。

2. 回家复习3和4的分解。

3. 复习学过的汉语拼音(拼读)。

9月23日　今日作业：

1. 家长为幼儿在算术本上出10道5以内的数学算式题(例：5－2＝　)。

2. 儿童数学练习册描红5以前没有写完的部分。

3. 复习英语卡片第1～5张。

4. 今天回家检查谁还没有带黄色封皮大本英语书，请明天务必带来，否则没办法上课，请家长配合工作。

……

哆哆妈妈下班后要辅导、督促哆哆完成闫老师留的作业，哆哆妈妈也有点疑惑：幼儿园不是不让提前学习小学的知识、不让留作业吗？不过一想到孩子能在正式上小学前学会拼音和简单数学运算，她心里也是挺高兴的。可是，每当看着哆哆稚嫩的小手连笔都还握不好，就要写整篇的汉语拼音、字母，有时写不好哆哆自己还会着急，哆哆妈妈看着就特心疼，心里也挺矛盾，也不由自主地心生困惑：大班的孩子到底该不该学这些？老师留的这些作业到底该不该完成呢？

案例分析：遵循幼儿身心发展规律与特点，促进幼儿身心和谐发展，这是我国幼儿园教育工作的重要基本原则之一，也是我国《教育法》《幼儿园管理条例》《幼儿园工作规程》等多部法律法规明确加以规定的重要内容。例如新版《幼儿园工作规程》第三条规定幼儿园的任务是“贯彻国家的教育方针，按照保育与教育相结合的原则，遵循幼儿身心发展特点和规律，实施德、智、体、美等方面全面发展的教育，促进幼儿身心和谐发展”。《幼儿园管理条例》第十六条规定：“幼儿园应当以游戏为基本活动形式。幼儿园可以根据本园的实际，安排和选择教育内容与方法，但不得进行违背幼儿教育规律，有损于幼儿身心健康的活动”；“教育内容和方法违背幼儿教育规律，损害幼儿身心健康的”幼儿园，“由教育行政部门视情节轻重，给予限期整顿、停止招生、停止办园的行政处罚”。《幼儿园教育指导纲要(试行)》中也指出：幼儿园教育应“尊重幼儿身心发展的规律和学习特点”。特别是，针对近年来一些幼儿园的“小学化”倾向，我国教育部专门制定并颁布了《关于规范幼儿园保育教育工作防止和纠正“小学化”现象的通知》，通知中明确要求：“幼儿园(含学前班，下同)要遵循幼儿的年龄特点和身心发展规律，科学制订保教工作计划，严禁幼儿园提前教授小学教育内容。不得给幼儿布置家庭作业。”与此同时，教育行政部门要“切实加强对各类幼儿园保育教育工作的动态监管，定期对‘小学化’现象进行专项检查，对违反规定的，责令其限期整改。存在‘小学化’现象的幼儿园，举办招生选拔考试的小学一律不得参与评优、评先”，并“设立家长举报电话，加强社会监督”。

案例中哆哆所在的幼儿园不仅提前向大班幼儿教授小学内容，而且还经常性地给幼儿留家庭作业，严重违背了我国法律法规及政策中“尊重幼儿身心发展规律与特点”“严禁提前教授小学教育内容”“不得布置家庭作业”的基本规定。这些作业哆哆妈妈是完全有理由拒绝让孩子完成的，并且有权利拨打教育行政部门公开设立的家长举报电话，对此不合法合规的行为加以举报和监督。

6. 增强幼儿安全意识与自我保护能力

近年来对幼儿安全问题的重视程度日益提高，其中一个很重要的方面即增强幼儿自身的安全意识与自我保护能力，加强对其安全教育。《未成年人保护法》第六条规定：“国家、社会、学校和家庭应当教育和帮助未成年人维护自己的合法权益，增强自我保护的意识和能力。”第二十二条规定：“学校、幼儿园、托儿所应当建立安全制度，加强对未成年人的安全教育。”新版《幼儿园工作规程》中还专门增加了“幼儿园的安全”一章，不仅要求“幼儿园教职工必须具有安全意识，掌握基本急救常识和防范、避险、逃生、自救的基本方法，在紧急情况下应当优先保护幼儿的人身安全”，更是对幼儿安全教育加以明确规定：“幼儿园应当把安全教育融入一日生活，并定期组织开展多种形式的安全教育和事故预防演练。幼儿园应当结合幼儿年龄特点和接受能力开展反家庭暴力教育。”《3—6 岁儿童学习与发展指南》中也明确提出：要“结合生活实际对幼儿进行安全教育。如外出时，提醒幼儿要紧跟成人，不远离成人的视线，不跟陌生人走，不吃陌生人给的东西；不在河边和马路边玩耍；要遵守交通规则等。帮助幼儿了解周围环境中不安全的事物，不做危险的事。如不动热水壶，不玩火柴或打火机，不摸电源插座，不攀爬窗户或阳台等”；“帮助幼儿认识常见的安全标识，如：小心触电、小心有毒、禁止下河游泳、紧急出口等。告诉幼儿不允许别人触摸自己的隐私部位”；“教给幼儿简单的自救和求救的方法。如记住自己家庭的住址、电话号码、父母的姓名和单位，一旦走失时知道向成人求助，并能提供必要信息。遇到火灾或其他紧急情况时，知道要拨打 110、120、119 等求救电话。可利用图书、音像等材料对幼儿进行逃生和求救方面的教育，并运用游戏方式模拟练习”；“幼儿园应定期进行火灾、地震等自然灾害的逃生演习”。

案例 4-8　幼儿教师拼死保护幼儿

2016 年夏，在一场狂风暴雨来临的时候，江苏省阜宁县新沟镇计桥幼儿园园长周文彦一边嘱咐孩子们一边冲向教室的门口，用胸膛紧紧地抵住大门。最终，全校6名老师用身体把狂风拒之门外，120个孩子仅5名孩子受了轻微伤，2名伤势较重者正在医院救治。据报道，计桥幼儿园共有大、中、小三个班级，每个教室各有两扇门，每个班级各40人左右，全校共120名孩子，6名老师均在第一时间用身体和狂风较量了一把，幸运的是，大门都被老师们死死抵住了。“风大得无法想象，我们换了各种姿势来堵门，门一旦被吹倒，风灌进屋子，孩子们的安全就很难想象。”“有个班的门板被大风吹破了，老师就用胸膛贴紧在门上，用身体堵住门上的大窟窿。”周文彦告诉记者，老师们为了保护孩子，她们任由狂风和冰雹肆虐。“时间很短，一共就三五分钟。”风逐渐减小后，为了防止再伴随着地震的侵袭，周文彦立刻召集全校孩子紧急疏散到室外的操场上，受伤的7名孩子被分别送往医院救治，而剩余的幼儿则被家人一一领回。看着校园内满眼的废墟，尽管三楼的屋顶被彻底掀翻，可周园长觉得很是幸运且欣慰，虽然6名老师都有不同程度的受伤，但大部分孩子都安然无恙，几名受伤的幼儿伤势也并不严重①。

案例分析：保证幼儿在幼儿园的安全是幼儿园各项保教工作中的头等大事。教师保护幼儿的生命安全是义不容辞的责任，也是我国《教育法》《幼儿园工作规程》等法规中明确规定的幼儿教师重要义务。我国《教师法》第八条规定教师应当履行的义务之一即“关心、爱护全体学生”，保障其在校在园生命安全。新版《幼儿园工作规程》第十五条也明确规定：“幼儿园教职工必须具有安全意识，掌握基本急救常识和防范、避险、逃生、自救的基本方法，在紧急情况下应当优先保护幼儿的人身安全。”该案例中江苏省阜宁县新沟镇计桥幼儿园园长及园内教师，在遇到紧急情况时，能够不顾个人安危，拼死保护在园所有幼儿的生命安全，其精神值得敬佩和学习！他们用自己的勇敢行为践行着一名幼儿教师应履行的职责与义务，也用实际行动书写着对幼儿大写的“爱”！

第三节　幼儿园的园舍与设备

《幼儿园教育指导纲要(试行)》明确规定：“幼儿园应为幼儿提供健康、丰富的生活和活动环境，满足他们多方面发展的需要，使他们在快乐的童年生活中获得有益于身心发展的经验”，“环境是重要的教育资源，应通过环境的创设和利用，有效地促进幼儿的发展”。一个幼儿园的整体环境、设备的安全性、场地

① 马焘焘．阜宁计桥幼儿园6名老师拼死堵门护住120名儿童[EB/OL]．http://edu.people.com.cn/n1/2016/0624/c1053-28475676.html(人民网)．

的大小、材料的丰富程度等都是幼儿健康成长、班级情感氛围与园所质量的重要影响因素。适宜的环境与设施设备不仅是幼儿园教育教学活动的物质基础，更是实现尊重幼儿、促进幼儿全面发展、满足幼儿多种互动需求的有效支持。我国法律法规及相关政策对幼儿园的园舍、设备提出了基本标准，用以保障幼儿的健康发展和园所教育活动的顺利开展。

一、幼儿园的园舍

幼儿园的园舍建筑必须要符合幼儿发展的需求，提供与保育、教育的要求相适应的园舍和设施，才能保证幼儿在园内安全、健康、快乐地成长。

(一)幼儿园建筑与户外场地

2016 年颁布的《幼儿园工作规程》第六章“幼儿园的园舍、设备”规定了幼儿园各类空间与户外场地的要求。《托儿所、幼儿园建筑设计规范》(2016)中提到幼儿园总平面布置应包括建筑物、室外活动场地、绿化、道路布置等内容。以下将分别从园所建筑和户外活动场地两部分对幼儿园园舍的相关政策法规进行梳理。

1. 幼儿园建筑

幼儿园建筑包括活动室、寝室、卫生间、保健室、综合活动室、厨房和办公用房等，寄宿制幼儿园应当增设隔离室、浴室和教职工值班室等。结合各个空间的功能，《托儿所、幼儿园建筑设计规范》(2016)对幼儿园的建筑分为三大类，分别是生活用房、服务管理用房、供应用房。

首先，幼儿园生活用房是为保育与教育活动开展所提供的空间，既有以班级为单位的活动室、睡眠室、盥洗室、衣帽储藏间等，还包括了面向全园的多功能活动室，如创意室、音乐室、生活体验馆、绘本阅读馆、科学发现室等公共活动区。《托儿所、幼儿园建筑设计规范》4.1.3、4.1.4 规定：“托儿所、幼儿园中的幼儿生活用房不应设置在地下室或半地下室，且不应布置在四层及以上；且幼儿园的建筑造型和室内设计应符合幼儿的心理和生理特点。其次，幼儿园服务管理用房主要是成人使用，具体包括园长办公室、教师办公室、晨检室(厅)、保健观察室、财务室、档案室、会议室、警卫室、储藏室等。再次，供应用房主要是为园所提供后勤服务的空间，包括厨房、消毒室、洗衣间、开水间、车库等。当托儿所、幼儿园场地内设汽车库时，汽车库应与儿童活动区域分开，应设置单独的车道和出入口，以保证人员特别是幼儿的安全。”

2. 幼儿园户外场地

《幼儿园工作规程》中规定，幼儿园要有与其规模相适应的户外活动场地，包括游戏场地、运动场地、绿化园地，并创造条件开辟沙地、水池、种植园等。

游戏场地是幼儿户外自由游戏的空间；运动场地也就是我们通常所说的操场，用以幼儿集体做操、举行升旗仪式、运动会等。有条件的幼儿园应当优先扩大幼儿园游戏和活动空间。幼儿园户外场地还包括绿化场地。《托儿所、幼儿园建筑设计规范》3.2.4 规定："托儿所、幼儿园场地内绿地率不应小于 30%，宜设置集中绿化用地。绿地内不应种植有毒、带刺、有飞絮、病虫害多、有刺激性的植物。"

幼儿园户外场地分各班专用户外游戏场地和全园公用的游戏场地。《托儿所、幼儿园建筑设计规范》3.2.3 规定："每班应设专用室外活动场地，面积不宜小于 60m²，各班活动场地之间宜采取分隔措施；应设全园共用活动场地，人均面积不应小于 2m²；地面应平整、防滑、无障碍、无尖锐突出物，并宜采用软质地坪；共用活动场地应设置游戏器具、沙坑、30m 跑道、洗手池等，宜设戏水池，储水深度不应超过 0.30m；游戏器具下面及周围应设软质铺装；室外活动场地应有 1/2 以上的面积在标准建筑日照阴影线之外，以此保证幼儿在户外场地顺利开展各项活动。"

(二)幼儿园园舍标准与管理要求

为了保护幼儿和维持园所保教活动的顺利开展，我国《中华人民共和国教育法》《幼儿园管理条例》《幼儿园工作规程》《托儿所、幼儿园建筑设计规范》等法律法规均对幼儿园园所的安全性、适宜性及相关管理办法提出了具体而明确的要求。

1. 幼儿园园舍标准

(1)安全性

幼儿园园舍的基本要求首先是安全，这是一切幼儿园教育教学活动得以顺利开展的先决条件。我国《幼儿园管理条例》《幼儿园工作规程》《托儿所、幼儿园建筑设计规范》等政策法规对我国幼儿园园舍安全从教育教学全过程的角度提出了全方位要求，从园所选址到幼儿园运营过程中，从建筑采光、面积、楼层、走廊到户外的游戏场地、操场、绿地等，均提出了基本标准要求。具体如下：

第一，幼儿园园舍应当设置在安全区域内。依据《托儿所、幼儿园建筑设计规范》3.1.2 规定，托儿所、幼儿园的基地应符合下列规定：(1)应建设在日照充足、交通方便、场地平整、干燥、排水通畅、环境优美、基础设施完善的地段；(2)不应置于易发生自然地质灾害的地段；(3)与易发生危险的建筑物、仓库、储罐、可燃物品和材料堆场等之间的距离应符合国家现行有关标准的规定；(4)不应与大型公共娱乐场所、商场、批发市场等人流密集的场所相毗邻；(5)应远离各种污染源，并应符合国家现行有关卫生、防护标准的要求；(6)园内不应有高压输电线、燃气、输油管道主干道等穿过。以充分保证幼儿园园舍与在园幼儿、教师的安全。《幼儿园工作规程》中明确提出："幼儿园的园舍应当符合国家和地方的建筑标准，以及相关安全、卫生等方面的规范，定期检查维护，保障安全；幼儿园不得设置在污染区和危险区，不得使用危房。"

第二，幼儿园建筑设计与功能要满足国家和地方相关安全规定。例如全园共用活动场地，人均面积不应小于 2m^2；托儿所、幼儿园出入口不应直接设置在城市干道一侧；其出入口应设置供车辆和人员停留的场地，且不应影响城市道路交通；保健观察室应设置一张幼儿床的空间、独立的厕所，与幼儿生活用房有适当的距离，并应与幼儿活动路线分开。①

(2)适宜性

幼儿园的园舍要适宜于儿童的年龄特点与个体差异、适宜于当地的文化，并且能够满足特殊需要儿童的要求。总体而言，《幼儿园管理条例》第四条提出"地方各级人民政府应当根据本地区社会经济发展状况，制订幼儿园的发展规划。幼儿园的设置应当与当地居民人口相适应"，并强调幼儿园要因地制宜，在确保安全的条件下，各个地方可以根据其经济、文化、人口等来合理规范幼儿园的布局、场地。《托儿所、幼儿园建筑设计规范》4.1.4 规定："托儿所、幼儿园的建筑造型和室内设计应符合幼儿的心理和生理特点。如园所楼梯每一踏步的宽度与高度要适合于幼儿"，"供幼儿使用的楼梯踏步高度宜为 0.13m，宽度宜为 0.26m"；要划分出幼儿的睡眠室(区域)，园舍还应该为特殊儿童提供便利，体现出全纳教育的理念。

《托儿所、幼儿园建筑设计规范》3.2.9、4.3.15、4.3.17 的规定体现了在园所建筑要求上体现地区差异，"夏热冬冷、夏热冬暖地区的幼儿生活用房不宜朝西向；当不可避免时，应采取遮阳措施"；"夏热冬冷和夏热冬暖地区，托儿所、幼儿园建筑的幼儿生活单元内宜设淋浴室"；"严寒和寒冷地区应做封闭连廊"等。在建筑风格方面，幼儿园建筑要适宜于所在居住区的建筑风格，尽量保持统一、协调，要适宜于当地的经济水平与社会文化特点，相互融合。

2. 幼儿园园舍的管理

为了更好地保护幼儿的安全和保教活动的顺利开展，我国相关政策法规对幼儿园园舍的管理作出了明确规定。《幼儿园工作规程》中规定："幼儿园应当严格执行国家和地方幼儿园安全管理的相关规定，建立健全门卫、房屋、设备、消防、交通、食品、药物、幼儿接送交接、活动组织和幼儿就寝值守等安全防护和检查制度，建立安全责任制和应急预案。"《中小学幼儿园安全管理办法》第三章对校内安全管理制度提出了要求，要求"学校应当建立校内安全定期检查制

① 中华人民共和国住房和城乡建筑部．托儿所、幼儿园建筑设计规范[S]．北京：中国建筑工业出版社，2016.

度和危房报告制度，按照国家有关规定安排对学校建筑物、构筑物、设备、设施进行安全检查、检验；发现存在安全隐患的，应当停止使用，及时维修或者更换；维修、更换前应当采取必要的防护措施或者设置警示标志”。《幼儿园管理条例》第十九条规定：“幼儿园应当建立安全防护制度，严禁在幼儿园内设置威胁幼儿安全的危险建筑物和设施。”幼儿园园所、设施不符合安全原则，将会受到法律、法规的处罚。同文第二十七条规定：“园舍、设施不符合国家卫生标准、安全标准，妨害幼儿身体健康或者威胁幼儿生命安全的，则由教育行政部门视情节轻重，给予限期整顿、停止招生、停止办园的行政处罚。”

《幼儿园管理条例》第二十一条提出“幼儿园的园舍和设施有可能发生危险时，举办幼儿园的单位或个人应当采取措施，排除险情，防止事故发生”。如果发现幼儿园园舍有危险而未采取措施，《教育法》第七十三条规定：“明知校舍或者教育教学设施有危险，而不采取措施，造成人员伤亡或者重大财产损失的，对直接负责的主管人员和其他直接责任人员，依法追究刑事责任。”

幼儿园作为儿童集体生活的场所也受到法律的保护。《幼儿园管理条例》第二十五条规定：“任何单位和个人，不得侵占和破坏幼儿园园舍和设施，不得在幼儿园周围设置有危险、有污染或影响幼儿园采光的建筑和设施，不得干扰幼儿园正常的工作秩序。”同文第二十八条规定：“在幼儿园周围设置有危险、有污染或者影响幼儿园采光的建设和设施的，由教育行政部门对直接责任人员给予警告、罚款的行政处罚，或者由教育行政部门建议有关部门对责任人员给予行政处分”。《中小学幼儿园安全管理办法》第六章对“校园周边安全管理”作出了规定，确保园所和儿童的安全。我国《教育法》第七十二条也作出如下规定：结伙斗殴，寻衅滋事，扰乱学校及其他教育机构教育教学秩序或者破坏校舍、场地及其他财产的，由公安机关给予治安管理处罚，构成犯罪的，依法追究刑事责任。侵占学校及其他教育机构的校舍、场地及其他财产的，依法承担民事责任。

二、幼儿园的设施设备

幼儿园的设施设备为支持和保障幼儿在园生活、运动、游戏和学习活动的顺利开展提供了强有力的保障。确保幼儿园设备的标准化和科学化对于幼儿园科学、规范办园、提升幼儿园教育环境和保教质量均具有重要意义。幼儿园设施设备主要包括两大类，一类是教育教学设施设备，如户外游戏场地与活动器械、玩教具、家具；另一类则是为幼儿园保教活动与日常运转提供保障性条件的设施设备，如给水排水、供暖、空气调节、电气等。幼儿园设备必须符合国家规定的有关规范和强制性标准。

新版《幼儿园工作规程》第六章中对幼儿园设施设备从总体上提出要求，规定："幼儿园的建筑规划面积、建筑设计和功能要求，以及设施设备、玩教具配备，按照国家和地方的相关规定执行"，"幼儿园应当有与其规模相适应的户外活动场地，配备必要的游戏和体育活动设施，创造条件开辟沙地、水池、种植园地等，并根据幼儿活动的需要绿化、美化园地"，"应当配备适合幼儿特点的桌椅、玩具架、盥洗卫生用具，以及必要的玩教具、图书和乐器等"。我国《托儿所、幼儿园建筑设计规范》则从给水排水、供暖通风与空气调节、建筑电气等方面对幼儿园设施设备的各项标准作出了详细规定。

(一)幼儿园户外活动场地与设施设备

幼儿园户外场地包括集体活动区、大型器械设备区、沙水区等，有条件的幼儿园根据需要增设其他活动区①，如种植区、养殖区和自然区、角色游戏和表演游戏区、游戏小屋等。为了保障幼儿充分的运动，发展幼儿的身体素质和运动技能，因此幼儿园需要依据相关规定与标准，配备幼儿年龄和能力特点的户外场地与安全设施设备。

《幼儿园工作规程》《托儿所、幼儿园建筑设计规范》《幼儿园教玩具配备目录》等政策法规与规范性文件中，对幼儿园户外场地及其设施设备均有相应原则性及具体性规定。总体而言，对户外场地与设施设备的要求首先是安全性，如大型运动器械安装牢固、无倾斜、定期维护等，同时还应具有较强的可探索性与可挑战性，以利于幼儿基本运动能力得到充分锻炼。

《托儿所、幼儿园建筑设计规范》3.2.3 中专门就幼儿园室外活动场地进行了详细规定：(1)每班应设专用室外活动场地，面积不宜小于 $60m^2$，各班活动场地之间宜采取分隔措施；(2)应设全园共用活动场地，人均面积不应小于 $2m^2$；(3)地面应平整、防滑、无障碍、无尖锐突出物，并宜采用软质地坪；(4)共用活动场地应设置游戏器具、沙坑、30m 跑道、洗手池等，宜设戏水池，储水深度不应超过 0.30m；游戏器具下面及周围应设软质铺装；(5)室外活动场地应有 1/2 以上的面积在标准建筑日照阴影线之外。

《幼儿园工作规程》第三十五条规定幼儿园户外活动场地要配备必要的游戏和体育活动设施，创造条件开辟沙地、水池、种植园地等，并根据幼儿活动的需要绿化、美化园地。《幼儿园教玩具配备指南》中提出户外活动场地应配备大中型运动器械、小型运动器械、骑行和推拉玩具、沙水玩具和材料储物设备等，如滑梯、攀爬架、荡船、蹦蹦床、跷跷板、秋千、平衡木、跳绳、球、沙包、小三轮车、投篮架、拱形门、体操垫等运动及游戏器具。该文中对我国幼儿园户外活动设备提出了建议，要求合理利用场地与材料，注重生态环保、安全丰

① 教育部．幼儿园玩教具配备目录．

富、生动有趣，同时具有一定挑战性；保障阳光充足；根据活动需要适当铺设软性和硬性地面；器械安装要牢固等。

案例 4-9　美国幼儿园户外活动场地与设施设备配备标准

美国德克萨斯大学教授弗罗斯特提出关于户外游戏设备设施的基本配备与游戏场地设备设施的基本标准：

(1)游戏场地划分为：既有平面空间，还有垂直的和立体的空间(如山坡)；合理规划户外功能，如车道区、玩水区、建构区、私密空间、过渡空间；既有游戏区，还要有园艺区、养殖区，并配上材料与工具。

(2)游戏场地面积要求：有足够的空间可以同时容纳许多幼儿。

(3)游戏场地的安全要求：柔软地面(使用草地、树皮等覆盖)，有多个入口、出口、与游戏室相连的走廊等。

(4)游戏场地的设施与材料要求：探索性、挑战性、自然性(绿地、轮胎、板条箱、废旧的飞机模型等)、操作性(提供工具并允许幼儿进行破坏和重建)、联合性(跨区活动，材料之间允许自由使用)。

(5)游戏场地的娱乐休闲要求：长椅、有树木可以遮蔽阳光等。

案例分析：美国幼儿园户外活动场地对户外活动的游戏场地进行了细致的划分，功能相对于我国更为齐全和丰富，提及了私密空间、过渡空间，注重游戏场地设施与材料的联合性，可见，美国幼儿园对户外活动空间的使用更为灵活，而我国则对具体的户外活动的玩教具的类型进行了具体的说明。

(二)幼儿园室内保教设施设备

新版《幼儿园工作规程》第三十六条规定：“幼儿园应当配备适合幼儿特点的桌椅、玩具架、盥洗卫生用具，以及必要的玩教具、图书和乐器等。玩教具应当具有教育意义并符合安全、卫生要求。幼儿园应当因地制宜，就地取材，自制玩教具。”《幼儿园办园行为督导评估指标与要点》第一大指标“办园条件”中第五要点，要求幼儿园“教学、生活、安全、卫生等设备设施齐全”。室内这些设施设备其功能不同，如图书、颜料、积木、钢琴、电脑、玩具柜等主要是为教育服务；如床、水杯、毛巾、牙刷、物品储存柜等主要是为幼儿生活服务的；还有一些如插座、日光灯、插线板、紫外线灯是班级基础性设备，保障班级活动正常运行。因此，关于室内保教设施设备主要从教育活动设备、生活活动设施设备两方面介绍，保障性设施设备单独介绍。

(1)室内教育活动设施设备

幼儿园室内教育活动的设施设备包括教师为了组织教学所需要的设备，如钢琴、多媒体、图书、挂图等，也包括了幼儿操作玩教具、自主活动所需要的游戏材料等。《幼儿园办园行为督导评估指标与要点》在第一大指标“办园条件”中第六个要点，要求幼儿园“玩教具、游戏材料和幼儿图画书数量充足，种类丰富，并符合国家相关安全质量标准和环保要求”。一些省市也依据国家相关规定制订了本地区幼儿园室内设施设备标准。如北京市在 1996 年出台的《北京市幼儿园、托儿所办园、所条件标准(试行)》中将幼儿园办园条件分为不同层次，对每一个层次园舍面积、玩教具、医疗卫生器械、办公教具设备等提出设置标准(见表 4-3)。又如《山东省幼儿园基本办园条件标准(试行)》规定图书区中的图书要种类多样，数量充足，人均 3 册以上，复本不超过 5 册；图书内容积极向上，充满童趣，适合幼儿年龄特点；提供支持性设备与材料，如收录机、视听设备、手偶、书写的纸笔等。

表 4-3　北京市幼儿园玩教具配备金额核算表①

(规模：6 个班　　单位：元)

类别	基本水平	一般水平
一、体育类	3210	4198
二、构造类	3350	6360
三、角色、表演类	1920	2720
四、科学启蒙类	1177	3396
五、音乐类	1520	2905
六、美工类	1020	1240
七、图书、挂图、卡片	470	530
八、电教类	1400	2040
九、劳动工具类	160	350
总计	14227	23739
备注：各类玩教具金额统计均不含选配部分		

区角活动是幼儿根据自己兴趣与能力自主选择的活动，其设备与玩教具的配备与投放直接影响幼儿活动水平与同伴互动状态。《幼儿园玩教具配备目录》中对室内活动区各类玩教具的配备从类型、数量、规格、年龄段作出了细致规定；而《幼儿园玩教具配备指南》则对各个区角的功能、配备内容和配备建议提出了要求。

由于各个地区办园条件、不同水平幼儿园的差异，因此在室内材料配备的

① 根据《北京市幼儿园、托儿所办园、所条件标准(试行)》汇总.

要求上允许有所区别。北京市出台《北京市示范幼儿园标准(修订)》，在一般要求基础上提出“设施先进，能体现学前教育的发展水平。如运用网站、摄影、投影等现代信息设备与技术为教师观察、记录研究幼儿一日生活服务，提高管理和教育工作的实效性”。

幼儿园的设施设备、装修装饰材料、用品用具和玩教具材料等，应当符合国家相关的安全质量标准和环保要求。《中华人民共和国教育法》中规定：“明知幼儿园园舍或者教学设施有危险，而不采取措施，造成人员伤亡或者重大财产损失的，对直接负责的主管人员和其他责任人员，应依法追究刑事责任。”此外，幼儿园应建立玩教具的管理和使用常规；保证玩教具向幼儿平等开放；便于儿童取放；建立定期检修和清洗消毒玩教具的制度；定期更换与添设玩教具。

(2)室内生活设施设备

我国《幼儿园管理条例》《幼儿园工作规程》《托儿所、幼儿园建筑设计规范》等政策法规中均对幼儿园室内生活设施设备的配备要求与管理作出了明确规定。首先，相关政策法规中规定了幼儿生活所需要的设施设备、生活用品的规格和数量。如《托儿所、幼儿园建筑设计规范》中明确规定：幼儿生活单元应设置活动室、寝室、卫生间、衣帽储藏间等基本空间。当活动室与寝室合用时，其最小使用面积不应小于 120m^2。《托儿所幼儿园卫生保健工作规范》中要求儿童日常生活用品专人专用，保持清洁；要求每人每日 1 巾 1 杯专用，每人 1 床位 1 被。

《托儿所、幼儿园建筑设计规范》在第四部分第三节中对幼儿生活用房提出基本要求，如幼儿的床铺不应布置双层床，床位侧面或端部距外墙距离不应小于 0.60m；每个班级卫生间不少于 6 个盥洗台(水龙头)、6 个大便器；厕所、盥洗室、淋浴室地面不应设台阶，地面应防滑和易于清洗等。其中 4.3.13 中提出：“卫生间所有设施的配置、形式、尺寸均应符合幼儿人体尺度和卫生防疫的要求。卫生洁具布置应符合下列规定：1. 盥洗池距地面的高度宜为 0.50～0.55m，宽度宜为 0.40～0.45m，水龙头的间距宜为 0.55～0.60m；2. 大便器宜采用蹲式便器，大便器或小便槽均应设隔板，隔板处应加设幼儿扶手。厕位的平面尺寸不应小于 0.70m×0.80m(宽×深)，沟槽式的宽度宜为 0.16～0.18m，坐式便器的高度宜为0.25～0.30m。”

室内生活设施设备与幼儿的生活密切相关，为了确保儿童的生命安全和健康成长，要严格执行国家对幼儿生活设施设备的要求，符合国家卫生标准、安全标准、质量标准和环保标准。具体来说包括：第一，建立环境卫生清扫和检查制度，每周全面检查 1 次并记录，为儿童提供整洁、安全、舒适的环境。第二，按照规定对不同类别生活设施设备进行卫生与消毒工作。如采取湿式清扫方式清洁地面；门把手、水龙头、床围栏等儿童易触摸的物体表面每日消毒1次；水杯每日清洗消毒；枕席、凉席每日用温水擦拭，被褥每月曝晒1～2次，床上用品每月清洗1～2次。便器每次用后及时清洗干净。第三，卫生洁具各班专用专放并有标记。第四，预防为主，加强管理人员、保教人员、后勤人员对室内生活设施设备的安全使用，通过理论学习与操作学习等形式增强幼儿园工作人员解决突发事件的能力。

案例4-10　电视爆炸①

一天下午，南京一所幼儿园三楼的一处房间内突然冒出滚滚浓烟。“当时就看到幼儿园三楼的房间里冒出了滚滚的浓烟，我心想不好，立刻冲进幼儿园。”住在幼儿园旁边的杨先生，第一个发现了火情，为了避免还在园中的儿童受到伤害，杨先生带头救火。当时，幼儿园的师生都在一楼和二楼的班级活动室里，三楼并没有人，所以当杨先生冲上楼之后，他们才意识到，三楼已经起火了！杨先生立刻拿起灭火器进行灭火，幼儿园的老师则赶紧将幼儿疏散到外面的广场上。

“由于灭火器有问题，压力不够，所以我只能近距离进行灭火，吸入了不少有毒气体。”就在杨先生拼命灭火的时候，附近在做装潢的4名工人也拿起灭火器帮助灭火。终于，火被扑灭了。

据了解，起火原因是三楼音体室里的一台电视机突然爆炸起火。现场看到，整个房间已经一片漆黑，由于被烧的都是木制家具和塑料品，空气里弥漫着一股刺激难闻的气体。随后，消防车赶到现场，消防员在排查完隐患之后离开。由于灭火和疏散及时，此次火情并未造成人员伤亡。

案例分析： 虽然此次电视爆炸并未造成人员伤亡，但也给幼儿园敲响了警钟，案例中因电视起火，给幼儿园带来火灾，在灭火过程中又发现灭火器有问题，影响了灭火的速度。电视爆炸是幼儿园安全问题的缩影，该园的安全措施和日常的安全检查不到位才导致这样的安全事故，所以幼儿园应该建立安全管理制度，做好设备设施的维护和检查，有效预防此类事故的发生。

（三）幼儿园保障性设施设备的配备标准与管理

除上述教育教学设施设备外，给水排水、供暖、空气调节、电气等为幼儿园保教活动与日常运转提供保障性条件的设施设备，也非常重要。相关法规与规范性文件对此均有明确规定。例如，我国《托儿所、幼儿园建筑设计规范》第

---

① 教育中国－中国网．南京一幼儿园电视爆炸起火40多名儿童被疏散[EB/OL].http://www.china.com.cn/education/xueqian/2012-06/15/content_25652442.htm.

六部分“建筑设备”分别对幼儿园的给水排水设备、供暖通风与空气调节设备、建筑电气设备作出了非常详细、明确的规范。

1. 给水排水设备

在给水和排水设备上，规定托儿所、幼儿园应具备室内给水排水系统，且在卫生设备的选型及系统的设计上提出了符合幼儿的需要的要求。《托儿所、幼儿园建筑设计规范》的 6.1.5 中提出，“托儿所、幼儿园建筑宜设置集中热水供应系统，也可采用分散制备热水或预留安装热水供应设施的条件”；6.1.6 中规定“盥洗室、淋浴室、厕所、公共洗衣房应设置地漏”。

2. 供暖通风与空气调节设备

《托儿所、幼儿园建筑设计规范》对供暖设备的形式、温度、防护及辅助条件均作出了规定。如 6.2.3 中规定“严寒与寒冷地区应设置集中供暖设施，并宜采用热水集中供暖系统；夏热冬冷地区宜设置集中供暖设施；对于其他区域，冬季有较高室温要求的房间宜设置单元式供暖装置”；6.2.9 中对托儿所、幼儿园房间的供暖设计温度作出了规定，其中活动室的室内温度为 20℃。

幼儿用房的通风需要采取防护措施；优先采用自然通风；如果采用换气次数或者机械通风时应根据房间类型而有所差异；公共厨房、公共淋浴室、无外窗卫生间等，宜设置有防回流构造的排气通风竖井，并应安装机械排风装置；夏热冬暖地区、夏热冬冷地区的托儿所、幼儿园建筑，当夏季依靠开窗不能实现基本热舒适要求，且幼儿活动室、寝室等房间不设置空调设施时，宜安装具有防护网且可变风向的吸顶式电风扇。此外，还对空气设备、新风系统、排烟系统的使用提出了规定。

3. 建筑电气设备

在建筑电气设备的选用上遵循满足幼儿需要、确保安全的原则，对幼儿园各功能用房的灯具、灯源、位置进行具体说明。其一，幼儿用房宜采用细管径直管形三基色荧光灯，配用电子镇流器，也可采用防频闪性能好的其他节能光源，寄宿制托儿所、幼儿园的寝室宜设置夜间巡视照明设施；其二，活动室、寝室、幼儿卫生间等幼儿用房宜设置紫外线杀菌灯；其三，插座应采用安全型，安装高度不应低于 1.8m；其四，规定幼儿园应设置视频安防监控系统、电话系统、计算机网络系统等。此外托儿所、幼儿园建筑还应设置符合国家规定的应急照明设计、火灾自动报警系统设计、防雷与接地设计、供配电系统设计、安防设计等。

第四节　幼儿园的教职工

幼儿园的教职工是幼儿园教育质量的载体，教职工素质的高低直接决定了幼儿园教育质量的好坏。幼儿园教职工应当贯彻国家教育方针，具有良好品德，热爱教育事业，尊重和爱护幼儿，具有专业知识和技能以及相应的文化和专业素养，为人师表，忠于职责，身心健康。《幼儿园管理条例》《幼儿园工作规程》《幼儿园教职工配备标准(暂行)》等规章及规范性文件中对我国幼儿园教职工配备标准，园长、保教人员及各类教职工的资质与职责等均作出了明确而具体的规定，为规范和促进幼儿园教职工队伍建设提供了重要依据和保障。

一、幼儿园教职工的配置标准

我国《幼儿园工作规程》(2016 年)第三十八条明确规定："幼儿园按照国家相关规定设园长、副园长、教师、保育员、卫生保健人员、炊事员和其他工作人员等岗位，配足配齐教职工。"《幼儿园教职工配备标准(暂行)》中也指出：幼儿园教职工包括专任教师、保育员、卫生保健人员、行政人员、教辅人员、工勤人员。幼儿园保教人员包括专任教师和保育员。

(一)教职工与幼儿的比例

《幼儿园教职工配备标准(暂行)》规定，幼儿园应当按照服务类型(半日制或全日制)、教职工与幼儿以及保教人员与幼儿的一定比例配备教职工，满足保教工作的基本需要。全日制幼儿园：全园教职工与幼儿比例为 1∶5～1∶7；全园保教人员与幼儿比例为 1∶7～1∶9。半日制幼儿园：全园教职工与幼儿比例为 1∶8～1∶10；全园保教人员与幼儿比例为 1∶11～1∶13。

(二)专任教师和保育员配备

《幼儿园教职工配备标准(暂行)》规定，幼儿园保教人员包括专任教师和保育员。幼儿园应根据服务类型、幼儿年龄和班级规模配备数量适宜的专任教师和保育员，使每位幼儿在一日生活、游戏和学习中都能得到成人适当的照顾、帮助和指导。

全日制幼儿园每班配备 2 名专任教师和 1 名保育员，或配备 3 名专任教师；

半日制幼儿园每班配备 2 名专任教师，有条件的可配备 1 名保育员。寄宿制幼儿园至少应在全日制幼儿园基础上每班增配 1 名专任教师和 1 名保育员。单班学前教育机构，如村学前教育教学点、幼儿班等，一般应配备 2 名专任教师，有条件的可配备 1 名保育员。

此外，如果园所有接收特殊需要的儿童，根据其特殊需要儿童的数量、类型及残疾程度，配备相应的特殊教育教师，并增加保教人员的配备数量。幼儿园还应根据当地学前教育发展的实际情况，增设教师岗位类别和数量，满足本园发展和保教工作的需要，并确保在教师进修、支教、病产假等情况下有可供临时顶岗的保教人员。

(三)其他人员配备

《幼儿园教职工配备标准(暂行)》规定，其他人员主要包括园长、卫生保健人员、炊事人员、财会人员、安保人员等，具体配备标准如下：

第一，园长配备。6个班以下的幼儿园应设1名园长，6～9个班的幼儿园不超过2名园长，10个班及以上的幼儿园可设3名园长。

第二，卫生保健人员配备。根据《托儿所幼儿园卫生保健工作规范》配备卫生保健人员，一般要求是按收托150名儿童至少设1名专职卫生保健人员的比例配备卫生保健人员，收托150名以下儿童的可配备兼职卫生保健人员。

第三，炊事人员配备。幼儿园应根据餐点提供的实际需要和就餐幼儿人数配备适宜的炊事人员。《幼儿园教职工配备标准(暂行)》中规定，每日三餐一点的幼儿园每40～45名幼儿配1名；少于三餐一点的幼儿园酌减；在园幼儿人数少于40名的供餐幼儿园(班)应配备1名专职炊事员。

第四，财会人员。应根据国家和地方有关财会工作规定配备相关人员。

第五，安保人员。为确保幼儿及园所安全，规定每个幼儿园均应根据国家和地方有关安保工作的规定配备安保人员。

此外，幼儿园应根据实际需要配备数量适宜的教职工，积极实行一岗多责，提高用人效率。

案例 4-11　幼儿园班额大，家长无奈当“义工”

东大道一所民办幼儿园，家长们正在中班教室里和教师一起，张罗着给孩子们开饭。教室里坐满了孩子，几名幼儿突然跑起来，差点撞上汤桶……饭快吃完时，又有两名学生家长匆匆赶到教室，帮着收拾桌椅，安排孩子们午睡……

这几名家长是班上的“义工”，只不过她们对“义工”行为充满了无奈：“班上孩子太多了，我们担心孩子得不到好的照顾，就抽空来照看一下。”

这学期幼儿园人数激增，中班幼儿一下子激增到40多人，有的班甚至突破了50人。幼儿人数增加了，但教师并未增加，一个班还是3位教师。家长表示：“老师们明显忙不过来，顾了这个顾不了那个，现在只求孩子吃饭、睡觉，不出事。”如今，这个班几乎每天中午都有家长来，午间“打乱仗”的现象大为缓解。几名家长表示，园方对此持默认态度，但绝非长久之计。另外，家长们也有私心的，他们的目的很明确，就是偏重照顾自家孩子，对其他孩子，看到了就管管，没看到也就算了。[①]

案例分析：案例中的家长去幼儿园当“义工”实属无奈之举，该园的大班额、低师幼比不符合我国相关规定，也给幼儿园保教工作带来了很多问题。国内外研究显示，师幼比是托幼机构教育质量的重要构成要素，并通过师幼互动这一过程性变量对托幼机构教育质量发挥作用。[②] 如果班额过大，教师对每位幼儿的关注相应会减少，与幼儿互动的频率也随之降低，还有可能忽视安全问题，造成安全事故。因此，严格依据我国相关法规规定，配备合格且足量的保教人员至关重要。

二、幼儿园园长

园长处于幼儿园管理系统的核心决策与主导地位。园长的思想、行为和作风在幼儿园发展中影响全局。因此，从某种意义上讲，一所好的幼儿园离不开一位好的园长。我国幼儿园管理实施“园长负责制”，园长是幼儿园行政工作的最高领导者。园长具有双重角色，既是幼儿园管理者，幼儿园教育目标的实现，要由以园长为首制定发展规划，明确办园方向，引领幼儿园改革和发展的方向；又是教育者，园长要治学，实现教育思想与幼儿园课程的引领，确保幼儿园的教育质量。这要求幼儿园园长具有很高的专业素质、严格的聘任程序、全面而明晰的岗位职责及其评价制度。

(一)幼儿园园长的专业标准

2015 年，我国颁布了《幼儿园园长专业标准》，该标准是对幼儿园合格园长专业素质的基本要求，是引领幼儿园园长专业发展的基本准则，是制定幼儿园园长任职资格标准、培训课程标准、考核评价标准的重要依据。

1. 办园理念

《幼儿园园长专业标准》第一部分为“办学理念”——以德为先，幼儿为本，引领发展，能力为重，终身学习。具体而言，以德为先：园长作为管理者，需要践行职业道德规范，立德树人；贯彻党和国家的教育方针，切实维护儿童的合法权利，履行其服务社会与人们的责任。幼儿为本：这是幼儿教育工作的出发点与落脚点，具体体现在尊重幼儿的身心发展特点与学习方式；面向全体幼

---

① 幼儿园班额大，家长无奈当“义工”[EB/OL]. http://roll.sohu.com/20111110/n325127461.shtml.

② 李相禹. 国外关于师幼比对托幼机构教育质量影响的研究及其启示[J]. 教育导刊(下半月)，2014(2).

儿，尊重个体差异，提示发展适宜性教育，让每一个幼儿都能富有个性地、身心全面和谐地发展。引领发展：园长引领教师教研，激发教师发展的内在动力，促进其专业化；引领园所改革，推动幼儿园现代化建设和可持续发展。能力为重：园长作为领导者，需要具备保育教育、计划与组织、协调与管理、文化建设等多方面能力，才能秉承与落实先进的教育理念，将自身的专业能力发展与园所的发展统一在园所管理实践中。终身学习：这是社会时代对每一个个体的要求，也是建设学习型组织对园长提出的必然要求。通过不断理论学习、交流合作等更新学前教育知识，改进幼儿园保教工作，提高幼儿园管理效率。

2. 专业要求

《幼儿园园长专业标准》从规划幼儿园发展、营造育人文化、领导保育教育、引领教师成长、优化内部管理和调适外部环境这六大内容维度对幼儿园园长的专业要求制定标准，每个内容维度又分别从专业理解与认识、专业知识与发展、专业能力与行为这三个方面来界定和评价。在如此横向与纵向维度综合交叉的基础上，即形成 60 条幼儿园园长专业要求的基本标准。

(二)幼儿园园长聘任的基本要求

幼儿园实施园长负责制，园长全面负责幼儿园工作，其责任重大。除了确立幼儿园园长的专业标准外，规范其资质与聘任要求也至关重要。《中华人民共和国教育法》《中华人民共和国教师法》《幼儿园工作规程》《教师资格条例》等多部法规与政策中均对我国幼儿园园长的任职资格从道德品质、学历水平、工作经验等方面提出了具体要求，并对园长聘任程序作出规定。

1. 园长任职资格

新版《幼儿园工作规程》规定：首先，园长“应当贯彻国家教育方针，具有良好品德，热爱教育事业，尊重和爱护幼儿，具有专业知识和技能以及相应的文化和专业素养，为人师表，忠于职责，身心健康”。1996 年颁发的《全国幼儿园园长任职资格、职责和岗位要求(试行)》(简称《资格》)中也规定了园长应“拥护中国共产党的领导，热爱社会主义祖国，认真贯彻国家的教育方针，热爱幼儿教育事业”。其次，在学历水平和实践经验方面的要求，“示范性幼儿园和乡镇中心幼儿园园长应具备幼儿师范学校(含职业学校幼教专业)毕业及以上学历，有 5 年以上幼儿教育工作经历，并具有小学、幼儿园高级教师职务；其他幼儿园园长应具备幼儿师范学校(含职业学校幼教专业)毕业及以上学历或高中毕业并获得幼儿园教师专业考试合格证书，有一定幼儿教育工作经历，并具有小学、幼儿园一级教师职务”。再次，园长须持证上岗，应“取得幼儿园园长岗位培训合格证书”。最后要求身体健康，能胜任工作。

2. 园长聘任程序

《资格》是根据我国幼儿教育对幼儿园园长素质提出的要求，兼顾园长队伍现状而制定的，是选拔、任用、考核和培训幼儿园园长的基本依据，各地应采取措施，通过组织岗位培训和日常的政治业务学习及工作锻炼，使幼儿园园长努力达到《资格》的基本要求，按《资格》选拔、任用新的园长。《幼儿园管理条例》第二十三条和新版《幼儿园工作规程》第四十条均对幼儿园园长的聘任作出明确规定：幼儿园园长由举办者任命或者聘任，并报当地主管的教育行政部门备案。

(三)幼儿园园长的岗位职责

园长的主要职责，是指担任园长这一职位的人应当承担的责任和工作任务。“责任”包括两个方面：一是在日常工作中应当承担的具体责任；二是在法律上应当承担的法律责任。履行园长的职责，是园长管理工作的实质和根本。忠于职守，具有强烈的事业心，是国家和人民对园长职责的基本要求。

新版《幼儿园工作规程》第四十条规定，幼儿园园长负责幼儿园的全面工作，主要职责如下：第一，贯彻执行国家的有关法律、法规、方针、政策和地方的相关规定，负责建立并组织执行幼儿园的各项规章制度；第二，负责保育教育、卫生保健、安全保卫工作；第三，负责按照有关规定聘任、调配教职工，指导、检查和评估教师以及其他工作人员的工作，并给予奖惩；第四，负责教职工的思想工作，组织业务学习，并为他们的学习、进修、教育研究创造必要的条件；第五，关心教职工的身心健康，维护他们的合法权益，改善他们的工作条件；第六，组织管理园舍、设备和经费；第七，组织和指导家长工作；第八，负责与社区的联系和合作。

《资格》中也对园长负责制下园长的主要职责作出规定：第一，贯彻执行党和国家有关幼儿教育的方针、政策以及教育法规、规章，坚持正确的办园方向。第二，负责教职工的政治思想工作、职业道德教育、组织文化、业务学习；维护教职工的正当权益，关心并逐步改善教职工的生活和工作条件；发挥教职工(或教职工代表)大会在幼儿园民主管理中的作用，调动和发挥教职工的主动性、积极性和创造性。第三，主持幼儿园的保教工作、领导和组织安全保护、卫生保健工作，贯彻有关的法规和规章确保幼儿在园安全、卫生和健康；领导和组织教育工作，贯彻执行国家幼儿园课程标准，促进幼儿身心和谐发展。第四，领导和组织行政工作，包括工作人员的考核、任免和奖惩及园舍、设备和经费管理等。第五，密切与家长和社区的联系。向家长和社区宣传正确的教育思想和科学育儿知识，争取家长和社区支持幼儿园工作。

综上，可将园长的主要职责归纳为：坚持正确的办园方向；搞好幼儿园保教队伍的建设和管理；主持幼儿园的全面保教工作；主管幼儿园的全面管理工作；发挥幼儿园的主导作用，努力创设良好的育人大环境。

三、幼儿园教师

学前教育发展需要建设一支师德高尚、业务精良的幼教师资队伍。学前教育普及与提升的战略目标的实现，不仅意味着入园率的提高，更重要的是学前教育质量的提升，而其中的关键与核心便是教师队伍质量的提升。

(一)幼儿园教师的专业标准

2012年正式颁布的《幼儿园教师专业标准(试行)》是国家对合格幼儿园教师专业素质与标准的基本要求，是引领幼儿园教师专业发展的基本准则，是幼儿园教师培养、准入、培训、考核等工作的重要依据。

《幼儿园教师专业标准(试行)》共分为三大部分：第一部分是基本理念，包括师德为先、幼儿为本、能力为重、终身学习；第二部分是基本内容，包括专业理念与师德、专业知识、专业能力三大维度，由14个领域(职业理解与认识、对幼儿的态度与行为、幼儿保育与教育的态度与行为、个人修养与行为、幼儿发展知识、幼儿保育和教育知识、通识性知识、环境的创设与利用、一日生活的组织与保育、游戏活动的支持与引导、教育活动的计划与实施、激励与评价、沟通与合作、反思与发展)、62项基本要求构成，以此体现并规范现代社会学前教育教师的专业特性与标准。关于《幼儿园教师专业标准(试行)》的详细解读请参见第五章第三节，在此不赘述。

(二)幼儿教师聘任的基本要求

1. 幼儿教师任职资格

首先，《中华人民共和国教师法》第十条明确规定："中国公民凡遵守宪法和法律，热爱教育事业，具有良好的思想品德，具备本法规定的学历或者经国家教师资格考试合格，有教育教学能力，经认定合格的，可以取得教师资格。"具体到幼儿教师方面，我国《幼儿园工作规程》(2016年)第三十九条规定："幼儿园教职工应当贯彻国家教育方针，具有良好品德，热爱教育事业，尊重和爱护幼儿，具有专业知识和技能以及相应的文化和专业素养，为人师表，忠于职责，身心健康。幼儿园教职工患传染病期间暂停在幼儿园的工作。有犯罪、吸毒记录和精神病史者不得在幼儿园工作。"在学历水平的要求方面，取得幼儿园教师资格，应当具备幼儿师范学校毕业及以上学历。

其次，申请幼儿教师资格的人员必须参加国家统一组织实施的教师资格考试并达到合格水平，这是我国幼儿教师职业准入的前提条件。同时，我国幼儿教师资格实行资格认定与定期注册制度。我国《教师法》《教师资格条例》《教师资格条例实施办法》规定：对于违反相关法规和政策的已经取得教师资格的人员，依据相关规定，应当撤销其教师资格。受到剥夺政治权利或者故意犯罪受到有期徒刑以上刑事处罚的，不能取得教师资格；已经取得教师资格的，丧失教师资格，且不得重新申请认定教师资格。

2. 幼儿教师聘任程序

我国《教师法》第十七条规定：学校和其他教育机构应当逐步实行教师聘任制。教师的聘任应当遵循双方地位平等的原则，由学校和教师签订聘任合同，明确规定双方的权利、义务和责任。实施教师聘任制的步骤、办法由国务院教育行政部门规定。《幼儿园工作规程》(2016 年)第四十一条也规定：幼儿园教师必须具有《教师资格条例》规定的幼儿园教师资格并符合规程第三十九条规定，对幼儿园教师实行聘任制。

上述有关幼儿教师资格制度与聘任制度的详细内容请参见第三章第一节，在此不赘述。

(三)幼儿教师的岗位职责

《幼儿园工作规程》(2016 年)第四十一条对幼儿教师的岗位职责作出了明确规定“幼儿园教师对本班工作全面负责”，主要职责包括六大方面：第一，观察了解幼儿，依据国家有关规定，结合本班幼儿的发展水平和兴趣需要，制订和执行教育工作计划，合理安排幼儿一日生活；第二，创设良好的教育环境，合理组织教育内容，提供丰富的玩具和游戏材料，开展适宜的教育活动；第三，严格执行幼儿园安全、卫生保健制度，指导并配合保育员管理本班幼儿生活，做好卫生保健工作；第四，与家长保持经常联系，了解幼儿家庭的教育环境，商讨符合幼儿特点的教育措施，相互配合共同完成教育任务；第五，参加业务学习和保育教育研究活动；第六，定期总结评估保教工作实效，接受园长的指导和检查。

四、幼儿园保育员

《幼儿园教育指导纲要(试行)》明确指出：幼儿园的工作要做到保教合一、保教并重。幼儿生长发育特点与心理发展水平需要成人对其精心照料，需要幼儿园提供合格的保育服务，需要做到保教结合。保育员即“在托幼园所、社会福利机构及其他保育机构中，辅助教师负责幼儿保健、养育和协助教师对婴幼儿进行教育的人员”①，其在幼儿园保教工作中肩负着非常重要的职责。

(一)幼儿园保育员的专业标准

《国家职业技能标准：保育员》(2009 年)对保育员职业道德和基础知识提出

---

① 中国劳动社会保障部．国家职业技能标准：保育员[M]．北京：中国劳动社会保障出版社，2009.

了基本要求，并作出具体规定：

在职业道德上，保育员要清楚职业道德基本知识和职业守则，其中对职业守则进行了具体规定：(1)爱岗敬业，热爱幼儿；(2)为人师表，遵纪守法；(3)忠于职责，身心健康；(4)积极进取，开拓创新；(5)尊重家长，热情服务；(6)文明礼貌，团结协作。

在基础知识上，保育员需要掌握以下六点：

第一，婴幼儿生理、心理教育基本知识：(1)婴幼儿生理学知识；(2)婴幼儿卫生保健知识；(3)婴幼儿心理学知识；(4)婴幼儿教育学知识。

第二，常见病及常见传染病基础知识：(1)婴幼儿常见病及其保健知识；(2)婴幼儿常见传染病及其预防知识。

第三，婴幼儿安全知识：(1)婴幼儿安全常识；(2)婴幼儿意外伤害的防范与处理。

第四，婴幼儿营养常识：(1)婴幼儿的营养需求；(2)婴幼儿常见营养问题及合理膳食。

第五，相关环境知识：(1)学前教育机构的环境及其利用知识；(2)班级环境及其利用知识。

第六，相关法律、法规知识：(1)《中华人民共和国未成年人保护法》相关知识；(2)《中华人民共和国教育法》相关知识；(3)《中华人民共和国劳动法》相关知识；(4)《幼儿园教育指导纲要》相关知识；(5)《幼儿园工作规程》相关知识；(6)《幼儿园饮食卫生条例》相关知识。

(二)幼儿园保育员的任职资格

1. 幼儿园保育员从业的基本要求

《国家职业技能标准：保育员》(2009 年)规定，保育员共设三个等级，分别是：初级(国家职业资格五级)、中级(国家职业资格四级)、高级(国家职业资格三级)。该《标准》第 1.5 条规定，保育员任职的基本要求是：身体素质好，无传染性疾病，有一定的语言表达和组织能力。我国《幼儿园工作规程》(2016 年)第四十二条、《幼儿园管理条例》第九条也对幼儿园保育员的基本特征与标准提出明确要求：第一，幼儿园保育员应当贯彻国家教育方针，具有良好品德，热爱教育事业，尊重和爱护幼儿，具有专业知识和技能以及相应的文化和专业素养，为人师表，忠于职责，身心健康。第二，患传染病期间暂停在幼儿园的保育工作。有犯罪、吸毒记录和精神病史者不得担任幼儿园保育员。

2. 幼儿园保育员的学历与培训要求

《幼儿园工作规程》第四十二条明确规定，我国幼儿园保育员应当具备高中毕业以上学历，受过幼儿保育职业培训。《国家职业技能标准：保育员》对保育员的培训期限提出具体要求：全日制职业学校教育，根据其培养目标和教学计划确定：初级不少于120标准学时；中级不少于140标准学时；高级不少于160标准学时。

3. 幼儿园保育员资格的取得

我国幼儿园保育员实行职业资格制度，须参加国家统一组织的国家职业资格鉴定，且成绩达到合格以上，才可获得保育员职业资格，持证上岗。鉴定分为理论知识考试和技能操作考核两大部分。

申报保育员职业资格鉴定者，须具备以下条件方可申报：

(1)初级保育员(具备以下条件之一者)

经本职业初级正规培训达规定标准学时数，并取得毕(结)业证书。

在本职业连续见习工作2年以上。

本职业学徒期满。

(2)中级保育员(具备以下条件之一者)

取得本职业初级职业资格证书后，连续从事本职业工作3年以上，经本职业中级正规培训达规定标准学时数，并取得毕(结)业证书。

取得本职业初级职业资格证书后，连续从事本职业工作5年以上。

连续从事本职业工作7年以上。

取得经人力资源和社会保障行政部门审核认定的、以中级技能为培养目标的中等以上职业学校本职业(专业)毕业证书。

(3)高级保育员(具备以下条件之一者)

取得本职业中级职业资格证书后，连续从事本职业4年以上，经本职业高级正规培训达规定标准学时数，并取得毕(结)业证书。

取得本职业中级职业资格证书后，连续从事本职业6年以上。

取得经高级技工学习或人力资源和社会保障行政部门审核认定的、以高级技能为培养目标的高等职业学校本职业(专业)毕业证书。

取得本职业中级职业资格证书的大专以上本专业或相关专业毕业生，连续从事本职业2年以上。

(三)幼儿园保育员的岗位职责

《幼儿园工作规程》(2016年)第四十二条对我国幼儿园保育员的主要职责作出如下明确规定：第一，负责本班房舍、设备、环境的清洁卫生和消毒工作；第二，在教师指导下，科学照料和管理幼儿生活，并配合本班教师组织教育活动；第三，在卫生保健人员和本班教师指导下，严格执行幼儿园安全、卫生保健制度；第四，妥善保管幼儿衣物和本班的设备、用具。

为贯彻落实《托儿所幼儿园卫生保健管理办法》，加强托儿所、幼儿园卫生保健工作，切实提高托幼机构卫生保健工作质量，2012年5月，卫生部印发了《托儿所幼儿园卫生保健工作规范》，该规范对幼儿园卫生保健工作职责、卫生保健工作内容与要求、新设立托幼机构招生前卫生评价等进行了规范。其中，就保育工作中托幼机构环境和物品预防性消毒方法进行了非常详细的规定(见表4-4)。

表4-4　托幼机构环境和物品预防性消毒方法①

消毒对象	物理消毒方法	化学消毒方法	备注
空气	开窗通风每日至少2次；每次至少10～15分钟。		在外界温度适宜、空气质量较好、保障安全性的条件下，应采取持续开窗通风的方式。
	采用紫外线杀菌灯进行照射消毒每日1次，每次持续照射时间60分钟。		1. 不具备开窗通风空气消毒条件时使用。 2. 应使用移动式紫外线杀菌灯。按照每立方米1.5瓦计算紫外线杀菌灯管需要量。 3. 禁止紫外线杀菌灯照射人体体表。 4. 采用反向式紫外线杀菌灯在室内有人环境持续照射消毒时，应使用无臭氧式紫外线杀菌灯。
餐具、炊具、水杯	煮沸消毒15分钟或蒸汽消毒10分钟。		1. 对食具必须先去残渣、清洗后再进行消毒。 2. 煮沸消毒时，被煮物品应全部浸没在水中；蒸汽消毒时，被蒸物品应疏松放置，水沸后开始计算时间。
	餐具消毒柜、消毒碗柜消毒。 按产品说明使用。		1. 使用符合国家标准规定的产品。 2. 保洁柜无消毒作用。不得用保洁柜代替消毒柜进行消毒。
毛巾类织物	用洗涤剂清洗干净后，置阳光直接照射下曝晒干燥。		曝晒时不得相互叠夹。曝晒时间不低于6小时。
	煮沸消毒15分钟或蒸汽消毒10分钟。		煮沸消毒时，被煮物品应全部浸没在水中；蒸汽消毒时，被蒸物品应疏松放置。
		使用次氯酸钠类消毒剂消毒。 使用浓度为有效氯250～400mg/L、浸泡消毒20分钟。	消毒时将织物全部浸没在消毒液中，消毒后用生活饮用水将残留消毒剂冲净。

① 中华人民共和国卫生部．托儿所幼儿园卫生保健工作规范［EB/OL］．http://www.moh.gov.cn.，2016-1-6.

续表

消毒对象	物理消毒方法	化学消毒方法	备注
抹布	煮沸消毒 15 分钟或蒸汽消毒 10 分钟。		煮沸消毒时，抹布应全部浸没在水中；蒸汽消毒时，抹布应疏松放置。
		使用次氯酸钠类消毒剂消毒。 使用浓度为有效氯 400mg/L、浸泡消毒 20 分钟。	消毒时将抹布全部浸没在消毒液中，消毒后可直接控干或晾干存放；或用生活饮用水将残留消毒剂冲净后控干或晾干存放。
餐桌、床围栏、门把手、水龙头等物体表面		使用次氯酸钠类消毒剂消毒。 使用浓度为有效氯 100 ～ 250mg/L、消毒 10～30 分钟。	1. 可采用表面擦拭、冲洗消毒方式。 2. 餐桌消毒后要用生活饮用水将残留消毒剂擦净。 3. 家具等物体表面消毒后可用生活饮用水将残留消毒剂去除。
玩具、图书	每两周至少通风晾晒一次。		适用于不能湿式擦拭、清洗的物品。 曝晒时不得相互叠夹。曝晒时间不低于 6 小时。
		使用次氯酸钠类消毒剂消毒。 使用浓度为有效氯 100 ～ 250mg/L、表面擦拭、浸泡消毒 10～30 分钟。	根据污染情况，每周至少消毒 1 次。
便盆、坐便器与皮肤接触部位、盛装吐泻物的容器		使用次氯酸钠类消毒剂消毒。使用浓度为有效氯 400～700mg/L、浸泡或擦拭消毒 30 分钟。	1. 必须先清洗后消毒。 2. 浸泡消毒时将便盆全部浸没在消毒液中。 3. 消毒后用生活饮用水将残留消毒剂冲净后控干或晾干存放。
体温计		使用 75%～80%乙醇溶液、浸泡消毒 3～5 分钟。	使用符合《中华人民共和国药典》规定的乙醇溶液。

备注：

1. 表中有效氯剂量是指使用符合卫生部《次氯酸钠类消毒剂卫生质量技术规范》规定的次氯酸钠类消毒剂；

2. 传染病消毒根据国家法规《中华人民共和国传染病防治法》规定，配合当地疾病预防控制机构实施。

《国家职业技能标准：保育员》(2009 年)对初级、中级、高级保育员的技能要求依次递进，高级别涵盖低级别的要求。初级保育员需要掌握卫生管理、生活管理、配合教育活动三部分内容，卫生管理的工作内容有清洁和消毒，生活管理上要掌握健康观察、组织进餐、饮水、盥洗、如厕、睡眠、保管和使用物品的内容；并在活动准备、准备过程、家长工作、工作记录上配合教育活动。相比于初级保育员，中级保育员则对具体的技能提升了要求。高级保育员在前两者的基础上，对保育员的能动性和指导性有更高要求，且增加了培训与指导模块内容，在理论培训和操作指导上均能对初、中级保育员进行指导。

五、幼儿园卫生保健人员

幼儿园的卫生保健工作是幼儿园工作的重要组成部分，卫生保健人员是幼儿园教职工队伍中不可或缺的重要组成部分，对促进幼儿健康成长与幼儿园各项保教工作的顺利开展均发挥着重要作用。

(一)幼儿园卫生保健人员的任职资格

我国幼儿园的卫生保健人员实行持证上岗制度。《幼儿园工作规程》(2016年)第四十三条规定："幼儿园卫生保健人员除符合《规程》第三十九条规定的幼儿园教职工基本要求外，在幼儿园担任卫生保健人员的医师应当取得卫生行政部门颁发的《医师执业证书》；护士应当取得《护士执业证书》；保健员应当具有高中毕业以上学历，并经过当地妇幼保健机构组织的卫生保健专业知识培训。"

我国《托儿所幼儿园卫生保健管理办法》(2010年)中也对幼儿园卫生保健人员的任职资格及设置标准等作出了明确规定。其第十一条规定："托幼机构应当聘用符合国家规定的卫生保健人员。卫生保健人员包括医师、护士和保健员。在卫生室工作的医师应当取得卫生行政部门颁发的《医师执业证书》，护士应当取得《护士执业证书》。在保健室工作的保健员应当具有高中以上学历，经过卫生保健专业知识培训，具有托幼机构卫生保健基础知识，掌握卫生消毒、传染病管理和营养膳食管理等技能。"第十三条规定："托幼机构卫生保健人员应当定期接受当地妇幼保健机构组织的卫生保健专业知识培训。"第十四条规定："托幼机构工作人员上岗前必须经县级以上人民政府卫生行政部门指定的医疗卫生机构进行健康检查，取得《托幼机构工作人员健康合格证》后方可上岗。托幼机构应当组织在岗工作人员每年进行1次健康检查；在岗人员患有传染性疾病的，应当立即离岗治疗，治愈后方可上岗工作。精神病患者、有精神病史者不得在托幼机构工作。"此外，该办法第十二条还规定："托幼机构聘用卫生保健人员应当按照收托150名儿童至少设1名专职卫生保健人员的比例配备卫生保健人员。收托150名以下儿童的，应当配备专职或者兼职卫生保健人员。"

(二)幼儿园卫生保健人员的岗位职责

幼儿园卫生保健人员对全园幼儿身体健康负责。《幼儿园工作规程》(2016

年)中对其岗位职责作出了明确规定，主要包括如下方面：第一，协助园长组织实施有关卫生保健方面的法规、规章和制度，并监督执行。第二，负责指导调配幼儿膳食，检查食品、饮水和环境卫生。第三，负责晨检、午检和健康观察，做好幼儿营养、生长发育的监测和评价；定期组织幼儿健康体检，做好幼儿健康档案管理。第四，密切与当地卫生保健机构的联系，协助做好疾病防控和计划免疫工作。第五，向幼儿园教职工和家长进行卫生保健宣传和指导。第六，妥善管理医疗器械、消毒用具和药品。

我国《托儿所幼儿园卫生保健管理办法》(2010 年)第十三条也明确规定："托幼机构卫生保健人员应当对机构内的工作人员进行卫生知识宣传教育、疾病预防、卫生消毒、膳食营养、食品卫生、饮用水卫生等方面的具体指导。"

例如，在指导调配幼儿膳食方面，卫生保健人员就应当参照相关政策法规、我国权威膳食指南等，对幼儿在园餐食进行合理搭配，并对一些存在不良饮食习惯的幼儿，如挑食或肥胖的幼儿，进行个别指导。以下是幼儿园卫生保健人员可参考的婴幼儿各类食物每日参考摄入量(见表 4-5)。

表 4-5　儿童各类食物每日参考摄入量①

食物种类	1～3 岁	3～6 岁
谷类	100～150 克	180～260 克
蔬菜类	150～200 克	200～250 克
水果类	150～200 克	150～300 克
鱼虾类	100 克	40～50 克
禽畜肉类		30～40 克
蛋类		60 克
液态奶	350～500 毫升	300～400 毫升
大豆及豆制品	—	25 克
烹调油	20～25 克	25～30 克

六、幼儿园后勤人员

后勤工作是物质保障，做得如何关系到全园各项工作的进展，是幼儿园涉及面最广的一项全局性工作。《幼儿园工作规程》(2016 年)第四十四条明确规

① 中国营养学会妇幼分会．中国孕期、哺乳期妇女和 0～6 岁儿童膳食指南[M]．北京：人民卫生出版社，2010.

定："幼儿园其他工作人员的资格和职责，按照国家和地方的有关规定执行。"其中，食堂从业人员直接负责在园幼儿餐食的制作，直接关系到幼儿在园饮食的安全与健康，十分重要。对此，我国《学校食堂与学生集体用餐卫生管理规定》(2002年)中第二十条至第二十二条对食堂从业人员的卫生要求作出了明确规定：首先，食堂从业人员、管理人员必须掌握有关食品卫生的基本要求。其次，食堂从业人员每年必须进行健康检查，新参加工作和临时参加工作的食品生产经营人员都必须进行健康检查，取得健康证明后方可参加工作。凡患有痢疾、伤寒、病毒性肝炎等消化道疾病(包括病原携带者)，活动性肺结核，化脓性或者渗出性皮肤病以及其他有碍食品卫生的疾病的，不得从事接触直接入口食品的工作。食堂从业人员及集体餐分餐人员在出现咳嗽、腹泻、发热、呕吐等有碍于食品卫生的病症时，应立即脱离工作岗位，待查明病因、排除有碍食品卫生的病症或治愈后，方可重新上岗。再次，食堂从业人员应有良好的个人卫生习惯。必须做到：第一，工作前、处理食品原料后、便后用肥皂及流动清水洗手；接触直接入口食品之前应洗手消毒。第二，穿戴清洁的工作衣、帽，并把头发置于帽内。第三，不得留长指甲、涂指甲油、戴戒指加工食品。第四，不得在食品加工和销售场所内吸烟。

第五节　幼儿园的内部管理制度

学校内部管理制度涉及学校组织领导制度、行政综合工作管理制度、教育教学工作管理制度、师生员工管理制度、学校工作督导评估制度、后勤工作管理制度等诸多方面①。具体到幼儿园的内部管理，主要包括以下内容：幼儿园组织领导工作管理制度、行政综合工作管理制度(含幼儿园经费管理制度)、保教工作管理制度(如教育教学管理制度、卫生保健制度)、幼儿园教职工管理制度(如薪酬管理制度、教职工奖惩制度、休假制度)、保教质量保障与评估制度(如教科研制度)、幼儿园后勤工作管理制度(如餐饮安全与食堂管理制度)、家园联系与合作制度等。以上幼儿园内部管理制度中，有一些在前述章节已进行介绍和分析，如幼儿园保教工作制度、教职工管理制度、餐饮安全与食堂管理制度等(详见第四章第一、二节)，故在此不做赘述。以下将重点对幼儿园组织领导制度、幼儿园经费管理制度、家园联系与合作制度等进行介绍与分析。

① 方圆．新编学校内部管理制度范本大全[M]．北京：北京工业大学出版社，2010.

一、幼儿园组织领导制度

园长作为幼儿园改革与发展的带头人，担负引领幼儿园和教师发展的重任。把握正确办园方向，坚持依法办园，建立健全幼儿园各项规章制度，实施科学管理、民主管理，推动幼儿园可持续发展；尊重教师专业发展规律，激发教师自主成长的内在动力①。

(一)园长负责制

我国幼儿园实行园长负责制。《幼儿园管理条例》第二十三条规定：幼儿园园长负责幼儿园的工作。幼儿园园长由举办幼儿园的单位或个人聘任，并向幼儿园的登记注册机关备案。幼儿园的教师、医师、保健员、保育员和其他工作人员，由幼儿园园长聘任，也可由举办幼儿园的单位或个人聘任。《幼儿园工作规程》(2016 年)第四十条、第五十六条也明确规定："幼儿园实行园长负责制"，"幼儿园园长负责幼儿园的全面工作"，"幼儿园园长由举办者任命或者聘任，并报当地主管的教育行政部门备案"。

《幼儿园工作规程》第五十六条还进一步对园务委员会的设立、人员组成、主要职能等加以明确："幼儿园应当建立园务委员会。园务委员会由园长、副园长、党组织负责人和保教、卫生保健、财会等方面工作人员的代表以及幼儿家长代表组成。园长任园务委员会主任"，"园长定期召开园务委员会会议，遇重大问题可临时召集，对规章制度的建立、修改、废除，全园工作计划，工作总结，人员奖惩，财务预算和决算方案，以及其他涉及全园工作的重要问题进行审议"。

(二)其他相关制度

《幼儿园工作规程》第十章"幼儿园的管理"中，还就幼儿园党组织建设、教职工大会等制度、接受上级部门监督指导与上报制度、信息采集制度等作出规定。其第五十七条规定："幼儿园应当加强党组织建设，充分发挥党组织政治核心作用、战斗堡垒作用。幼儿园应当为工会、共青团等其他组织开展工作创造有利条件，充分发挥其在幼儿园工作中的作用。"第五十八至第六十条规定："幼儿园应当建立教职工大会制度或者教职工代表大会制度，依法加强民主管理和监督"，"幼儿园应当建立教研制度，研究解决保教工作中的实际问题"，"幼儿园应当制订年度工作计划，定期部署、总结和报告工作。每学年年末应当向教育等行政主管部门报告工作，必要时随时报告"。《幼儿园工作规程》第六十一条

① 教育部．幼儿园园长专业标准[EB/OL]. http://www.moe.gov.cn.

明确规定："幼儿园应当接受上级教育、卫生、公安、消防等部门的检查、监督和指导，如实报告工作和反映情况。幼儿园应当依法接受教育督导部门的督导。"同文第六十二条则对信息管理制度提出要求："幼儿园应当建立信息管理制度，按照规定采集、更新、报送幼儿园管理信息系统的相关信息，每年向主管教育行政部门报送统计信息。"

二、幼儿园经费管理制度

幼儿园创办与运营离不开必要而充足的经费保障。幼儿园应根据国家相关法律法规与政策，依法筹集经费、科学分配经费、合理支出、严格监管，建立科学完善的财务管理制度[①]，以保障幼儿园经费使用的科学性与有效性。

(一)幼儿园经费的筹措

我国幼儿园办园经费由举办者筹措，依法依规合理收费。《教育法》《民办教育促进法》《幼儿园工作规程》及《幼儿园收费管理暂行办法》等均就此有明确规定。

1. 幼儿园经费来源

我国《教育法》第五十四条规定：国家建立以财政拨款为主、其他多种渠道筹措教育经费为辅的体制，逐步增加对教育的投入，保证国家举办的包括幼儿园在内的学校教育经费的稳定来源。企业事业组织、社会团体及其他社会组织和个人依法举办的学校及其他教育机构，办学经费由举办者负责筹措，各级人民政府可以给予适当支持。《幼儿园工作规程》第四十六条也规定："幼儿园的经费由举办者依法筹措，保障有必备的办园资金和稳定的经费来源。"2011 年，国家发展改革委、教育部、财政部联合颁布的《幼儿园收费管理暂行办法》中，对规范幼儿园收费管理提供了重要依据。首先，幼儿园的经费由举办者依法筹措，保障有必要的办园资金和稳定的经费来源。公办园由其举办主体，如政府部门、事业单位或企业来提供园所启动与运营经费；民办幼儿园由举办主体投入，通过合理收取费用，提供普惠性服务也能获得政府提供的奖补资金以及享有税收减免、师资派驻等优惠政策。

2. 幼儿园收费管理

(1)幼儿园收费项目

《幼儿园管理条例》第二十四条规定："幼儿园可以依据本省、自治区、直辖市人民政府制定的收费标准，向幼儿家长收取保育费、教育费。"2011 年，国家发展改革委、教育部、财政部联合颁布的《幼儿园收费管理暂行办法》第三条、

① 教育部．幼儿园工作规程[EB/OL].[2017-08-14]. http://www.moe.gov.cn.

第四条也明确规定："学前教育属于非义务教育，幼儿园可向入园幼儿收取保育教育费(以下简称'保教费')，对在幼儿园住宿的幼儿可以收取住宿费"，"公办幼儿园的保教费、住宿费收入纳入行政事业性收费管理，民办幼儿园的保教费、住宿费收入纳入经营服务性收费管理"。

同时，《幼儿园收费管理暂行办法》第十一条规定：幼儿园为在园幼儿教育、生活提供方便而代收代管的费用，应遵循"家长自愿，据实收取，及时结算，定期公布"的原则，不得与保教费一并统一收取。幼儿园服务性收费和代收费项目由省级教育行政部门根据当地实际情况提出意见，经省级价格主管部门、财政部门审核，三部门共同报省级人民政府批准后执行。

例如，北京市对幼儿园代办服务性收费类别与范围进行了明确规定，必须按照"确有必要，家长自愿；即时发生，即时收取；据实结算，定期公布"的原则收取，各类代办服务都必须开具合乎规定的票据，用以杜绝幼儿园乱收费现象，规范幼儿园经费管理(见表 4-6)。

表 4-6　北京市幼儿园代办服务性收费项目 ①

收费项目	收费范围
伙食费	幼儿园提供的餐点
幼儿生活必需品费	幼儿个人使用的被褥、洗漱用品等，不包括园服
幼儿外出活动费	幼儿园组织幼儿外出活动，包括：观看电影、演出，参观游览等
学生儿童大病医疗保险费	执行《北京市人民政府关于印发北京市城镇居民基本医疗保险办法的通知》(京政发〔2010〕38 号)规定
延时服务费	幼儿园正常工作时间(7:30—17:30)以外时间，可收取延时服务费

注：1. 伙食费使用《北京市教育系统行政事业性垫付资金结算专用票据》填写"伙食费"栏目；2. 幼儿生活必需品费使用《北京市教育系统行政事业性垫付资金结算专用票据》填写"其他"栏目，并注明"生活必需品费"；3. 幼儿外出活动费使用《北京市教育系统行政事业性垫付资金结算专用票据》填写"社会活动实践费"栏目；4. 学生儿童大病医疗保险费使用《北京市教育系统行政事业性垫付资金结算专用票据》填写"其他"栏目，并注明"儿童大病保险费"；5. 延时服务费使用税务机关统一印制的税务发票。

(2)幼儿园禁止收费项目

《幼儿园收费管理暂行办法》第十一条、第十二条规定："幼儿园除收取保教费、住宿费及省级人民政府批准的服务性收费、代收费外，不得再向幼儿家长收取其他费用。幼儿园不得在保教费外以开办实验班、特色班、兴趣班、课后

① 北京市发展与改革委员会．关于规范本市幼儿园收费有关问题的通知[EB/OL]．http：//www.bjpc. gov.cn/zwxx/zcfg/xcwj/zcwj/201511/t9770285.htm.

培训班和亲子班等特色教育为名向幼儿家长另行收取费用，不得以任何名义向幼儿家长收取与入园挂钩的赞助费、捐资助学费、建校费、教育成本补偿费等费用。幼儿园不得收取书本费。”第十四条还规定：“幼儿园对入园幼儿按月或按学期收取保教费，不得跨学期预收。”

《幼儿园工作规程》(2016 年)也对禁止收费项目作出明确规定：幼儿园收费按照国家和地方的有关规定执行。幼儿园不得以培养幼儿某种专项技能、组织或参与竞赛等为由，另外收取费用。不得以营利为目的组织幼儿表演、竞赛等活动。不得以任何名义收取与新生入园相挂钩的赞助费。并且，幼儿园应“实行收费公示制度，收费项目和标准向家长公示，接受社会监督”。

教育部、国家发改委、财政部、审计署和国家新闻出版广电总局五部门于 2015 年颁布的《关于 2015 年规范教育收费治理教育乱收费工作的实施意见》中也对进一步规范包括幼儿园在内的各级各类学校的收费行为提出明确要求：“不得将教育教学活动、教学管理范畴内应免费提供服务的事项、国家已明确规定纳入公用经费开支或已明令禁止收取的项目列为服务性收费或代收费项目。各地要组织开展对各级各类学校收费项目及收费标准进行清理检查，凡是与国家教育收费政策不一致的，应尽快废止或修订。严禁越权设立收费项目、未经审批收费或突破已经审批的收费标准收费。严禁各级各类学校代收商业保险费，不得允许保险公司进校设点推销、销售商业保险。”

此外，《幼儿园收费管理暂行办法》还对退费、减免收费等事项作出规定，其第十五规定：“幼儿因故退(转)园的，幼儿园应当根据已发生的实际保教成本情况退还幼儿家长一定预收费用。具体退费办法由省级教育、价格和财政部门制定。”第十六条规定：“对家庭经济困难的幼儿、孤儿和残疾幼儿，应酌情减免收取保教费。具体减免办法由省级教育、价格和财政部门制定。”

(3)幼儿园收费标准

关于幼儿园收费标准的制定、审核、公示等，公办园与民办园依据其园所性质不同，其定价方式与程序存在一定的差异。对此，《幼儿园收费管理暂行办法》中有明确具体规定：

第一，收费标准的依据。《幼儿园收费管理暂行办法》第七条、第八条规定，公办幼儿园保教费标准根据年生均保育教育成本的一定比例确定。公办幼儿园住宿费标准按照实际成本确定，不得以营利为目的。第九条规定，民办幼儿园保教费、住宿费标准，由幼儿园按照《民办教育促进法》及其实施条例规定，根据保育教育和住宿成本合理确定；享受政府财政补助(包括政府购买服务、减免租金和税收、以奖代补、派驻公办教师、安排专项奖补资金、优惠划拨土地等)的民办幼儿园，可由当地人民政府有关部门以合同约定等方式确定最高收费标准，由民办幼儿园在最高标准范围内制定具体收费标准。

第二，收费标准审核审定部门。《幼儿园收费管理暂行办法》第五条规定，制定或调整公办幼儿园保教费标准，由省级教育行政部门根据当地城乡经济发展水平、办园成本和群众承受能力等实际情况提出意见，经省级价格主管部门、财政部门审核后，三部门共同报省级人民政府审定。制定或调整公办幼儿园住宿费标准，由当地教育行政部门提出意见，报当地价格主管部门会同财政部门审批。第九条规定，民办幼儿园保教费、住宿费标准，报当地价格主管部门、教育行政部门备案后执行。享受政府财政补助(包括政府购买服务、减免租金和税收、以奖代补、派驻公办教师、安排专项奖补资金、优惠划拨土地等)的民办幼儿园，其按规定确定的收费标准，报当地价格、教育、财政部门备案后执行。第十一条规定，幼儿园服务性收费和代收费项目由省级教育行政部门根据当地实际情况提出意见，经省级价格主管部门、财政部门审核，三部门共同报省级人民政府批准后执行。

各地幼儿园收费标准依据当地经济发展水平与具体情况，在收费水平上会存在一定差异。例如，北京市公办园收费标准如表 4-7 所示：

表 4-7　北京市公办幼儿园保育教育费、住宿费收费标准①

幼儿园级别	保育教育费(元/生月)	住宿费(元/生月)
一级园	750	300
二级园	600	
三级园	450	
无级类园	250	

注：1. 市级示范幼儿园可在一级幼儿园保育教育费收费标准上上浮 20%；2. 各公办幼儿园可按不高于政府规定的标准，自行制定具体收费标准；3. 幼儿家长选择幼儿在园住宿服务后，需交纳住宿费。

第三，收费标准申报材料。公立幼儿园在提出制定或调整公办幼儿园保教费标准意见时，应提交下列材料：申请制定或调整收费标准的具体项目；现行收费标准和申请制定的收费标准或拟调整收费标准的幅度，以及年度收费额和调整后的收费增减额；申请制定或调整收费标准的依据和理由；申请制定或调整收费标准对幼儿家长负担及幼儿园收支的影响；价格主管部门、财政部门要求提供的其他材料。民办园将保教费、住宿费标准报有关部门备案时，应提交下列材料：幼儿园有关情况，包括幼儿园名称、地址、法定代表人、法定登记

① 北京市发展与改革委员会．关于规范本市幼儿园收费有关问题的通知[EB/OL]．http://www.bjpc.gov.cn/zwxx/zcfg/xcwj/zcwj/201511/t9770285.htm.

证书以及教育行政部门颁发的办园许可证；制定收费标准的具体成本列支项目，包括教职工工资、津贴、补贴及福利、社会保障支出、公务费、业务费、修缮费、固定资产折旧费等正常办园费用支出。不包括灾害损失、事故、经营性经费支出等非正常办园费用支出；幼儿园教职工人数、在园幼儿人数、生均保育教育成本、固定资产购建情况等；价格、教育、财政部门要求提供的其他材料。

(4)幼儿园收费公示与监督

《幼儿园收费管理暂行办法》第十七条对幼儿园收费事宜的公示制度作出规定："幼儿园应通过设立公示栏、公示牌、公示墙等形式，向社会公示收费项目、收费标准等相关内容。幼儿园招生简章应写明幼儿园性质、办园条件、收费项目和收费标准等内容。"同文第十八条对公办园收费许可证及其年审、发票印制等提出明确要求："公办幼儿园收取保教费、住宿费，应到价格主管部门办理收费许可证，按规定进行收费许可证年审，并按照财务隶属关系使用财政部或省级财政部门印(监)制的财政票据。民办幼儿园收取保教费、住宿费，要按规定使用税务机关统一印制的税务发票。"第十九条还规定："幼儿园接受价格、教育、财政部门的收费监督检查时，要如实提供监督检查所必需的账簿、财务报告、会计核算等资料。"

(二)幼儿园经费的支出及相关制度

《教育法》第二十九条第七款规定，学校及其他教育机构行使下列权利：管理、使用本单位的设施和经费。幼儿园经费的支出与使用，是幼儿园的权利；但必须依法依规、合法合理使用。

1. 经费开支范围

《幼儿园收费管理暂行办法》规定幼儿园收取的合法收入主要用于保育、教育活动和改善办园条件，任何单位和部门不得截留、平调。《幼儿园工作规程》第四十八条至第五十条也对此明确规定："幼儿园的经费应当按照规定的使用范围合理开支，坚持专款专用，不得挪作他用"，"幼儿园举办者筹措的经费，应当保证保育和教育的需要，有一定比例用于改善办园条件和开展教职工培训"，"幼儿膳食费应当实行民主管理制度，保证全部用于幼儿膳食，每月向家长公布账目"。《民办教育促进法》第三十七条规定："包括民办幼儿园在内的民办学校收取的费用应当主要用于教育教学活动和改善办学条件。"

《幼儿园收费管理暂行办法》中规定：公办幼儿园保教费标准根据年生均保育教育成本的一定比例确定，民办幼儿园保教费、住宿费标准，由幼儿园按照《民办教育促进法》及其实施条例规定，根据保育教育和住宿成本合理确定。保育教育成本包括以下项目：教职工工资、津贴、补贴及福利、社会保障支出、公务费、业务费、修缮费等正常办园费用支出。幼儿园经费支出可分为三大类：

人员经费支出（教职工工资、津贴、补贴及福利、社会保障支出等）、可变支出（设施费用、公务费、员工培训费、咨询费、供应品和材料费等）、固定经费支出（房屋租金、水电费、税款等）。幼儿园经费支出不包括灾害性损失、事故、经营性费用支出等非正常办园费用支出。

2. 经费开支管理制度

《幼儿园管理条例》第二十四条规定："幼儿园应当加强财务管理，合理使用各项经费，任何单位和个人不得克扣、挪用幼儿园经费。"具体来说，幼儿园经费开支管理制度包括：(1)经费预算和决算审核制度。《幼儿园工作规程》第五十一条规定："幼儿园应当建立经费预算和决算审核制度，经费预算和决算应当提交园务委员会审议，并接受财务和审计部门的监督检查。"(2)资产配置、使用、信息管理等制度。《幼儿园工作规程》还规定："幼儿园应当依法建立资产配置、使用、处置、产权登记、信息管理等管理制度，严格执行有关财务制度。"(3)会计、审计与资产管理制度。《民办教育促进法》第三十四条、第三十八条规定：民办幼儿园"应当依法建立财务、会计制度和资产管理制度，并按照国家有关规定设置会计账簿"；民办幼儿园资产的使用和财务管理受审批机关和其他有关部门的监督。民办幼儿园应当在每个会计年度结束时制作财务会计报告，委托会计师事务所依法进行审计，并公布审计结果。

（三）幼儿园教育经费违法的法律责任

1. 幼儿园违法收费的法律责任

《幼儿园收费管理暂行》第十二条规定："幼儿园除收取保教费、住宿费及省级人民政府批准的服务性收费、代收费外，不得再向幼儿家长收取其他费用。幼儿园不得在保教费外以开办实验班、特色班、兴趣班、课后培训班和亲子班等特色教育为名向幼儿家长另行收取费用，不得以任何名义向幼儿家长收取与入园挂钩的赞助费、捐资助学费、建校费、教育成本补偿费等费用。"幼儿园违反法律规定的收费标准、收费类别，多部法规中就违法违规应承担的法律责任、处理办法等作出了明确规定。《教育法》第七十八条规定："学校及其他教育机构违反国家有关规定向受教育者收取费用的，由教育行政部门或者其他有关行政部门责令退还所收费用；对直接负责的主管人员和其他直接责任人员，依法给予处分。"《幼儿园收费管理暂行办法》第二十一条规定："各级价格、教育、财政部门应加强对幼儿园收费的管理和监督检查，督促幼儿园建立健全收费管理制度，自觉执行国家制定的幼儿园教育收费政策。对违反国家教育收费法律、法规、政策和本办法规定的行为，要依据《中华人民共和国价格法》《价格违法行为行政处罚规定》等法律法规以及行政事业性收费管理制度的相关规定严肃查处。"

2. 幼儿园违法支出的法律责任

《教育法》第七十一条规定："违反国家财政制度、财务制度，挪用、克扣教育经费的，由上级机关责令限期归还被挪用、克扣的经费，并对直接负责的主管人员和其他直接责任人员，依法给予处分；构成犯罪的，依法追究刑事责任。"《民办教育促进法》第六十二条第八款规定："民办幼儿园恶意终止办学、抽逃资金或者挪用办学经费的，由审批机关或者其他有关部门责令限期改正，并予以警告；有违法所得的，退还所收费用后没收违法所得；情节严重的，责令停止招生、吊销办学许可证；构成犯罪的，依法追究刑事责任。"

综上，我国《教育法》《民办教育促进法》《价格法》《幼儿园管理条例》《幼儿园工作规程》《幼儿园收费管理暂行办法》等相关法律法规与政策，为规范幼儿园收费行为，提高幼儿园经费使用效率，保障幼儿、教师合法权益，促进幼儿园发展，提供了重要依据和有力保障。其对我国幼儿园经费管理提出的规范与要求可概括为以下方面：第一，合理编制预算，加强过程监管。幼儿园要建立经费预算与决算的机制与程序，财务信息登记办法，严格执行财务制度，定期公示幼儿园财务收支状况，主动接受社会的监督。接受政府财政拨款或者财政扶持的民办园，其经费的使用需要接受财务、审计等相关部门的检查。第二，树立成本意识，开源节流。增加教育经费投入只是缓解办园经费的途径之一，幼儿园举办者还必须树立成本意识，坚持实用、简朴、节约的原则，禁止超标准的豪华园舍建筑、超标准的办公用房配置等，减少浪费；同时利用幼儿园闲置物质和专业知识的优势，在符合法律规定的范围内拓宽幼儿园的其他服务范围，例如提供临时托管等。第三，科学分配，专款专用。幼儿园应当按照经费支出类别，专款专用，不得挪作他用。幼儿园经费支出首先要用于保障教育教学活动的开展，并提留一定比例的经费用于改善教师待遇与办园条件。禁止挪用、占用幼儿伙食费。第四，加强财务分析，提高使用效率。每一个会计年度结束要进行财务报告，分析幼儿园各项经费收支情况，清晰幼儿园经费支出比例，了解幼儿园经营业绩与能力，为幼儿园下年度预算提供信息，以利于合理分配经费，提高经费使用效率。第五，建立健全财务制度，规范经费管理行为。应依法依规建立健全幼儿园经费的预算与决算制度、会计制度、审计与经费监督制度、信息报送制度、资产管理制度等。

三、家园联系与合作制度

幼儿成长受其生活的环境影响，与幼儿最为紧密的环境是家庭、幼儿园和社区。家庭是儿童成长最早的环境，也是持续终身的环境，父母对儿童的教育是内容最广、时间最长、针对性最强的教育；而幼儿园是幼儿成长的重要环境，在其中通过游戏活动、生活活动等激发幼儿内在的能力，教师是儿童成长的重要他人。家庭、幼儿园都是处在特定的社区内，其文化氛围、物质资源、传统习俗都构成了影响家庭、幼儿园以及幼儿的因素。因此，幼儿园作为儿童教育的专业机构，需要将家庭、社区纳入其管理工作范围内，形成教育合力，才能对儿童身心健康发展起到积极作用。对此，我国《教育法》《幼儿园工作规程》《幼儿园教育指导纲要(试行)》《教育部等九部门关于进一步推进社区教育发展的意见》《教育部关于建立中小学幼儿园家长委员会的指导意见》等法律法规及政策中均有明确要求。

(一)幼儿园与家庭的合作

幼儿园和家庭都是以促进儿童发展为目的，双方合作谋求儿童福利最大化。陈鹤琴曾说过："幼稚教育是一件复杂的事情，不是家庭一方面可以单独胜任的；也不是幼稚园一方面可以单独胜任的；必定要两方面合作方能得到充分的功效。"家园合作中幼儿园作为专业机构，发挥其主导作用，增强与家长的联系，支持家庭科学育儿，创造多种形式的活动让家长参与到幼儿园的工作中来，增进双方的理解，形成合作伙伴关系。

1. 幼儿园家长工作的意义与原则

我国相关法律法规与政策中对家园联系与合作的基本原则、幼儿园家长工作的责任与意义等均有明确规定。《教育法》第四十九条、第五十条规定："学校及其他教育机构在不影响正常教育教学活动的前提下，应当积极参加当地的社会公益活动"，"未成年人的父母或者其他监护人应当配合学校及其他教育机构，对其未成年子女或者其他被监护人进行教育。学校、教师可以对学生家长提供家庭教育指导"。《幼儿园工作规程》(2016 年)中也明确提出："幼儿园应当主动与幼儿家庭沟通合作，为家长提供科学育儿宣传指导，帮助家长创设良好的家庭教育环境，共同担负教育幼儿的任务。"2001 年颁布的《幼儿园教育指导纲要(试行)》提出："家庭是幼儿园重要的合作伙伴。应本着尊重、平等、合作的原则，争取家长的理解、支持和主动参与，并积极支持、帮助家长提高教育能力。"强调了幼儿园与家庭的关系是合作伙伴关系，其基本原则是尊重、平等、合作，使双方在幼儿教育的目标、内容、原则、方法上达到同步同向。2012 年《教育部关于建立中小学幼儿园家长委员会的指导意见》中也提出："中小学生和幼儿园儿童健康成长是学校教育和家庭教育的共同目标。"

综观相关法规与政策，我国幼儿园家长工作的意义主要有三个方面：第一，提高家长育儿知识与能力，改善亲子关系，营造良好的家庭环境。家长在参与园所保教活动的过程是其学习与成长的过程，家长也从中获益。第二，增进了家长对幼儿园的理解与支持，丰富幼儿园的人力资源。一些时候幼儿园与家长在幼儿教育方面存在不一致甚至分歧，其重要原因在于双方缺乏沟通与理解。幼儿园积极主动地沟通能够使家长理解幼儿园的教育理念，同时幼儿园也能够了解幼儿家庭育儿观念与情况，以加强联系、互相理解、达成共识。第三，家园联系与合作最为重要的意义和落脚点，旨在共同促进幼儿的健康快乐发展。家园合作有利于保证在幼儿保教理念、目标、原则、内容上保持一致，最终实现促进幼儿健康全面发展。

2. 幼儿园家长工作的形式与制度

《教育法》中提出，学校、教师可以对学生家长提供家庭教育指导。幼儿园家长工作主要任务是增加双方联系与沟通，提高家长育儿的信心与能力，承担起家长育儿责任，吸引并引导家长参与园所管理与活动，建立起合作伙伴关系，共同促进幼儿成长。就幼儿园家长工作、家园联系的形式与制度而言，相关法规中也有明确规定。

《幼儿园工作规程》第五十三条规定："幼儿园可采取多种形式，指导家长正确了解幼儿园保育和教育的内容、方法，定期召开家长会议，并接待家长的来访和咨询。幼儿园应当认真分析、吸收家长对幼儿园教育与管理工作的意见与建议。幼儿园应当建立家长开放日制度。"同时，《幼儿园工作规程》与《教育部关于建立中小学幼儿园家长委员会的指导意见》均对幼儿园家长委员会的设立与任务作出明确规定。《规程》第五十四条规定："幼儿园应当成立家长委员会。家长委员会的主要任务是：对幼儿园重要决策和事关幼儿切身利益的事项提出意见和建议；发挥家长的专业和资源优势，支持幼儿园保育教育工作；帮助家长了解幼儿园工作计划和要求，协助幼儿园开展家庭教育指导和交流。家长委员会在幼儿园园长指导下工作。"《指导意见》中也提出：幼儿园应"建立家长委员会，对于发挥家长作用，促进家校合作，优化育人环境，建设现代学校制度，具有重要意义"。

依据上述法规与政策规定和基本原则，结合幼儿园工作实际，从幼儿园开展家长工作的规模上来划分，可以有个别家长工作和集体性家长工作；从家庭及家长的差异性上来划分，可以有专门针对父亲参与、重组家庭等的家长工作；从家长工作的计划性与阶段性来划分，可以有日常家长工作与阶段性家长工作。常见的幼儿园家长工作与家园联系的具体形式包括：(1)日常沟通：利用每日接送，或者是利用电话、短信、微信等渠道联系家长，达到双方信息及时沟通与了解，加深教师与家长彼此间的关系。(2)家长手册、家长宣传册或家长园地：将一些具有共性的内容利用书面的形式与家长沟通。(3)家访、家长会：这两种均为面对面的沟通形式，前者一般要求教师对新生家庭必访，了解家庭教育基本情况和家长对幼儿园的期待；家长会则是面向全体家长的，将近期班级或园所计划、制度或育儿共性问题等通过座谈的形式加以沟通。此外，对于幼儿近期表现或家庭育儿态度等随时访问、及时交流和沟通。(4)家长开放日、家长参与活动：幼儿园定期向家长开放，邀请家长观摩园所保教活动，从多方面认识孩子，也能在观摩中学习育儿知识和技能；设计家长参与的运动会、玩教具制作、联欢会等活动，增强家长的育儿自信与能力，加强家长之间的联系，促进育儿经验分享，建立育儿共同体。(5)家长学校：幼儿园是开展家长教育的重要场所和力量，可通过讲座、育儿报告、座谈会等多种形式组织家长学校。《关于指导推进家庭教育的五年规划(2016—2020 年)》中提出要在幼儿园等建立家长学校，将家庭教育指导服务作为幼儿园工作的重要任务。(6)家长委员会：应依规成立家长委员会，建立幼儿园与家长的联系，实施民主管理。

(二)幼儿园与社区的合作

儿童是处于一个生态系统中，不仅受到家庭和幼儿园的影响，还受其所处的社区以及各个系统之间互动的影响。幼儿园处在一定空间区域范围内，构成所在社区的重要组成部分，既服务于社区，同时也需要社区的支持。社区学前教育仅局限于幼儿教育，它还参与儿童保护宣传、家庭育儿服务、计划生育等，具有综合性。幼儿园作为社区学前教育的专业机构，其作用越来越凸显，我国也从国家政策法规的层面上对幼儿园与社区的联系与合作作出了明确规定。

1. 幼儿园与社区的关系

2016 年，教育部等九部门联合发布了《关于进一步推进社区教育发展的意见》，其第一部分“总体要求”中提出：“培育多元主体，引导各级各类学校和社会力量积极参与社区教育。”《幼儿园工作规程》中规定：“幼儿园应当加强与社区的联系与合作，面向社区宣传科学育儿知识，开展灵活多样的公益性早期教育服务，争取社区对幼儿园的多方面支持。”《幼儿园教育指导纲要》中也强调：“幼儿园应与家庭、社区密切合作，与小学相互衔接，综合利用各种教育资源，共同为幼儿发展创造良好的条件。”可见，幼儿园与社区是互惠互利、双向服务的关系。

具体而言，一方面，从幼儿园的生存与发展来讲，幼儿园立足于社区，其生源来源于社区，构成了幼儿园生存的基础；某些情况下幼儿园保育教育活动的开展受限于场地和资源的限制，而社区蕴含着丰富的人力资源、物质资源、经济资源等，也可以为幼儿园所用，节约与丰富了园所资源。另一方面，从社区的建设与发展来讲，社区的基础建设与配套设施特别是可靠的教育机构是家长选择居住的重要因素，家长们希望社区内的教育机构能为其工作解决看管与育儿需求。同时，由于社区工作内容广泛，人员有限，专业程度相对较低，有效地开展科学育儿的能力有限，也急需幼儿园的专业指导与介入，以实现互惠互利，举多方之力为儿童营造一个健康成长的教育环境。

2. 幼儿园社区工作的形式与制度

依据相关法规与政策的规定，幼儿园与社区的联系合作可以通过多种形式和渠道展开，并建立相关制度。《关于进一步推进社区教育发展的意见》中提出：推动实现社区教育与学校教育有效衔接和良性互动。鼓励包括幼儿园在内的各级各类学校充分利用场地设施、课程资源、师资、教学实训设备等积极筹办和参与社区教育。推动普通中小学幼儿园有序向社区居民提供适宜的教育服务。同时，加强与社区的联系、提升社区工作能力，也是政策法规中对幼儿园园长、教师明确提出的工作内容，“开展形式多样的早期教育活动，有条件的中小学、幼儿园可派教师到社区教育机构提供志愿服务”。幼儿园的社区工作要以园所为主导，充分发挥好托幼机构的优势，为社区尽其所能地提供服务，同时也要依靠社区，挖掘和利用社区的资源，促进幼儿园与社区双向理解与共同发展。

幼儿园与社区联系合作的主要形式及相关制度包括：(1)制定学期社区工作计划，明确管理人员、教师社区工作的职责，使全体教职工都树立社区学前教育的理念，并有专人负责幼儿园的社区公共关系建设与联系。(2)建立与社区定期联系制度。幼儿园定期与社区工作人员就园所发展、儿童成长、家长育儿等方面进行沟通和交流，并提出参与社区建设的意愿与计划，如社区育儿经验交流会、社区运动会等。(3)发展社区资源为幼儿园发展提供支持。社区资源丰富，既有基本的场地、设备资源，如社区公园、运动器械等；也有各类专业机构，如美术馆、博物馆、图书馆等；还有各行各类的人才，如医生、警察、科技人员等，他们乐于参与儿童教育事业。动员社区人力、物力资源，可拓宽幼儿园资源视野，提升保教质量。(4)为社区提供多种形式的教育服务。利用幼儿园场地、设备和教师，组织多种形式的社区教育活动，如临时托管、面向散居儿童的半日活动、周末亲子活动或兴趣小组；发挥幼儿园专业优势，举办家长学堂、育儿讨论，发放宣传资料，宣讲科学育儿知识等。

【本章小结】

幼儿园的设置必须具备四大实体要件和一系列程序要件。我国幼儿园招生对象是3周岁以上学龄前幼儿，学制一般为三年。幼儿园的保育工作涉及各项卫生保健制度、饮食饮水安全与食品营养等方面的规定。幼儿园教育的基本原则与内容主要有六大方面。幼儿教师的主要职责包括：观察了解幼儿，依据国家有关规定，结合本班幼儿的发展水平和兴趣需要，制订和执行教育工作计划，合理安排幼儿一日生活；创设良好的教育环境，合理组织教育内容，提供丰富的玩具和游戏材料，开展适宜的教育活动；严格执行幼儿园安全、卫生保健制度，指导并配合保育员管理本班幼儿生活，做好卫生保健工作；与家长保持经常联系，了解幼儿家庭的教育环境，商讨符合幼儿特点的教育措施，相互配合共同完成教育任务；参加业务学习和保育教育研究活动；定期总结评估保教工作实效，接受园长的指导和检查。保育员是辅助教师负责幼儿保健、养育和协助教师对婴幼儿进行教育的人员，在幼儿园保教工作中也肩负着非常重要的职责。

【讨论与思考】

1. 请根据幼儿园的环境与设施设备的相关标准，分析你所在的幼儿园和班级的环境创设。

2. 请结合你自己的岗位，举例说明你的岗位职责有哪些。

3. 幼儿园教师和保育园的岗位职责有何区别？又有哪些一致的地方？

【推荐阅读】

1. 秦旭芳：《幼儿园管理的困惑与抉择：从“案例搜集”到“案例剖析》，科学出版社，2013年版。

2. 朱家雄，张亚军：《给幼儿园园长的建议》，华东师范大学出版社，2010年版。

3. Patricia F. Hearron，Verna Hildebrand：《幼儿园管理：儿童发展中心管理学(第5版)》，华东师范大学出版社，2007年版。

第五章
我国重要学前教育法规与政策解读

【重点与难点】

重点：我国学前教育相关的法律法规和政策的基本内容

难点：运用相关法律法规和政策指导教育实践

【学习要点】

1.《中华人民共和国未成年人保护法》中有关未成年人基本权利的规定

2. 新《幼儿园工作规程》中的新要求

3.《幼儿园教师专业标准(试行)》中对教师的基本要求

4.《幼儿园教育指导纲要(试行)》中的教育内容与要求

5.《国务院关于当前发展学前教育的若干意见》所提出的未来学前教育改革与发展的指导原则

6.《3—6 岁儿童学习与发展指南》中的幼儿学习与发展目标

本章导航

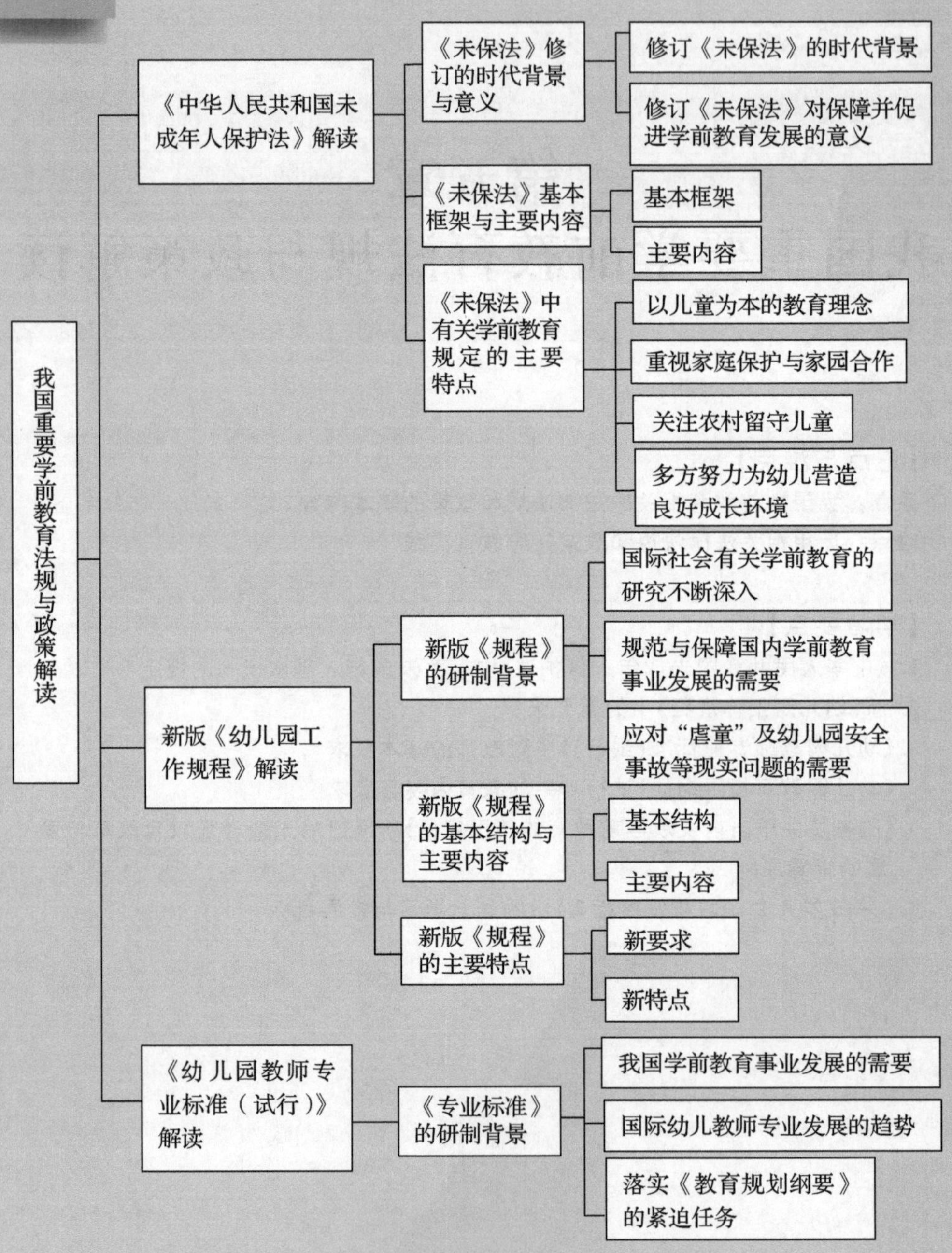
我国重要学前教育法规与政策解读
《中华人民共和国未成年人保护法》解读
《未保法》修订的时代背景与意义
修订《未保法》的时代背景
修订《未保法》对保障并促进学前教育发展的意义
《未保法》基本框架与主要内容
基本框架
主要内容
《未保法》中有关学前教育规定的主要特点
以儿童为本的教育理念
重视家庭保护与家园合作
关注农村留守儿童
多方努力为幼儿营造良好成长环境
新版《幼儿园工作规程》解读
新版《规程》的研制背景
国际社会有关学前教育的研究不断深入
规范与保障国内学前教育事业发展的需要
应对“虐童”及幼儿园安全事故等现实问题的需要
新版《规程》的基本结构与主要内容
基本结构
主要内容
新版《规程》的主要特点
新要求
新特点
《幼儿园教师专业标准（试行）》解读
《专业标准》的研制背景
我国学前教育事业发展的需要
国际幼儿教师专业发展的趋势
落实《教育规划纲要》的紧迫任务

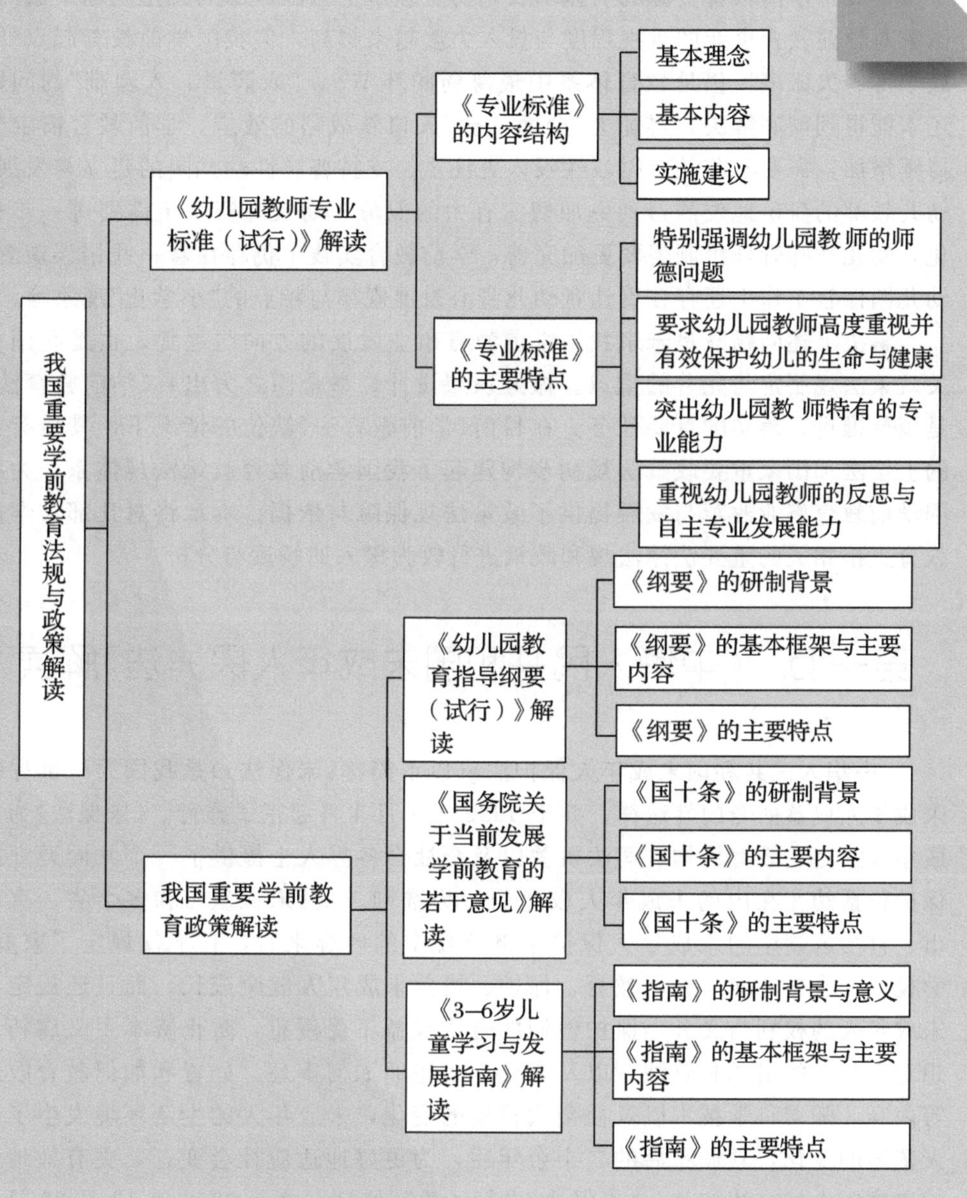
我国重要学前教育法规与政策解读
《幼儿园教师专业标准（试行）》解读
《专业标准》的内容结构
基本理念
基本内容
实施建议
《专业标准》的主要特点
特别强调幼儿园教师的师德问题
要求幼儿园教师高度重视并有效保护幼儿的生命与健康
突出幼儿园教师特有的专业能力
重视幼儿园教师的反思与自主专业发展能力
我国重要学前教育政策解读
《幼儿园教育指导纲要（试行）》解读
《纲要》的研制背景
《纲要》的基本框架与主要内容
《纲要》的主要特点
《国务院关于当前发展学前教育的若干意见》解读
《国十条》的研制背景
《国十条》的主要内容
《国十条》的主要特点
《3–6岁儿童学习与发展指南》解读
《指南》的研制背景与意义
《指南》的基本框架与主要内容
《指南》的主要特点

学前教育是一项重要的社会事业，是我国人才强国战略工程的重要组成部分和起始阶段[①]。近年来，国家对教育事业日渐重视，我国学前教育事业获得了大发展。学前教育资源的明显增长，初步缓解了“入园难”的民生问题。诚然，国家对学前教育事业的重视程度与投入力度越来越高，但我国学前教育起点低、底子薄、欠账多，仍是教育体系中最薄弱的环节[②]。“入园贵、入园难”的问题还未能得到彻底解决，再加上“全面二孩”人口新战略的效应，学前教育需求仍持续增加，需要学前教育财政性投入更注重、支持普惠性幼儿园的建立与发展；幼儿教师的身份地位需得到更加切实有力的保障，幼教师资队伍需要进一步优化，幼儿教师管理机制需要更加完善；学前教育实践中仍存在着一些错误观念，幼儿园保教工作中还存在着违背幼儿身心发展规律与特点的“小学化”现象等。

解决上述问题既是未来我国学前教育事业发展的方向与趋势，也是我国相关政策法规制定与完善的重点。做好顶层设计，举全国之力出台《学前教育法》是亟待推进、落实的首要任务。在目前《学前教育法》缺位的情况下，其他有关的上位法和国家重要政策法规初步构建起了我国学前教育政策法规体系，为我国学前教育事业改革与发展提供了政策法规保障与依据。本章将对几部与学前教育直接相关的重要法律法规和政策进行较为深入的解读与分析。

第一节 《中华人民共和国未成年人保护法》解读

《中华人民共和国未成年人保护法》(以下简称《未保法》)是我国第一部保护未成年人权益的专门性法律，并于 1992 年 1 月 1 日起正式施行。《未保法》为未成年人家庭、教育机构、司法机关以及全社会各界人士提供了一个共同遵守的保护包括幼儿在内的未成年人权益的行为准则。从《未保法 》和多个省、直辖市、自治区制定的未成年人保护条例所规定的内容来看，它不仅规定了家庭、学校、社会各方面应如何教育、保护、培养未成年人健康成长，而且还规定了未成年人的权利与义务，保护他们的合法权益不受侵犯，防止资本主义腐朽思想对青少年的引诱和腐蚀，以及未成年人犯罪如何审理、处置和如何教育改造等内容。随着科学技术以及社会大背景的变化，未成年人的生活环境发生了翻天覆地的变化，其颁布后的二十余年后，为更好地适应社会变迁，更有效地保护未成年人的合法权益，《未保法》进行了重新修订，并于 2006 年 12 月 29 日通

---

① 虞永平，江夏，王海英．学前教育体制机制现状研究——现象·立场·视角[M]．南京：南京师范大学出版社，2015.

② 庞丽娟．学前教育基本免费应推广[EB/OL]．http://paper.jyb.cn/zgjyb/html.

过。新法共7章72条，自2007年6月1日起正式施行。修订后的《未保法》突出强调了四个方面：一是从家庭、学校、社会的角度突出强调对未成年人的保护；二是着重预防未成年人沉溺网络以及网络犯罪等；三是关注了留守儿童的成长问题；四是禁止向未成年人出售烟酒等。[①]

一、《未保法》修订的时代背景与意义

《未保法》颁布实施的二十余年间，我国社会经济文化均发生了巨大变化，未成年人保护也面临着不同于以往的新问题与新挑战。在此背景下，迫切需要对已有的《未保法》作出完善与修订，这对新时期新阶段保护包括幼儿在内广大未成年人的合法权益具有重大意义和时代迫切性。

(一)修订《未保法》的时代背景

《未保法》从1991年颁布到现在已跨过二十余个年头，为适应新形势的要求，对其进行修订和完善十分必要。新、旧两版《未保法》相比较，制定背景发生了巨大的变化。从法律制度建设的角度来说，各项与未成年人保护相关的法律都在不断完善，未成年人保护法也需要得到修订；从未成年人成长环境来说，随着科学技术的发展，未成年人保护领域出现了许多新情况和新问题。

1. 时代对未成年人保护工作提出更高要求

新时期社会政治经济文化等各方面发展变化均对未成年人保护工作提出了新的更高要求。经过十多年的发展，我国综合国力大大增强，人民群众生活水平显著提高，保护未成年人的社会环境和物质文化条件明显改善，相应地也应该为未成年人提供更多更好的物质保障和精神食粮。无论贯彻落实邓小平理论和“三个代表”重要思想，落实科学发展观，构建社会主义和谐社会，坚持尊重和保障人权的宪法原则，还是贯彻落实习总书记在十九大报告中明确提出的“要全面贯彻党的教育方针，落实立德树人根本任务，发展素质教育，推进教育公平，培养德智体美全面发展的社会主义建设者和接班人”的要求，都需要我们通过更好地维护未成年人的合法权益，为未成年人营造健康成长良好的法治环境来实现。同时，我国签署了《儿童权利公约》等国际法律文件，制定颁布了《九十年代中国儿童发展规划纲要》等儿童权利保护政策，有必要把这些政策法规的基本精神和原则体现到国内法中。上述原因都要求我们要为未成年人的良好发展创设一个健康公平的环境[②]，提供更加完善的法律保障。

2. 未成年人保护领域出现了许多新情况、新问题

随着时代的发展，未成年人群体的分化日益明显，问题突出。如农民工随

---

① 徐松林.《未成年人保护法》的解读与反思[J]. 法制与社会，2009(36)：78—79.

② 徐松林.《未成年人保护法》的解读与反思[J]. 法制与社会，2009(12)：78—79.

迁子女、留守儿童等不同群体均有着不同的利益诉求和维权需要，社会转型带来的许多问题折射在未成年人身上，这些情况都要求未成年人保护工作要充分尊重他们的主体地位和特殊需求，因时因地制宜，切实把未成年人保护工作做细、做实，保证他们的合法权益不受侵害。同时，互联网等新兴媒体的快速发展，数以百万计的孩子沉迷网络不能自拔，要求法律作出回应；未成年人违法犯罪呈现低龄化趋势，已成为一个日益凸显的社会问题，需要法律作出应对；与未成年人保护法相关的一些法律，如《刑法》《刑事诉讼法》《婚姻法》等，均已相继修改，同时我们也需要对未成年人保护法作相应修订。故《未保法》在保留之前主要内容及法律基本框架的基础上进行了修订，此次修订着力于解决现实存在的突出问题，增强了法律内容上的针对性和可操作性。①

(二)修订《未保法》对保障并促进学前教育发展的意义

《未保法》的修订是保护几亿儿童的大事，是涉及每个家庭的大事，是事关国家未来的大事，有利于贯彻尊重和保障人权的宪法原则，更好地维护未成年人的合法权益；有利于促进未成年人健康成长，保证党和国家的事业后继有人，有利于构建社会主义和谐社会，促进社会稳定和家庭幸福。

1. 保障幼儿权益的合法性

《未保法》的主要保护对象是未满 18 周岁的中国公民，而学龄前儿童作为我国未成年人群中的一个重要而庞大的群体，对其权益保障的意义显而易见，十分必要。《未保法》规定："学校、幼儿园、托儿所应当建立安全制度，加强对未成年人的安全教育，采取措施保障未成年人的人身安全。学校、幼儿园、托儿所不得在危及未成年人人身安全、健康的校舍和其他设施、场所中进行教育教学活动。"这保障了幼儿的人身安全。"学校、幼儿园、托儿所的教职员工应当尊重未成年人的人格尊严，不得对未成年人实施体罚、变相体罚或者其他侮辱人格尊严的行为。"这体现了对幼儿人格尊严的重视。《未保法》的修订进一步完善了上述对幼儿权益的保护，强化了包括幼儿园、家庭、社会在内的各方主体保障幼儿权益的责任。

2. 助推学前教育立法进程

《未保法》的制定和修订对完善和建立我国学前教育法律法规保障体系具有重要意义。在《学前教育法》尚未制定出台的情况下，《未保法》及其修订是幼儿权益保障的重要法律依据之一，它对推进我国学前教育事业法治化进程、促进学前教育事业依法健康发展具有意义重大。《未保法》的相关规定直接或间接地为未来我国《学前教育法》的制定提供了重要依据和参考，也从多个方面折射出

① 于建伟．未成年人保护法修订的背景、思路与主要内容[J]．青少年犯罪问题，2007(2)：4—9.

学前教育立法的必要性和迫切性。

二、《未保法》的基本框架与主要内容

《未保法》具体规定了保护未成年人的指导思想、保护内容、保护工作的原则，对未成年人的合法权利予以家庭保护、学校保护、社会保护和司法保护的方法与内容，以及各种侵害未成年人合法权益行为的法律责任，是一部保护未成年人合法权利的基本法。

(一)《未保法》的基本框架

新修订的《未保法》包括七章：第一章为总则，包括制定本法的依据与宗旨；未成年人权利保护的责任主体；未成年人依法享有的各项权利——生存权、发展权、受保护权、参与权、受教育权；保护未成年人的工作应遵循三大原则——尊重未成年人的人格尊严，适应未成年人身心发展的规律和特点，教育与保护相结合；四大保护——家庭保护、学校保护、社会保护、司法保护。“四大保护”分别各自成章，第二章为家庭保护，第三章为学校保护，第四章为社会保护，第五章为司法保护。第六章为法律责任，第七章为附则。

(二)《未保法》的主要内容

《未保法》第一章“总则”中包括保护未成年人的指导思想、保护内容、保护工作的原则，明确了保护对象。其中第一章第三条第一款阐述了未成年人依法享有的基本权利，第二款突出强调了未成年人的受教育权，这与国际社会《儿童权利公约》一脉相承。

第二章“家庭保护”部分中，主要规定了父母或者监护人为了保护未成年人合法权益需要承担的责任。《未保法》的“四大保护”中，排在第一位的就是家庭保护。与旧版《未保法》相比较，该章新增了以下内容：一是规定“父母或者其他监护人应当创造良好、和睦的家庭环境”，“禁止对未成年人实施家庭暴力”。二是规定“父母或者其他监护人应当学习家庭教育知识，正确履行监护职责，抚养教育未成年人”，“有关国家机关和社会组织应当为未成年人的父母或者其他监护人提供家庭教育指导”。三是规定“父母或者其他监护人应当根据未成年人的年龄、智力发展状况，在作出与未成年人权益有关的决定时告知其本人，并听取他们的意见”。四是规定“父母因外出务工或者其他原因不能履行对未成年人监护职责的，应当委托有监护能力的其他成年人代为监护”。

在第三章“学校保护”中，主要规定了各级各类教育机构及其人员、教育主管部门等政府相关部门在保护未成年人合法权益中应当承担的责任。在重新修订的《未保法》中进一步强化了学校保护，一是为了促进青少年全面发展，规定“全面贯彻国家的教育方针，强调“实施素质教育，提高教育质量”。二是为了保

证青少年健康发展，规定“学校应当与未成年学生的父母或者其他监护人互相配合，保证未成年学生的睡眠、娱乐和体育锻炼时间，不得加重其学习负担”。三是关于青少年儿童在校(园)的安全问题，要求学校、幼儿园采取措施对安全事故进行预防，规定“学校、幼儿园、托儿所应当建立安全制度，加强对未成年人的安全教育，采取措施保障未成年人的人身安全”。四是预防未成年人违法犯罪，规定“对于在学校接受教育的有严重不良行为的未成年学生，学校和父母或者其他监护人应当互相配合加以管教；无力管教或者管教无效的，可以按照有关规定将其送专门学校继续接受教育”。

第四章“社会保护”主要规定了各级政府、社会团体、企事业单位、相关组织和个人在保护未成年人权利、促进青少年儿童健康成长方面各自的责任，明确规定“全社会应当树立尊重、保护、教育未成年人的良好风尚，关心、爱护未成年人。国家鼓励社会团体、企业事业组织以及其他组织和个人，开展多种形式的有利于未成年人健康成长的社会活动”。修订的重点内容包括以下方面：一是为了解决青少年活动场所不足、课外生活不丰富的问题，规定“爱国主义教育基地、图书馆、青少年宫、儿童活动中心应当对未成年人免费开放；博物馆、纪念馆、科技馆、展览馆、美术馆、文化馆以及影剧院、体育场、动物园、公园等场所，应当按照有关规定对未成年人免费或者优惠开放”；二是为了保护青少年的人格权，规定：“任何组织或者个人不得披露未成年人的个人隐私”，“禁止拐卖、绑架、虐待未成年人，禁止对未成年人实施性侵害”，“禁止胁迫、诱骗、利用未成年人乞讨或者组织未成年人进行有害其身心健康的表演等活动”；三是为了使青少年免受不良文化环境的影响，规定“中小学周边不得设置营业性歌舞娱乐场所和互联网上网服务营业场所，其他地方设置的这些场所不得允许未成年人进入，禁止制作和向未成年人出售、出租不良文化产品”；四是为了更好地维护弱势未成年人群体的合法权益，规定“各级人民政府应当保障未成年人受教育的权利，并采取措施保障家庭经济困难的、残疾的和流动人口中的未成年人等接受义务教育”，并对孤儿和流浪、乞讨等生活无着未成年人的救助问题进一步作出了规定；五是增加了对未成年人权益的保障措施，规定“未成年人的合法权益受到侵害的，被侵害人及其监护人或者其他组织和公民有权向有关部门投诉，有关部门应当依法及时处理”；六是为了加强基层工作，对居委会、村委会在保护未成年人工作中的责任作了规定。规定“居民委员会、村民委员会应当协助有关部门教育和挽救违法犯罪的未成年人，预防和制止侵害未成年人合法权益的违法犯罪行为”。

在第五章“司法保护”中，主要介绍了国家司法机关，通过依法履行职责，对未成年人所实施的一种专门保护活动，明确规定“公安机关、人民检察院、人民法院以及司法行政部门，应当依法履行职责，在司法活动中保护未成年人的合法权益”。修订重点包括以下几点：一是教育、感化、挽救的方针，规定“对违法犯罪的未成年人，应当依法从轻、减轻或者免除处罚”，“公安机关、人民检察院讯问未成年犯罪嫌疑人，询问未成年证人、被害人，应当通知监护人到场”；二是有关未成年人维权的司法程序及司法机关职责的规定：“未成年人的合法权益受到侵害，依法向人民法院提起诉讼的，人民法院应当依法及时审理，并适应未成年人生理、心理特点和健康成长的需要，保障未成年人的合法权益”，“在司法活动中对需要法律援助或者司法救助的未成年人，法律援助机构或者人民法院应当给予帮助，依法为其提供法律援助或者司法救助”①。

在第六章“法律责任”部分主要针对侵害未成年人合法权益的违法责任进行了明确规定。修订后的《未保法》该部分主要增加了以下内容：一是强化了国家机关及其工作人员在未成年人保护工作中的法律责任，规定：“国家机关及其工作人员不依法履行保护未成年人合法权益的责任，或者侵害未成年人合法权益，或者对提出申诉、控告、检举的人进行打击报复的，由其所在单位或者上级机关责令改正，对直接负责的主管人员和其他直接责任人员依法给予行政处分”。二是明确未成年人父母或者其他监护人的法律责任，规定：“父母或者其他监护人不依法履行监护职责，或者侵害未成年人合法权益的，由其所在单位或者居民委员会、村民委员会予以劝诫、制止；构成违反治安管理行为的，由公安机关依法给予行政处罚。”三是增加了学校、幼儿园、托儿所侵害未成年人合法权益的法律责任，规定：“学校、幼儿园、托儿所侵害未成年人合法权益的，由教育行政部门责令改正；情节严重的，对直接负责的主管人员和其他直接责任人员依法给予处分。”四是增加并细化了一系列侵犯未成年人合法权益须承担法律责任的情形：如生产、销售不符合质量标准的用于未成年人的食品、药品、玩具、用具和游乐设施的法律责任，在中小学校园周边设置营业性歌舞娱乐场所、互联网上网服务营业场所以及这些场所允许未成年人进入的法律责任，向未成年人出售烟酒的法律责任，招用已满十六周岁的未成年人从事过重、有毒、有害等危害未成年人身心健康的劳动或者危险作业的法律责任，侵犯未成年人隐私的法律责任，以及胁迫、诱骗、利用未成年人乞讨或者组织未成年人进行有害其身心健康的表演等活动的法律责任等。

综上，在重新修订的《未保法》中，一是进一步明确规定了未成年人应当享有的各项权利；二是明确规定对未成年人特殊、优先保护，既强化“四大保护”，又更加强调了包括幼儿在内的未成年人保护的政府职责与全社会参与；三是本

① 麻国安．新《未成年人保护法》的修订背景与内容[J]．思想理论教育，2007(10)：40－45.

着对未成年人犯罪实行“教育、感化、挽救”的方针，给予未成年人全方位司法保护，处处体现着对未成年人的人性关怀①。

三、《未保法》中有关学前教育规定的主要特点

《未保法》是对未成年人保护的一项基本法律保障。尽管其法律调整对象为年龄未满十八周岁的未成年人，并不专门针对学龄前儿童，但该法中有诸多条款明确针对学前儿童和幼儿园作出了具体规定，因而构成我国学前教育法规及政策体系中的重要组成部分。

(一)以儿童为本的教育理念

《未保法》第一章是对未成年人保护工作理念上的引导，与《幼儿园教育指导纲要(试行)》和《幼儿园工作规程》中的总则部分的条例有相似之处，都要求尊重未成年人的人格尊严，适应未成年人的身心发展特点，贯彻教育与保护相结合的原则。其第一章第五条明确提出保护未成年人的工作，应当遵循下列原则：尊重未成年人的人格尊严；适应未成年人身心发展的规律和特点；教育和保护相结合。该法的基本精神与诸多条款的具体规定均充分体现了以儿童为本的理念和原则。

(二)重视家庭保护与家园合作

家庭是幼儿最重要的生活环境与活动场所之一，家庭教育在我国历来备受重视，从《未保法》内容排序上，我们也可以看出其对家庭教育的重视程度。“教育是一个系统工程”，“家庭教育、学校教育、社会教育是教育的三大支柱，三者缺一不可”②，家庭与幼儿园合作教育是学前儿童学习和发展的需要。首先，在家庭环境中，幼儿身体保健、智力开发固然是重要的，但是除了要重视这些外，更不可忽视的是家庭精神环境的创设，家庭成员间和睦相处。温馨的亲子关系有利于幼儿良好个性、品格的发展。其次，“父母或者其他监护人应当学习家庭教育知识，正确履行监护职责，抚养教育未成年人，有关国家机关和社会组织应当为未成年人的父母或者其他监护人提供家庭教育指导”，“学校应当与未成年学生的父母或者其他监护人互相配合，保证未成年学生的睡眠、娱乐和体育锻炼时间，不得加重其学习负担”。幼儿园可充分利用自身的教学场地和师资优势，全面建设家庭教育指导工作机制，并以此为依托开展对幼儿监护人的教育培训。同时，多方位多渠道践行家园合作的理念，促进幼儿的健康成长。

① 于建伟．未成年人保护法修订的背景、思路与主要建议[J]．青少年犯罪问题，2007(2)：4－9.

② 李莉，于开莲．儿童家庭教育指导[M]．北京：中央广播电视大学出版社，2011.

(三)关注农村留守儿童

近些年来，随着农村留守儿童规模的扩大及其所暴露问题的增多，农村留守儿童现象逐步引起了国家和社会各界的广泛关注。农村留守儿童由于家庭教育的缺失、农村幼儿教育质量低等原因导致其可能会出现智力发展迟缓、人际交往水平低、心理健康受到影响等不良现象。因此，重新修订的《未保法》中特别针对包括留守幼儿在内的留守儿童的父母委托监护责任作出了明确规定："父母或者其他监护人应当创造良好、和睦的家庭环境，依法履行对未成年人的监护职责和抚养义务"，"父母因外出务工或者其他原因不能履行对未成年人监护职责的，应当委托有监护能力的其他成年人代为监护"。当然，代为监护中也可能出现隔代抚养出现的缺乏科学育儿知识、心力体力不足的问题，或是亲戚代抚养中出现的对寄养儿童忽视甚至打骂、侵害孩子的问题[①]，因此还需要尝试建立委托制学校、幼儿园等机构与制度等来应对这一问题。

(四)多方努力为幼儿营造良好成长环境

环境是影响幼儿身心发展的重要因素，小到家庭的环境、长辈的教育态度和教养方式、幼儿教师的言行举止、精神风貌，大到社会、文化价值观等环境因素，都会直接或间接地影响幼儿的发展。因此，对幼儿权益的保护，对其健康成长的促进与支持，需要从社会、幼儿园到家庭等方方面面的多重合作与努力。这一点也正是《未保法》特别是重新修订后的一个突出特点。该法从家庭、幼儿园、托儿所、社区，以及教育行政部门等多方面，对各方保护幼儿权利的责任作出了明确规定，为幼儿发展营造安全、健康的物质环境与精神环境，如规定："学校、幼儿园、托儿所应当建立安全制度，加强对未成年人的安全教育，采取措施保障未成年人的人身安全。学校、幼儿园、托儿所不得在危及未成年人人身安全、健康的校舍和其他设施、场所中进行教育教学活动"；"教育行政等部门和学校、幼儿园、托儿所应当根据需要，制定应对各种灾害、传染性疾病、食物中毒、意外伤害等突发事件的预案，配备相应设施并进行必要的演练，增强未成年人的自我保护意识和能力"；"学校、幼儿园、托儿所的教职员工应当尊重未成年人的人格尊严，不得对未成年人实施体罚、变相体罚或者其他侮辱人格尊严的行为"；"有关国家机关和社会组织应当为未成年人的父母或者其他监护人提供家庭教育指导"；"生产、销售用于未成年人的食品、药品、玩具、用具和游乐设施等，应当符合国家标准或者行业标准，不得有害于未成年人的安全和健康；需要标明注意事项的，应当在显著位置标明"；"国家鼓励

---

① 王明学，舒弘毅，刘闵．我国未成年人保护工作的发展和思考——《未成年人保护法》施行 20 周年之际[J]．当代青年研究，2011(12)：1—7.

社会团体、企业事业组织以及其他组织和个人，开展多种形式的有利于未成年人健康成长的社会活动”；“社区中的公益性互联网上网服务设施，应当对未成年人免费或者优惠开放，为未成年人提供安全、健康的上网服务”；“国家鼓励科研机构和科技团体对未成年人开展科学知识普及活动”，等等。

第二节　新版《幼儿园工作规程》解读

《幼儿园工作规程》(以下简称《规程》)于 1996 年正式颁布，它为幼儿园管理工作提供了重要法规依据，对提升我国幼教事业的整体发展水平，为幼儿园的保教工作提出明确目标从而帮助幼儿在体、智、德、美诸方面获得全面发展，发挥了重要作用。然而，随着经济社会的发展、教育改革的不断深入，学前教育事业发展迅速，幼儿园的内外部环境发生了巨大变化。时隔 20 年之后，国家教育部颁布了新修订的《幼儿园工作规程》并于 2016 年 3 月 1 日起正式实施。在《规程》修订过程中，幼教界的专家和学者深入我国东、中、西部不同经济水平地区的幼儿园开展调研，对美国、加拿大等诸多国家有关幼儿园管理与幼教改革的政策法规进行比较研究，并以多种形式征求各方意见，从实际出发，力图解决学前教育实践之中的真问题以及大众所最关切的问题①。新修订的《规程》与旧版相比，更能凸显出学前教育在整个教育体系中的地位与价值，在幼儿园管理上更加强调安全管理意识与责任，在幼儿园的保教工作中愈加强调幼儿的主体地位及游戏的重要性，在师资队伍建设方面重点提升幼儿园教职工的任职资格和要求，尤其强调立德树人的重要性。

一、新版《规程》的研制背景

新版《规程》的出台背景相比旧《规程》发生了巨大的变化，就国际社会发展来看，发达国家学者对学前教育事业收益研究的不断深入，愈发显现出学前教育对幼儿发展和社会进步的巨大价值；就国内相关研究与实践来看，人们愈加认识到学前教育对于幼儿发展的重要性，近年来办好学前教育也逐渐成为国家高度重视的工作内容和教育发展目标。因此，新版《规程》的研制既有来自国际社会相关研究与幼教改革发展的推动，也有来自国内学前教育事业发展与应对实践问题的迫切需要。其正式颁布与实施对新时期进一步规范和促进我国学前

---

① 教育部．修订《幼儿园工作规程》答记者问[EB/OL]．http：//www.moe.edu.cn/jyb _ xwfb/s271/201603/t20160301 _ 231286.html.

教育事业改革与发展具有举足轻重的作用。

(一)国际社会有关学前教育的研究不断深入

随着各国对学前教育事业的投入——回报的研究不断深入，学前教育在整个教育体系的地位不断提升，其对个人成长、对社会发展的重要价值越来越被充分认可。美国长达三十年的“高瞻一佩里计划”(The High/Scope Perry Preschool Study)的研究表明，每在学前教育上投资 1 美元，可获得 17.07 美元的回报。其中，4.17 美元是对个人成长的回报，12.09 美元是对整个社会的回报。而对于整个社会公众事业的回报中，有 10.64 美元来源于青少年犯罪率降低而产生的效益[①]。2000 年，诺贝尔经济学奖得主、芝加哥大学教授詹姆斯·赫克曼(J. Heckman)从人力资本视角对美国部分学前教育项目进行分析，认为“学前教育是回报率最高的教育阶段”。赫克曼同时建议，教育投入必须从幼年开始，最佳投入模式应当是“对年龄越小的儿童投入越多的资金，并且不断追加投入”。如果家庭无法为幼儿的学习提供必要条件，政府应该及早介入。2010 年诺类斯(M. Nores)和巴奈特(W. S. Barnett)对 23 个国家、不同经济社会背景幼儿的研究表明，其从学前教育中得到可观的收益，而且收益具有持续性[②]。对于我国而言，以上研究成果从经济学的投入与供给的视角强调凸显出发展学前教育事业的重要性与迫切性，以及提升学前教育在基础教育体系中地位的必然性，这些均成为修订《规程》的重要依据和参考。

(二)规范与保障国内学前教育事业发展的需要

近年来，特别是随着《国家中长期教育改革和发展规划纲要(2010—2020 年)》(以下简称《规划纲要》)和《国务院关于当前发展学前教育的若干意见》(以下简称《国十条》)的出台，我国学前教育事业发展规模不断扩大，普及程度大幅提高。首先，全国学前教育经费投入逐年递增，且在某段时间内以指数型的发展态势增长。其中，2010 年全国学前教育经费总投入为 728.01 亿元，与 2009 年相比，急剧上升，增加了 2.66 倍。截至 2014 年，全国学前教育总投入超过 2048 亿元。其次，全国幼儿园所总量已从 2009 年的 13.8 万所，增加到 2014 年的 21 万所，全国学前三年毛入园率达到了 70.5%。其中，通过实施 2011 年至 2013 年“第一期学前教育三年行动计划”，公办园所数量增加了 1.7 万所但依旧

---

① Schweinhart L J, Weikart D P. The High/Scope Perry Preschool Program. [J]. Journal of Human Resources, 1988, 27(1): 53-65.

② 赵海利. 构建财政性学前教育投入增长的保障机制——基于经济学需求与供给的视角[J]. 教育发展研究, 2016(20): 21-26.

只占总量的1/3，仍难以满足群众对子女接受公益普惠学前教育的需求①。总之，国家高度重视学前教育事业的发展，为满足群众对学前教育的需求，不断加大投入力度。然而，普惠园特别是公办普惠园所数量仍远远无法满足需求，而很多民办幼儿园无法达到最低质量标准。对此，国家除了加大力度建设公办普惠园让更多幼儿能享受学前教育资源，还应合理提升"幼儿园最低质量标准"，进一步规范各类园所的保教工作、教职工资质与园所管理等，进而提升整个学前教育事业的质量水平，由此，《规程》的修订与完善势在必行。

(三)应对"虐童"及幼儿园安全事故等现实问题的需要

"虐童"指在家庭内外，成人对儿童的身体和精神进行摧残、迫害的行为。在家庭内部，家庭伦理的失范致使亲人"虐童"行为频发。例如，2007年5月，2岁8个月女童李小月被亲生母亲屡次摔打，导致脑出血濒临脑死亡，全身伤痕累累②。2014年4月在广州日报上刊载，5岁女童遭母亲用衣架毒打，摔下楼致昏迷③。除了有家庭"虐童"行为的发生之外，幼儿教师也被曝光出对儿童的虐待行为。幼儿园教师通过体罚、威胁恐吓等方式对幼儿施加虐待以满足个人欲望或幼儿园利益，令人发指。例如，2012年10月24日，浙江省温岭市西街道蓝孔雀幼儿园教师揪着幼童耳朵，使其双脚离地近20厘米，表情痛苦，号啕不止。相反，该名教师神情愉悦，乐在其中④。2012年11月，山西太原市某幼儿园教师在十分钟内连抽幼儿几十下耳光⑤。而这些施虐人之所以作出这样的行为，原因是多方面的，如缺乏正确的儿童观和教育观、个人生活上的巨大压力、缺少接受为人父母的教育与科学的育儿知识，教育方法匮乏等，当然很重要的一个原因也在于相关法规不健全，相关人员法律意识淡薄等。

此外，近年来幼儿园的安全事故也呈多发态势，如食物中毒、滥用药物、园舍倒塌致伤致死等。2014年3月25日，西安枫韵蓝湾幼儿园被曝长期给孩子服用一种抗病毒药物"病毒灵"，起因是"孩子要是生病不去上学，幼儿园就收不到费用"。该现象反映出的实质问题，一是园所缺乏严格的、规范的管理制度，监管力度不够强，尤其体现在幼儿教师招募环节上，仍有一些园所招募未获取教师资格证的人员入园上岗；二是幼儿教师队伍的专业素养良莠不齐，个别幼儿教师的专业素养偏低，法律意识淡薄，职业道德低下。有研究人员对

---

① 教育部．国家发展改革委，财政部．关于实施第二期学前教育三年行动计划的意见[EB/OL]. http://old.moe.gov.cn//publicfiles/business/htmlfiles/moe/s3327/201411/xxgk_178318.html.

② 佚名．女童被母亲屡次摔打致脑出血[N]. 南方都市报，2007-07-06.

③ 吴城华．5岁女童被母亲用衣架毒打后从阁楼摔下 脑梗死亡[N]. 广州日报，2014-04-15.

④ 余靖静，王俊禄．浙江虐童教师被辞退 称揪幼童双耳离地为好玩[EB/OL]. 新华网．http://www.xinhuanet.com/local/2012-10/24/c_113484954.htm.

⑤ 袁勃，林露．教师连掴幼儿耳光被拘留15天 幼儿园被取缔[N]. 新京报，2012-10-23.

2010—2015 年全国发生的“在园幼儿死亡事件”采用最大差异抽样策略，选取 85 例真实案件进行统计分析。研究结果表明，其中有 26 起事件是由“教师疏忽”所造成的，17 起案例是因“安全制度不健全”所造成。可见，幼儿园内部安全管理制度不健全或安全管理制度执行不力是幼儿园安全事故产生的主要直接原因①。基于上述实践情况与现实问题，迫切需要对现有的幼儿园管理制度、保教工作内容，以及幼教师资队伍等提出更高、更加规范和明确的标准与要求，从此意义上来讲，也亟须对二十年前的《规程》进行新的修订与完善。

二、新版《规程》的基本结构与主要内容

(一)基本结构

新版《幼儿园工作规程》内含 11 章，共 66 条规定，分别为：第一章，总则(第1～7条)；第二章，幼儿入园和编班(第 8～11 条)；第三章，幼儿园的安全(第 12～16 条)；第四章，幼儿园的卫生保健(第 17～24 条)；第五章，幼儿园的教育(第25～33条)；第六章，幼儿园的园舍、设备(第 34～37 条)；第七章，幼儿园的教职工(第 38～45 条)；第八章，幼儿园的经费(第 46～51 条)；第九章，幼儿园、家庭和社区(第 52～55 条)；第十章，幼儿园的管理(第 56～63 条)；第十一章，附则(第 64～66 条)。

(二)主要内容

新版《规程》第一章“总则”部分开宗明义地阐述了制定《规程》的宗旨与依据、幼儿园及幼儿园教育的界定、幼儿园教育的地位、幼儿园教育的任务与保教目标等基本问题。

第二章“幼儿入园和编班”部分明确规定了幼儿园的招生规模、时间与招生对象，规定了幼儿入园健康检查制度，以及幼儿园招生规模、编班标准等。针对缓解近年来入园难的问题，在招生对象方面，该章第九条特别增加了对企业、事业单位和机关、团体、部队设置的幼儿园的招生规定：“除招收本单位工作人员的子女外，应当积极创造条件向社会开放，招收附近居民子女入园。”

第三章“幼儿园的安全”部分，是新版《规程》中新增加的一章，要求幼儿园严格执行安全管理相关规定，建立健全门卫、房屋、设备、消防、交通、食品、药物、幼儿接送交接、活动组织和幼儿就寝值班等安全防护和检查制度，明确提出幼儿园内所有的设备设施均须符合国家相关安全质量标准。除此之外，《规程》要求教职工必须具有安全意识，将安全教育融入幼儿一日生活中并根据其年

① 冯宝安，周兴平．2010—2015 年在园幼儿死亡事件统计分析与解决对策[J]．学前教育研究，2016(2)：12—21.

龄特点和接受能力开展反家庭暴力教育。

在第四章“幼儿园的卫生保健”部分中，新版《规程》强调幼儿园应严格执行《托儿所幼儿园卫生保健管理办法》及相关卫生保健制度，并为幼儿制定合理的一日生活作息制度以及健康检查制度。具体而言，幼儿园需为幼儿提供合理的膳食，开展适合的体育活动以及培养良好的大小便习惯来保证其身体上的良好发育。此外，幼儿园还需关注幼儿的心理健康，保证其积极的情绪状态，让其感受到尊重和接纳。

在第五章“幼儿园的教育”部分，新版《规程》体现了一日生活皆课程的教育理念，对幼儿的一日生活活动和教育活动均作出了相应规定与要求。此外，《规程》还提出了幼儿园教育理念和原则，如将游戏视为幼儿园活动的基本组织形式，把幼儿园环境作为发展幼儿的重要资源，强调做好幼小衔接相关事宜，规定幼儿园不得教授小学教育内容，不得开展任何违背幼儿身心发展规律的活动等。

第六章“幼儿园的园舍、设备”部分中，新版《规程》要求幼儿园按国家规定设置活动室、寝室、卫生间、保健室、综合活动室、厨房和办公用房等，并规范幼儿园的设备与玩教具的配备。对于户外场地，规定幼儿园应配备必要的游戏和体育活动设施，创造条件开辟沙地、水池、种植园等，并根据幼儿活动的需要绿化、美化园地。此外，《规程》还强调幼儿的生活用品和玩教具应充分考虑其发展特点与需要。

在第七章“幼儿园的教职工”部分，新版《规程》规定了幼儿园教职工所应具备的基本素质、最低学历要求等入职要求，并且明确了幼儿园园长、教师、保育员以及卫生保健人员的主要职责。对认真履行职责、成绩优良的幼儿园教职工，园方应当按照有关规定给予奖励。相反地，对不履行职责的幼儿园教职工，园方应当视情节轻重，依法依规给予相应处分。

在第八章“幼儿园的经费”部分，新版《规程》对幼儿园经费的筹措、使用，以及幼儿园收费及其公示等提出明确要求，专款专用，不得以培养幼儿某种专项技能、组织或参与竞赛等为由，另外收取费用；不得以营利为目的组织幼儿表演、竞赛等活动。此外，新版《规程》还要求那些按照国家和地方相关规定接受财政扶持的提供普惠性服务的国有企事业单位办园、集体办园和民办园等幼儿园接受财物、审计等有关部门的监督审查，要求幼儿园建立经费预算和决算审核制度。

在第九章“幼儿园、家庭和社区”部分，新版《规定》体现出家庭与幼儿园的合作关系。幼儿园应建立幼儿园与家长的联系制度，成立家长委员会。一方面幼儿园可以为家长提供科学的育儿指导，帮助其创造良好的家庭教育环境；另一方面为家长提供了渠道，了解园所决策并为有关幼儿切身利益的事项提出意见与建议。同时，该章还明确规定了幼儿园要加强与社区的联系与合作，面向社区宣传科学育儿知识，提供早教服务等。总体而言，该章旨在以幼儿园为中心，与家庭和社区联合，为幼儿提供更多机会来帮助其习得丰富而多元的经验，促进其全面发展。

在第十章“幼儿园的管理”部分，首先明确提出幼儿园要以园务委员会的形式来审议全园工作的重要问题，建立教职工大会制度，依法加强民主管理和监督。其次，幼儿园应当制订年度计划，定期向教育等行政主管部门进行报告并依法接受教育督导部门的督导。再次，该章还明确要求幼儿园建立教研制度来研究保教工作中的实际问题。

第十一章“附则”部分则明确了新版《规程》的适用范围。考虑到我国地区的差异性而规定“省、自治区、直辖市教育行政部门可根据本规程，制订具体实施办法”，并明确了“本规程自 2016 年 3 月 1 日起施行。1996 年 3 月 9 日由原国家教育委员会令第 25 号发布的《幼儿园工作规程》同时废止”。

三、新版《规程》的主要特点

综观新旧《规程》，二者总体章节结构变化不大，但从具体规定上来看，新版《规程》删除了一些落后的、不合时宜的条款，增加了一些符合儿童身心发展的反映新形势、新观念、新要求的条款，对于一些原有的条款进行了修改完善或微调，使《规程》的内容更为科学、全面、严谨。此外，新版《规程》中还纠正原有规程中个别条款的语言表述问题。

(一)新版《规程》中的新要求

本部分拟重点从“幼儿园的定位与任务”“幼儿的地位与需求”“教职工的素质与要求”和“幼儿园的安全管理”这四个方面聚焦《规程》所提出的新要求。

1. 重述幼儿园的定位与任务

新版《规程》把幼儿园教育摆在了更为重要的位置。旧《规程》中将幼儿园的定位表述为“是基础教育的有机组成部分”，而新版《规程》中则表述为“是基础教育的重要组成部分”。这样的调整是对幼儿园教育在基础教育中的地位的进一步提升，强调了幼儿园与小学和中学教育不仅是相互连接不可分割的统一整体，而且在其中发挥着扎根蓄势的重要作用。

把促进幼儿良好发展作为核心任务。多年来，幼儿园教育一直承担着促进幼儿发展和解放劳动力的双重任务。但 20 世纪 90 年代中期以来，随着经济体制改革和市场经济的推进，原有单位办园已经剥离、撤销或转制，其功能任务、招收对象均已改变。此外，有研究者在调研中也发现，幼儿家庭教养模式也发生了重要变化，即使孩子进入了幼儿园，大多数幼儿都有稳定的家庭照料者，幼儿园担负的解放劳动力的任务不再具有普遍性①。因此，为家长提供科学育儿指导，共同促进幼儿良好发展已成为当今幼儿园教育的核心任务。故删去旧《规程》中“幼儿园同时为家长参加工作、学习提供便利条件”这一条目，新版《规程》增改为“幼儿园同时面向幼儿家长提供科学育儿指导”。

2. 凸显幼儿主体地位，满足个体发展

强调幼儿的身心健康。在幼儿园保育和教育的主要目标中，新版《规程》增添了“促进幼儿身心健康”的要求，扩展了以往狭义的健康概念。同时，在第四章“幼儿园的卫生保健”中还增加了“幼儿园应当关注幼儿心理健康，注重满足幼儿的发展需要，保持幼儿积极的情绪状态，让幼儿感受到尊重和接纳”。在第五章“幼儿园的教育”中还特别新增了创设良好的精神环境的新要求：幼儿园应当营造尊重、接纳和关爱的氛围，建立良好的同伴和师生关系。可见，新版《规程》强调为幼儿创设良好的心理健康环境，给予其精神上的安全感，意在培养其积极而稳定的情绪情感来克服生活中所出现的难题。

尊重幼儿的学习方式与特点。旧《规程》中“根据幼儿园特点，绿化、美化园地”，在新版《规程》内改成了“根据幼儿活动的需要绿化、美化园地”；原有“有条件的幼儿园可单独设音乐室、游戏室、体育活动室和家长接待室等”修改为“有条件的幼儿园应当优先扩大幼儿游戏和活动空间”。这些修改充分体现了对幼儿主体地位的高度尊重。此外，新版《规程》增添了“幼儿园不得提前教授小学教育内容，不得开展任何违背幼儿身心发展规律的活动”，克服和禁止幼儿园教育小学化等。可见，新版《规程》充分考虑到幼儿的学习特点与风格，明确幼儿期的幼儿与学龄期的儿童所学习内容与方式的差异，体现了幼儿园教育与小学教育的不同。总的来说，修订后的《规程》更好地体现了“幼儿园玩得好，小学‘零’基础”的教育理念，更好地尊重了幼儿成长与发展的规律。

尊重幼儿游戏权利，保证幼儿游戏条件。新版《规程》提出在游戏中“鼓励和支持幼儿根据自身兴趣、需要和经验水平，自主选择游戏内容、游戏材料和伙伴，使幼儿在游戏中获得积极的情绪情感”，凸显了对幼儿游戏需要、游戏自主性和愉快游戏体验的高度重视。此外，新版《规程》在环境创设中，还新增添了保障幼儿游戏条件的具体要求，即“提供丰富、适宜的游戏材料，保证充足的游戏时间，开展多种游戏”。与旧《规程》相比，将原来“创设游戏条件(时间、空间材料)”的提法进行了具体细化。上述修订，不仅提升了游戏在幼儿园教育活动中的地位，明确了游戏是发展幼儿能力的基本活动，而且遵循《儿童权利公约》

① 刘占兰．权威解读幼儿园工作新规程[N]．中国教育报，2016-03-20.

以更好地确保儿童能切实享受到其应有的游戏权利。

尊重个体差异，实施个性化保育和教育。新版《规程》一是将原有"注意根据幼儿个体差异"的提法改为"充分尊重幼儿的个体差异"；二是重述教育活动，在原有基础上增添"为每个幼儿提供充分参与的机会，满足幼儿多方面发展的需要"。此外，新版《规程》还增加了"为在园残疾儿童提供更多的帮助和指导"。这些新的要求旨在关注和重视个体，满足不同个体的发展需求以促进每个幼儿获得良好的身心发展，为日后生活打下坚实基础。

与此相关的，新版《规程》中"幼儿园应当为幼儿提供丰富多样的教育活动"的提法，扩展了幼儿园教育活动的概念，突出了教育活动的丰富性、灵活性和多样性。此外，旧《规程》中幼儿园日常生活组织的"一致性"原则，导致了实际工作中对幼儿生活环节和生活活动的一致性要求和幼儿的统一行动，如集体排队如厕、排队喝水等一些不符合幼儿年龄特点的常规要求，本次修订将"一致性"予以删除，强调了生活照料因人而异，适应和满足个体需要的基本价值取向。总之，在新版《规程》中，儿童已经成为真正的主体；教育成为对个体具有适宜发展性的教育；幼儿园教育不仅重视了童年的快乐生活，也关照了后继学习与终身发展。

3. 提升幼儿园教职工的整体素质

新版《规程》充分体现坚持立德树人的理念与原则。在幼儿园教职工的基本要求方面，新版《规程》新增了"具有良好品德"的要求，将原有的"身体健康"改为"身心健康"，明确规定，职工患传染病期间暂停在幼儿园的工作，有犯罪、吸毒记录和精神病史者不得在幼儿园工作等。这样的要求意在强调幼儿园教职工要以德为先，以良好的精神面貌来为幼儿创造安全的物质和精神环境。

普遍提高主要工作人员任职资格和工作职责要求。新版《规程》中，将园长的学历从原"幼师(中专)"提高到"大专以上"，将其工作经验从广泛的"一定的教育工作经验"具体到"三年以上幼儿园工作经历"。在工作职责方面对园长提出的新要求包括，规范自身行为，"按照有关规定"用人，负责开展幼儿园的"教育研究"，关心教职工身心健康等。有关研究表明，幼儿园为教师提供各种社会性支持、赋予知情权和决策权，可以减轻其职业倦怠①。可见，新版《规程》对园长所提的新要求意在为幼儿教师营造安全、温暖的工作环境从而增进其组织承诺，将热情不断投入至教育事业当中。同时，从这些新要求还能看出，园长的身份被定义为幼儿园的领导者，带领全园教职工做好园内一切工作。

专业的师资是保教质量提高的重要保证。新版《规程》普遍提高主要工作人

① 梁慧娟，冯晓霞．北京市幼儿教师职业倦怠的状况及成因研究[J]．学前教育研究，2004(5)：32—35.

员的任职资格和工作职责要求，意在全面提高幼儿园师资的专业素质，不断实现保育和教育工作的科学化和专业化。

4. 加强幼儿园管理工作

新版《规程》努力建立全面安全防护体系。当今幼儿园安全形势复杂，一方面因恶劣气候、异常天气造成的自然灾害增多；另一方面因幼儿自救能力低，一些不法分子往往把没有自卫能力的幼儿作为其发泄不满的对象。为此，新版《规程》专设“幼儿园的安全”一章，旨在建立完善的制度体系和职责要求，要求教职工具有责任意识和防护能力。新版《规程》明确了在紧急情况下优先保护幼儿的人身安全是每一位幼儿园教职工的责任。教职工不仅要具有高度的安全和责任意识，还必须具备防险救护的基本方法。根据相关文件要求和国际经验，进行安全演练是提高师生安全意识和能力的有效方式，因此，新版《规程》要求幼儿园把安全教育融入一日生活，并定期进行多种形式的演练。

建立严格的幼儿园监督机制。新版《规程》中在“幼儿园的管理”一章中，要求幼儿园应接受上级教育、卫生、公安、消防等部门的检查、监督和指导；在“幼儿园的经费”一章中，接受国家和地方财政扶持的幼儿园应接受财物、审计部门等有关部门的监督检查；幼儿园实行收费公示制度，接受社会监督。总之，加强幼儿园工作的监管力度，形成常态化监督机制是提升幼儿园工作质量的重要途径。

(二)新版《规程》的新特点

除上述新增规定与重点修订的方面外，新版《规程》还表现出以下几方面新特点：

1. 注重与现行法规政策的衔接

一方面，新版《规程》修改了相关表述，使法规文本中的概念与内涵保持一致。如：幼儿园“工作人员”改为“教职工”，“医务人员”改为“卫生保健人员”；“体格检查”表述为“健康检查”，与《幼儿园教职工配置标准》《托儿所幼儿园卫生保健管理办法》等文件保持一致。另一方面，新版《规程》增加与修订的相关内容，与近年来颁布的《幼儿园教育指导纲要(试行)》《3—6岁儿童学习与发展指南》《托儿所幼儿园卫生保健管理办法》等重要文件，与《未成年人保护法》《中小学幼儿园安全管理办法》和新颁布的《反家庭暴力法》等政策法规，也都是相互呼应与衔接的。

2. 明确原有笼统、模糊的表述

新版《规程》将原来一些笼统、模糊的表述进行了明确和具体化。如：有关幼儿园规模原有“不宜过大”的提法，明确为“一般不超过360人”；原有“两餐间隔时间不得少于3小时半”，改为“正餐间隔时间为3.5～4小时”，不仅明确了两餐是指正餐，时间间隔也更合理；原有的幼儿户外活动时间加上了括号注释“包括户外体育活动时间”每天不得少于2小时，而且结合新版《规程》第二十二条可以明确得知，这2小时户外活动中体育活动不得少于1小时；幼儿园教育的原则和要求中“合理地综合组织各方面的教育内容”，修改为“综合组织健康、语言、社会、科学、艺术各领域的教育内容”等，明确了“各方面”内容的范畴。上述修改完善使《规程》内容更加严谨、明确。

3. 细化和完善幼儿园管理制度

新版《规程》中细化和完善的制度主要包括，晨检、午检制度，传染病预防和管理制度，幼儿用药安全和食品安全制度，信息管理与公开制度，教研制度等。此外，新增加的幼儿用药安全制度包括建立患病幼儿用药委托交接制度，未经监护人委托或者同意，幼儿园不得给幼儿用药；幼儿园应当妥善管理药品，保证幼儿用药安全。同时，新版《规程》还特别增加了相关信息管理与公开制度，接受广大家长和社会的监督，主要包括幼儿园实行收费公示制度，收费项目和标准向家长公示，接受社会监督，不得以任何名义收取与新生入园相挂钩的赞助费；幼儿园应当依法建立资产配置、使用、处置、产权登记、信息管理等制度。为了促进教师的专业成长，新版《规程》还要求幼儿园“建立教研制度，研究解决保教工作中的实际问题”，引导教师在研究中不断提高保教专业能力。完善幼儿园内部管理机制，能使幼儿园的内部管理更加缜密，更好地提升保教行为规范，强化公开透明的社会监督，不断提升办园质量和水平。

第三节　《幼儿园教师专业标准(试行)》解读

幼儿园教师是履行幼儿园教育教学工作职责的专业人员，需要经过严格的培养与培训，具有良好的职业道德，掌握系统的专业知识和专业技能。2012年，教育部正式颁布《幼儿园教师专业标准(试行)》(以下简称《专业标准》)，是我国在加快普及学前教育、促进教育公平的新形势下为保障幼儿园教师队伍质量和学前教育事业健康发展而出台的重要文件之一。《专业标准》是国家对合格幼儿园教师专业素质的基本要求，是幼儿园教师实施保教行为的基本规范，是引领幼儿园教师专业发展的基本准则，是幼儿园教师培养、准入、培训、考核等工作的重要依据。

一、《专业标准》的研制背景

《幼儿园教师专业标准》是在我国学前教育事业发展需要和国际幼儿园教师专业

发展趋势的双重推动下研制的，并作为贯彻落实《国家中长期教育改革和发展规划纲要(2010—2020年)》(以下简称《教育规划纲要》)的一项具体措施和紧迫任务而制定颁布的。

(一)我国学前教育事业发展的需要

随着《教育规划纲要》《国务院关于当前发展学前教育的若干意见》(以下简称《国十条》)的颁发，各地学前教育三年行动计划纷纷出台，国家学前教育重大项目的启动，学前教育事业发展的力度得到大大提升。要实现《教育规划纲要》提出的“基本普及学前教育”的战略目标，满足人民群众对学前教育的热切需求，不仅仅意味着入园率的提高，更重要的是学前教育质量的提升，加强幼儿园教师队伍建设正是提升学前教育质量的关键要素。《国十条》指出，要加快建设一支师德高尚、热爱儿童、业务精良、结构合理的幼儿教师队伍。《专业标准》正是在加快普及学前教育的形势背景下为保障学前教育质量而出台的。

(二)国际幼儿教师专业发展的趋势

1966年，联合国教科文组织在《关于教师地位的建议》中提出，应该把教师工作视为专门职业，认为它是一种要求教师具备经过严格训练而持续不断地研究才能获得并维持专业知识及专门技能的公共业务。[①] 自此，在世界范围内掀起了一场声势浩大的“教师专业化”运动。而在20世纪80年代以后，教师专业化运动追求的目标从教师权益转移到教育质量上。世界上很多国家都从教师专业标准的制定和实施入手，促进本国教师专业化成长和发展。全美幼儿教育协会曾颁布并三次修订了《幼儿教育职业准备专业标准》(Standards for Early Childhood Professional Preparation Programs)，这是学前教育专业师范生(准教师)职前准备的专业标准。1992年，美国州际新教师支援与评量协会(Interstate New Teacher Assessment and Support Consortium，InTASC)制定了《新教师许可、评估与发展的模型标准》，明确提出新入职教师(包括幼儿园教师)的专业标准，各州据此纷纷出台适合本州实际的针对初入职幼儿园教师的专业标准。新西兰国家教育部2005年颁布全国性的幼儿园教师专业标准——《幼儿园教师专业标准与绩效管理制度整合指南》(*Guide to integration of professional standards and performance management system for kindergarten teachers*)。澳大利亚教育、就业培训及青少年事务管理委员会(Ministerial Council of Education, Employment，Training Child Youth Affairs，MCEETYA)于2003年提出《教师专业标准国家框架》。英国学校培养与发展署(The Training and Development

① UNESCO. International Labour Organization(ILO). *Recommendation Concerning the Status of Teachers* (Adopted by the Special Intergovernmental Conference on the Status of Teachers, Paris, 5 October, 1966).

Agency for Education，TDA)于2006年制定了《课堂教师标准》。在国际幼儿园教师专业发展的趋势下，制定我国的幼儿园教师专业标准是国际教师专业标准化运动的一部分，共同推动着国际幼儿园教师专业化的进程。

(三)落实《教育规划纲要》的紧迫任务

《教育规划纲要》指出："教育大计，教师为本。有好的教师，才有好的教育。提高教师地位，维护教师权益，改善教师待遇，使教师成为受人尊重的职业。严格教师资质，提升教师素质，努力造就一支师德高尚、业务精湛、结构合理、充满活力的高素质专业化教师队伍。""严格执行幼儿教师资格标准，切实加强幼儿教师培养培训，提高幼儿教师队伍整体素质，依法落实幼儿教师地位和待遇。"《国十条》提出："国家颁布幼儿园教师专业标准。"这表明国家对建设高素质专业化教师队伍的重视，同时也反映出国家将制定专业标准作为确保幼儿园教师质量、实现幼儿园教师专业化的一项重要举措，这将极大地促进我国幼儿园教师专业水平的提高。

二、《专业标准》的内容结构

《专业标准》由三个部分组成：基本理念、基本内容和实施建议。

(一)基本理念

1. 师德为先

所谓师德，即教师的职业道德，是指从事教育职业的人应当遵循的行为准则和必备品德的总和，是一般社会道德在教师职业中的特殊体现。[①] 教师的职业道德是教师必须遵循的行为规范，是支持、指导幼儿园教师在保教活动中采取最有利于幼儿发展的行为准则。由于教师职业的特殊性，教师的职业道德不仅影响着我国新一代的成长，也是社会其他行业职业道德的典范。师德为先，即幼儿园教师在履行保教职责、开展保教活动的过程中，将师德放在首位。

2. 幼儿为本

幼儿为本，体现的是"幼儿本位"的思想，是"以人为本"的科学发展观在幼儿教育上的具体体现，是幼儿教育本质的重要内涵，也是幼儿园教师应秉持的核心理念。[②] 珍惜幼儿的生命，尊重幼儿的价值，满足幼儿的需要，尊重和保护幼儿的权利，遵循幼儿身心发展特点，尊重幼儿的独特性，以幼儿为主体，充分发挥幼儿的主动性，促进每一个幼儿的全面发展等，是"幼儿为本"的核心内涵。

---

① 申继亮，赵景欣．中小学教师职业道德的现实思考[J]．北京师范大学学报(社会科学版)，2006(1)：48—55.

② 李季湄，夏如波．《幼儿园教师专业标准》的基本理念[J]．学前教育研究，2012(8)：3—6.

3. 能力为重

自1996年国际21世纪教育委员会提出了教育的四大支柱——学会认知、学会做事、学会生存、学会共处之后，“学会做事”成为国际教育界的一种价值导向，重视能力建设成为世界各国教师专业发展的趋势。我国近年来所推动的学前教育课程改革从关注教师“怎么教”转移到关注幼儿“怎么学”。由于强调的课程要素不同，“能力观”以及能力要求也都不同，其“能力重点”发生了转移，“能力结构”出现了根本性变化，从而使我国幼儿园教师的专业能力面临巨大的挑战。① 因此，提倡“能力为重”能够进一步深化学前教育改革，确保学前教育质量。

4. 终身学习

终身学习是当前国际教师专业发展和教育改革的主要趋势之一，这是由教师的职业特点决定的。现代社会发展和教育改革要求教师不应只是教育计划的实践者、操作者，而更应该成为教育实践的研究者。幼儿园教师应该成为研究型教师，在教育教学实践中不断反思、审视自己的教育教学行为，这样才能成为教育改革的积极参与者和推动者，更好地促进幼儿的发展。因此终身学习是幼儿园教师应树立的基本思想和意识，是其职业发展的源泉与动力，是职业对每一位幼儿园教师的基本要求。

(二)基本内容

1. 幼儿园教师的专业理念与师德

幼儿园教师的专业理念与师德是幼儿园教师所特有的专业理念及其所拥有的师德的统称。幼儿园教师的专业理念指幼儿园教师关于教育的观念和理性认识，幼儿园教师的职业道德是指幼儿园教师应当遵循的行为准则和必备品德的总和，也可以称之为教师的专业伦理规范，它是幼儿园教师专业素质的核心成分。《专业标准》中将专业理念与师德维度划分为四个领域，即职业理解与认识、对幼儿的态度与行为、幼儿保育和教育的态度与行为以及个人修养与行为。每个领域又有一些具体的基本要求，总共20条。

(1)职业理解与认识

职业理解与认识是指幼儿园教师对学前教育事业和幼儿园教师职业的认识，包括五个方面的基本要求：

第一，爱国守法。幼儿园教师作为从事学前教育的专业人员，应贯彻执行国家教育方针政策，自觉遵守《中华人民共和国教育法》《中华人民共和国教师法》等法律法规，坚持依法执教。

---

① 李季湄，夏如波.《幼儿园教师专业标准》的基本理念[J].学前教育研究，2012(8)：3-6.

第二，爱岗敬业。幼儿园教师需要具有强烈的敬业精神和崇高的职业理想，以饱满的热情投入工作中，对自己所从事的学前教育事业恪尽职守、努力工作、无私奉献。教师常常被比喻为“蜡烛”“孺子牛”，一个教师富有敬业精神在工作中才会勤勤恳恳、不辞劳苦、不怕麻烦、不计时间、不计报酬、克服种种困难、日复一日耕耘在学前教育的一线，尽心尽责地完成自己的教育教学工作。

第三，专业认同。深刻认识自己所从事的学前教育事业的价值，理解和认可学前教育对幼儿发展的重要作用，认同自身职业的专业性，并以自身的专业素养向社会展示其专业形象，获得外界对其职业贡献的认可与肯定。只有这样，才有主动的专业发展意识，树立自己专业发展的目标与理想，确定符合实际的专业发展路径。

第四，为人师表。幼儿园教师的一言一行都对幼儿产生重要的、直接的影响。幼儿园教师需要语言规范、举止文明，特别注意通过自身的言行举止，对幼儿发展发挥积极的影响和教育作用，使自己的言行成为幼儿的学习和模仿对象。

第五，团队合作。幼儿的保教工作是全体教师、保育员、管理者、后勤工作者通力合作、共同完成的结果。因此，每个幼儿园教师首先应该树立团队合作的意识，始终把自己当作集体的一分子，尊重每一位同事，以开放、接纳、包容的心态去对待他们，并且锻炼和培养自己的合作能力，掌握人际交往的基本技巧，积极与同事分享学习资源和各类信息，为同事的专业发展提供必要的支持。

(2)对幼儿的态度与行为

幼儿园教师看待、认识、评价幼儿的观念和对待幼儿的行为即幼儿园教师的儿童观，直接影响着幼儿园教师实施教育的理念、路径、方式和实际行动，①包括三个方面的基本要求：

第一，关爱幼儿。幼儿是相对弱小的个体，难以自我保护，幼儿园教师需要关注和照顾幼儿的身心健康，包括对幼儿生活的照料、健康的保护，还包括对幼儿心理健康的关注与呵护。幼儿园教师应始终把对幼儿生命安全的保护放在首位，随时关注幼儿身边可能发生的危险，对幼儿进行生命安全教育，在危急时刻能够挺身而出，保障幼儿的生命安全。

第二，尊重幼儿。要求幼儿园教师平等对待每一个幼儿，不根据个人的好恶，对所有的幼儿一视同仁，给予每一个幼儿基于其能力而言平等的机会和资源。尊重幼儿的人格、尊严和基本权利，并保护他们的人格、尊严和基本权利

---

① 易凌云．幼儿园教师专业理念与师德的定义、内容与生成[J]．学前教育研究，2012(9)：3—11.

免受剥夺和侵犯，不讽刺、挖苦、歧视幼儿，不体罚或变相体罚幼儿，如果发现他人从事侵害幼儿权益、危害幼儿身心健康的行为和活动，一定要及时制止，用自己的实际行动保护幼儿的人格和维护幼儿的合法权益。尊重幼儿在优势领域、发展速度和发展水平上的差异，尊重幼儿作为学习与发展主体的主体性，主动了解和满足他们合理的意愿、需要和兴趣。

第三，注重生活教育。幼儿的生活对于幼儿的成长具有不可忽视的价值和作用。幼儿的生活中充满着各种教育契机，幼儿园教师应该意识到生活活动在幼儿园一日活动中的独特价值，把教育寓于幼儿一日生活之中，让幼儿在生活中获得良好的成长和发展。

(3)幼儿保育和教育的态度与行为

幼儿保育和教育的态度与行为是指幼儿园教师的保教观，包括四个方面的基本要求：

第一，注重保教结合。“保”是指保育，侧重幼儿的身体与生活的养护与照顾。“教”是指教育，侧重幼儿的心理机能与行为习惯的培养与塑造。幼儿园保育工作是家庭养育功能的自然延续，对建立幼儿对幼儿园的归属感与安全感、教师与幼儿之间的亲密关系有着积极的促进作用，是幼儿园实施生活教育的直接途径，有利于保障幼儿学会基本独立生活与日常生活交往的幼儿园教育基本目标的实现。[①] 因此，对幼儿保育和教育工作要给予同等的重视，不能重此轻彼。“保教结合”是指在保育工作中要注意教育因素，在教育因素中要注意保育因素，使两者有机地统一起来。只有这样，才能为幼儿身心全面、健康、协调发展创造良好的条件。

第二，遵循幼儿的学习特点。好奇心是推动幼儿获得新知的主要动机，想象力是创新的源泉。幼儿园教师首先应注重保护幼儿的好奇心，创设情境激发幼儿的好奇心，引发幼儿学习和探索的兴趣和愿望。另外，“从做中学”“从直接经验中学习”是幼儿主要的学习方式，幼儿园教师应认识到并有效利用幼儿的学习特点，创造相应条件引导幼儿学习。而且，模仿学习也是幼儿的一种学习方式，幼儿园教师在幼儿的心目中拥有权威性，常常被当作模仿对象，因此幼儿园教师必须充分注意到自身的言行对幼儿的示范作用，时刻审视自己的日常态度、言行举止，让自己从积极的角度正面影响幼儿。

第三，重视环境和游戏对幼儿发展的作用。幼儿园的环境既包括物质环境，也包括精神环境，幼儿园教师要创设能满足幼儿需求的物质环境和有利于幼儿心理健康发展的精神环境，促进幼儿自主活动和主动发展。游戏是最适宜幼儿

① 赵南．学前教育“保教并重”基本原则的反思与重构[J]．教育研究，2012(7)：115－120.

身心发展特点的学习方式，它对幼儿有独特的价值，幼儿园教师应尽可能为幼儿提供充分的游戏时间，因地制宜地创设游戏的机会与条件，使幼儿游戏的需要得到满足。

第四，充分利用各种资源实现家园共育。在幼儿成长的过程中，家长起着至关重要的作用。幼儿园教师必须和幼儿家长建立密切的联系，和他们共同协作。作为从事学前教育的专业人员，幼儿园教师应帮助家长了解学前教育的要求和内容，增进对幼儿的了解，解决教育过程中的问题和困难，为家长提供专业的教育意见和建议，引导家长积极参与幼儿园保教活动，而且应该积极、主动和理性地从整合教育资源的角度，将家长和社区等各方面的资源有机整合到自己的保教工作中，为幼儿的发展服务。

(4)个人修养与行为

幼儿园教师的个人修养主要体现为胜任本职工作所必须具备的性格特征、积极的心理倾向、创造性的认知方式、丰富的情感、坚强的意志、高尚的道德品质以及规范的行为方式等人格特征的综合体，[①] 包括三个方面的基本要求：

第一，良好的个性修养。幼儿园教师的个性特征会潜移默化地影响到幼儿，需要有足够的责任心、耐心和细心，这些品质是幼儿园教师职业特质的体现，也是顺利开展保教活动的必要条件，在工作时间和工作范围内的任何时候和情况下，都要按照教师职业的职责规范和要求做好本职工作，保持高度的责任心，对待幼儿多些耐心和细心。由于教师在幼儿心目中的特殊地位，会成为幼儿经常、主要的模仿对象，因此，幼儿园教师需要注意自己的衣着打扮、言行举止，充分体现“为人师表”的表率作用。

第二，健康的心理状态。健康的心理状态不仅影响着教师自身的身体健康、生活幸福和职业发展，也会直接影响到幼儿的心理状态。幼儿园教师从事的保教工作平凡而琐碎，在年复一年周而复始的工作中，如果幼儿园教师不能以积极乐观的心态去面对工作，必然会因为身体的劳累而带来心理的烦闷，当幼儿园教师表现出这种消极的心理状态，就一定会影响到幼儿的心理健康。因此，幼儿园教师必须保持乐观向上、积极平和的心态，善于缓解自己的压力，调节情绪并使其处于一个稳定的状态，用自己热情、开朗的性格去影响和感染幼儿。

第三，乐于学习的品质。随着知识信息的日新月异以及传播渠道的多样化，每个人都需要通过持续不断的学习活动提高自己的文化修养、社会经验和从业能力，作为教育者，幼儿园教师更应该树立终身学习与持续发展的理念，发展乐于学习的品质，做终身学习的典范，在学习的过程中不断充实自己，提升自

① 易凌云．幼儿园教师专业理念与师德的定义、内容与生成[J]．学前教育研究，2012(9)：3—11.

己的文化素养，适应幼儿的求知需求。

2. 幼儿园教师的专业知识

教师的专业知识是指为胜任教育教学工作，教师所必须具备的知识，是被教育实践证明了的、真实准确的、可以指导解决教育教学实践中的问题的经验。幼儿园教师的专业知识体现了幼儿园教师作为一种专门职业的独特性与不可替代性。它不仅是幼儿园教师从事保育教育工作所必须具备的智力资源，而且其丰富程度和运用情况也直接决定了教师专业水平的高低。[①] 幼儿园教师的专业知识可以从幼儿发展知识、幼儿保育和教育知识、通识性知识三个方面进行概括，这些知识既可以是理论性的，也可以是实践性的。

1)幼儿发展知识

幼儿发展知识即“关于学生的知识”，对于幼儿园教师来说，关于幼儿年龄特点、身心发展规律、学习的方式和特点等方面的知识在其知识结构中处于核心位置。根据《专业标准》的要求，幼儿园教师必须具备的“幼儿发展知识”包括以下五个方面的具体内容：

(1)有关幼儿生存发展权利的法律法规方面的知识。近几十年来，国际社会出台了相关法律规约保护儿童的生存发展权利。1959 年 11 月 20 日，第十四届联合国大会通过了联合国历史上的第一个关于儿童权利的国际性条约——《儿童权利宣言》，指出“人类有责任给儿童以必须给予的最好待遇”，并规定了儿童应有的基本权利。1989 年联合国大会通过的《儿童权利公约》规定了儿童应该享有的数十种权利，其中包括最基本的生存权、全面发展权、受保护权和全面参与家庭、文化和社会生活的权利，还确立了四项基本原则：无歧视、儿童利益最大化、生存和发展权以及尊重儿童的想法。我国也根据国际公约的基本精神，制定了《未成年人保护法》《义务教育法》《幼儿园管理条例》《幼儿园工作规程》和《中国儿童发展纲要(2011—2020 年)》等法律法规和政策，以保护儿童的基本权利，促进他们健康成长。作为幼儿园教师，应该了解这些法律法规与政策的主要内容和基本精神，将保护幼儿的基本权利视为自己的责任和义务。

(2)有关幼儿身心发展的特点和规律方面的知识。幼儿的感官、运动、神经等生理系统有其自身发展的顺序，幼儿的智力、情绪、个性等心理机能等也有其发展规律，并在不同年龄阶段的幼儿身上表现出不同的年龄特征，这就是幼儿的身心发展规律。因此，幼儿园教师要全面了解、掌握幼儿身心发展的基本特点、规律和促进幼儿全面发展的策略与方法，掌握这些知识是教师搞好幼儿教育工作的最基本的知识前提。只有深刻地了解和把握幼儿身心发展的特点和

① 冯晓霞．幼儿园教师的专业知识[J]．学前教育研究，2012(10)：3—12.

规律，教师才有可能真正理解幼儿教育的原理和原则，并自觉地将其贯彻到幼儿教育实践中，为幼儿提供最适宜的教育。

(3)有关幼儿发展的个体差异方面的知识。每个幼儿由于生物因素和环境条件及经历的不同，必然会在发展水平、速度与优势领域等方面表现出个体差异。《纲要》要求“关注个别差异，促进每个幼儿富有个性地发展”。幼儿园教师必须通过多种途径和方式了解幼儿的个体差异；能够结合各领域幼儿的发展目标和典型表现，分析幼儿在发展速度和发展水平上的个体差异；能帮助每个幼儿认识并欣赏自己的长处，鼓励幼儿在活动中展现和发挥自己的优势，培养自信心和成就感；能提供多种机会，鼓励和支持幼儿富有个性和创造性的表达表现；能够在各种活动中发现每个幼儿的强项，并用强项带动其他方面的发展，让幼儿在原有水平上达到最大限度的发展。

(4)有关幼儿发展中的常见问题方面的知识。幼儿在发展过程中可能会出现一些心理、行为方面的问题，这些问题中有些有先天原因，有些则缘于养育教育不当，如注意力不集中、多动、攻击性行为、焦虑、退缩、恐惧、任性等，幼儿园教师应该了解这些常见问题的行为表现，能够在日常保教活动中关注到幼儿的问题行为表现，积极寻找导致这些问题行为的原因和适宜的对策。

(5)有关有特殊需要幼儿的发展特点方面的知识。有特殊教育需要的幼儿主要指残障幼儿和有发展障碍风险的幼儿。幼儿园教师具有了相关知识之后，甚至能够先于家长和医生发现有潜在发展障碍的幼儿。这些问题或障碍发现得越早，越能早干预早治疗，效果也就越好。当然，其中有些问题不是教师自己或者家园合作能够解决的，但可以向家长提出请医生诊断和治疗的建议。同时，随着学前融合教育的发展，安置到普通幼儿园的有特殊教育需要的幼儿逐渐增多，了解和掌握一些有关特殊幼儿的身心发展特点、教育策略与方法也开始成为对幼儿园教师的基本要求。

2)幼儿保育和教育知识

幼儿保育和教育知识是关于教学内容的知识(学科知识)和教学方法的知识(策略知识)。《专业标准》将教师必备的幼儿保育教育知识分为五个方面：

(1)有关幼儿园教育的目标、任务、原则等方面的知识。幼儿园教育的目标是国家对幼儿园提出的培养对象的规格和要求，它指明了幼儿教育的基本方向，是教育工作的指南针和方向盘。《幼儿园工作规程》对幼儿园的任务、幼儿园保育和教育的主要目标、幼儿园教育的原则和要求都作出了明确的规定。幼儿园教师必须认真学习和领会《规程》中的相关内容，将其转化为内在的教育信念，并用于检核、反思和指导自己的行动，以使自己能始终保持正确的方向。

(2)有关幼儿园教育的内容、途径与方法方面的知识。幼儿园的教育内容一般可以划分为健康、语言、社会、科学、艺术五个领域，但相比中小学教育而言，幼儿园教育具有一定的特殊性，幼儿园各领域的内容是相互渗透的，从不同的角度促进幼儿情感、态度、能力、知识、技能等方面的发展。也就是说，幼儿园教师应该是“全能选手”，掌握各领域的基本知识，了解各领域教育的特点和方法。此外，由于幼儿园教育是一种综合的教育，幼儿园教师关于教育内容、途径与方法的知识不仅包含幼儿学习所涉及的各内容领域的知识，还应包括幼儿园环境创设、幼儿一日生活安排、幼儿游戏与教育活动的组织、幼儿保育和班级管理等方面的知识与方法。

(3)有关幼儿卫生保健与安全方面的知识。幼儿的身心发育还很稚嫩，他们在身体活动、自我照料和独立生活等方面缺乏相应的经验和能力，需要成人的精心呵护和照顾。教师只有掌握了基本的卫生保健和疾病预防等知识，才能指导和配合保育人员做好保育工作。另外，尚未成年的幼儿由于缺乏自我保护的意识和能力，幼儿园教师更应该增强安全与保护意识，熟知幼儿园的安全应急预案，掌握意外事故和危险情况下幼儿安全防护与救助的基本方法。

(4)有关了解幼儿的基本方法方面的知识。虽然教师可以从教科书中学习到关于幼儿的身心发展以及幼儿学习特点的系统而有价值的知识，但这些知识又是有一定局限的，因为它所描述和展示的幼儿和幼儿发展是标准化的、带有一般性特征的，而教师在教育实践中所面对的却是非标准化的、鲜活生动、带有明显个性特征的幼儿。因此，幼儿园教师不能简单套用这些知识，还需要掌握一些了解幼儿的基本方法，如观察法、谈话法、作品分析法等，以便获得关于幼儿的具体而生动的信息，并且掌握一些教育心理学的基本原理和方法，学会运用这些知识深入理解、分析幼儿的行为和特点，从而给予有针对性的指导。

(5)有关幼儿园与其他阶段教育衔接方面的知识。儿童的学习与发展是一个连续的过程，儿童的教育也应该具有连续性。《纲要》明确指出，幼儿园教育要与0～3岁儿童的保育教育以及小学教育相互衔接。为此，幼儿园教师需要了解3岁前婴幼儿与3～6岁幼儿在身心发展特点上的共性和差异，明确幼儿在入园适应时可能存在的常见问题以及克服入园适应问题的方法，以便提前指导家长做好入园准备，减少孩子的分离焦虑和其他适应中的困难。此外，幼儿园教育的任务之一是为儿童入小学学习做好准备。为此，幼儿园教师还要了解小学教育对幼儿入学准备的要求，帮助幼儿在认知、社会性等方面打好基础，以便幼儿顺利接受小学教育。

3)通识性知识

幼儿园教师不是单科教师，而要对幼儿进行全面的教育。因此，幼儿园教师需要有比较广博的文化科学和艺术知识，才能满足幼儿学习的需要，才能胜任幼儿教育工作的要求。《专业标准》将幼儿园教师的通识性知识分为五个方面：

(1)自然科学知识。自然科学是研究自然界物质形态、结构、性质和运动规律的科学，包括数学、物理、化学、天文学、地球科学、生命科学等。自然科学知识的学习有利于教师对幼儿进行科学教育，引导幼儿科学探究活动的方向，帮助幼儿感受大自然和科学的奇妙，体验发现的快乐。幼儿园教师需要的自然科学知识虽然在其广度和深度上远不及相关学科的专家，但也应有一定的广度和深度。从广度上来说，至少要包括与幼儿生活中常见事物、常见现象相关的科学知识；从深度上来说，不仅要了解单个事物、现象的表现，还要了解事物、现象之间的联系以及事物、现象产生的前因后果。①

(2)人文社会科学知识。人文社会科学是人文科学和社会科学的总称。人文科学是以揭示人类社会的本质和发展规律为目的的科学，社会科学则是一种以人类社会现象为研究对象的科学。人文科学知识包括哲学、历史学、文学、语言学等学科知识，社会科学知识包括经济学、法学、教育学、社会学等学科知识。人文社会科学的学习有利于幼儿园教师丰富自己的文化底蕴，提高文化修养，增进对幼儿教育工作的意义和价值的理解，并且为幼儿园教师设计开发幼儿教育的课程，实施开展幼儿园教育教学工作提供帮助和支持。

(3)中国教育基本情况。幼儿园教师作为专业的一线教育工作者，应该对我国教育的基本发展概况有所了解，包括教育体制、教育方针政策、各级教育发展现状等，时刻关注我国教育事业的改革和发展，充分认识我国教育事业发展取得的成绩和经验，面临的挑战与存在的问题，提高自己教育的理论思维，同样也会有益于自己在教育实践中不断研究、思考，提升专业素养。

(4)艺术素养。艺术素养指的是欣赏、感受、认知和表现音乐、舞蹈、绘画、雕塑、文学、戏剧等艺术形式的能力。幼儿园教师首先应该注意提升自己的审美情趣和艺术素养，还应该充分认识艺术教育的本质，创造条件和机会，引导幼儿在大自然和社会文化生活中感受和体验美，学会用心灵去发现美，用自己的方式去表现和创造美，在此过程中丰富其想象力和创造力。

(5)现代信息技术方面的知识。信息技术应用能力是信息化社会教师必备的专业能力。《中小学教师信息技术应用能力标准(试行)》要求教师应用信息技术优化课堂教学和应用信息技术转变学习方式。教育部虽然只是要求幼儿园教师参照执行此标准，但由于现代社会中信息技术的普及已经成为一种趋势，它走进了幼儿园，也进入了幼儿的生活中，因此，幼儿园教师也必须主动适应信息化社会的挑战，积极补充相关知识，将信息技术作为获取信息的手段，作为辅

---

① 冯晓霞．幼儿园教师的专业知识[J]．学前教育研究，2012(10)：3-12.

助开展教育教学工作的工具。

3. 幼儿园教师的专业能力

幼儿园教师的专业能力不同于中小学教师以学科教学为核心的能力结构，而是呈现出全方位、多方面、综合性的特点。根据《专业标准》的要求，幼儿园教师的专业能力包括七个方面：

(1)环境的创设与利用

个体发展的过程是不断与环境相互作用的过程。换句话说，幼儿是在与环境的相互作用中学习和获得发展的，因此环境的创设与利用至关重要。幼儿园环境包括物质环境和精神环境两方面。物质环境包括园舍、家具设备及玩具、教具、图书、室内外装饰和布置等一切物质性的东西。精神环境包括教师的教育理念、教育行为及人际关系和情感氛围等。[①]《专业标准》中的环境创设与利用能力也包括物质环境和精神环境两个层面：

第一，在物质环境层面，要善于为幼儿创设丰富的、具有探索性的物质环境。从空间安排、墙面布置到材料投放，都应该既确保安全，又符合幼儿的兴趣、需要，具有一定的教育意义和价值，能满足幼儿的好奇心和求知欲，激发幼儿的主动性，支持幼儿自主选择和探索，对幼儿的学习和发展具有促进作用。

第二，在精神环境层面，要善于营造良好的班级氛围，与幼儿建立良好的师幼关系。幼儿园应该是一个充满爱的场所，幼儿园教师要善于营造民主、和谐的精神氛围，温暖、轻松的心理环境，平等、友好的师幼关系，让幼儿充分感受到亲情和关爱，形成积极稳定的情绪情感，产生安全感和信赖感。

(2)一日生活的组织与保育

保教结合是幼儿园教育的突出特点。能科学合理地组织和安排幼儿园的一日生活，将教育融入幼儿的一日生活中，充分体现保育和教育的结合，是幼儿园教师应具备的重要专业能力。《专业标准》中对幼儿园教师一日生活的组织和保育能力的要求，是从幼儿生活的安排与照料、随机教育与教育渗透、幼儿的安全与保护等方面提出来的。[②]

第一，合理安排幼儿的一日生活。幼儿在园的一日生活由入园和离园、自由游戏活动、集体教学活动、户外活动、区域活动、进餐、午睡、盥洗等活动组成，幼儿在每个环节的经历都会对他们的发展产生影响，因此，教师要充分考量每种活动的性质和教育价值，并结合幼儿自身的特点，为其科学合理地安排各个环节及活动。

第二，与保育员的协调和配合。一般来讲，教师更侧重于教育工作和各种

---

① 刘晓东，卢乐珍，等．学前教育学[M].2版．南京：江苏教育出版社，2010：89.

② 刘占兰．幼儿园教师的专业能力[J]．学前教育研究，2012(11)：3－9.

教育活动的组织，保育员更侧重于卫生保育工作和幼儿生活照料。虽然教师和保育员有着名义上的分工，但是教师也需要精通保育工作，指导和协助保育员做好班级常规保育和卫生工作，让幼儿的日常生活得到更科学的照料。

第三，关注生活细节，抓住教育契机。生活为幼儿的学习和发展提供了很多契机，生活中蕴含着广泛的教育资源。教师要善于关注生活细节和平常事件，善于观察和发现教育契机，善于思考和利用教育契机，善于运用专业教育理论、专业知识、经验及判断来处理幼儿的问题，促进幼儿的学习和发展。

第四，重视幼儿的健康和安全。由于幼儿年龄小，身心发育还未成熟，脆弱且自我保护能力差，在一日生活中随时存在着安全隐患。幼儿园教师应具有高度的安全意识、必备的安全知识和处理危险情况的能力，在关键时刻能保护幼儿。

(3)游戏活动的支持与引导

游戏是幼儿的基本活动，幼儿园应该以游戏为基本活动。因此，教师支持和引导幼儿游戏的能力是其核心专业能力之一。《专业标准》中对幼儿园教师支持与引导幼儿游戏活动的能力要求可以概括为以下两个方面：

第一，支持幼儿开展游戏。教师通过提供幼儿自主游戏的环境条件和游戏材料，支持幼儿自己选择要玩什么、在哪里玩、和谁一起玩、用什么材料玩，不去干涉和干扰幼儿，鼓励幼儿主动地、创造性地开展游戏，充分体验游戏的快乐和满足。

第二，引导幼儿游戏。教师在幼儿游戏过程中要学会观察和判断幼儿的需要，并且根据幼儿发展的需要，适时地给予帮助，促进幼儿的游戏，引导幼儿在游戏活动中获得身体、认知、语言和社会性等多方面的发展。

(4)教育活动的计划与实施

教师计划与实施教育活动的能力直接影响着幼儿的有效学习与发展。《专业标准》中对幼儿园教师相关的能力要求主要包括以下两个方面：

第一，设计教育活动。教育活动的设计是幼儿园教师有别于小学教师的重要专业能力。由于幼儿园没有指定的教材，因此需要幼儿园教师根据幼儿实际的需要创造性地设计主题、单元和具体的活动。幼儿园教师应能依据《纲要》和《指南》，并结合幼儿的兴趣，确定适宜的教育活动主题和目标，制订每天、每周、每月的活动计划，确保幼儿获得全面、均衡的学习，获得良好发展。

第二，组织与实施教育活动。教师在组织和实施教育活动时应充分考虑幼儿的学习特点和认识规律，将各领域内容有机联系、相互渗透，注重体现趣味性、综合性和生活化，寓教育于生活、游戏之中，提供更多的让幼儿操作探索、交流合作、表达表现的机会，让幼儿积极地投入运动、探究、交往及表达等活动中去，促进幼儿主动学习。同时，在教育活动中还应学会观察每个幼儿的反应和表现，根据幼儿的需要和个体差异，适时地调整活动的进程与方式，为每个幼儿提供适宜的指导和教育。

(5)激励与评价

《纲要》指出，教育评价是幼儿园教育工作的重要组成部分，是了解教育的适宜性、有效性，调整和改进工作，促进每一个幼儿发展，提高教育质量的必要手段。因此，激励与评价能力是对幼儿园教师的基本专业要求，要求教师能客观全面地收集评价资料，对幼儿进行发展性的评价，并运用适宜的多种方式激励幼儿发展。具体来说，《专业标准》中对幼儿园教师激励与评价的能力要求主要包括：

第一，及时发现和赞赏幼儿的优点和进步。教师应建立温暖、肯定的情感氛围，以欣赏的态度对待幼儿，及时发现幼儿的闪光点并给予具体和有针对性的表扬和鼓励，让幼儿感到满足和自豪，充分保护其自尊心、自信心和主动性，激发起自身成长的内在动力，使各方面的潜能得到最大限度的发挥。

第二，客观全面地评价幼儿。教师应掌握基本的了解和评价幼儿的方法(如观察、谈话、家园联系、作品分析)，通过使用多种不同的观察记录方法，收集幼儿具有典型意义的日常行为表现，全面、客观、连续地观察和评价幼儿；通过与幼儿谈话交流，了解幼儿内心的兴趣和倾向；通过从家长、其他教师等多方面获取幼儿发展的资料信息，综合考量评价幼儿的发展；通过收集和分析幼儿绘画、话语、表演动作、手工作品等多形式作品，进行纵向的分析和比较，更好地关注和判断幼儿的发展和变化。

第三，有效运用评价结果改进教育工作。评价最根本的目的不是对幼儿分层分等或贴标签，而是改进教育教学，更有效地促进幼儿的发展。教师应善于利用评价的相关信息和资料，系统分析幼儿的发展需求，研究和选择适宜教育内容与策略，反思和改进日常教育教学工作。

(6)沟通与合作

与幼儿、家长、同事的沟通与合作能力是幼儿园教师必备的能力。由于幼儿的语言表达能力还比较弱，就需要教师主动与他们沟通和交流，而且幼儿园教育强调“家园共育”的突出特点也要求幼儿园教师具备良好的与家长沟通和合作的能力。《专业标准》中对幼儿园教师沟通与合作的能力要求主要包括：

第一，与幼儿的沟通合作。教师要提高自身的亲和力，让幼儿感到亲近，愿意与教师沟通交流。教师还要学会用幼儿能够听懂、符合幼儿年龄特点的语言与幼儿沟通交流，并且要学会倾听幼儿，提高与幼儿互动的能力和水平。

第二，与同事的沟通合作。幼儿园教师要建立起与同事之间的良好沟通与合作伙伴关系，要善于及时和定期地与本班其他教师、保育员、同年龄班教师等进行沟通交流，共同分析和判断幼儿的特点、需求和经验水平，共同协商制订和实施适宜的教育计划和方案。

第三，与家长的沟通合作。教师要善于与家长有效沟通，建立良好的合作关系，争取家长的支持与配合，共同致力于提高教育质量，促进幼儿的身心全面发展。

第四，协助幼儿园与社区建立合作互助的良好关系。教师要协助幼儿园更好地利用社区的自然和社会文化资源，并根据幼儿园工作的需要，积极主动地为社区做力所能及的宣传和各种公益活动。

(7)反思与发展

反思与发展能力是促进幼儿园教师专业成长的有效途径，也是教师职业特点的必然要求。教育的复杂性和灵活性需要教师不断地学习与思考，通过专业反思不断改进教育教学实践，实现自我成长和发展。《专业标准》中对教师反思与发展能力的要求主要包括三个方面：

第一，学会反思，提高反思能力。幼儿园教师需要懂得反思的依据，知道根据什么进行反思；需要明确反思的内容，知道反思什么；需要掌握反思的思路和方法，知道怎样进行反思。

第二，在实践中探索和研究。幼儿园教师必须学会针对保教工作中的现实需要与问题，选择相应的课题，进行探索和研究，将研究成果运用于改进自己的教育实践，提高教育质量。

第三，制定专业发展规划，提高自身专业素质。教师应学会进行自我规划，制定专业发展目标和实施路径，积极参加专业培训，实现持续不断的发展。

(三)实施建议

《专业标准》对于我国幼儿园教师队伍建设具有导向功能，在“实施建议”部分对各相关单位、组织和个人提出了明确的要求和建议，要求其应充分发挥《专业标准》的作用和价值，为实现高素质幼儿园教师队伍共同努力。

1. 对各级教育行政部门的实施建议

各级教育行政部门可以从以下几个方面发挥《专业标准》在幼儿园教师队伍建设和管理中的引导作用：

第一，依据《专业标准》设定幼儿园教师准入标准。《专业标准》是国家对合格幼儿园教师专业素质的基本要求，也就是说缺乏或没有达到其要求就不能成为合格的教师，就不能很好地履行自己的岗位职责。因此，各级教育行政部门应该将《专业标准》作为制定幼儿园教师资格考试标准、考试大纲和考试方案的依据，严把幼儿园教师入口关。

第二，依据《专业标准》制定幼儿园教师队伍管理和督导机制。各级教育行政部门应该根据《专业标准》设定幼儿园教师聘用、资质考核、职称评聘、退出等各环节的相应标准，开发相应的评估工具，对幼儿园教师队伍的质量进行监督和管理，保障幼儿园教师的整体素质。

2. 对幼儿教师教育院校的实施建议

开展幼儿园教师教育的院校要将《专业标准》作为幼儿园教师培养培训的重要依据。主要表现在：

第一，依据《专业标准》设置不同层次的培养培训目标。目前我国已形成不同层次的幼儿园教师教育的基本格局。幼儿园教师培养和培训机构需要依据《专业标准》中对合格幼儿园教师专业素养的具体规定，明确不同层次和不同类型的人才培养培训目标，在此基础上确定每年度或每次培养培训的具体目标。

第二，依据《专业标准》研制课程方案和设置具体课程。幼儿园教师职前培养和职后培训机构应根据《专业标准》和教师教育课程标准，明确与培训目标相对应的教师教育课程目标，修订完善人才培养方案，确定课程结构，设置相应课程，并增加实践性和操作性的课程，加大社会实践和教育实习。

第三，依据《专业标准》进行自我评估。幼儿园教师教育机构应按照《专业标准》加强从事幼儿园教师教育的师资队伍建设，使任课教师了解并把握学科任务，改革考核评价标准和方式方法，建立完善质量评价制度。

3. 对幼儿园的实施建议

幼儿园要将《专业标准》作为教师管理的重要依据。主要表现在：

第一，依据《专业标准》制定幼儿园教师专业发展规划。幼儿园要认真学习、贯彻落实《专业标准》，制定本园教师专业发展规划，促进教师理解基本理念、自觉加强师德建设、增强育人责任感和使命感。

第二，依据《专业标准》组织教师专业发展活动。幼儿园应根据《专业标准》的相关要求，结合本园教师实际，分析每一位教师在专业发展方面的优势与不足，在此基础上确定园本教研和专业发展活动的目标，设计并实施园本教研和专业发展活动计划，提升全体教师的专业素养。

第三，依据《专业标准》健全幼儿园教师绩效管理机制。《专业标准》是对合格幼儿园教师应知应会的要求，幼儿园应据此修订完善教师岗位职责以及考核评价制度，对照《专业标准》中对幼儿园教师专业要求的具体规定考核教师的工作胜任程度和专业发展状况。

4. 对幼儿园教师的实施建议

幼儿园教师要达到《专业标准》的要求，需要认真学习，深入理解各项要求的精神实质，并在实践中不断反思、总结和提升自己的认识，实现专业水平的不断提高。主要表现在：

第一，依据《专业标准》制定自我专业发展规划。幼儿园教师应依照《专业标准》的要求，分析结合自身专业发展情况，对自己的专业发展路径进行清晰的规划和合理的设计。

第二，依据《专业标准》积极提升自身专业发展水平。幼儿园教师应对照《专业标准》积极进行自我评价，客观分析自身专业素养的优势和不足，主动学习、研究和实践，不断反思与改进，提升专业发展水平。

三、《专业标准》的主要特点

《专业标准》的出台标志着我国学前教育师资队伍建设进入了专业化、科学化的新的历史阶段。它的研制，始终坚持和体现了“专业导向，师德为先；基本规范，前瞻引领；全面要求，突出重点；共同准则，体现独特；立足国情，国际视野”的指导思想。《专业标准》具有以下几个突出特点：

(一)特别强调幼儿园教师的师德问题

幼儿园教师是对幼儿实施保育和教育职责的专业人员，师德是从事幼儿园教师职业的最基本要求，尤其幼儿园教师的教育对象是身心发展迅速、可塑性强，同时最脆弱容易受到伤害的幼儿，因此，《专业标准》制定了严格的职业道德规范，对幼儿园教师的师德与专业态度提出了特别要求。

(二)要求幼儿园教师高度重视并有效保护幼儿的生命与健康

《专业标准》从态度、知识与能力三个方面明确提出幼儿园教师应如何对待幼儿的生命与健康，具体要求如下：教师要将保护幼儿生命安全放在首位；熟知幼儿园的安全应急预案，掌握意外事故和危险情况下幼儿安全防护与救助的基本方法；能有效保护幼儿，危险情况下优先救护幼儿。

(三)突出幼儿园教师特有的专业能力

《专业标准》的整个框架结构与《小学教师专业标准(试行)》和《中学教师专业标准(试行)》基本一致，充分反映了教师职业所应具有的普遍性专业特点，但在具体内容上有所不同，尤其在专业能力方面，如特别强调保教结合，幼儿园教师必须具备合理安排和组织幼儿一日生活的能力；重视环境和游戏对幼儿发展的独特价值，幼儿园教师必须具备良好环境的创设与利用、游戏活动的支持与引导的能力。这些都充分体现了幼儿园教育的特殊性以及对幼儿园教师的特别要求。

(四)重视幼儿园教师的反思与自主专业发展能力

《专业标准》强调幼儿园教师是反思性实践者，在研究自身经验和改进教育行为的过程中实现专业发展。这是现代社会发展、教育改革对幼儿园教师的必然要求。《专业标准》特别在"基本理念"和"专业能力"中均提出了对教师反思与自主发展的要求，明确指出幼儿园教师在教育工作中应"主动收集分析相关信息，并不断进行反思，改进保教工作"；同时，"应制定专业发展规划，积极参加专业培训，不断提高自身专业素质"，从而实现自我专业发展。

第四节　我国重要学前教育政策解读

《教育法》《教师法》《未成年人保护法》《幼儿园工作规程》《幼儿园管理条例》等法律法规构成了我国幼儿权利保护、学前教育事业发展的重要法规依据与保障。在此基础上，《幼儿园教育指导纲要(试行)》《国务院关于当前发展学前教育的若干意见》《3—6 岁儿童学习与发展指南》等一系列重要政策的颁布与施行对有效促进我国学前教育事业发展与幼儿身心全面健康发展也发挥着重要作用。以下聚焦《幼儿园教育指导纲要(试行)》《国务院关于当前发展学前教育的若干意见》和《3—6 岁儿童学习与发展指南》这三部 21 世纪以来对我国学前教育事业发展具有重要影响的三部政策，对其研制背景、主要内容与特点等进行解析。

一、《幼儿园教育指导纲要(试行)》解读

2001 年，教育部印发了《幼儿园教育指导纲要(试行)》(以下简称《纲要》)，并于当年 9 月起试行。下面从研制背景、基本框架与内容、主要特点几个方面对《纲要》进行解读与分析：

(一)《纲要》的研制背景

正如《教育部关于印发〈幼儿园教育指导纲要〉(试行)的通知》开篇所阐明的："为进一步贯彻第三次全国教育工作会议和全国基础教育工作会议精神，落实《国务院关于基础教育改革与发展的决定》，推进我国幼儿园实施素质教育，全面提高幼儿园教育质量，现将《幼儿园教育指导纲要(试行)》(以下简称《纲要》)印发"，"从 2001 年 9 月起试行"。

具体而言，《纲要》的研制主要基于以下几个方面的背景与契机：

第一，改革开放以来，我国学前教育事业有了长足发展。21 世纪伊始的中国学前教育，学前教育机构的数量大幅增加，学前教育的普及程度逐步提高，由此学前教育的质量提升问题更加凸显出来。与此同时，《纲要》研制期间，第三次全国教育工作会议和全国基础教育工作会议先后召开，会上确定了基础教育优先发展的战略地位，同时明确提出发展学前教育，由此也给我国学前教育

事业发展带来了新的发展契机。

第二，尽管世纪之交的中国学前教育较此前已有显著进步与发展，但它仍是我国各级各类教育中的薄弱环节，集中表现在资源短缺、投入不足、水平参差不齐等，无法满足社会对高质量学前教育的需求。正是基于应对与解决上述问题，教育部组织多方专家研制了该《纲要》，旨在“推进我国幼儿园实施素质教育，全面提高幼儿园教育质量”。

第三，《纲要》的研制与颁布是进一步深入贯彻落实《教育法》《幼儿园管理条例》《幼儿园工作规程》等法律法规，推动我国学前教育法制化、规范化、科学化发展的产物；也是为我国幼儿园实施与深入开展素质教育，为幼儿园保教工作从国家层面确立系统而深入的规范与标准，提升我国幼儿园教育质量而研制的重要政策。

（二）《纲要》的基本框架与主要内容

《纲要》的基本框架由四大部分构成：总则、教育内容与要求、组织与实施，以及教育评价。第一部分“总则”介绍了制定《纲要》的依据，幼儿园教育的地位、意义与价值，以及幼儿园教育应遵循的基本原则等；第二部分“教育内容与要求”是《纲要》的主体部分，将幼儿学习与发展活动的范畴划分为健康、语言、社会、科学、艺术五大领域，并对各个不同领域提出了明确的目标、内容与要求，以及指导要点；第三部分“组织与实施”为第二部分教育内容与目标、要求的实现提出了一系列在实践中的实施与指导意见；第四部分“教育评价”则明晰了幼儿园教育评价的意义、评价主体、评价制度、评价方法、评价的主要内容与重点等重要问题。下文将对各部分主要内容进行进一步的详细梳理与解读。

1. 第一部分：总则

“总则”部分共五条内容。第一条阐明了《纲要》的制定依据、背景与目的，“为贯彻《中华人民共和国教育法》《幼儿园管理条例》和《幼儿园工作规程》，指导幼儿园深入实施素质教育，特制定本纲要”；第二条明确了学前教育的性质、意义、奠基性作用与根本任务，“幼儿园教育是基础教育的重要组成部分，是我国学校教育和终身教育的奠基阶段。城乡各类幼儿园都应从实际出发，因地制宜地实施素质教育，为幼儿一生的发展打好基础”；第三条规定了我国幼儿园教育的外部原则，即幼儿园必须适应社会变化，充分地利用外部资源，与家庭、社区密切合作，办更加开放的、社会化的幼儿教育，以促进教育社会化、社会教育化的进程，“幼儿园应与家庭、社区密切合作，与小学相互衔接，综合利用各种教育资源，共同为幼儿的发展创造良好的条件”；第四条则指出幼儿园教育的特点，强调幼儿园是通过创设健康、丰富的生活和活动环境来帮助幼儿学习的，幼儿是通过在环境中与他人共同生活来获得经验的，他们在生活中学习与发展，在发展中生活，“幼儿园应为幼儿提供健康、丰富的生活和活动环境，满足他们多方面发展的需要，使他们在快乐的童年生活中获得有益于身心发展的经验”；第五条规定了幼儿园教育的内部原则，即幼儿园教育过程中教育者必须遵循的基本原则，主要包括幼儿园教育应尊重幼儿的人格和权利，尊重幼儿身心发展的规律和学习特点，以游戏为基本活动，保教并重，关注个别差异，促进每个幼儿富有个性地发展等。

2. 第二部分：教育内容与要求

第二部分将幼儿园教育内容划分为健康、语言、社会、科学和艺术五大领域，提出“幼儿园的教育内容是全面的、启蒙性的”，“各领域的内容相互渗透，从不同的角度促进幼儿情感、态度、能力、知识、技能等方面的发展”，即强调幼儿的学习与发展是综合的、整体的，因而幼儿园教育内容也应依据幼儿的学习特点进行整合处理，各领域的内容相互渗透，以使幼儿通过真实而有意义的活动生动、活泼、主动地学习，获得完整的经验，促进身心全面和谐发展。该部分每个领域的教育内容均从目标、内容与要求、指导要点这三个方面加以规定与说明。

1)健康领域

(1)目标

健康领域的目标共 4 项：第 1 项围绕身心健康、情绪愉悦，并能够适应和乐于集体活动，具体表述为“身体健康，在集体生活中情绪安定、愉快”；第 2 项重在自理能力与良好习惯的养成，表述为“生活、卫生习惯良好，有基本的生活自理能力”；第 3 项涉及自我保护与安全常识，“知道必要的安全保健常识，学习保护自己”；第 4 项则从运动态度与动作技能角度提出，“喜欢参加体育活动，动作协调、灵活”。

(2)内容与要求

健康领域的内容与要求共 7 项，为幼儿教师组织与开展健康领域相关活动，促进幼儿身心健康，提出了具体指导要求。其中第 1—4 项教育内容与要求，基本上是对应于健康领域的四项目标来提出的：第 1 项为“建立良好的师生、同伴关系，让幼儿在集体生活中感到温暖，心情愉快，形成安全感、信赖感”；第 2 项为“与家长配合，根据幼儿的需要建立科学的生活常规。培养幼儿良好的饮食、睡眠、盥洗、排泄等生活习惯和生活自理能力”；第 3 项为“教育幼儿爱清洁、讲卫生，注意保持个人和生活场所的整洁和卫生”；第 4 项为“密切结合幼儿的生活进行安全、营养和保健教育，提高幼儿的自我保护意识和能力”。在此基础上，第 5—7 项针对组织幼儿园体育活动的宗旨、目标，特别是动作技能发展、良好意志品质与态度的养成提出要求，具体表述为“开展丰富多彩的户外游戏和体育活动，培养幼儿参加体育活动的兴趣和习惯，增强体质，提高对环境的适应能力”；“用幼儿感兴趣的方式发展基本动作，提高动作的协调性、灵活性”；“在体育活动中，培养幼儿坚强、勇敢、不怕困难的意志品质和主动、乐观、合作的态度”。

(3)指导要点

健康领域的指导要点共4项。第1项高度强调保护幼儿生命与健康的重要性，且兼顾身体健康与心理健康——“幼儿园必须把保护幼儿的生命和促进幼儿的健康放在工作的首位。树立正确的健康观念，在重视幼儿身体健康的同时，要高度重视幼儿的心理健康”；第2项在尊重和保护幼儿的前提下，强调避免过度保护和包办代替——“既要高度重视和满足幼儿受保护、受照顾的需要，又要尊重和满足他们不断增长的独立要求，避免过度保护和包办代替，鼓励并指导幼儿自理、自立的尝试”；第3项提出严禁各种违背幼儿生长发育规律的体育活动——“健康领域的活动要充分尊重幼儿生长发育的规律，严禁以任何名义进行有损幼儿健康的比赛、表演或训练等”；第4项强调了体育活动指导中培养幼儿兴趣、发挥幼儿主动性的要求——“培养幼儿对体育活动的兴趣是幼儿园体育的重要目标，要根据幼儿的特点组织生动有趣、形式多样的体育活动，吸引幼儿主动参与”。

2)语言领域

(1)目标

语言领域的目标共5项：乐于与人交谈，讲话礼貌；注意倾听对方讲话，能理解日常用语；能清楚地说出自己想说的事；喜欢听故事、看图书；能听懂和会说普通话。其中，第1项侧重于幼儿与他人交流的积极情感与态度；第2项突出了倾听对于幼儿语言发展与交流的重要性；第3项涉及表达能力；第4项针对幼儿对于文学作品、书面语言的兴趣而提出；第5项则涉及普通话的掌握。

(2)内容与要求

语言领域的内容与要求共7项，对于教师为幼儿营造良好语言发展环境、组织与开展多种语言活动，促进幼儿语言发展，提出了具体要求。其中第1—4项和第7项，基本对应于语言领域的五项目标而提出，分别为：“创造一个自由、宽松的语言交往环境，支持、鼓励、吸引幼儿与教师、同伴或其他人交谈，体验语言交流的乐趣，学习使用适当的、礼貌的语言交往”；“养成幼儿注意倾听的习惯，发展语言理解能力”；“鼓励幼儿大胆、清楚地表达自己的想法和感受，尝试说明、描述简单的事物或过程，发展语言表达能力和思维能力”；“引导幼儿接触优秀的儿童文学作品，使之感受语言的丰富和优美，并通过多种活动帮助幼儿加深对作品的体验和理解”；“提供普通话的语言环境，帮助幼儿熟悉、听懂并学说普通话。少数民族地区还应帮助幼儿学习本民族语言”。第5、6项语言教育内容与要求是对第4项语言目标的进一步延伸，强调要重在培养幼儿对书面语言的兴趣，以及前阅读与前书写技能，并与日常生活相联系——“利用图书、绘画和其他多种方式，引发幼儿对书籍、阅读和书写的兴趣，培养前阅读和前书写技能”；“培养幼儿对生活中常见的简单标记和文字符号的兴趣”。

(3)指导要点

语言领域的指导要点共4项。第1项首先强调了积极的语言环境对于幼儿语言发展的重要性——“语言能力是在运用的过程中发展起来的，发展幼儿语言的关键是创设一个能使他们想说、敢说、喜欢说、有机会说并能得到积极应答的环境”；第2项则提出要基于个体心理发展与各领域经验的整合性来指导和促进幼儿语言发展——“幼儿语言的发展与其情感、经验、思维、社会交往能力等其他方面的发展密切相关，因此，发展幼儿语言的重要途径是通过互相渗透的各领域的教育，在丰富多彩的活动中去扩展幼儿的经验，提供促进语言发展的条件”；第3项和第4项则强调了在发现与尊重幼儿个体差异基础上的个别化语言教育与指导——“幼儿的语言学习具有个别化的特点，教师与幼儿的个别交流、幼儿之间的自由交谈等，对幼儿语言发展具有特殊意义”；“对有语言障碍的儿童要给予特别关注，要与家长和有关方面密切配合，积极地帮助他们提高语言能力”。

3)社会领域

(1)目标

社会领域的目标共5项，其中有4项均明确提出了幼儿积极健康的社会情感、态度、意志品质养成方面的目标——“能主动地参与各项活动，有自信心”；“乐意与人交往，学习互助、合作和分享，有同情心”；“能努力做好力所能及的事，不怕困难，有初步的责任感”；“爱父母长辈、老师和同伴，爱集体、爱家乡、爱祖国”。第3项强调了基本社会行为规则的目标——“理解并遵守日常生活中基本的社会行为规则”。

(2)内容与要求

社会领域的内容与要求共8项，其中第1—3项提出应通过集体活动、自由活动等不同活动形式，为幼儿提供丰富的机会，帮助他们正确认识自我与他人，树立自尊与自信——“引导幼儿参加各种集体活动，体验与教师、同伴等共同生活的乐趣，帮助他们正确认识自己和他人，养成对他人、社会亲近、合作的态度，学习初步的人际交往技能”；“为每个幼儿提供表现自己长处和获得成功的机会，增强其自尊心和自信心”；“提供自由活动的机会，支持幼儿自主地选择、计划活动，鼓励他们通过多方面的努力解决问题，不轻易放弃克服困难的尝试”。第 4、5 项强调对社会规则的理解与学习——“在共同的生活和活动中，以多种方式引导幼儿认识、体验并理解基本的社会行为规则，学习自律和尊重他人”；“教育幼儿爱护玩具和其他物品，爱护公物和公共环境”。第 6—8 项社会领域教育内容与要求主要基于目标 5，并在其基础上有所拓展，延伸至对劳动者的热爱、对他人劳动成果的尊重，以及多元文化视野下对国内外人类文明的理解与尊重——“与家庭、社区合作，引导幼儿了解自己的亲人以及与自己生活有关的各行各业人们的劳动，培养其对劳动者的热爱和对劳动成果的尊重”；“充分利用社会资源，引导幼儿实际感受祖国文化的丰富与优秀，感受家乡的变化和发展，激发幼儿爱家乡、爱祖国的情感”；“适当向幼儿介绍我国各民族和世界其他国家、民族的文化，使其感知人类文化的多样性和差异性，培养理解、尊重、平等的态度”。

(3)指导要点

社会领域的指导要点共 3 项，分别基于幼儿性发展与社会学习的潜移默化性、长期性、互动性等特点，提出在指导过程中首先应注重多种活动、一日生活的渗透，避免说教——“社会领域的教育具有潜移默化的特点。幼儿社会态度和社会情感的培养尤应渗透在多种活动和一日生活的各个环节之中，要创设一个能使幼儿感受到接纳、关爱和支持的良好环境，避免单一呆板的言语说教”；其次应提供丰富的人际交往与共同活动的环境——“幼儿与成人、同伴之间的共同生活、交往、探索、游戏等，是其社会学习的重要途径。应为幼儿提供人际间相互交往和共同活动的机会和条件，并加以指导”；再次，应着眼长远，注重多方合作——“社会学习是一个漫长的积累过程，需要幼儿园、家庭和社会密切合作，协调一致，共同促进幼儿良好社会性品质的形成”。

4)科学领域

(1)目标

科学领域的目标共 5 项，每项目标都特别突出了幼儿形成良好的科学态度、培养幼儿的好奇心与求知欲、自主探究、体验乐趣的重要性。具体表述如下：“对周围的事物、现象感兴趣，有好奇心和求知欲”；“能运用各种感官，动手动脑，探究问题”；“能用适当的方式表达、交流探索的过程和结果”；“能从生活和游戏中感受事物的数量关系并体验到数学的重要和有趣”；“爱护动植物，关心周围环境，亲近大自然，珍惜自然资源，有初步的环保意识”。

(2)内容与要求

科学领域的内容与要求共 7 项，其中第 1—4 项主要围绕科学领域的第 1—3

项目标展开——“引导幼儿对身边常见事物和现象的特点、变化规律产生兴趣和探究的欲望”；“为幼儿的探究活动创造宽松的环境，让每个幼儿都有机会参与尝试，支持、鼓励他们大胆提出问题，发表不同意见，学会尊重别人的观点和经验”；“提供丰富的可操作的材料，为每个幼儿都能运用多种感官。多种方式进行探索提供活动的条件”；“通过引导幼儿积极参加小组讨论、探索等方式，培养幼儿合作学习的意识和能力，学习用多种方式表现、交流、分享探索的过程和结果”。科学领域教育内容与要求中的第 5、6 项，主要基于目标 4 提出，强调数学在生活与游戏中的运用，以及引导幼儿关注生活中的科技、热爱科学与科学家——“引导幼儿对周围环境中的数、量、形、时间和空间等现象产生兴趣，建构初步的数概念，并学习用简单的数学方法解决生活和游戏中某些简单的问题”；“从生活或媒体中幼儿熟悉的科技成果入手，引导幼儿感受科学技术对生活的影响，培养他们对科学的兴趣和对科学家的崇敬”。科学领域教育内容与要求中的第 7 项则针对目标 5 提出——“在幼儿生活经验的基础上，帮助幼儿了解自然、环境与人类生活的关系。从身边的小事入手，培养初步的环保意识和行为”。

(3)指导要点

科学领域的指导要点共 3 项，均注重激发幼儿科学探究的兴趣与欲望，并强调科学与实际生活的联系。具体来讲，第一，强调“幼儿的科学教育是科学启蒙教育，重在激发幼儿的认识兴趣和探究欲望”；第二，“要尽量创造条件让幼儿实际参加探究活动，使他们感受科学探究的过程和方法，体验发现的乐趣”；第三，“科学教育应密切联系幼儿的实际生活进行，利用身边的事物与现象作为科学探索的对象”。

5)艺术领域

(1)目标

艺术领域的目标共 3 项，重在幼儿对美的感受、欣赏与情感体验：“能初步感受并喜爱环境、生活和艺术中的美”；“喜欢参加艺术活动，并能大胆地表现自己的情感和体验”；“能用自己喜欢的方式进行艺术表现活动”。

(2)内容与要求

艺术领域的内容与要求共 6 项，其中第 1 项主要基于目标 1 提出——“引导幼儿接触周围环境和生活中美好的人、事、物，丰富他们的感性经验和审美情趣，激发他们表现美、创造美的情趣”；第 2～4 项主要基于目标 2、3 提出，并强调了艺术活动兼顾全体性与个体性，兼顾表现性与技能的提高，以及将艺术创作活动与实际生活相联系——“在艺术活动中面向全体幼儿，要针对他们的不同特点和需要，让每个幼儿都得到美的熏陶和培养。对有艺术天赋的幼儿要注意发展他们的艺术潜能”；“提供自由表现的机会，鼓励幼儿用不同艺术形式大胆地表达自己的情感、理解和想象，尊重每个幼儿的想法和创造，肯定和接纳他们独特的审美感受和表现方式，分享他们创造的快乐”；“在支持、鼓励幼儿积极参加各种艺术活动并大胆表现的同时，帮助他们提高表现的技能和能力”；“指导幼儿利用身边的物品或废旧材料制作玩具、手工艺品等来美化自己的生活或开展其他活动”。艺术领域教育内容与要求的第 6 项则提出应“为幼儿创设展示自己作品的条件，引导幼儿相互交流、相互欣赏、共同提高”。

(3)指导要点

艺术领域的指导要点共 3 项，第 1 项从整体上提出艺术教育的宗旨与功能，应避免仅重视技能或结果——“艺术是实施美育的主要途径，应充分发挥艺术的情感教育功能，促进幼儿健全人格的形成。要避免仅仅重视表现技能或艺术活动的结果，而忽视幼儿在活动过程中的情感体验和态度的倾向”；第 2 项提出幼儿进行艺术创作的过程中，相较于技能技巧而言，教师更应注重幼儿情感、个性、创造性的表达——“幼儿的创作过程和作品是他们表达自己的认识和情感的重要方式，应支持幼儿富有个性和创造性的表达，克服过分强调技能技巧和标准化要求的偏向”；第 3 项对教师在幼儿艺术活动中应扮演的角色、发挥的作用加以明确——“幼儿艺术活动的能力是在大胆表现的过程中逐渐发展起来的，教师的作用应主要在于激发幼儿感受美、表现美的情趣，丰富他们的审美经验，使之体验自由表达和创造的快乐。在此基础上，根据幼儿的发展状况和需要，对表现方式和技能技巧给予适时、适当的指导”。

3. 第三部分：组织与实施

“组织与实施”部分共 11 条，为幼儿园五大领域教育活动的组织与实施提供了基本原则与指导，可概括为以下三大方面：

(1)以幼儿为本，尊重幼儿

“组织与实施”部分中的第 1、4、5、6、10 条均从不同角度突出了以幼儿为本、尊重幼儿这一基本原则，提出“幼儿园教育是为所有在园幼儿的健康成长服务的，要为每一个儿童，包括有特殊需要的儿童提供积极的支持和帮助”；幼儿园教育活动的组织与实施要符合“本班幼儿的实际情况”，要“结合本班幼儿的发展水平、经验和需要来确定”，“应充分考虑幼儿的学习特点和认识规律”；“尊重幼儿在发展水平、能力、经验、学习方式等方面的个体差异，因人施教，努力使每一个幼儿都能获得满足和成功”；“关注幼儿的特殊需要”。其中第 5 条体现了“最近发展区”理念，提出幼儿园教育活动内容的选择应遵照本《纲要》第二部分的有关条款进行，同时体现三大原则——“既适合幼儿的现有水平，又有一定的挑战性”；“既符合幼儿的现实需要，又有利于其长远发展”；“既贴近幼儿的生活来选择幼儿感兴趣的事物和问题，又有助于拓展幼儿的经验和视野”。

(2)尊重教师的创造、充分发挥教师的支架作用

第2、3、10条组织与实施原则中，第2、3项充分体现了教师在活动组织实施中的自主性、灵活性，也是对幼儿教师教育活动中创造性劳动的重视与尊重。而第10条则明确定位了幼儿教师在幼儿园教育活动组织与实施中的应有角色——“教师应成为幼儿学习活动的支持者、合作者、引导者”，并将此具体化到师幼互动、教育契机的发现与把握、对幼儿需求的敏感与回应、对幼儿个体差异的尊重与因材施教，以及对特殊儿童的关注等方面。

(3)抓关键因素，尊重幼儿园教育教学规律

第7—9、11条从幼儿园教育教学规律的角度，对各领域活动的组织与实施提出要求与基本原则，并重点就一日活动的组织与教育环境的作用进行重点说明——“教育活动的组织形式应根据需要合理安排，因时、因地、因内容、因材料灵活地运用”；“环境是重要的教育资源，应通过环境的创设和利用，有效地促进幼儿的发展”；应“科学、合理地安排和组织一日生活”；并且“幼儿园教育要与0～3岁儿童的保育教育以及小学教育相互衔接”。

4. 第四部分：教育评价

《纲要》第四部分共8条，围绕幼儿园教育评价，强调了教育评价的重要性、目的，提出了评价的发展性、标准的多元性、多角度多方法进行评价，以及尊重差异，重视过程性评价等原则，明确了教育评价的主要内容等。

(1)幼儿园教育评价的目的与价值

该部分第1、3、6条从不同角度阐释了幼儿园教育评价的根本目的与重要性。首先，“教育评价是幼儿园教育工作的重要组成部分，是了解教育的适宜性、有效性，调整和改进工作，促进每一个幼儿发展，提高教育质量的必要手段”；其次，对幼儿的行为表现和发展变化的评价，也是教师开展和改进工作的重要依据；再次，从教师专业发展的角度来看，教育评价也具有重要价值，它“是教师运用专业知识审视教育实践，发现、分析、研究、解决问题的过程，也是其自我成长的重要途径”。

(2)幼儿园教育评价的主体

第2条和第4条明确了幼儿园教育评价的主体及相关制度。“管理人员、教师、幼儿及其家长均是幼儿园教育评价工作的参与者。评价过程是各方共同参与、相互支持与合作的过程”；“幼儿园教育工作评价实行以教师自评为主，园长以及有关管理人员、其他教师和家长等参与评价的制度”。

(3)幼儿园教育评价的内容与方法

第5条和第7条重点说明了幼儿园教育评价的主要内容与基本方法。幼儿

园教育工作评价宜重点考察五个方面：一是“教育计划和教育活动的目标是否建立在了解本班幼儿现状的基础上”；“教育的内容、方式、策略、环境条件是否能调动幼儿学习的积极性”；“教育过程是否能为幼儿提供有益的学习经验，并符合其发展需要”；“教育内容、要求能否兼顾群体需要和个体差异，使每个幼儿都能得到发展，都有成功感”；“教师的指导是否有利于幼儿主动、有效地学习”。这种评价“应自然地伴随着整个教育过程进行”，“综合采用观察、谈话、作品分析等多种方法”。

(4)幼儿园教育评价的注意事项

第 8 条对幼儿发展状况评估过程中的注意事项提出了说明与建议：第一，应明确评价目的——“明确评价的目的是了解幼儿的发展需要，以便提供更加适宜的帮助和指导”；第二，要避免片面评价——“全面了解幼儿的发展状况，防止片面性，尤其要避免只重知识和技能，忽略情感、社会性和实际能力的倾向”；第三，注重真实自然的过程性评价——“在日常活动与教育教学过程中采用自然的方法进行。平时观察所获的具有典型意义的幼儿行为表现和所积累的各种作品等，是评价的重要依据”；第四，尊重个体差异，避免“一刀切”式评价——“承认和关注幼儿的个体差异，避免用划一的标准评价不同的幼儿，在幼儿面前慎用横向的比较”；第五，提倡发展性评价的观念——“以发展的眼光看待幼儿，既要了解现有水平，更要关注其发展的速度、特点和倾向等”。

(三)《纲要》的主要特点

《纲要》是教育科学研究的诸多成果的反映，体现世界教育的发展趋势。《纲要》立足于我国幼教现实的基础上，面向世界教育潮流发展的方向，注意吸收现代教育科学研究的成果，倡导对幼儿身心发展规律的尊重、对教育规律的尊重等。

1. 明确幼儿园教育是终身教育的重要奠基

人生百年，立于幼学。学龄前阶段是人生最重要的启蒙时期，科学的学前教育对人的后继学习和终身发展具有不可替代的重要作用。《纲要》中开篇即明确提出：幼儿园教育是基础教育的重要组成部分，是我国学校教育和终身教育的奠基阶段。城乡各类幼儿园都应从实际出发，因地制宜地实施素质教育，为幼儿一生的发展打好基础。一方面是对联合国教科文组织提出的终身学习、终身教育理念的诠释，另一方面则是从国家政策的高度强调与凸显了学前教育在我国终身教育体系及学校教育制度中的重要地位与价值。无论在总则、五大领域的教育内容与要求、组织与实施，还是教育评价中，《纲要》通篇均体现出对学前教育这种起始阶段与奠基性价值的深刻认识与高度重视。

2. 凸显“以人为本”的教育理念

“以人为本”“以幼儿为本”是《纲要》的突出特点。首先，从儿童权利保护的角度,《纲要》倡导尊重幼儿的人格、保障幼儿权利、促进幼儿全面和谐发展的儿童观;其次,从幼儿园教育对个体一生发展的意义角度,《纲要》明确提出要“为幼儿一生的发展打好基础”,“共同为幼儿的发展创造良好的条件”,“满足他们多方面发展的需要,使他们在快乐的童年生活中获得有益于身心发展的经验”;再次,从幼儿身心发展特点的角度,《纲要》多处强调应尊重幼儿身心发展的规律和学习特点,促进每个幼儿在不同水平上的发展,促进每个幼儿富有个性地发展。

3. 着眼全面发展,强调情感、态度与习惯的培养

《纲要》另一个突出特点即从个体身心发展客观规律出发,着眼于幼儿的全面发展。这种全面发展的理念体现在以下几个方面:第一,体现在对幼儿身心各方面发展的整体性与整合性的理解与强调,特别是凸显各个领域中幼儿积极情感、态度的养成,而非单纯强调技能与能力的获得。各领域的目标表述较多地使用了“体验、感受、喜欢、乐意”等词汇,突出了情感、态度、价值观等方面的取向;第二,体现在注重幼儿良好习惯的养成上,各领域教育目标、教育内容与要求中均强调习惯形成,强调自理与独立自主习惯的形成,强调合作、参与探究的愿望习惯;第三,全面发展的理念还体现和渗透到五大领域的相对性划分、五大领域之间的相互渗透与融合,以及每个领域内教育内容与要求、组织实施及评价中的各领域联系、融通的要求与评价原则。

二、《国务院关于当前发展学前教育的若干意见》解读

改革开放以来,随着社会政治、经济、文化的发展,学前教育的发展力度也逐渐加强,特别是随着我国教育法制的逐步完善,《教育法》《幼儿园管理条例》《幼儿园工作规程》(1996 年)的颁布,以及世纪之交《纲要》的制定与施行,使我国学前教育事业有了很大发展,普及程度逐步提高。但从整体上看,学前教育仍然是各级各类教育中的薄弱环节,集中表现在资源短缺、投入不足,必须努力解决这些问题。《国务院关于当前发展学前教育的若干意见》(以下简称《国十条》)正是在这样的背景下于 2010 年 11 月颁布的,它立足当前、兼顾长远,是积极发展学前教育,特别是着力破解“入园难”的动员令,对提高全社会就学前教育重要性的认识、促进亿万儿童健康成长、推动我国学前教育事业发展、保障和改善民生,均发挥着极为重要的作用。下文将从《国十条》的研制背景、主要内容与特点三方面进行解读与分析。

(一)《国十条》的研制背景

正如《国十条》开篇所阐明的,该政策制定的初衷亦即宗旨,即“为贯彻落实党的十七届五中全会、全国教育工作会议精神和《国家中长期教育改革和发展规

划纲要(2010—2020 年)》，积极发展学前教育，着力解决当前存在的‘入园难’问题，满足适龄儿童入园需求，促进学前教育事业科学发展”。

1.《国家中长期教育改革和发展规划纲要(2010—2020 年)》在学前领域的贯彻落实

2010 年，我国正式颁布了《国家中长期教育改革和发展规划纲要(2010—2020 年)》(以下简称《规划纲要》)。《规划纲要》对我国教育事业改革与发展从总体战略、发展任务、体制改革等方面作出了战略设计与整体规划，其中在第一部分“总体战略”中即明确提出：到 2020 年，“实现更好水平的普及教育”，“基本普及学前教育”，“形成惠及全民的公平教育”，“坚持教育的公益性和普惠性，保障公民依法享有接受良好教育的机会”的战略目标。在第二部分“发展任务”的首章进一步对我国学前教育改革与发展作出战略规划，提出“基本普及学前教育”“明确政府职责”“重点发展农村学前教育”三大目标与发展重点。如何真正实现在全国范围内基本普及学前教育，如何坚持学前教育的公益性与普惠性，如何明晰和强化学前教育事业发展中的政府职责，如何大力发展农村学前教育等，这一系列发展目标与指导原则均需进一步细化、明确，需要在学前教育领域深入贯彻、落实，落地生根、开花结果。《国十条》正是在此背景下应运而生。

2.“入园难”“入园贵”问题亟待破解

2009 年统计数据显示，我国全国幼儿园共有 13.8 万所，在园儿童 2657.8 万人，学前三年毛入园率为 51%，距离基本普及学前教育的目标还有相当一段距离。而《国十条》重点之一即突出强调学前教育的社会公益属性，着力破解“入园难”“入园贵”问题，因而明确指出，未来我国在大力发展公办园的同时还会采取多种措施来鼓励和扶持社会力量办学，为家长提供多层次、多样化的选择空间。同时，发展学前教育的重点在农村，难点也在农村。当时我国将近一半未能接受学前教育的适龄儿童，大多数在中西部乡镇地区，因而《国十条》在研制过程中也尤其关注我国农村学前教育的发展，旨在努力扩大农村学前教育资源，逐步完善县、乡、村三级的学前教育网络，使广大农村幼儿也能享有接受学前教育的机会，促进我国学前教育的均衡发展和真正实现学前教育公平。

3. 学前教育发展短板有待加强、体制机制有待完善

作为基础教育和国民教育的组成部分，学前教育的发展对我国教育事业的整体发展意义重大。但学前教育的发展水平和质量尚不能满足社会的需要，“学前教育仍是各级各类教育中的薄弱环节”，主要表现在还存在一系列发展短板，如教育资源短缺、投入不足、幼教师资队伍不健全、城乡区域发展不平衡，以及学前教育发展体制机制不完善等，这些短板已经成为制约我国学前教育事业健康持续发展的重要因素。因而需要从国家政策顶层设计的角度，对解决这些

问题补齐短板，健全体制机制，提出战略规划、指导原则与切实办法。《国十条》的主要内容即紧紧围绕上述我国学前教育事业发展中亟待解决的问题，统一并明确认识、确立基本原则、提出应对举措、完善相关体制机制，对我国学前教育事业发展提出指导意见的同时，也为学前教育事业改革与发展提供了更为广阔的空间和机遇。

(二)《国十条》的主要内容

《国务院关于当前发展学前教育的若干意见》中就我国学前教育事业改革与发展提出了十条意见，《国十条》的简称由此而来。这十条意见可归纳为以下四大方面：

1. 明确学前教育基本属性，凸显其地位与价值

《国十条》中第一条首先明确了我国学前教育的基本属性，“学前教育是终身学习的开端，是国民教育体系的重要组成部分，是重要的社会公益事业”，“发展学前教育，必须坚持公益性和普惠性，努力构建覆盖城乡、布局合理的学前教育公共服务体系，保障适龄儿童接受基本的、有质量的学前教育”；并提出要更加重视学前教育的发展，应“把发展学前教育摆在更加重要的位置”，“办好学前教育，关系亿万儿童的健康成长，关系千家万户的切身利益，关系国家和民族的未来”；并在此基础上提出，各级政府也要“充分认识发展学前教育的重要性和紧迫性，将大力发展学前教育作为贯彻落实教育规划纲要的突破口，作为推动教育事业科学发展的重要任务，作为建设社会主义和谐社会的重大民生工程，纳入政府工作重要议事日程，切实抓紧抓好”。

2. 普及与质量并重，多管齐下应对“入园难”

提高普及率、保证有质量的科学的保教，普及与质量在我国学前教育改革与发展中同样重要。《国十条》第二条重点就多种形式扩大学前教育资源提出指导意见，包括以下几项途径与措施：第一，“大力发展公办幼儿园，提供‘广覆盖、保基本’的学前教育公共服务”，政府投入“新建、改建、扩建一批安全、适用的幼儿园”；第二，“鼓励优质公办幼儿园举办分园或合作办园”，并“制定优惠政策，支持街道、农村集体举办幼儿园”；第三，“鼓励社会力量以多种形式举办幼儿园”，特别是“积极扶持民办幼儿园特别是面向大众、收费较低的普惠性民办幼儿园发展”；第四，《国十条》还尤其强调“努力扩大农村学前教育资源”，“重点建设农村幼儿园”。通过“乡镇和大村独立建园，小村设分园或联合办园，人口分散地区举办流动幼儿园、季节班等”多种形式，“逐步完善县、乡、村学前教育网络”，并“着力保障留守儿童入园”。

除多种形式大力扩展城乡学前教育办园规模，促进学前教育普及率提升，着力解决“入园难”问题外，《国十条》第八条还对幼儿园保教工作内容与质量提

出指导意见。强调幼儿园保教工作要“遵循幼儿身心发展规律，面向全体幼儿，关注个体差异，坚持以游戏为基本活动”，要“防止和纠正幼儿园教育‘小学化’倾向”；同时，要“建立幼儿园保教质量评估监管体系”，“健全学前教育教研指导网络”，并“把幼儿园教育和家庭教育紧密结合，共同为幼儿的健康成长创造良好环境”。

3. 夯实三大保障：政府职责、财政投入、师资队伍

如果说《国十条》为我国学前教育事业发展注入了一剂强心针，那么其中就学前教育政府职责、财政投入与幼教师资队伍提出的指导意见与要求，切切实实为学前教育改革与发展提供了坚实有力的条件保障。第一，应该说《国十条》基于对学前教育公益性的理解，通篇均强调各级政府在发展学前教育事业中的责任与担当，特别是在第九条“完善工作机制，加强组织领导”和第十条“统筹规划，实施学前教育三年行动计划”中，对学前教育政府职责的表述更为集中和细化。提出“各级政府要加强对学前教育的统筹协调，健全教育部门主管、有关部门分工负责的工作机制，形成推动学前教育发展的合力”；“地方政府是发展学前教育、解决‘入园难’问题的责任主体。各省（区、市）要建立督促检查、考核奖惩和问责机制，确保大力发展学前教育的各项举措落到实处，取得实效”。并对政府各相关部门——机构编制、发展改革、财政、城乡建设与国土资源、人力资源和社会保障、价格、财政、教育、综治、公安、卫生、民政、工商、质检、安全生产监管、食品药品监管——的学前教育职责分工加以明晰，提出明确要求。

第二，稳定充足的经费是办好学前教育必不可少的重要保障条件。《国十条》第四条明确提出要“多种渠道加大学前教育投入”。不仅提出“各级政府要将学前教育经费列入财政预算”，“新增教育经费要向学前教育倾斜”，还要求“各地根据实际研究制定公办幼儿园生均经费标准和生均财政拨款标准”，“财政性学前教育经费在同级财政性教育经费中要占合理比例，未来三年要有明显提高”。在此基础上，提出要加大对弱势地区弱势人群学前教育的财政支持力度：“中央财政设立专项经费，支持中西部农村地区、少数民族地区和边疆地区发展学前教育和学前双语教育”，“地方政府要加大投入，重点支持边远贫困地区和少数民族地区发展学前教育”，“建立学前教育资助制度，资助家庭经济困难儿童、孤儿和残疾儿童接受普惠性学前教育”。

第三，无论是学前教育规模的扩大，还是学前教育质量的提升，高质量的幼教师资队伍无疑均是其中的关键因素。《国十条》第三条重点围绕“多种途径加强幼儿教师队伍建设”，提出“加快建设一支师德高尚、热爱儿童、业务精良、结构合理的幼儿教师队伍”。并在此基础上明确提出一系列具体举措与指导，如

"各地根据国家要求，结合本地实际，合理确定生师比，核定公办幼儿园教职工编制，逐步配齐幼儿园教职工"；"健全幼儿教师资格准入制度，严把入口关"，"国家颁布幼儿教师专业标准"；"依法落实幼儿教师地位和待遇"，"切实维护幼儿教师权益，完善落实幼儿园教职工工资保障办法、专业技术职称(职务)评聘机制和社会保障政策"，"对长期在农村基层和艰苦边远地区工作的公办幼儿教师，按国家规定实行工资倾斜政策"；"完善学前教育师资培养培训体系"，"加大面向农村的幼儿教师培养力度，扩大免费师范生学前教育专业招生规模"，"重视对幼儿特教师资的培养"，并在此基础上提出具体培训目标——"三年内对1万名幼儿园园长和骨干教师进行国家级培训。各地五年内对幼儿园园长和教师进行一轮全员专业培训"。

4. 加强学前教育监管制度

《国十条》中对我国学前教育改革与发展中的若干制度建设及其完善提出了一系列指导意见，涉及幼儿园准入制度、安全监管制度、收费管理制度等。如第五条"加强幼儿园准入管理"中提出"完善法律法规，规范学前教育管理。严格执行幼儿园准入制度。各地根据国家基本标准和社会对幼儿保教的不同需求，制定各种类型幼儿园的办园标准，实行分类管理、分类指导"，"县级教育行政部门负责审批各类幼儿园，建立幼儿园信息管理系统，对幼儿园实行动态监管"，"完善和落实幼儿园年检制度"，"未取得办园许可证和未办理登记注册手续，任何单位和个人不得举办幼儿园"，"分类治理、妥善解决无证办园问题"。第六条"强化幼儿园安全监管"中提出"各地要高度重视幼儿园安全保障工作，加强安全设施建设，配备保安人员，健全各项安全管理制度和安全责任制，落实各项措施，严防事故发生"，"建立全覆盖的幼儿园安全防护体系，切实加大工作力度，加强监督指导"，"幼儿园要提高安全防范意识，加强内部安全管理"。第七条"规范幼儿园收费管理"中则提出国家有关部门"出台幼儿园收费管理办法"，"省级有关部门根据城乡经济社会发展水平、办园成本和群众承受能力，按照非义务教育阶段家庭合理分担教育成本的原则，制定公办幼儿园收费标准"，"幼儿园实行收费公示制度，接受社会监督。加强收费监管，坚决查处乱收费"，同时"加强民办幼儿园收费管理，完善备案程序，加强分类指导"。

(三)《国十条》的主要特点

《国务院关于当前发展学前教育的若干意见》针对我国学前教育的薄弱环节，对未来学前教育改革与发展提出一系列重大意见与指导原则，成为新时期指导我国学前教育事业发展的重要纲领性文件与国家政策。其主要特点体现在以下几个方面：

1. 集中体现党和国家对学前教育的高度重视

近年来，党中央、国务院高度重视学前教育，《国家中长期教育改革和发展规划纲要(2010—2020年)》提出到2020年基本普及学前教育的发展目标，这是国家在2000年基本普及义务教育之后，为实现更高水平的普及教育而作出的又一重大决策。党中央、国务院领导多次批示，要求把积极发展学前教育、着力解决“入园难”作为贯彻落实《规划纲要》的突破口和紧迫任务，充分体现了新时期新阶段党和国家对推动学前教育改革和发展的高度重视。《国十条》正是在这样的背景下研制出台的，其提出的十点对我国学前教育改革与发展的指导意见，立足当前，兼顾长远，是积极发展学前教育、着力破解“入园难”的动员令，对全社会对学前教育的重视，促进亿万儿童健康成长，推动我国学前教育事业改革与发展，以及切实保障和改善民生，均发挥着极为重要的作用。

2. 国家层面确立学前教育发展的基本原则

《国十条》整体篇幅并不长，但句句铿锵有力，从党和国家的高度对学前教育事业发展中的若干重大问题提出高屋建瓴的指导意见，确立了学前教育改革与发展应遵循的若干基本原则：第一，《国十条》把学前教育摆在国计民生的重要位置，突出强调了它的教育属性和社会公益属性。明确指出学前教育是国民教育体系的重要组成部分，是重要的社会公益事业。因此，发展学前教育必须坚持公益性和普惠性。第二，在坚持公益性和普惠性的基础上，发展学前教育要兼顾质和量两个方面，因此要努力构建覆盖城乡、布局合理的学前教育公共服务体系，保障适龄儿童接受基本的、有质量的学前教育[①]。要重点扶持农村地区、艰苦边远地区等弱势区域、弱势群体的学前教育发展。第三，必须坚持政府主导，落实各级政府责任，明晰各级政府各相关部门、单位的学前教育职责与分工，必须坚持改革创新，破除体制机制障碍，充分调动各方面的积极性，形成合力，共同促进学前教育事业稳步发展。第四，必须坚持因地制宜，一切从实际出发。准确掌握各地学前教育基本状况和存在的突出问题，结合当地经济社会发展状况和适龄人口分布、变化趋势，科学测算学前教育布局。第五，必须坚持科学保教，遵循幼儿身心发展规律。保教工作内容必须符合幼儿身心发展规律与教育教学基本规律，要避免“小学化”倾向，要兼顾全体与个体，健全学前教育教研指导网络。

3. 明确学前教育性质、明晰政府职责

《国十条》从开篇至贯穿全文多处提法，均反复明确和凸显学前教育的“公益性和普惠性”，“学前教育是终身学习的开端，是国民教育体系的重要组成部分，是重要的社会公益事业”，这是确立一切学前教育发展原则与指导意见的基础与关键。进而提出要“努力构建覆盖城乡、布局合理的学前教育公共服务体系，保

---

① 教育部基础教育二司负责人就《国务院关于当前发展学前教育的若干意见》答记者问[EB/OL]. [2017-11-03]. http://www.moe.gov.cn.

障适龄儿童接受基本的、有质量的学前教育”，必须“坚持政府主导，社会参与，公办民办并举，落实各级政府责任，充分调动各方面积极性”，必须“坚持改革创新，着力破除制约学前教育科学发展的体制机制障碍”，必须“坚持科学育儿，遵循幼儿身心发展规律，促进幼儿健康快乐成长”等重要发展方向与指导意见。

4. 瞄准学前教育薄弱环节，保障财政与师资投入

《国十条》提出要深入调查，准确掌握学前教育的基本状况和存在的突出问题，科学测算未来学前教育需求，确定发展目标、分解年度任务，制定三年行动计划，重点解决“入园难”问题，并通过集中人力、物力、财力的投入，保证打好这场攻坚战[①]。

首先，保证并加大学前教育财政投入是《国十条》最为突出的特点之一，也是该政策破解学前教育问题的重要举措之一。《国十条》关于政府加大学前教育投入的相关政策可以概括为“五有”：一是预算有科目，将学前教育经费列入各级政府的财政预算。二是增量有倾斜，新增教育经费要向学前教育倾斜。三是投入有比例，财政性学前教育经费要在同级财政性教育经费中占合理比例。四是拨款有标准，制定公办幼儿园生均经费标准和生均财政拨款标准。五是资助有制度，制定对困难群体资助制度。

其次，发展学前教育，必须加快建设一支师德高尚、热爱儿童、业务精良、结构合理的幼儿教师队伍。《国十条》从体制机制上明确提出四方面重要措施：一是核定公办幼儿园教职工编制，要按照规定的配备标准对公办幼儿园进行核编、逐步配齐。二是落实工资、职称等方面的待遇。要完善落实幼儿园教职工工资保障办法和幼儿教师专业技术职称评聘机制，切实维护教师权益。三是完善落实社会保障政策。按照社会保障改革的政策和方向，完善幼儿园教职工社会保障办法，这方面要特别检查和督促社会力量举办的幼儿园落实教职工的社会保障。四是加强幼儿园园长和教师的培训。三年内对 1 万名幼儿园园长和骨干教师进行国家级培训，各地在五年内完成对园长和教师的全员专业培训。

5. 加强学前教育发展的法制化、规范化与科学性

《国十条》的另一突出特点是强调依法治教，通过各项相关制度的完善使学前教育发展更加规范、科学。一方面，《国十条》明确提出要“完善法律法规，规范学前教育管理”，“严格执行幼儿园准入制度”，“强化幼儿园安全监管”，以及“规范幼儿园收费管理”。另一方面，针对现实中一些违背幼儿身心发展规律的“小学化”现象，《国十条》提出：一是要遵循规律。坚持以儿童发展为本，尊重幼儿身心发展规律，面向全体幼儿，关注个体差异。二是要坚持科学的方法。

---

① 教育部基础教育二司负责人就《国务院关于当前发展学前教育的若干意见》答记者问[EB/OL].[2017-11-03]. http：//www.moe.gov.cn.

必须坚持以游戏为基本活动，保教结合，寓教于乐。三是要创设良好环境。加强对幼儿玩教具、幼儿图书的配备与指导。要把幼儿园教育与家庭教育紧密结合，共同为幼儿的健康成长创造良好环境。四是强化监管。国家颁布幼儿学习与发展指南。各级教育部门要加强对幼儿园教育质量的监管和指导，建立覆盖各类幼儿园的保教质量评估监管体系，不断提高幼儿园的办园水平和教育质量。

三、《3—6岁儿童学习与发展指南》解读

2012年10月，教育部正式发布了《关于印发〈3—6岁儿童学习与发展指南〉的通知》。《3—6岁儿童学习与发展指南》（以下简称《指南》）的颁布与实施继承此前《教育法》《幼儿园管理条例》《幼儿园工作规程》《幼儿园教育指导纲要（试行）》等一系列重要法规、政策的基本理念与保教工作要求的基础上，立足于实现《国家中长期教育改革和发展规划纲要（2010—2020年）》的战略目标，并遵循《国十条》所确立的学前教育发展基本原则与指导意见，经专家研究论证、各方征求意见，提出了3～6岁各年龄段儿童学习与发展目标和相应的教育建议，从健康、语言、社会、科学、艺术五个领域描述幼儿的学习与发展。对帮助幼儿园教师和家长了解3～6岁幼儿学习与发展的基本规律和特点，建立对幼儿发展的合理期望，实施科学的保育和教育，让幼儿度过快乐而有意义的童年，具有重要意义。以下将从《指南》的研制背景、基本框架与内容、主要特点三方面对其进行解读与分析。

（一）《指南》的研制背景与意义

《指南》研制与颁布的这段时间正处于我国高度重视学前教育发展，并先后出台了一系列重要学前教育改革与发展政策举措的时期，其研制背景与意义可以概括为以下方面：

1. 解决学前教育实践问题、引导树立正确儿童观与教育观的需要

《指南》的研制来自解决学前教育实践中若干问题的迫切需要。随着经济发展与社会进步，人们对于学前教育的要求越来越高。尽管我国学前教育事业发展近年来已经取得了长足进步，发展成效显著，但实践中仍存在着一些突出问题。其中就包括，还存在着不正确的儿童观、教育观和教师观，学前教育中还存在着重知识技能、轻情感、态度、习惯的错误倾向，一些学前教育机构的教育内容还存在着“小学化”倾向，人们对“小学化”的错误倾向与科学的“幼小衔接”尚存在混淆，幼儿教师专业能力与水平特别是指导幼儿、师幼互动的能力有待提升等。社会上对什么是正确的儿童观、教师与家长如何践行正确的教育观念、幼儿该怎样发展、以何种方式何种速度发展等问题仍存在模糊不清的看法。这些方面均需要正确教育观念和方向的指引，《指南》正是对上述问题的科学论

证与阐释，它的颁布体现了先进的儿童观、教育观与课程观，着眼于幼儿学习与发展的整体过程，尊重幼儿发展的个体差异，理解幼儿的学习方式和特点，重视幼儿的学习品质。《指南》的实施将有助于“在全社会树立正确的儿童观、教育观和质量观，引导家长更新教育观念，尊重儿童的天性和认知规律，珍惜童年生活的独特价值，支持幼儿园开展科学保教，自觉抵制那些拔苗助长、违反儿童身心健康的错误观念和做法”①。

2. 对《规划纲要》与《国十条》等重要政策的深入贯彻落实

《指南》正式发布的前夕，正是新时期新阶段我国两部重要政策《规划纲要》与《国十条》颁布实施的时间。《规划纲要》提出把提高质量作为教育改革发展的核心任务，树立以提高质量为核心的教育发展观，注重教育内涵发展的战略目标，并确定了到2020年基本普及学前教育的发展目标，促进学前教育事业科学发展。《国十条》也提出“保障适龄儿童接受基本的、有质量的学前教育”，“必须坚持科学育儿，遵循幼儿身心发展规律，促进幼儿健康快乐成长”。因此，《指南》从其调研制定阶段就是在遵循这两部重要政策精神与原则的基础上，对二者在“尊重幼儿身心发展规律、科学开展学前教育保教工作、使幼儿接受有质量的学前教育”方面的基本原则与指导意见的深入贯彻落实。特别是《国十条》出台后，各地积极落实制定学前教育三年行动计划，学前教育事业呈现蓬勃发展的态势。可以说，研究制定《指南》既是贯彻落实《规划纲要》和《国十条》的重要举措，也是我国学前教育改革与发展之必需。

3.“遍及全球”国际项目提供研制契机

近年来，促进教育起点公平，提升学前教育质量，也成为全世界的共识。2002年，联合国儿童基金会启动“遍及全球”项目，从保护儿童权利的初衷出发，通过帮助发展中国家制定明确的早期儿童学习与发展标准，促进学前教育质量的提高，并帮助幼儿做好入小学的准备，推动教育的“起点公平”。正是在此契机下，我国教育部与联合国儿童基金会合作开展了国际项目，启动研制我国早期儿童学习与发展指南。2005年开始，我国教育部基础教育司正式组织专家和相关人员开始研制以幼儿教师和家长为主要使用对象的《指南》，并于2012年正式颁布。

4.《指南》是促进我国学前教育规范化、科学化发展的重要指导

《幼儿园教育指导纲要(试行)》为我国学前教育走向规范化、科学化提供了重要依据，但一方面《纲要》于2001年颁布实施，十年间我国社会经济文化又有了巨大发展，对教育、学前教育特别是高质量学前教育的认识与评价上也有了

① 摘自刘延东同志在全国学前教育工作电视电话会议上的讲话，2010年12月.

新的变化，需要更新与完善；另一方面对于幼儿教师、家长而言，在实施具体的保育教育工作中仍需要更加具体的指导，而《纲要》对幼儿园保教工作、幼儿家庭教育等方面的指导还不够具体、深入，因此需要有更加详细，可操作性、评价性更强的指导文本，《指南》应运而生，它旨在促进我国学前教育朝着更加科学、规范的路径发展，以此提升我国学前教育质量，最终使幼儿成为受益者，并为社会发展作出根本性贡献。

(二)《指南》的基本框架与主要内容

以下将就《指南》的基本框架结构与各部分主要内容进行介绍与分析。

1.《指南》的基本框架

《指南》共分为六大部分：第一部分是说明，第二至第六部分则是分别对健康、语言、社会、科学、艺术这五大领域幼儿学习与发展的阐述。“说明”部分虽不是直接针对儿童学习与发展的描述，但作为《指南》开篇内容也具有非常重要的作用，它阐明了《指南》研制的背景、宗旨、基本结构、实施注意事项等一系列关键问题。

五大领域的内容均按照幼儿学习与发展最基本、最重要的内容划分为若干方面，健康领域包括身心状况、动作发展、生活习惯与生活能力三大方面；语言领域包括倾听与表达、阅读与书写准备两大方面；社会领域包括人际交往、社会适应两大方面；科学领域包括科学探究、数学认知两大方面；艺术领域包括感受与欣赏、表现与创造两大方面。在此基础上，各领域中每个方面均由三部分内容构成：第一，对该领域核心概念、基本教育理念、指导原则等的概述。第二，分年龄段的幼儿学习与发展目标。分别对 3～4 岁、4～5 岁、5～6 岁三个年龄段末期幼儿应该知道什么、能做什么，大致可以达到什么发展水平提出了合理期望，指明了幼儿学习与发展的具体方向，各领域共计 32 个目标。第三，教育建议。依据幼儿的学习与发展目标，列举了一些能够有效帮助和促进幼儿学习与发展的教育途径与方法，同时也指出了错误做法对幼儿身心发展的危害，为广大幼儿教师和家长提供了具体、可操作的指导，各领域教育建议共计 87 条。

2.《指南》的主要内容

《指南》的主体部分即五大领域的幼儿学习与发展目标，以及相应教育建议，每个领域内以其子领域及年龄阶段为横纵两个基本维度，来加以阐明与呈现。

(1)健康领域

健康是指人在身体、心理和社会适应方面的良好状态。幼儿阶段是儿童身体发育和机能发展极为迅速的时期，也是形成安全感和乐观态度的重要阶段。发育良好的身体、愉快的情绪、强健的体质、协调的动作、良好的生活习惯和基本生活能力是幼儿身心健康的重要标志，也是其他领域学习与发展的基础。

健康领域分为“身心状况”“动作发展”和“生活习惯与生活能力”三个方面。“身心状况”包括三项学习与发展目标：目标 1，具有健康的体态；目标 2，情绪安定愉快；目标 3，具有一定的适应能力。“动作发展”包括：目标 1，具有一定的平衡能力，动作协调、灵敏；目标 2，具有一定的力量和耐力；目标 3，手的动作灵活协调。“生活习惯与生活能力”也包括三项学习与发展目标：目标 1，具有良好的生活与卫生习惯；目标 2，具有基本的生活自理能力；目标 3，具备基本的安全知识和自我保护能力。

健康领域着重强调三点：一是幼儿积极、健康的身心状况不仅是身体健康，也包括心理健康；二是身体动作和手的精细动作发展；三是具有良好的生活与卫生习惯、基本的生活自理能力和自我保护能力。建议要为幼儿提供合理均衡的营养、充足的睡眠、适宜的锻炼和有规律的生活，让幼儿充分感受到亲情和关爱，保持愉快的情绪，形成安全感和信赖感。反对成人过度保护和包办代替，养成幼儿过于依赖的不良习惯。

(2)语言领域

语言是交流和思维的工具。幼儿期是语言发展，特别是口语发展的重要时期。幼儿语言的发展贯穿于各个领域，也对其他领域的学习与发展有着重要的影响：幼儿在运用语言进行交流的同时，也在发展着人际交往能力、理解他人和判断交往情境的能力、组织自己思想的能力。通过语言获取信息，幼儿的学习逐步超越个体的直接感知”。

语言领域从“倾听与表达”“阅读与书写准备”两个方面，提出 6 项幼儿学习与发展目标，及其教育建议。“倾听与表达”的目标包括：目标 1，认真听并能听懂常用语言；目标 2，愿意讲话并能清楚地表达；目标 3，具有文明的语言习惯。“阅读与书写准备”的目标包括：目标 1，喜欢听故事，看图书；目标 2，具有初步的阅读理解能力；目标 3，具有书面表达的愿望和初步技能。

语言领域的学习与发展重点在于培养幼儿的口语交流能力，培养幼儿的阅读兴趣、习惯，以及初步的阅读理解能力。在教育建议方面，强调要积极为幼儿提供与同伴和成人交流的机会，提供丰富、适宜的低幼读物，经常和幼儿一起看图书、讲故事。强调要在生活情境和阅读活动中萌发幼儿对文字的兴趣，反对通过机械记忆和强化训练过早识字。

(3)社会领域

幼儿社会领域的学习与发展过程是其社会性不断完善并奠定健全人格基础的过程。人际交往和社会适应是幼儿社会学习的主要内容，也是其社会性发展的基本途径。幼儿在与成人和同伴交往的过程中，不仅学习如何与人友好相处，也在学习如何看待自己、对待他人，不断发展适应社会生活的能力。良好的社会性发展对幼儿身心健康和其他各方面的发展都具有重要影响。

社会领域包括“人际交往”和“社会适应”两个方面的幼儿学习与发展目标，其中“人际交往”包括：目标1，愿意与人交往；目标2，能与同伴友好相处；目标3，具有自尊、自信、自主的表现；目标4，关心尊重他人。“社会适应”目标也包括三项：目标1，喜欢并适应群体生活；目标2，遵守基本的行为规范；目标3，具有初步的归属感。

社会领域的学习与发展目标着重强调了三点：一是培养幼儿的交往愿望与交往能力；二是学习自尊、自主和自信；三是关心和尊重他人，逐步适应群体生活，遵守基本的行为规范。相关教育建议强调要为幼儿创设温暖、关爱和平等的家庭和集体生活氛围，建立良好的亲子关系、同伴关系和师生关系；强调幼儿的社会性是在日常生活和游戏中通过观察和模仿潜移默化地发展起来的，因而成人的榜样作用至关重要。

(4)科学领域

幼儿的科学学习是在探究具体事物和解决实际问题中，尝试发现事物间的异同和联系的过程。幼儿在对自然事物的探究和运用数学解决实际生活问题的过程中，不仅获得丰富的感性经验，充分发展形象思维，而且初步尝试归类、排序、判断、推理，逐步发展逻辑思维能力，为其他领域的深入学习奠定基础。

科学领域从“科学探究”和“数学认知”两个方面，提出6项目标。“科学探究”的目标包括：目标1，亲近自然，喜欢探究；目标2，具有初步的探究能力；目标3，在探究中认识周围事物和现象。“数学认知”方面的目标包括：目标1，初步感知生活中数学的有用和有趣；目标2，感知和理解数、量及数量关系；目标3，感知形状与空间关系。

科学领域强调幼儿的科学学习应注重激发幼儿的探究兴趣，体验探究过程，培养初步的探究能力；幼儿的数学学习应注重在生活和游戏中感知数学的有用和有趣，初步理解数量关系、形状与空间关系，培养初步的逻辑思维能力。在教育建议方面，强调成人要善于发现和保护幼儿的好奇心、求知欲，注重探究过程，引导幼儿通过观察、比较、操作、实验等方法，学习发现问题、分析问题和解决问题。反对提前学习小学教育内容，反对强化训练某些知识和技能。

(5)艺术领域

“艺术是人类感受美、表现美和创造美的重要形式，也是表达自己对周围世界的认识和情绪态度的独特方式”，“每个幼儿心里都有一颗美的种子”。幼儿艺术领域学习的关键在于充分创造条件和机会，在大自然和社会文化生活中萌发幼儿对美的感受和体验，丰富其想象力和创造力，引导幼儿学会用心灵去感受和发现美，用自己的方式去表现和创造美。

艺术领域包含“感受与欣赏”“表现与创造”两个维度。“感受与欣赏”包含两项目标：目标1，喜欢自然界与生活中美的事物；目标2，喜欢欣赏多种多样的艺术形式和作品。“表现与创造”也包含两项目标：目标1，喜欢进行艺术活动并大胆表现；目标2，具有初步的艺术表现与创造能力。

艺术领域强调让幼儿学会发现和感受自然界与生活中美的事物，让幼儿欣赏多种艺术形式和作品，萌发对美的感受和体验；鼓励和支持幼儿自发的艺术表现和创造，培养初步的艺术表现能力与创造能力。在教育建议方面，着重强调要在日常生活中萌发幼儿对美的感受和体验；要充分理解和尊重幼儿的艺术想象、表现和创造，不用成人的审美标准去评判幼儿；不追求技能训练。

(三)《指南》的主要特点

研制与颁布《指南》是对《规划纲要》的深入贯彻，是对《国十条》的落实，也是为了使广大幼儿园教师和家长深入、科学地了解3～6岁幼儿学习与发展的基本规律和特点，全面提高科学保教水平。《指南》的研制与颁布基于国内专家组的广泛调研论证，以及对国内外先进教育理念的吸收与借鉴，其主要特点即科学的儿童观与教育观，集中体现在以下方面：

1. 关注幼儿学习与发展的整体性

个体的发展是一个身心共同发展，认知、情感、个性与社会性等心理发展各方面相互关联、相互影响的过程。因此，科学的学前教育关注幼儿的全面发展。这正是《指南》对幼儿各领域学习与发展目标、教育建议的研制与表述中最为突出的特点之一。因而在理解和运用《指南》各领域的目标及要求时，应从幼儿的全面发展出发，注重各领域之间、目标之间的相互渗透和整合，促进幼儿身心健康、协调、全面发展，绝不能片面强调和追求幼儿在某一方面和几个方面的发展，而忽视其他方面。

2. 尊重幼儿发展的个体差异性

幼儿发展的速度和在各领域的表现存在明显的个体差异，《指南》中也特别强调和体现了对幼儿发展个体差异性的尊重，倡导用正确的态度和行为去关心幼儿、观察幼儿、理解幼儿、尊重幼儿，遵循幼儿的成长规律与年龄特点的同时，也要关注和尊重幼儿的差异与个体需求，为幼儿成长创设宽松、适宜的条件和环境，因势利导，因材施教。这也要求我们应正确理解《指南》提出的幼儿学习与发展目标及典型表现，这是幼儿教师和家长观察了解幼儿的参照，但不是评价和衡量幼儿发展快与慢、好与坏的“标尺”，绝不能简单地对照指标评判幼儿，不能“一刀切”，更不能将《指南》作为分领域训练的“清单”，为追求“达标”而对幼儿进行强化训练。

3. 理解幼儿的学习方式和特点

幼儿是学习与发展的主体，只有积极主动地学习才能促进幼儿学习与发展。

教育者要理解、尊重幼儿兴趣性、活动性、重复性等方面的学习方式和特点，为幼儿创造机会和条件，注重激发和保护幼儿的求知欲和学习兴趣，调动幼儿学习的积极性和主动性，鼓励、支持和引导幼儿去主动探究和学习。《指南》在各领域学习与发展目标中多处体现出这一理念，并在教育建议中提出相应指导要求与建议，以帮助幼儿教师与家长根据幼儿特点，了解并遵循幼儿独特的学习方式与特点，确定适合其身心状况的合理发展目标；根据幼儿的兴趣和需要，制订有针对性的活动目标，选择活动内容，提供丰富、适宜的玩教具和游戏材料，并善于把握蕴含其中的教育契机，促进每个幼儿在原有水平上更好地发展。

4. 重视幼儿的学习品质

幼儿的学习与发展是其一生发展的基础，教育者应认识到，学前教育不是仅关注幼儿学习了哪些具体的知识技能，而且要关注幼儿是怎样学习的、从中获得了怎样的发展。童年生活对个体一生发展具有不可取代的独特价值，因而要充分认识生活和游戏对幼儿成长的教育价值，把握蕴含其中的教育契机，让幼儿在一日生活中，在与同伴和成人的交往中感知体验、分享合作、享受快乐。应最大限度地满足和支持幼儿通过直接感知、实际操作和亲身体验获取经验的需要，严禁“拔苗助长”式的超前教育和强化训练，而应更加重视幼儿的学习品质。这是《指南》所体现出的另一重要特点。

此外，在理解和运用《指南》的过程中还应注意以下几点：第一，《指南》中的教育建议需要幼儿教师和家长根据儿童发展水平、当前当地特点灵活运用。如果幼儿的行为特点与《指南》不完全一致，不可以简单地、轻率地对幼儿发展的好坏作判断。因为《指南》的目标不是幼儿发展的准则，而是指引的方向。那种完全以《指南》为“量表”不考虑实际情况的做法是必须杜绝的。第二，《指南》的教育目标是导向性和引导性的，而不是“一刀切”式的标准。由于幼儿个体发展具有的差异性以及教育活动实施过程的复杂性，该政策本文最终并没有采用“标准”一词来命名，而是使用了“指南”一词，并以此强调其“指导”“导向”的作用，用意也正在于此。第三，《指南》不仅是对幼儿园保教工作和幼儿教师的指导，其中的教育理念和教育建议也能够使家长形成对幼儿发展过程、幼儿教育本质的正确认识，对家长实施科学的学前期家庭教育也具有明确的指导作用。当然，广大家长并非专业的幼儿教育工作者，在使用《指南》过程中需要幼儿园、教育部门等的专业支持，教育部印发的《〈3—6 岁儿童学习与发展指南〉家长宣传册》将幼儿发展的规律和家庭教育的方法做了进一步梳理，可以为家长们所参考。第四，《指南》并不能完全替代此前的《纲要》，《纲要》对幼儿园保教工作的指导与规范相对更加宏观，且主要针对幼儿园及幼儿教师；而《指南》则是丰富、发展并细化了《纲要》的教育目标和教育指导手段，指导范围和适用人群也更加广泛。

【本章小结】

未成年人依法享有生存权、发展权、受保护权、参与权、受教育权等各项权利。保护未成年人的工作应遵循三大原则——尊重未成年人的人格尊严，适应未成年人身心发展的规律和特点，教育与保护相结合。新版《规程》在幼儿园的定位与任务、幼儿的地位与需求、教职工的素质与要求和幼儿园的安全管理等方面提出了新要求。《专业标准》从专业理念与师德、专业知识和专业能力三个维度对合格的幼儿园教师提出了要求。

【讨论与思考】

1. 请结合《幼儿园教师专业标准》中的相关要求，对自己的专业理念、专业知识和专业能力进行分析，找出自己的强项和弱项，并思考如何进一步提升。

2. 请思考《幼儿园工作规程》《幼儿园教育指导纲要（试行）》《3—6岁儿童学习与发展指南》之间有何内在联系。如何在实践中有效运用它们？

3. 请列举：近十年内还有哪些与学前教育相关的政策出台。

【推荐阅读】

1. 何杰等：《学前教育法规理论与实务》，北京师范大学出版社，2017年版。

2. 法律出版社法规中心：《中华人民共和国教育法典》，法律出版社，2015年版。

3. 洪秀敏：《幼儿园教师必知的60条教育政策与法规》，中国轻工业出版社，2014年版。

附　录

附录一

中华人民共和国教育法

（1995 年 3 月 18 日第八届全国人民代表大会第三次会议通过；根据 2009 年 8 月 27 日第十一届全国人民代表大会常务委员会第十次会议《关于修改部分法律的决定》第一次修正；根据 2015 年 12 月 27 日第十二届全国人民代表大会常务委员会第十八次会议《关于修改〈中华人民共和国教育法〉的决定》第二次修正）

目　录

第一章　总　　则

第一条　为了发展教育事业，提高全民族的素质，促进社会主义物质文明和精神文明建设，根据宪法，制定本法。

第二条　在中华人民共和国境内的各级各类教育，适用本法。

第三条　国家坚持以马克思列宁主义、毛泽东思想和建设有中国特色社会主义理论为指导，遵循宪法确定的基本原则，发展社会主义的教育事业。

第四条　教育是社会主义现代化建设的基础，国家保障教育事业优先发展。

全社会应当关心和支持教育事业的发展。

全社会应当尊重教师。

第五条　教育必须为社会主义现代化建设服务、为人民服务，必须与生产劳动和社会实践相结合，培养德、智、体、美等方面全面发展的社会主义建设者和接班人。

第六条　教育应当坚持立德树人，对受教育者加强社会主义核心价值观教育，增强受教育者的社会责任感、创新精神和实践能力。

国家在受教育者中进行爱国主义、集体主义、中国特色社会主义的教育，进行理想、道德、纪律、法治、国防和民族团结的教育。

第七条　教育应当继承和弘扬中华民族优秀的历史文化传统，吸收人类文明发展的一切优秀成果。

第八条　教育活动必须符合国家和社会公共利益。

国家实行教育与宗教相分离。任何组织和个人不得利用宗教进行妨碍国家教育制度的活动。

第九条　中华人民共和国公民有受教育的权利和义务。

公民不分民族、种族、性别、职业、财产状况、宗教信仰等，依法享有平等的受教育机会。

第十条　国家根据各少数民族的特点和需要，帮助各少数民族地区发展教育事业。

国家扶持边远贫困地区发展教育事业。

国家扶持和发展残疾人教育事业。

第十一条　国家适应社会主义市场经济发展和社会进步的需要，推进教育改革，推动各级各类教育协调发展、衔接融通，完善现代国民教育体系，健全终身教育体系，提高教育现代化水平。

国家采取措施促进教育公平，推动教育均衡发展。

国家支持、鼓励和组织教育科学研究，推广教育科学研究成果，促进教育质量提高。

第十二条　国家通用语言文字为学校及其他教育机构的基本教育教学语言文字，学校及其他教育机构应当使用国家通用语言文字进行教育教学。

民族自治地方以少数民族学生为主的学校及其他教育机构，从实际出发，使用国家通用语言文字和本民族或者当地民族通用的语言文字实施双语教育。

国家采取措施，为少数民族学生为主的学校及其他教育机构实施双语教育提供条件和支持。

第十三条　国家对发展教育事业作出突出贡献的组织和个人，给予奖励。

第十四条　国务院和地方各级人民政府根据分级管理、分工负责的原则，领导和管理教育工作。

中等及中等以下教育在国务院领导下，由地方人民政府管理。

高等教育由国务院和省、自治区、直辖市人民政府管理。

第十五条　国务院教育行政部门主管全国教育工作，统筹规划、协调管理全国的教育事业。

县级以上地方各级人民政府教育行政部门主管本行政区域内的教育工作。

县级以上各级人民政府其他有关部门在各自的职责范围内，负责有关的教育工作。

第十六条 国务院和县级以上地方各级人民政府应当向本级人民代表大会或者其常务委员会报告教育工作和教育经费预算、决算情况，接受监督。

第二章 教育基本制度

第十七条 国家实行学前教育、初等教育、中等教育、高等教育的学校教育制度。

国家建立科学的学制系统。学制系统内的学校和其他教育机构的设置、教育形式、修业年限、招生对象、培养目标等，由国务院或者由国务院授权教育行政部门规定。

第十八条 国家制定学前教育标准，加快普及学前教育，构建覆盖城乡，特别是农村的学前教育公共服务体系。

各级人民政府应当采取措施，为适龄儿童接受学前教育提供条件和支持。

第十九条 国家实行九年制义务教育制度。

各级人民政府采取各种措施保障适龄儿童、少年就学。

适龄儿童、少年的父母或者其他监护人以及有关社会组织和个人有义务使适龄儿童、少年接受并完成规定年限的义务教育。

第二十条 国家实行职业教育制度和继续教育制度。

各级人民政府、有关行政部门和行业组织以及企业事业组织应当采取措施，发展并保障公民接受职业学校教育或者各种形式的职业培训。

国家鼓励发展多种形式的继续教育，使公民接受适当形式的政治、经济、文化、科学、技术、业务等方面的教育，促进不同类型学习成果的互认和衔接，推动全民终身学习。

第二十一条 国家实行国家教育考试制度。

国家教育考试由国务院教育行政部门确定种类，并由国家批准的实施教育考试的机构承办。

第二十二条 国家实行学业证书制度。

经国家批准设立或者认可的学校及其他教育机构按照国家有关规定，颁发学历证书或者其他学业证书。

第二十三条 国家实行学位制度。

学位授予单位依法对达到一定学术水平或者专业技术水平的人员授予相应的学位，颁发学位证书。

第二十四条 各级人民政府、基层群众性自治组织和企业事业组织应当采取各种措施，开展扫除文盲的教育工作。

按照国家规定具有接受扫除文盲教育能力的公民，应当接受扫除文盲的教育。

第二十五条 国家实行教育督导制度和学校及其他教育机构教育评估制度。

第三章 学校及其他教育机构

第二十六条 国家制定教育发展规划，并举办学校及其他教育机构。

国家鼓励企业事业组织、社会团体、其他社会组织及公民个人依法举办学校及其他教育机构。

国家举办学校及其他教育机构，应当坚持勤俭节约的原则。

以财政性经费、捐赠资产举办或者参与举办的学校及其他教育机构不得设立为营利性组织。

第二十七条 设立学校及其他教育机构，必须具备下列基本条件：

(一)有组织机构和章程；

(二)有合格的教师；

(三)有符合规定标准的教学场所及设施、设备等；

(四)有必备的办学资金和稳定的经费来源。

第二十八条 学校及其他教育机构的设立、变更和终止，应当按照国家有关规定办理审核、批准、注册或者备案手续。

第二十九条 学校及其他教育机构行使下列权利：

(一)按照章程自主管理；

(二)组织实施教育教学活动；

(三)招收学生或者其他受教育者；

(四)对受教育者进行学籍管理，实施奖励或者处分；

(五)对受教育者颁发相应的学业证书；

(六)聘任教师及其他职工，实施奖励或者处分；

(七)管理、使用本单位的设施和经费；

(八)拒绝任何组织和个人对教育教学活动的非法干涉；

(九)法律、法规规定的其他权利。

国家保护学校及其他教育机构的合法权益不受侵犯。

第三十条 学校及其他教育机构应当履行下列义务：

(一)遵守法律、法规；

(二)贯彻国家的教育方针，执行国家教育教学标准，保证教育教学质量；

(三)维护受教育者、教师及其他职工的合法权益；

(四)以适当方式为受教育者及其监护人了解受教育者的学业成绩及其他有关情况提供便利；

(五)遵照国家有关规定收取费用并公开收费项目；

(六)依法接受监督。

第三十一条　学校及其他教育机构的举办者按照国家有关规定，确定其所举办的学校或者其他教育机构的管理体制。

学校及其他教育机构的校长或者主要行政负责人必须由具有中华人民共和国国籍、在中国境内定居、并具备国家规定任职条件的公民担任，其任免按照国家有关规定办理。学校的教学及其他行政管理，由校长负责。

学校及其他教育机构应当按照国家有关规定，通过以教师为主体的教职工代表大会等组织形式，保障教职工参与民主管理和监督。

第三十二条　学校及其他教育机构具备法人条件的，自批准设立或者登记注册之日起取得法人资格。

学校及其他教育机构在民事活动中依法享有民事权利，承担民事责任。

学校及其他教育机构中的国有资产属于国家所有。

学校及其他教育机构兴办的校办产业独立承担民事责任。

第四章　教师和其他教育工作者

第三十三条　教师享有法律规定的权利，履行法律规定的义务，忠诚于人民的教育事业。

第三十四条　国家保护教师的合法权益，改善教师的工作条件和生活条件，提高教师的社会地位。

教师的工资报酬、福利待遇，依照法律、法规的规定办理。

第三十五条　国家实行教师资格、职务、聘任制度，通过考核、奖励、培养和培训，提高教师素质，加强教师队伍建设。

第三十六条　学校及其他教育机构中的管理人员，实行教育职员制度。

学校及其他教育机构中的教学辅助人员和其他专业技术人员，实行专业技术职务聘任制度。

第五章　受教育者

第三十七条　受教育者在入学、升学、就业等方面依法享有平等权利。

学校和有关行政部门应当按照国家有关规定，保障女子在入学、升学、就业、授予学位、派出留学等方面享有同男子平等的权利。

第三十八条　国家、社会对符合入学条件、家庭经济困难的儿童、少年、青年，提供各种形式的资助。

第三十九条　国家、社会、学校及其他教育机构应当根据残疾人身心特性和需要实施教育，并为其提供帮助和便利。

第四十条　国家、社会、家庭、学校及其他教育机构应当为有违法犯罪行为的未成年人接受教育创造条件。

第四十一条　从业人员有依法接受职业培训和继续教育的权利和义务。

国家机关、企业事业组织和其他社会组织，应当为本单位职工的学习和培训提供条件和便利。

第四十二条　国家鼓励学校及其他教育机构、社会组织采取措施，为公民接受终身教育创造条件。

第四十三条　受教育者享有下列权利：

（一）参加教育教学计划安排的各种活动，使用教育教学设施、设备、图书资料；

（二）按照国家有关规定获得奖学金、贷学金、助学金；

（三）在学业成绩和品行上获得公正评价，完成规定的学业后获得相应的学业证书、学位证书；

（四）对学校给予的处分不服向有关部门提出申诉，对学校、教师侵犯其人身权、财产权等合法权益，提出申诉或者依法提起诉讼；

（五）法律、法规规定的其他权利。

第四十四条　受教育者应当履行下列义务：

（一）遵守法律、法规；

（二）遵守学生行为规范，尊敬师长，养成良好的思想品德和行为习惯；

（三）努力学习，完成规定的学习任务；

（四）遵守所在学校或者其他教育机构的管理制度。

第四十五条　教育、体育、卫生行政部门和学校及其他教育机构应当完善体育、卫生保健设施，保护学生的身心健康。

第六章　教育与社会

第四十六条　国家机关、军队、企业事业组织、社会团体及其他社会组织和个人，应当依法为儿童、少年、青年学生的身心健康成长创造良好的社会环境。

第四十七条　国家鼓励企业事业组织、社会团体及其他社会组织同高等学校、中等职业学校在教学、科研、技术开发和推广等方面进行多种形式的合作。

企业事业组织、社会团体及其他社会组织和个人，可以通过适当形式，支持学校的建设，参与学校管理。

第四十八条　国家机关、军队、企业事业组织及其他社会组织应当为学校组织的学生实习、社会实践活动提供帮助和便利。

第四十九条　学校及其他教育机构在不影响正常教育教学活动的前提下，应当积极参加当地的社会公益活动。

第五十条　未成年人的父母或者其他监护人应当为其未成年子女或者其他被监护人受教育提供必要条件。

未成年人的父母或者其他监护人应当配合学校及其他教育机构，对其未成年子女或者其他被监护人进行教育。

学校、教师可以对学生家长提供家庭教育指导。

第五十一条　图书馆、博物馆、科技馆、文化馆、美术馆、体育馆(场)等社会公共文化体育设施，以及历史文化古迹和革命纪念馆(地)，应当对教师、学生实行优待，为受教育者接受教育提供便利。

广播、电视台(站)应当开设教育节目，促进受教育者思想品德、文化和科学技术素质的提高。

第五十二条　国家、社会建立和发展对未成年人进行校外教育的设施。

学校及其他教育机构应当同基层群众性自治组织、企业事业组织、社会团体相互配合，加强对未成年人的校外教育工作。

第五十三条　国家鼓励社会团体、社会文化机构及其他社会组织和个人开展有益于受教育者身心健康的社会文化教育活动。

第七章　教育投入与条件保障

第五十四条　国家建立以财政拨款为主、其他多种渠道筹措教育经费为辅的体制，逐步增加对教育的投入，保证国家举办的学校教育经费的稳定来源。

企业事业组织、社会团体及其他社会组织和个人依法举办的学校及其他教育机构，办学经费由举办者负责筹措，各级人民政府可以给予适当支持。

第五十五条　国家财政性教育经费支出占国民生产总值的比例应当随着国民经济的发展和财政收入的增长逐步提高。具体比例和实施步骤由国务院规定。

全国各级财政支出总额中教育经费所占比例应当随着国民经济的发展逐步提高。

第五十六条　各级人民政府的教育经费支出，按照事权和财权相统一的原则，在财政预算中单独列项。

各级人民政府教育财政拨款的增长应当高于财政经常性收入的增长，并使按在校学生人数平均的教育费用逐步增长，保证教师工资和学生人均公用经费逐步增长。

第五十七条　国务院及县级以上地方各级人民政府应当设立教育专项资金，重点扶持边远贫困地区、少数民族地区实施义务教育。

第五十八条　税务机关依法足额征收教育费附加，由教育行政部门统筹管理，主要用于实施义务教育。

省、自治区、直辖市人民政府根据国务院的有关规定，可以决定开征用于教育的地方附加费，专款专用。

第五十九条 国家采取优惠措施，鼓励和扶持学校在不影响正常教育教学的前提下开展勤工俭学和社会服务，兴办校办产业。

第六十条 国家鼓励境内、境外社会组织和个人捐资助学。

第六十一条 国家财政性教育经费、社会组织和个人对教育的捐赠，必须用于教育，不得挪用、克扣。

第六十二条 国家鼓励运用金融、信贷手段，支持教育事业的发展。

第六十三条 各级人民政府及其教育行政部门应当加强对学校及其他教育机构教育经费的监督管理，提高教育投资效益。

第六十四条 地方各级人民政府及其有关行政部门必须把学校的基本建设纳入城乡建设规划，统筹安排学校的基本建设用地及所需物资，按照国家有关规定实行优先、优惠政策。

第六十五条 各级人民政府对教科书及教学用图书资料的出版发行，对教学仪器、设备的生产和供应，对用于学校教育教学和科学研究的图书资料、教学仪器、设备的进口，按照国家有关规定实行优先、优惠政策。

第六十六条 国家推进教育信息化，加快教育信息基础设施建设，利用信息技术促进优质教育资源普及共享，提高教育教学水平和教育管理水平。

县级以上人民政府及其有关部门应当发展教育信息技术和其他现代化教学方式，有关行政部门应当优先安排，给予扶持。

国家鼓励学校及其他教育机构推广运用现代化教学方式。

第八章 教育对外交流与合作

第六十七条 国家鼓励开展教育对外交流与合作，支持学校及其他教育机构引进优质教育资源，依法开展中外合作办学，发展国际教育服务，培养国际化人才。

教育对外交流与合作坚持独立自主、平等互利、相互尊重的原则，不得违反中国法律，不得损害国家主权、安全和社会公共利益。

第六十八条 中国境内公民出国留学、研究、进行学术交流或者任教，依照国家有关规定办理。

第六十九条 中国境外个人符合国家规定的条件并办理有关手续后，可以进入中国境内学校及其他教育机构学习、研究、进行学术交流或者任教，其合法权益受国家保护。

第七十条 中国对境外教育机构颁发的学位证书、学历证书及其他学业证书的承认，依照中华人民共和国缔结或者加入的国际条约办理，或者按照国家有关规定办理。

第九章　法 律 责 任

第七十一条　违反国家有关规定，不按照预算核拨教育经费的，由同级人民政府限期核拨；情节严重的，对直接负责的主管人员和其他直接责任人员，依法给予处分。

违反国家财政制度、财务制度，挪用、克扣教育经费的，由上级机关责令限期归还被挪用、克扣的经费，并对直接负责的主管人员和其他直接责任人员，依法给予处分；构成犯罪的，依法追究刑事责任。

第七十二条　结伙斗殴、寻衅滋事，扰乱学校及其他教育机构教育教学秩序或者破坏校舍、场地及其他财产的，由公安机关给予治安管理处罚；构成犯罪的，依法追究刑事责任。

侵占学校及其他教育机构的校舍、场地及其他财产的，依法承担民事责任。

第七十三条　明知校舍或者教育教学设施有危险，而不采取措施，造成人员伤亡或者重大财产损失的，对直接负责的主管人员和其他直接责任人员，依法追究刑事责任。

第七十四条　违反国家有关规定，向学校或者其他教育机构收取费用的，由政府责令退还所收费用；对直接负责的主管人员和其他直接责任人员，依法给予处分。

第七十五条　违反国家有关规定，举办学校或者其他教育机构的，由教育行政部门或者其他有关行政部门予以撤销；有违法所得的，没收违法所得；对直接负责的主管人员和其他直接责任人员，依法给予处分。

第七十六条　学校或者其他教育机构违反国家有关规定招收学生的，由教育行政部门或者其他有关行政部门责令退回招收的学生，退还所收费用；对学校、其他教育机构给予警告，可以处违法所得五倍以下罚款；情节严重的，责令停止相关招生资格一年以上三年以下，直至撤销招生资格、吊销办学许可证；对直接负责的主管人员和其他直接责任人员，依法给予处分；构成犯罪的，依法追究刑事责任。

第七十七条　在招收学生工作中徇私舞弊的，由教育行政部门或者其他有关行政部门责令退回招收的人员；对直接负责的主管人员和其他直接责任人员，依法给予处分；构成犯罪的，依法追究刑事责任。

第七十八条　学校及其他教育机构违反国家有关规定向受教育者收取费用的，由教育行政部门或者其他有关行政部门责令退还所收费用；对直接负责的主管人员和其他直接责任人员，依法给予处分。

第七十九条　考生在国家教育考试中有下列行为之一的，由组织考试的教育考试机构工作人员在考试现场采取必要措施予以制止并终止其继续参加考试；组织考试的教育考试机构可以取消其相关考试资格或者考试成绩；情节严重的，由教育行政部门责令停止参加相关国家教育考试一年以上三年以下；构成违反治安管理行为的，由公安机关依法给予治安管理处罚；构成犯罪的，依法追究刑事责任：

（一）非法获取考试试题或者答案的；

（二）携带或者使用考试作弊器材、资料的；

（三）抄袭他人答案的；

（四）让他人代替自己参加考试的；

（五）其他以不正当手段获得考试成绩的作弊行为。

第八十条　任何组织或者个人在国家教育考试中有下列行为之一，有违法所得的，由公安机关没收违法所得，并处违法所得一倍以上五倍以下罚款；情节严重的，处五日以上十五日以下拘留；构成犯罪的，依法追究刑事责任；属于国家机关工作人员的，还应当依法给予处分：

（一）组织作弊的；

（二）通过提供考试作弊器材等方式为作弊提供帮助或者便利的；

（三）代替他人参加考试的；

（四）在考试结束前泄露、传播考试试题或者答案的；

（五）其他扰乱考试秩序的行为。

第八十一条　举办国家教育考试，教育行政部门、教育考试机构疏于管理，造成考场秩序混乱、作弊情况严重的，对直接负责的主管人员和其他直接责任人员，依法给予处分；构成犯罪的，依法追究刑事责任。

第八十二条　学校或者其他教育机构违反本法规定，颁发学位证书、学历证书或者其他学业证书的，由教育行政部门或者其他有关行政部门宣布证书无效，责令收回或者予以没收；有违法所得的，没收违法所得；情节严重的，责令停止相关招生资格一年以上三年以下，直至撤销招生资格、颁发证书资格；对直接负责的主管人员和其他直接责任人员，依法给予处分。

前款规定以外的任何组织或者个人制造、销售、颁发假冒学位证书、学历证书或者其他学业证书，构成违反治安管理行为的，由公安机关依法给予治安管理处罚；构成犯罪的，依法追究刑事责任。

以作弊、剽窃、抄袭等欺诈行为或者其他不正当手段获得学位证书、学历证书或者其他学业证书的，由颁发机构撤销相关证书。购买、使用假冒学位证书、学历证书或者其他学业证书，构成违反治安管理行为的，由公安机关依法给予治安管理处罚。

第八十三条　违反本法规定，侵犯教师、受教育者、学校或者其他教育机构的合法权益，造成损失、损害的，应当依法承担民事责任。

第十章　附　则

第八十四条　军事学校教育由中央军事委员会根据本法的原则规定。

宗教学校教育由国务院另行规定。

第八十五条　境外的组织和个人在中国境内办学和合作办学的办法，由国务院规定。

第八十六条　本法自 1995 年 9 月 1 日起施行。

附录二

中华人民共和国未成年人保护法

（1991 年 9 月 4 日第七届全国人民代表大会常务委员会第二十一次会议通过；2006 年 12 月 29 日第十届全国人民代表大会常务委员会第二十五次会议修订）

目　　录

第一章　总　　则

第一条　为了保护未成年人的身心健康，保障未成年人的合法权益，促进未成年人在品德、智力、体质等方面全面发展，培养有理想、有道德、有文化、有纪律的社会主义建设者和接班人，根据宪法，制定本法。

第二条　本法所称未成年人是指未满十八周岁的公民。

第三条　未成年人享有生存权、发展权、受保护权、参与权等权利，国家根据未成年人身心发展特点给予特殊、优先保护，保障未成年人的合法权益不受侵犯。

未成年人享有受教育权，国家、社会、学校和家庭尊重和保障未成年人的受教育权。

未成年人不分性别、民族、种族、家庭财产状况、宗教信仰等，依法平等地享有权利。

第四条　国家、社会、学校和家庭对未成年人进行理想教育、道德教育、文化教育、纪律和法制教育，进行爱国主义、集体主义和社会主义的教育，提倡爱祖国、爱人民、爱劳动、爱科学、爱社会主义的公德，反对资本主义的、封建主义的和其他的腐朽思想的侵蚀。

第五条　保护未成年人的工作，应当遵循下列原则：

(一)尊重未成年人的人格尊严；

(二)适应未成年人身心发展的规律和特点；

(三)教育与保护相结合。

第六条　保护未成年人，是国家机关、武装力量、政党、社会团体、企业事业组织、城乡基层群众性自治组织、未成年人的监护人和其他成年公民的共同责任。

对侵犯未成年人合法权益的行为，任何组织和个人都有权予以劝阻、制止或者向有关部门提出检举或者控告。

国家、社会、学校和家庭应当教育和帮助未成年人维护自己的合法权益，增强自我保护的意识和能力，增强社会责任感。

第七条　中央和地方各级国家机关应当在各自的职责范围内做好未成年人保护工作。

国务院和地方各级人民政府领导有关部门做好未成年人保护工作；将未成年人保护工作纳入国民经济和社会发展规划以及年度计划，相关经费纳入本级政府预算。

国务院和省、自治区、直辖市人民政府采取组织措施，协调有关部门做好未成年人保护工作。具体机构由国务院和省、自治区、直辖市人民政府规定。

第八条　共产主义青年团、妇女联合会、工会、青年联合会、学生联合会、少年先锋队以及其他有关社会团体，协助各级人民政府做好未成年人保护工作，维护未成年人的合法权益。

第九条　各级人民政府和有关部门对保护未成年人有显著成绩的组织和个人，给予表彰和奖励。

第二章　家庭保护

第十条　父母或者其他监护人应当创造良好、和睦的家庭环境，依法履行对未成年人的监护职责和抚养义务。

禁止对未成年人实施家庭暴力，禁止虐待、遗弃未成年人，禁止溺婴和其他残害婴儿的行为，不得歧视女性未成年人或者有残疾的未成年人。

第十一条　父母或者其他监护人应当关注未成年人的生理、心理状况和行为习惯，以健康的思想、良好的品行和适当的方法教育和影响未成年人，引导未成年人进行有益身心健康的活动，预防和制止未成年人吸烟、酗酒、流浪、沉迷网络以及赌博、吸毒、卖淫等行为。

第十二条　父母或者其他监护人应当学习家庭教育知识，正确履行监护职责，抚养教育未成年人。

有关国家机关和社会组织应当为未成年人的父母或者其他监护人提供家庭教育指导。

第十三条　父母或者其他监护人应当尊重未成年人受教育的权利，必须使适龄未成年人依法入学接受并完成义务教育，不得使接受义务教育的未成年人辍学。

第十四条　父母或者其他监护人应当根据未成年人的年龄和智力发展状况，在作出与未成年人权益有关的决定时告知其本人，并听取他们的意见。

第十五条　父母或者其他监护人不得允许或者迫使未成年人结婚，不得为未成年人订立婚约。

第十六条　父母因外出务工或者其他原因不能履行对未成年人监护职责的，应当委托有监护能力的其他成年人代为监护。

第三章　学 校 保 护

第十七条　学校应当全面贯彻国家的教育方针，实施素质教育，提高教育质量，注重培养未成年学生独立思考能力、创新能力和实践能力，促进未成年学生全面发展。

第十八条　学校应当尊重未成年学生受教育的权利，关心、爱护学生，对品行有缺点、学习有困难的学生，应当耐心教育、帮助，不得歧视，不得违反法律和国家规定开除未成年学生。

第十九条　学校应当根据未成年学生身心发展的特点，对他们进行社会生活指导、心理健康辅导和青春期教育。

第二十条　学校应当与未成年学生的父母或者其他监护人互相配合，保证未成年学生的睡眠、娱乐和体育锻炼时间，不得加重其学习负担。

第二十一条　学校、幼儿园、托儿所的教职员工应当尊重未成年人的人格尊严，不得对未成年人实施体罚、变相体罚或者其他侮辱人格尊严的行为。

第二十二条　学校、幼儿园、托儿所应当建立安全制度，加强对未成年人的安全教育，采取措施保障未成年人的人身安全。

学校、幼儿园、托儿所不得在危及未成年人人身安全、健康的校舍和其他设施、场所中进行教育教学活动。

学校、幼儿园安排未成年人参加集会、文化娱乐、社会实践等集体活动，应当有利于未成年人的健康成长，防止发生人身安全事故。

第二十三条　教育行政等部门和学校、幼儿园、托儿所应当根据需要，制定应对各种灾害、传染性疾病、食物中毒、意外伤害等突发事件的预案，配备相应设施并进行必要的演练，增强未成年人的自我保护意识和能力。

第二十四条　学校对未成年学生在校内或者本校组织的校外活动中发生人

身伤害事故的，应当及时救护，妥善处理，并及时向有关主管部门报告。

第二十五条　对于在学校接受教育的有严重不良行为的未成年学生，学校和父母或者其他监护人应当互相配合加以管教；无力管教或者管教无效的，可以按照有关规定将其送专门学校继续接受教育。

依法设置专门学校的地方人民政府应当保障专门学校的办学条件，教育行政部门应当加强对专门学校的管理和指导，有关部门应当给予协助和配合。

专门学校应当对在校就读的未成年学生进行思想教育、文化教育、纪律和法制教育、劳动技术教育和职业教育。

专门学校的教职员工应当关心、爱护、尊重学生，不得歧视、厌弃。

第二十六条　幼儿园应当做好保育、教育工作，促进幼儿在体质、智力、品德等方面和谐发展。

第四章　社会保护

第二十七条　全社会应当树立尊重、保护、教育未成年人的良好风尚，关心、爱护未成年人。

国家鼓励社会团体、企业事业组织以及其他组织和个人，开展多种形式的有利于未成年人健康成长的社会活动。

第二十八条　各级人民政府应当保障未成年人受教育的权利，并采取措施保障家庭经济困难的、残疾的和流动人口中的未成年人等接受义务教育。

第二十九条　各级人民政府应当建立和改善适合未成年人文化生活需要的活动场所和设施，鼓励社会力量兴办适合未成年人的活动场所，并加强管理。

第三十条　爱国主义教育基地、图书馆、青少年宫、儿童活动中心应当对未成年人免费开放；博物馆、纪念馆、科技馆、展览馆、美术馆、文化馆以及影剧院、体育场馆、动物园、公园等场所，应当按照有关规定对未成年人免费或者优惠开放。

第三十一条　县级以上人民政府及其教育行政部门应当采取措施，鼓励和支持中小学校在节假日期间将文化体育设施对未成年人免费或者优惠开放。

社区中的公益性互联网上网服务设施，应当对未成年人免费或者优惠开放，为未成年人提供安全、健康的上网服务。

第三十二条　国家鼓励新闻、出版、信息产业、广播、电影、电视、文艺等单位和作家、艺术家、科学家以及其他公民，创作或者提供有利于未成年人健康成长的作品。出版、制作和传播专门以未成年人为对象的内容健康的图书、报刊、音像制品、电子出版物以及网络信息等，国家给予扶持。

国家鼓励科研机构和科技团体对未成年人开展科学知识普及活动。

第三十三条　国家采取措施，预防未成年人沉迷网络。

国家鼓励研究开发有利于未成年人健康成长的网络产品，推广用于阻止未成年人沉迷网络的新技术。

第三十四条 禁止任何组织、个人制作或者向未成年人出售、出租或者以其他方式传播淫秽、暴力、凶杀、恐怖、赌博等毒害未成年人的图书、报刊、音像制品、电子出版物以及网络信息等。

第三十五条 生产、销售用于未成年人的食品、药品、玩具、用具和游乐设施等，应当符合国家标准或者行业标准，不得有害于未成年人的安全和健康；需要标明注意事项的，应当在显著位置标明。

第三十六条 中小学校园周边不得设置营业性歌舞娱乐场所、互联网上网服务营业场所等不适宜未成年人活动的场所。

营业性歌舞娱乐场所、互联网上网服务营业场所等不适宜未成年人活动的场所，不得允许未成年人进入，经营者应当在显著位置设置未成年人禁入标志；对难以判明是否已成年的，应当要求其出示身份证件。

第三十七条 禁止向未成年人出售烟酒，经营者应当在显著位置设置不向未成年人出售烟酒的标志；对难以判明是否已成年的，应当要求其出示身份证件。

任何人不得在中小学校、幼儿园、托儿所的教室、寝室、活动室和其他未成年人集中活动的场所吸烟、饮酒。

第三十八条 任何组织或者个人不得招用未满十六周岁的未成年人，国家另有规定的除外。

任何组织或者个人按照国家有关规定招用已满十六周岁未满十八周岁的未成年人的，应当执行国家在工种、劳动时间、劳动强度和保护措施等方面的规定，不得安排其从事过重、有毒、有害等危害未成年人身心健康的劳动或者危险作业。

第三十九条 任何组织或者个人不得披露未成年人的个人隐私。

对未成年人的信件、日记、电子邮件，任何组织或者个人不得隐匿、毁弃；除因追查犯罪的需要，由公安机关或者人民检察院依法进行检查，或者对无行为能力的未成年人的信件、日记、电子邮件由其父母或者其他监护人代为开拆、查阅外，任何组织或者个人不得开拆、查阅。

第四十条 学校、幼儿园、托儿所和公共场所发生突发事件时，应当优先救护未成年人。

第四十一条 禁止拐卖、绑架、虐待未成年人，禁止对未成年人实施性侵害。

禁止胁迫、诱骗、利用未成年人乞讨或者组织未成年人进行有害其身心健康的表演等活动。

第四十二条 公安机关应当采取有力措施，依法维护校园周边的治安和交通秩序，预防和制止侵害未成年人合法权益的违法犯罪行为。

任何组织或者个人不得扰乱教学秩序，不得侵占、破坏学校、幼儿园、托儿所的场地、房屋和设施。

第四十三条 县级以上人民政府及其民政部门应当根据需要设立救助场所，对流浪乞讨等生活无着未成年人实施救助，承担临时监护责任；公安部门或者其他有关部门应当护送流浪乞讨或者离家出走的未成年人到救助场所，由救助场所予以救助和妥善照顾，并及时通知其父母或者其他监护人领回。

对孤儿、无法查明其父母或者其他监护人的以及其他生活无着的未成年人，由民政部门设立的儿童福利机构收留抚养。

未成年人救助机构、儿童福利机构及其工作人员应当依法履行职责，不得虐待、歧视未成年人；不得在办理收留抚养工作中牟取利益。

第四十四条 卫生部门和学校应当对未成年人进行卫生保健和营养指导，提供必要的卫生保健条件，做好疾病预防工作。

卫生部门应当做好对儿童的预防接种工作，国家免疫规划项目的预防接种实行免费；积极防治儿童常见病、多发病，加强对传染病防治工作的监督管理，加强对幼儿园、托儿所卫生保健的业务指导和监督检查。

第四十五条 地方各级人民政府应当积极发展托幼事业，办好托儿所、幼儿园，支持社会组织和个人依法兴办哺乳室、托儿所、幼儿园。

各级人民政府和有关部门应当采取多种形式，培养和训练幼儿园、托儿所的保教人员，提高其职业道德素质和业务能力。

第四十六条 国家依法保护未成年人的智力成果和荣誉权不受侵犯。

第四十七条 未成年人已经完成规定年限的义务教育不再升学的，政府有关部门和社会团体、企业事业组织应当根据实际情况，对他们进行职业教育，为他们创造劳动就业条件。

第四十八条 居民委员会、村民委员会应当协助有关部门教育和挽救违法犯罪的未成年人，预防和制止侵害未成年人合法权益的违法犯罪行为。

第四十九条 未成年人的合法权益受到侵害的，被侵害人及其监护人或者其他组织和个人有权向有关部门投诉，有关部门应当依法及时处理。

第五章 司法保护

第五十条 公安机关、人民检察院、人民法院以及司法行政部门，应当依法履行职责，在司法活动中保护未成年人的合法权益。

第五十一条 未成年人的合法权益受到侵害，依法向人民法院提起诉讼的，人民法院应当依法及时审理，并适应未成年人生理、心理特点和健康成长的需要，保障未成年人的合法权益。

在司法活动中对需要法律援助或者司法救助的未成年人，法律援助机构或者人民法院应当给予帮助，依法为其提供法律援助或者司法救助。

第五十二条 人民法院审理继承案件，应当依法保护未成年人的继承权和受遗赠权。

人民法院审理离婚案件，涉及未成年子女抚养问题的，应当听取有表达意愿能力的未成年子女的意见，根据保障子女权益的原则和双方具体情况依法处理。

第五十三条 父母或者其他监护人不履行监护职责或者侵害被监护的未成年人的合法权益，经教育不改的，人民法院可以根据有关人员或者有关单位的申请，撤销其监护人的资格，依法另行指定监护人。被撤销监护资格的父母应当依法继续负担抚养费用。

第五十四条 对违法犯罪的未成年人，实行教育、感化、挽救的方针，坚持教育为主、惩罚为辅的原则。

对违法犯罪的未成年人，应当依法从轻、减轻或者免除处罚。

第五十五条 公安机关、人民检察院、人民法院办理未成年人犯罪案件和涉及未成年人权益保护案件，应当照顾未成年人身心发展特点，尊重他们的人格尊严，保障他们的合法权益，并根据需要设立专门机构或者指定专人办理。

第五十六条 公安机关、人民检察院讯问未成年犯罪嫌疑人，询问未成年证人、被害人，应当通知监护人到场。

公安机关、人民检察院、人民法院办理未成年人遭受性侵害的刑事案件，应当保护被害人的名誉。

第五十七条 对羁押、服刑的未成年人，应当与成年人分别关押。

羁押、服刑的未成年人没有完成义务教育的，应当对其进行义务教育。

解除羁押、服刑期满的未成年人的复学、升学、就业不受歧视。

第五十八条 对未成年人犯罪案件，新闻报道、影视节目、公开出版物、网络等不得披露该未成年人的姓名、住所、照片、图像以及可能推断出该未成年人的资料。

第五十九条 对未成年人严重不良行为的矫治与犯罪行为的预防，依照预防未成年人犯罪法的规定执行。

第六章 法律责任

第六十条 违反本法规定，侵害未成年人的合法权益，其他法律、法规已规定行政处罚的，从其规定；造成人身财产损失或者其他损害的，依法承担民事责任；构成犯罪的，依法追究刑事责任。

第六十一条　国家机关及其工作人员不依法履行保护未成年人合法权益的责任，或者侵害未成年人合法权益，或者对提出申诉、控告、检举的人进行打击报复的，由其所在单位或者上级机关责令改正，对直接负责的主管人员和其他直接责任人员依法给予行政处分。

第六十二条　父母或者其他监护人不依法履行监护职责，或者侵害未成年人合法权益的，由其所在单位或者居民委员会、村民委员会予以劝诫、制止；构成违反治安管理行为的，由公安机关依法给予行政处罚。

第六十三条　学校、幼儿园、托儿所侵害未成年人合法权益的，由教育行政部门或者其他有关部门责令改正；情节严重的，对直接负责的主管人员和其他直接责任人员依法给予处分。

学校、幼儿园、托儿所教职员工对未成年人实施体罚、变相体罚或者其他侮辱人格行为的，由其所在单位或者上级机关责令改正；情节严重的，依法给予处分。

第六十四条　制作或者向未成年人出售、出租或者以其他方式传播淫秽、暴力、凶杀、恐怖、赌博等图书、报刊、音像制品、电子出版物以及网络信息等的，由主管部门责令改正，依法给予行政处罚。

第六十五条　生产、销售用于未成年人的食品、药品、玩具、用具和游乐设施不符合国家标准或者行业标准，或者没有在显著位置标明注意事项的，由主管部门责令改正，依法给予行政处罚。

第六十六条　在中小学校园周边设置营业性歌舞娱乐场所、互联网上网服务营业场所等不适宜未成年人活动的场所的，由主管部门予以关闭，依法给予行政处罚。

营业性歌舞娱乐场所、互联网上网服务营业场所等不适宜未成年人活动的场所允许未成年人进入，或者没有在显著位置设置未成年人禁入标志的，由主管部门责令改正，依法给予行政处罚。

第六十七条　向未成年人出售烟酒，或者没有在显著位置设置不向未成年人出售烟酒标志的，由主管部门责令改正，依法给予行政处罚。

第六十八条　非法招用未满十六周岁的未成年人，或者招用已满十六周岁的未成年人从事过重、有毒、有害等危害未成年人身心健康的劳动或者危险作业的，由劳动保障部门责令改正，处以罚款；情节严重的，由工商行政管理部门吊销营业执照。

第六十九条　侵犯未成年人隐私，构成违反治安管理行为的，由公安机关依法给予行政处罚。

第七十条 未成年人救助机构、儿童福利机构及其工作人员不依法履行对未成年人的救助保护职责，或者虐待、歧视未成年人，或者在办理收留抚养工作中牟取利益的，由主管部门责令改正，依法给予行政处分。

第七十一条 胁迫、诱骗、利用未成年人乞讨或者组织未成年人进行有害其身心健康的表演等活动的，由公安机关依法给予行政处罚。

第七章 附 则

第七十二条 本法自 2007 年 6 月 1 日起施行。

附录三

中华人民共和国教师法

（1993年10月31日第八届全国人民代表大会常务委员会第四次会议通过　1993年10月31日中华人民共和国主席令第15号公布；自1994年1月1日起施行）

第一章　总　则

第一条　为了保障教师的合法权益，建设具有良好思想品德修养和业务素质的教师队伍，促进社会主义教育事业的发展，制定本法。

第二条　本法适用于在各级各类学校和其他教育机构中专门从事教育教学工作的教师。

第三条　教师是履行教育教学职责的专业人员，承担教书育人，培养社会主义事业建设者和接班人、提高民族素质的使命。教师应当忠诚于人民的教育事业。

第四条　各级人民政府应当采取措施，加强教师的思想政治教育和业务培训，改善教师的工作条件和生活条件，保障教师的合法权益，提高教师的社会地位。全社会都应当尊重教师。

第五条　国务院教育行政部门主管全国的教师工作。

国务院有关部门在各自职权范围内负责有关的教师工作。

学校和其他教育机构根据国家规定，自主进行教师管理工作。

第六条　每年九月十日为教师节。

第二章　权利和义务

第七条　教师享有下列权利：

（一）进行教育教学活动，开展教育教学改革和实验；

（二）从事科学研究、学术交流，参加专业的学术团体，在学术活动中充分发表意见；

（三）指导学生的学习和发展，评定学生的品行和学业成绩；

（四）按时获取工资报酬，享受国家规定的福利待遇以及寒暑假期的带薪休假；

（五）对学校教育教学、管理工作和教育行政部门的工作提出意见和建议，通过教职工代表大会或者其他形式，参与学校的民主管理；

(六)参加进修或者其他方式的培训。

第八条 教师应当履行下列义务：

(一)遵守宪法、法律和职业道德，为人师表；

(二)贯彻国家的教育方针，遵守规章制度，执行学校的教学计划，履行教师聘约，完成教育教学工作任务；

(三)对学生进行宪法所确定的基本原则的教育和爱国主义、民族团结的教育，法制教育以及思想品德、文化、科学技术教育，组织、带领学生开展有益的社会活动；

(四)关心、爱护全体学生，尊重学生人格，促进学生在品德、智力、体质等方面全面发展；

(五)制止有害于学生的行为或者其他侵犯学生合法权益的行为，批评和抵制有害于学生健康成长的现象；

(六)不断提高思想政治觉悟和教育教学业务水平。

第九条 为保障教师完成教育教学任务，各级人民政府、教育行政部门、有关部门、学校和其他教育机构应当履行下列职责：

(一)提供符合国家安全标准的教育教学设施和设备；

(二)提供必需的图书、资料及其他教育教学用品；

(三)对教师在教育教学、科学研究中的创造性工作给以鼓励和帮助；

(四)支持教师制止有害于学生的行为或者其他侵犯学生合法权益的行为。

第三章 资格和任用

第十条 国家实行教师资格制度。

中国公民凡遵守宪法和法律，热爱教育事业，具有良好的思想品德，具备本法规定的学历或者经国家教师资格考试合格，有教育教学能力，经认定合格的，可以取得教师资格。

第十一条 取得教师资格应当具备的相应学历是：

(一)取得幼儿园教师资格，应当具备幼儿师范学校毕业及其以上学历；

(二)取得小学教师资格，应当具备中等师范学校毕业及其以上学历；

(三)取得初级中学教师、初级职业学校文化、专业课教师资格，应当具备高等师范专科学校或者其他大学专科毕业及其以上学历；

(四)取得高级中学教师资格和中等专业学校、技工学校、职业高中文化课、专业课教师资格，应当具备高等师范院校本科或者其他大学本科毕业及其以上学历；取得中等专业学校、技工学校和职业高中学生实习指导教师资格应当具备的学历，由国务院教育行政部门规定；

(五)取得高等学校教师资格，应当具备研究生或者大学本科毕业学历；

(六)取得成人教育教师资格，应当按照成人教育的层次、类别，分别具备高等、中等学校毕业及其以上学历。不具备本法规定的教师资格学历的公民，申请获取教师资格，必须通过国家教师资格考试。国家教师资格考试制度由国务院规定。

第十二条　本法实施前已经在学校或者其他教育机构中任教的教师，未具备本法规定学历的，由国务院教育行政部门规定教师资格过渡办法。

第十三条　中小学教师资格由县级以上地方人民政府教育行政部门认定。中等专业学校、技工学校的教师资格由县级以上地方人民政府教育行政部门组织有关主管部门认定。普通高等学校的教师资格由国务院或者省、自治区、直辖市教育行政部门或者由其委托的学校认定。具备本法规定的学历或者经国家教师资格考试合格的公民，要求有关部门认定其教师资格的，有关部门应当依照本法规定的条件予以认定。取得教师资格的人员首次任教时，应当有试用期。

第十四条　受到剥夺政治权利或者故意犯罪受到有期徒刑以上刑事处罚的，不能取得教师资格；已经取得教师资格的，丧失教师资格。

第十五条　各级师范学校毕业生，应当按照国家有关规定从事教育教学工作。国家鼓励非师范高等学校毕业生到中小学或者职业学校任教。

第十六条　国家实行教师职务制度，具体办法由国务院规定。

第十七条　学校和其他教育机构应当逐步实行教师聘任制。教师的聘任应当遵循双方地位平等的原则，由学校和教师签订聘任合同，明确规定双方的权利、义务和责任。实施教师聘任制的步骤、办法由国务院教育行政部门规定。

第四章　培养和培训

第十八条　各级人民政府和有关部门应当办好师范教育，并采取措施，鼓励优秀青年进入各级师范学校学习。各级教师进修学校承担培训中小学教师的任务。非师范学校应当承担培养和培训中小学教师的任务。各级师范学校学生享受专业奖学金。

第十九条　各级人民政府教育行政部门、学校主管部门和学校应当制定教师培训规划，对教师进行多种形式的思想政治、业务培训。

第二十条　国家机关、企业事业单位和其他社会组织应当为教师的社会调查和社会实践提供方便，给予协助。

第二十一条　各级人民政府应当采取措施，为少数民族地区和边远贫困地区培养、培训教师。

第五章　考　　核

第二十二条　学校或者其他教育机构应当对教师的政治思想、业务水平、工作态度和工作成绩进行考核。教育行政部门对教师的考核工作进行指导、监督。

第二十三条　考核应当客观、公正、准确，充分听取教师本人、其他教师以及学生的意见。

第二十四条 教师考核结果是受聘任教、晋升工资、实施奖惩的依据。

第六章 待 遇

第二十五条 教师的平均工资水平应当不低于或者高于国家公务员的平均工资水平，并逐步提高。建立正常晋级增薪制度，具体办法由国务院规定。

第二十六条 中小学教师和职业学校教师享受教龄津贴和其他津贴，具体办法由国务院教育行政部门会同有关部门制定。

第二十七条 地方各级人民政府对教师以及具有中专以上学历的毕业生到少数民族地区和边远贫困地区从事教育教学工作的，应当予以补贴。

第二十八条 地方各级人民政府和国务院有关部门，对城市教师住房的建设、租赁、出售实行优先、优惠。县、乡两级人民政府应当为农村中小学教师解决住房提供方便。

第二十九条 教师的医疗同当地国家公务员享受同等的待遇；定期对教师进行身体健康检查，并因地制宜安排教师进行休养。医疗机构应当对当地教师的医疗提供方便。

第三十条 教师退休或者退职后，享受国家规定的退休或者退职待遇。县级以上地方人民政府可以适当提高长期从事教育教学工作的中小学退休教师的退休金比例。

第三十一条 各级人民政府应当采取措施，改善国家补助、集体支付工资的中小学教师的待遇，逐步做到在工资收入上与国家支付工资的教师同工同酬，具体办法由地方各级人民政府根据本地区的实际情况规定。

第三十二条 社会力量所办学校的教师的待遇，由举办者自行确定并予以保障。

第七章 奖 励

第三十三条 教师在教育教学、培养人才、科学研究、教学改革、学校建设、社会服务、勤工俭学等方面成绩优异的，由所在学校予以表彰、奖励。国务院和地方各级人民政府及其有关部门对有突出贡献的教师，应当予以表彰、奖励。对有重大贡献的教师，依照国家有关规定授予荣誉称号。

第三十四条 国家支持和鼓励社会组织或者个人向依法成立的奖励教师的基金组织捐助资金，对教师进行奖励。

第八章 法律责任

第三十五条 侮辱、殴打教师的，根据不同情况，分别给予行政处分或者行政处罚；造成损害的，责令赔偿损失；情节严重，构成犯罪的，依法追究刑事责任。

第三十六条 对依法提出申诉、控告、检举的教师进行打击报复的，由其所在单位或者上级机关责令改正；情节严重的，可以根据具体情况给予行政处分。国家工作人员对教师打击报复构成犯罪的，依照刑法第一百四十六条的规定追究刑事责任。

第三十七条　教师有下列情形之一的，由所在学校、其他教育机构或者教育行政部门给予行政处分或者解聘：

(一)故意不完成教育教学任务给教育教学工作造成损失的；

(二)体罚学生，经教育不改的；

(三)品行不良、侮辱学生，影响恶劣的。

教师有前款第(二)项、第(三)项所列情形之一，情节严重，构成犯罪的，依法追究刑事责任。

第三十八条　地方人民政府对违反本法规定，拖欠教师工资或者侵犯教师其他合法权益的，应当责令其限期改正。违反国家财政制度、财务制度，挪用国家财政用于教育的经费，严重妨碍教育教学工作，拖欠教师工资，损害教师合法权益的，由上级机关责令限期归还被挪用的经费，并对直接责任人员给予行政处分；情节严重，构成犯罪的，依法追究刑事责任。

第三十九条　教师对学校或者其他教育机构侵犯其合法权益的，或者对学校或者其他教育机构作出的处理不服的，可以向教育行政部门提出申诉，教育行政部门应当在接到申诉的三十日内，作出处理。教师认为当地人民政府有关行政部门侵犯其根据本法规定享有的权利的，可以向同级人民政府或者上一级人民政府有关部门提出申诉，同级人民政府或者上一级人民政府有关部门应当作出处理。

第九章　附　　则

第四十条　本法下列用语的含义是：

(一)各级各类学校，是指实施学前教育、普通初等教育、普通中等教育、职业教育、普通高等教育以及特殊教育、成人教育的学校。

(二)其他教育机构，是指少年宫以及地方教研室、电化教育机构等。

(三)中小学教师，是指幼儿园、特殊教育机构、普通中小学、成人初等中等教育机构、职业中学以及其他教育机构的教师。

第四十一条　学校和其他教育机构中的教育教学辅助人员，其他类型的学校的教师和教育教学辅助人员，可以根据实际情况参照本法的有关规定执行。军队所属院校的教师和教育教学辅助人员，由中央军事委员会依照本法制定有关规定。

第四十二条　外籍教师的聘任办法由国务院教育行政部门规定。

第四十三条　本法自 1994 年 1 月 1 日起施行。

附录四

幼儿园管理条例

（中华人民共和国国家教育委员会令第 4 号
1989 年 9 月 11 日发布）

第一章 总 则

第一条 为了加强幼儿园的管理，促进幼儿教育事业的发展，制定本条例。

第二条 本条例适用于招收三周岁以上学龄前幼儿，对其进行保育和教育的幼儿园。

第三条 幼儿园的保育和教育工作应当促进幼儿在体、智、德、美诸方面和谐发展。

第四条 地方各级人民政府应当根据本地区社会经济发展状况，制订幼儿园的发展规划。

幼儿园的设置应当与当地居民人口相适应。

乡、镇、市辖区和不设区的市的幼儿园的发展规划，应当包括幼儿园设置的布局方案。

第五条 地方各级人民政府可以依据本条例举办幼儿园，并鼓励和支持企业事业单位、社会团体、居民委员会、村民委员会和公民举办幼儿园或捐资助园。

第六条 幼儿园的管理实行地方负责、分级管理和各有关部门分工负责的原则。

国家教育委员会主管全国的幼儿园管理工作；地方各级人民政府的教育行政部门，主管本行政辖区内的幼儿园管理工作。

第二章 举办幼儿园的基本条件和审批程序

第七条 举办幼儿园必须将幼儿园设置在安全区域内。严禁在污染区和危险区内设置幼儿园。

第八条 举办幼儿园必须具有与保育、教育的要求相适应的园舍和设施。幼儿园的园舍和设施必须符合国家的卫生标准和安全标准。

第九条 举办幼儿园应当具有符合下列条件的保育、幼儿教育、医务和其他工作人员：

（一）幼儿园园长、教师应当具有幼儿师范学校（包括职业学校幼儿教育专业)毕业程度，或者经教育行政部门考核合格。

(二)医师应当具有医学院校毕业程度，医士和护士应当具有中等卫生学校毕业程度，或者取得卫生行政部门的资格认可。

(三)保健员应当具有高中毕业程度，并受过幼儿保健培训。

(四)保育员应当具有初中毕业程度，并受过幼儿保育职业培训。慢性传染病、精神病患者，不得在幼儿园工作。

第十条　举办幼儿园的单位或者个人必须具有进行保育、教育以及维修或扩建、改建幼儿园的园舍与设施的经费来源。

第十一条　国家实行幼儿园登记注册制度，未经登记注册，任何单位和个人不得举办幼儿园。

第十二条　城市幼儿园的举办、停办、由所在区、不设区的市的人民政府教育行政部门登记注册。

农村幼儿园的举办、停办，由所在乡、镇人民政府登记注册，并报县人民政府教育行政部门备案。

第三章　幼儿园的保育和教育工作

第十三条　幼儿园应当贯彻保育与教育相结合的原则，创设与幼儿的教育和发展相适应的和谐环境，引导幼儿个性的健康发展。

幼儿园应当保障幼儿的身体健康，培养幼儿的良好生活、卫生习惯；促进幼儿的智力发展；培养幼儿热爱祖国的情感以及良好的品德行为。

第十四条　幼儿园的招生、编班应当符合教育行政部门的规定。

第十五条　幼儿园应当使用全国通用的普通话。招收少数民族为主的幼儿园，可以使用本民族通用的语言。

第十六条　幼儿园应当以游戏为基本活动形式。

幼儿园可以根据本园的实际，安排和选择教育内容与方法，但不得进行违背幼儿教育规律，有损于幼儿身心健康的活动。

第十七条　严禁体罚和变相体罚幼儿。

第十八条　幼儿园应当建立卫生保健制度，防止发生食物中毒和传染病的流行。

第十九条　幼儿园应当建立安全防护制度，严禁在幼儿园内设置威胁幼儿安全的危险建筑物和设施，严禁使用有毒、有害物质制作教具、玩具。

第二十条　幼儿园发生食物中毒、传染病流行时，举办幼儿园的单位或者个人应当立即采取紧急救护措施，并及时报告当地教育行政部门或卫生行政部门。

第二十一条　幼儿园的园舍和设施有可能发生危险时，举办幼儿园的单位或个人应当采取措施，排除险情，防止事故发生。

第四章 幼儿园的行政事务

第二十二条 各级教育行政部门应当负责监督、评估和指导幼儿园的保育、教育工作，组织培训幼儿园的师资，审定、考核幼儿园教师的资格，并协助卫生行政部门检查和指导幼儿园的卫生保健工作，会同建设行政部门制定幼儿园园舍、设施的标准。

第二十三条 幼儿园园长负责幼儿园的工作。

幼儿园园长由举办幼儿园的单位或个人聘任，并向幼儿园的登记注册机关备案。

幼儿园的教师、医师、保健员、保育员和其他工作人员，由幼儿园园长聘任，也可由举办幼儿园的单位或个人聘任。

第二十四条 幼儿园可以依据本省、自治区、直辖市人民政府制定的收费标准，向幼儿家长收取保育费、教育费。

幼儿园应当加强财务管理，合理使用各项经费，任何单位和个人不得克扣、挪用幼儿园经费。

第二十五条 任何单位和个人，不得侵占和破坏幼儿园园舍和设施，不得在幼儿园周围设置有危险、有污染或影响幼儿园采光的建筑和设施，不得干扰幼儿园正常的工作秩序。

第五章 奖励与处罚

第二十六条 凡具备下列条件之一的单位或者个人，由教育行政部门和有关部门予以奖励：

(一)改善幼儿园的办园条件成绩显著的：

(二)保育、教育工作成绩显著的；

(三)幼儿园管理工作成绩显著的。

第二十七条 违反本条例，具有下列情形之一的幼儿园，由教育行政部门视情节轻重，给予限期整顿、停止招生、停止办园的行政处罚：

(一)未经登记注册，擅自招收幼儿的；

(二)园舍、设施不符合国家卫生标准、安全标准，妨害幼儿身体健康或者威胁幼儿生命安全的；

(三)教育内容和方法违背幼儿教育规律，损害幼儿身心健康的。

第二十八条 违反本条例，具有下列情形之一的单位或者个人，由教育行政部门对直接责任人员给予警告、罚款的行政处罚，或者由教育行政部门建议有关部门对责任人员给予行政处分：

(一)体罚或变相体罚幼儿的；

（二）使用有毒、有害物质制作教具、玩具的；

（三）克扣、挪用幼儿园经费的；

（四）侵占、破坏幼儿园园舍、设备的；

（五）干扰幼儿园正常工作秩序的；

（六）在幼儿园周围设置有危险、有污染或者影响幼儿园采光的建设和设施的。

前款所列情形，情节严重，构成犯罪的，由司法机关依法追究刑事责任。

第二十九条　当事人对行政处罚不服的，可以在接到处罚通知之日起十五日内，向作出处罚决定的机关的上一级机关申请复议，对复议决定不服的，可在接到复议决定之日起十五日内，向人民法院提起诉讼。当事人逾期不申请复议或者不向人民法院提起诉讼又不履行处罚决定的，由作出处罚决定的机关申请人民法院强制执行。

第六章　附　则

第三十条　省、自治区、直辖市人民政府可根据本条例制定实施办法。

第三十一条　本条例由国家教育委员会解释。

第三十二条　本条例自 1990 年 2 月 1 日起施行。

附录五

幼儿园工作规程

（中华人民共和国教育部令第 39 号）

第一章 总 则

第一条 为了加强幼儿园的科学管理，规范办园行为，提高保育和教育质量，促进幼儿身心健康，依据《中华人民共和国教育法》等法律法规，制定本规程。

第二条 幼儿园是对 3 周岁以上学龄前幼儿实施保育和教育的机构。幼儿园教育是基础教育的重要组成部分，是学校教育制度的基础阶段。

第三条 幼儿园的任务是：贯彻国家的教育方针，按照保育与教育相结合的原则，遵循幼儿身心发展特点和规律，实施德、智、体、美等方面全面发展的教育，促进幼儿身心和谐发展。

幼儿园同时面向幼儿家长提供科学育儿指导。

第四条 幼儿园适龄幼儿一般为 3 周岁至 6 周岁。

幼儿园一般为三年制。

第五条 幼儿园保育和教育的主要目标是：

(一)促进幼儿身体正常发育和机能的协调发展，增强体质，促进心理健康，培养良好的生活习惯、卫生习惯和参加体育活动的兴趣。

(二)发展幼儿智力，培养正确运用感官和运用语言交往的基本能力，增进对环境的认识，培养有益的兴趣和求知欲望，培养初步的动手探究能力。

(三)萌发幼儿爱祖国、爱家乡、爱集体、爱劳动、爱科学的情感，培养诚实、自信、友爱、勇敢、勤学、好问、爱护公物、克服困难、讲礼貌、守纪律等良好的品德行为和习惯，以及活泼开朗的性格。

(四)培养幼儿初步感受美和表现美的情趣和能力。

第六条 幼儿园教职工应当尊重、爱护幼儿，严禁虐待、歧视、体罚和变相体罚、侮辱幼儿人格等损害幼儿身心健康的行为。

第七条 幼儿园可分为全日制、半日制、定时制、季节制和寄宿制等。上述形式可分别设置，也可混合设置。

第二章 幼儿入园和编班

第八条 幼儿园每年秋季招生。平时如有缺额，可随时补招。

幼儿园对烈士子女、家中无人照顾的残疾人子女、孤儿、家庭经济困难幼儿、具有接受普通教育能力的残疾儿童等入园，按照国家和地方的有关规定予以照顾。

第九条　企业、事业单位和机关、团体、部队设置的幼儿园，除招收本单位工作人员的子女外，应当积极创造条件向社会开放，招收附近居民子女入园。

第十条　幼儿入园前，应当按照卫生部门制定的卫生保健制度进行健康检查，合格者方可入园。

幼儿入园除进行健康检查外，禁止任何形式的考试或测查。

第十一条　幼儿园规模应当有利于幼儿身心健康，便于管理，一般不超过360人。

幼儿园每班幼儿人数一般为：小班(3周岁至4周岁)25人，中班(4周岁至5周岁)30人，大班(5周岁至6周岁)35人，混合班30人。寄宿制幼儿园每班幼儿人数酌减。

幼儿园可以按年龄分别编班，也可以混合编班。

第三章　幼儿园的安全

第十二条　幼儿园应当严格执行国家和地方幼儿园安全管理的相关规定，建立健全门卫、房屋、设备、消防、交通、食品、药物、幼儿接送交接、活动组织和幼儿就寝值守等安全防护和检查制度，建立安全责任制和应急预案。

第十三条　幼儿园的园舍应当符合国家和地方的建设标准，以及相关安全、卫生等方面的规范，定期检查维护，保障安全。幼儿园不得设置在污染区和危险区，不得使用危房。

幼儿园的设备设施、装修装饰材料、用品用具和玩教具材料等，应当符合国家相关的安全质量标准和环保要求。

入园幼儿应当由监护人或者其委托的成年人接送。

第十四条　幼儿园应当严格执行国家有关食品药品安全的法律法规，保障饮食饮水卫生安全。

第十五条　幼儿园教职工必须具有安全意识，掌握基本急救常识和防范、避险、逃生、自救的基本方法，在紧急情况下应当优先保护幼儿的人身安全。

幼儿园应当把安全教育融入一日生活，并定期组织开展多种形式的安全教育和事故预防演练。

幼儿园应当结合幼儿年龄特点和接受能力开展反家庭暴力教育，发现幼儿遭受或者疑似遭受家庭暴力的，应当依法及时向公安机关报案。

第十六条　幼儿园应当投保校方责任险。

第四章 幼儿园的卫生保健

第十七条 幼儿园必须切实做好幼儿生理和心理卫生保健工作。

幼儿园应当严格执行《托儿所幼儿园卫生保健管理办法》以及其他有关卫生保健的法规、规章和制度。

第十八条 幼儿园应当制定合理的幼儿一日生活作息制度。正餐间隔时间为3.5～4小时。在正常情况下，幼儿户外活动时间(包括户外体育活动时间)每天不得少于2小时，寄宿制幼儿园不得少于3小时；高寒、高温地区可酌情增减。

第十九条 幼儿园应当建立幼儿健康检查制度和幼儿健康卡或档案。每年体检一次，每半年测身高、视力一次，每季度量体重一次；注意幼儿口腔卫生，保护幼儿视力。

幼儿园对幼儿健康发展状况定期进行分析、评价，及时向家长反馈结果。

幼儿园应当关注幼儿心理健康，注重满足幼儿的发展需要，保持幼儿积极的情绪状态，让幼儿感受到尊重和接纳。

第二十条 幼儿园应当建立卫生消毒、晨检、午检制度和病儿隔离制度，配合卫生部门做好计划免疫工作。

幼儿园应当建立传染病预防和管理制度，制定突发传染病应急预案，认真做好疾病防控工作。

幼儿园应当建立患病幼儿用药的委托交接制度，未经监护人委托或者同意，幼儿园不得给幼儿用药。幼儿园应当妥善管理药品，保证幼儿用药安全。

幼儿园内禁止吸烟、饮酒。

第二十一条 供给膳食的幼儿园应当为幼儿提供安全卫生的食品，编制营养平衡的幼儿食谱，定期计算和分析幼儿的进食量和营养素摄取量，保证幼儿合理膳食。

幼儿园应当每周向家长公示幼儿食谱，并按照相关规定进行食品留样。

第二十二条 幼儿园应当配备必要的设备设施，及时为幼儿提供安全卫生的饮用水。

幼儿园应当培养幼儿良好的大小便习惯，不得限制幼儿便溺的次数、时间等。

第二十三条 幼儿园应当积极开展适合幼儿的体育活动，充分利用日光、空气、水等自然因素以及本地自然环境，有计划地锻炼幼儿肌体，增强身体的适应和抵抗能力。正常情况下，每日户外体育活动不得少于1小时。

幼儿园在开展体育活动时，应当对体弱或有残疾的幼儿予以特殊照顾。

第二十四条 幼儿园夏季要做好防暑降温工作，冬季要做好防寒保暖工作，防止中暑和冻伤。

第五章　幼儿园的教育

第二十五条　幼儿园教育应当贯彻以下原则和要求：

(一)德、智、体、美等方面的教育应当互相渗透，有机结合。

(二)遵循幼儿身心发展规律，符合幼儿年龄特点，注重个体差异，因人施教，引导幼儿个性健康发展。

(三)面向全体幼儿，热爱幼儿，坚持积极鼓励、启发引导的正面教育。

(四)综合组织健康、语言、社会、科学、艺术各领域的教育内容，渗透于幼儿一日生活的各项活动中，充分发挥各种教育手段的交互作用。

(五)以游戏为基本活动，寓教育于各项活动之中。

(六)创设与教育相适应的良好环境，为幼儿提供活动和表现能力的机会与条件。

第二十六条　幼儿一日活动的组织应当动静交替，注重幼儿的直接感知、实际操作和亲身体验，保证幼儿愉快的、有益的自由活动。

第二十七条　幼儿园日常生活组织，应当从实际出发，建立必要、合理的常规，坚持一贯性和灵活性相结合，培养幼儿的良好习惯和初步的生活自理能力。

第二十八条　幼儿园应当为幼儿提供丰富多样的教育活动。

教育活动内容应当根据教育目标、幼儿的实际水平和兴趣确定，以循序渐进为原则，有计划地选择和组织。

教育活动的组织应当灵活地运用集体、小组和个别活动等形式，为每个幼儿提供充分参与的机会，满足幼儿多方面发展的需要，促进每个幼儿在不同水平上得到发展。

教育活动的过程应注重支持幼儿的主动探索、操作实践、合作交流和表达表现，不应片面追求活动结果。

第二十九条　幼儿园应当将游戏作为对幼儿进行全面发展教育的重要形式。

幼儿园应当因地制宜创设游戏条件，提供丰富、适宜的游戏材料，保证充足的游戏时间，开展多种游戏。

幼儿园应当根据幼儿的年龄特点指导游戏，鼓励和支持幼儿根据自身兴趣、需要和经验水平，自主选择游戏内容、游戏材料和伙伴，使幼儿在游戏过程中获得积极的情绪情感，促进幼儿能力和个性的全面发展。

第三十条　幼儿园应当将环境作为重要的教育资源，合理利用室内外环境，创设开放的、多样的区域活动空间，提供适合幼儿年龄特点的丰富的玩具、操作材料和幼儿读物，支持幼儿自主选择和主动学习，激发幼儿学习的兴趣与探究的愿望。

幼儿园应当营造尊重、接纳和关爱的氛围，建立良好的同伴和师生关系。

幼儿园应当充分利用家庭和社区的有利条件，丰富和拓展幼儿园的教育资源。

第三十一条　幼儿园的品德教育应当以情感教育和培养良好行为习惯为主，注重潜移默化的影响，并贯穿于幼儿生活以及各项活动之中。

第三十二条　幼儿园应当充分尊重幼儿的个体差异，根据幼儿不同的心理发展水平，研究有效的活动形式和方法，注重培养幼儿良好的个性心理品质。

幼儿园应当为在园残疾儿童提供更多的帮助和指导。

第三十三条　幼儿园和小学应当密切联系，互相配合，注意两个阶段教育的相互衔接。

幼儿园不得提前教授小学教育内容，不得开展任何违背幼儿身心发展规律的活动。

第六章　幼儿园的园舍、设备

第三十四条　幼儿园应当按照国家的相关规定设活动室、寝室、卫生间、保健室、综合活动室、厨房和办公用房等，并达到相应的建设标准。有条件的幼儿园应当优先扩大幼儿游戏和活动空间。

寄宿制幼儿园应当增设隔离室、浴室和教职工值班室等。

第三十五条　幼儿园应当有与其规模相适应的户外活动场地，配备必要的游戏和体育活动设施，创造条件开辟沙地、水池、种植园地等，并根据幼儿活动的需要绿化、美化园地。

第三十六条　幼儿园应当配备适合幼儿特点的桌椅、玩具架、盥洗卫生用具，以及必要的玩教具、图书和乐器等。

玩教具应当具有教育意义并符合安全、卫生要求。幼儿园应当因地制宜，就地取材，自制玩教具。

第三十七条　幼儿园的建筑规划面积、建筑设计和功能要求，以及设施设备、玩教具配备，按照国家和地方的相关规定执行。

第七章　幼儿园的教职工

第三十八条　幼儿园按照国家相关规定设园长、副园长、教师、保育员、卫生保健人员、炊事员和其他工作人员等岗位，配足配齐教职工。

第三十九条　幼儿园教职工应当贯彻国家教育方针，具有良好品德，热爱教育事业，尊重和爱护幼儿，具有专业知识和技能以及相应的文化和专业素养，为人师表，忠于职责，身心健康。

幼儿园教职工患传染病期间暂停在幼儿园的工作。有犯罪、吸毒记录和精神病史者不得在幼儿园工作。

第四十条　幼儿园园长应当符合本规程第三十九条规定，并应当具有《教师资格条例》规定的教师资格、具备大专以上学历、有三年以上幼儿园工作经历和一定的组织管理能力，并取得幼儿园园长岗位培训合格证书。

幼儿园园长由举办者任命或者聘任，并报当地主管的教育行政部门备案。

幼儿园园长负责幼儿园的全面工作，主要职责如下：

(一)贯彻执行国家的有关法律、法规、方针、政策和地方的相关规定，负责建立并组织执行幼儿园的各项规章制度；

(二)负责保育教育、卫生保健、安全保卫工作；

(三)负责按照有关规定聘任、调配教职工，指导、检查和评估教师以及其他工作人员的工作，并给予奖惩；

(四)负责教职工的思想工作，组织业务学习，并为他们的学习、进修、教育研究创造必要的条件；

(五)关心教职工的身心健康，维护他们的合法权益，改善他们的工作条件；

(六)组织管理园舍、设备和经费；

(七)组织和指导家长工作；

(八)负责与社区的联系和合作。

第四十一条　幼儿园教师必须具有《教师资格条例》规定的幼儿园教师资格，并符合本规程第三十九条规定。

幼儿园教师实行聘任制。

幼儿园教师对本班工作全面负责，其主要职责如下：

(一)观察了解幼儿，依据国家有关规定，结合本班幼儿的发展水平和兴趣需要，制订和执行教育工作计划，合理安排幼儿一日生活；

(二)创设良好的教育环境，合理组织教育内容，提供丰富的玩具和游戏材料，开展适宜的教育活动；

(三)严格执行幼儿园安全、卫生保健制度，指导并配合保育员管理本班幼儿生活，做好卫生保健工作；

(四)与家长保持经常联系，了解幼儿家庭的教育环境，商讨符合幼儿特点的教育措施，相互配合共同完成教育任务；

(五)参加业务学习和保育教育研究活动；

(六)定期总结评估保教工作实效，接受园长的指导和检查。

第四十二条　幼儿园保育员应当符合本规程第三十九条规定，并应当具备高中毕业以上学历，受过幼儿保育职业培训。

幼儿园保育员的主要职责如下：

(一)负责本班房舍、设备、环境的清洁卫生和消毒工作；

(二)在教师指导下，科学照料和管理幼儿生活，并配合本班教师组织教育活动；

(三)在卫生保健人员和本班教师指导下，严格执行幼儿园安全、卫生保健制度；

(四)妥善保管幼儿衣物和本班的设备、用具。

第四十三条 幼儿园卫生保健人员除符合本规程第三十九条规定外，医师应当取得卫生行政部门颁发的《医师执业证书》；护士应当取得《护士执业证书》；保健员应当具有高中毕业以上学历，并经过当地妇幼保健机构组织的卫生保健专业知识培训。

幼儿园卫生保健人员对全园幼儿身体健康负责，其主要职责如下：

(一)协助园长组织实施有关卫生保健方面的法规、规章和制度，并监督执行；

(二)负责指导调配幼儿膳食，检查食品、饮水和环境卫生；

(三)负责晨检、午检和健康观察，做好幼儿营养、生长发育的监测和评价；定期组织幼儿健康体检，做好幼儿健康档案管理；

(四)密切与当地卫生保健机构的联系，协助做好疾病防控和计划免疫工作；

(五)向幼儿园教职工和家长进行卫生保健宣传和指导。

(六)妥善管理医疗器械、消毒用具和药品。

第四十四条 幼儿园其他工作人员的资格和职责，按照国家和地方的有关规定执行。

第四十五条 对认真履行职责、成绩优良的幼儿园教职工，应当按照有关规定给予奖励。

对不履行职责的幼儿园教职工，应当视情节轻重，依法依规给予相应处分。

第八章 幼儿园的经费

第四十六条 幼儿园的经费由举办者依法筹措，保障有必备的办园资金和稳定的经费来源。

按照国家和地方相关规定接受财政扶持的提供普惠性服务的国有企事业单位办园、集体办园和民办园等幼儿园，应当接受财务、审计等有关部门的监督检查。

第四十七条 幼儿园收费按照国家和地方的有关规定执行。

幼儿园实行收费公示制度，收费项目和标准向家长公示，接受社会监督，不得以任何名义收取与新生入园相挂钩的赞助费。

幼儿园不得以培养幼儿某种专项技能、组织或参与竞赛等为由，另外收取费用；不得以营利为目的组织幼儿表演、竞赛等活动。

第四十八条　幼儿园的经费应当按照规定的使用范围合理开支，坚持专款专用，不得挪作他用。

第四十九条　幼儿园举办者筹措的经费，应当保证保育和教育的需要，有一定比例用于改善办园条件和开展教职工培训。

第五十条　幼儿膳食费应当实行民主管理制度，保证全部用于幼儿膳食，每月向家长公布账目。

第五十一条　幼儿园应当建立经费预算和决算审核制度，经费预算和决算应当提交园务委员会审议，并接受财务和审计部门的监督检查。

幼儿园应当依法建立资产配置、使用、处置、产权登记、信息管理等管理制度，严格执行有关财务制度。

第九章　幼儿园、家庭和社区

第五十二条　幼儿园应当主动与幼儿家庭沟通合作，为家长提供科学育儿宣传指导，帮助家长创设良好的家庭教育环境，共同担负教育幼儿的任务。

第五十三条　幼儿园应当建立幼儿园与家长联系的制度。幼儿园可采取多种形式，指导家长正确了解幼儿园保育和教育的内容、方法，定期召开家长会议，并接待家长的来访和咨询。

幼儿园应当认真分析、吸收家长对幼儿园教育与管理工作的意见与建议。

幼儿园应当建立家长开放日制度。

第五十四条　幼儿园应当成立家长委员会。

家长委员会的主要任务是：对幼儿园重要决策和事关幼儿切身利益的事项提出意见和建议；发挥家长的专业和资源优势，支持幼儿园保育教育工作；帮助家长了解幼儿园工作计划和要求，协助幼儿园开展家庭教育指导和交流。

家长委员会在幼儿园园长指导下工作。

第五十五条　幼儿园应当加强与社区的联系与合作，面向社区宣传科学育儿知识，开展灵活多样的公益性早期教育服务，争取社区对幼儿园的多方面支持。

第十章　幼儿园的管理

第五十六条　幼儿园实行园长负责制。

幼儿园应当建立园务委员会。园务委员会由园长、副园长、党组织负责人和保教、卫生保健、财会等方面工作人员的代表以及幼儿家长代表组成。园长任园务委员会主任。

园长定期召开园务委员会会议，遇重大问题可临时召集，对规章制度的建立、修改、废除，全园工作计划，工作总结，人员奖惩，财务预算和决算方案，以及其他涉及全园工作的重要问题进行审议。

第五十七条　幼儿园应当加强党组织建设，充分发挥党组织政治核心作用、战斗堡垒作用。幼儿园应当为工会、共青团等其他组织开展工作创造有利条件，充分发挥其在幼儿园工作中的作用。

第五十八条　幼儿园应当建立教职工大会制度或者教职工代表大会制度，依法加强民主管理和监督。

第五十九条　幼儿园应当建立教研制度，研究解决保教工作中的实际问题。

第六十条　幼儿园应当制订年度工作计划，定期部署、总结和报告工作。每学年年末应当向教育等行政主管部门报告工作，必要时随时报告。

第六十一条　幼儿园应当接受上级教育、卫生、公安、消防等部门的检查、监督和指导，如实报告工作和反映情况。

幼儿园应当依法接受教育督导部门的督导。

第六十二条　幼儿园应当建立业务档案、财务管理、园务会议、人员奖惩、安全管理以及与家庭、小学联系等制度。

幼儿园应当建立信息管理制度，按照规定采集、更新、报送幼儿园管理信息系统的相关信息，每年向主管教育行政部门报送统计信息。

第六十三条　幼儿园教师依法享受寒暑假期的带薪休假。幼儿园应当创造条件，在寒暑假期间，安排工作人员轮流休假。具体办法由举办者制定。

第十一章　附　　则

第六十四条　本规程适用于城乡各类幼儿园。

第六十五条　省、自治区、直辖市教育行政部门可根据本规程，制订具体实施办法。

第六十六条　本规程自 2016 年 3 月 1 日起施行。1996 年 3 月 9 日由原国家教育委员会令第 25 号发布的《幼儿园工作规程》同时废止。

附录六

中共中央 国务院关于学前教育深化改革规范发展的若干意见

（2018 年 11 月 7 日）

学前教育是终身学习的开端，是国民教育体系的重要组成部分，是重要的社会公益事业。办好学前教育、实现幼有所育，是党的十九大作出的重大决策部署，是党和政府为老百姓办实事的重大民生工程，关系亿万儿童健康成长，关系社会和谐稳定，关系党和国家事业未来。

党的十八大以来，我国学前教育事业快速发展，资源迅速扩大、普及水平大幅提高、管理制度不断完善，“入园难”问题得到有效缓解。同时也要看到，由于底子薄、欠账多，目前学前教育仍是整个教育体系的短板，发展不平衡不充分问题十分突出，“入园难”、“入园贵”依然是困扰老百姓的烦心事之一。主要表现为：学前教育资源尤其是普惠性资源不足，政策保障体系不完善，教师队伍建设滞后，监管体制机制不健全，保教质量有待提高，存在“小学化”倾向，部分民办园过度逐利、幼儿安全问题时有发生。为进一步完善学前教育公共服务体系，切实办好新时代学前教育，更好实现幼有所育，现就学前教育深化改革规范发展提出如下意见。

一、总体要求

（一）指导思想。以习近平新时代中国特色社会主义思想为指导，全面贯彻党的十九大精神和党的教育方针，认真落实立德树人根本任务，遵循学前教育规律，牢牢把握学前教育正确发展方向，完善学前教育体制机制，健全学前教育政策保障体系，推进学前教育普及普惠安全优质发展，满足人民群众对幼有所育的美好期盼，为培养德智体美劳全面发展的社会主义建设者和接班人奠定坚实基础。

（二）基本原则

——坚持党的领导。加强党对学前教育工作的领导，确保党的教育方针在学前教育领域深入贯彻，确保立德树人根本任务落实到位，确保学前教育始终沿着正确方向发展。

——坚持政府主导。落实各级政府在学前教育规划、投入、教师队伍建设、监管等方面的责任，完善各有关部门分工负责、齐抓共管的工作机制。牢牢把握公益普惠基本方向，坚持公办民办并举，加大公共财政投入，着力扩大普惠性学前教育资源供给。

——坚持改革创新。突出问题导向，统筹兼顾、综合施策，破解制约学前教育发展的体制机制障碍，补齐制度短板，激发办园活力，鼓励引导规范社会力量办园，充分调动各方面积极性。

——坚持规范管理。遵循幼儿身心发展规律，实施科学保教，健全治理体系，堵住监管漏洞，完善学前教育法律法规，实现依法依规办园治园，促进幼儿健康快乐成长。

(三)主要目标

到 2020 年，全国学前三年毛入园率达到 85%，普惠性幼儿园覆盖率(公办园和普惠性民办园在园幼儿占比)达到 80%。广覆盖、保基本、有质量的学前教育公共服务体系基本建成，学前教育管理体制、办园体制和政策保障体系基本完善。投入水平显著提高，成本分担机制普遍建立。幼儿园办园行为普遍规范，保教质量明显提升。不同区域、不同类型城市分类解决学前教育发展问题，大型、特大型城市率先实现发展目标。

到 2020 年，基本形成以本专科为主体的幼儿园教师培养体系，本专科学前教育专业毕业生规模达到 20 万人以上；建立幼儿园教师专业成长机制，健全培训课程标准，分层分类培训 150 万名左右幼儿园园长、教师；建立普通高等学校学前教育专业质量认证和保障体系，幼儿园教师队伍综合素质和科学保教能力得到整体提升，幼儿园教师社会地位、待遇保障进一步提高，职业吸引力明显增强。

到 2035 年，全面普及学前三年教育，建成覆盖城乡、布局合理的学前教育公共服务体系，形成完善的学前教育管理体制、办园体制和政策保障体系，为幼儿提供更加充裕、更加普惠、更加优质的学前教育。

二、优化布局与办园结构

(四)科学规划布局。各地要充分考虑人口变化和城镇化发展趋势，结合实施乡村振兴战略，制定应对学前教育需求高峰方案。以县为单位制定幼儿园布局规划，切实把普惠性幼儿园建设纳入城乡公共管理和公共服务设施统一规划，列入本地区控制性详细规划和土地招拍挂建设项目成本，选定具体位置，明确服务范围，确定建设规模，确保优先建设。公办园资源不足的城镇地区，新建改扩建一批公办园。大力发展农村学前教育，每个乡镇原则上至少办好一所公办中心园，大村独立建园或设分园，小村联合办园，人口分散地区根据实际情况可举办流动幼儿园、季节班等，配备专职巡回指导教师，完善县乡村三级学前教育公共服务网络。

(五)调整办园结构。各地要把发展普惠性学前教育作为重点任务，结合本地实际，着力构建以普惠性资源为主体的办园体系，坚决扭转高收费民办园占比偏高的局面。大力发展公办园，充分发挥公办园保基本、兜底线、引领方向、平抑收费的主渠道作用。按照实现普惠目标的要求，公办园在园幼儿占比偏低的省份，逐步提高公办园在园幼儿占比，到2020年全国原则上达到50%，各地可从实际出发确定具体发展目标。积极扶持民办园提供普惠性服务，规范营利性民办园发展，满足家长不同选择性需求。

三、拓宽途径扩大资源供给

(六)实施学前教育专项。国家继续实施学前教育行动计划，逐年安排建设一批普惠性幼儿园，重点扩大农村地区、脱贫攻坚地区、新增人口集中地区普惠性资源。

(七)积极挖潜扩大增量。充分利用腾退搬迁的空置厂房、乡村公共服务设施、农村中小学闲置校舍等资源，以租赁、租借、划转等形式举办公办园。鼓励支持街道、村集体、有实力的国有企事业单位，特别是普通高等学校举办公办园，在为本单位职工子女入园提供便利的同时，也为社会提供普惠性服务。对于军队停办的幼儿园，要移交地方政府接收，实行属地化管理，确保学前教育资源不流失。

(八)规范小区配套幼儿园建设使用。2019年6月底前，各省(自治区、直辖市)要制定小区配套幼儿园建设管理办法，健全发展改革、自然资源、住房城乡建设、教育等部门联动管理机制，做好配套幼儿园规划、土地出让、园舍设计建设、验收、移交、办园等环节的监督管理。各省(自治区、直辖市)要对小区配套幼儿园规划、建设、移交、办园等情况进行专项治理，2019年年底前整改到位。老城(棚户区)改造、新城开发和居住区建设、易地扶贫搬迁应将配套建设幼儿园纳入公共管理和公共服务设施建设规划，并按照相关标准和规范予以建设，确保配套幼儿园与首期建设的居民住宅区同步规划、同步设计、同步建设、同步验收、同步交付使用。配套幼儿园由当地政府统筹安排，办成公办园或委托办成普惠性民办园，不得办成营利性幼儿园。对存在配套幼儿园缓建、缩建、停建、不建和建而不交等问题的，在整改到位之前，不得办理竣工验收。

(九)鼓励社会力量办园。政府加大扶持力度，引导社会力量更多举办普惠性幼儿园。2019年6月底前，各省(自治区、直辖市)要进一步完善普惠性民办园认定标准、补助标准及扶持政策。通过购买服务、综合奖补、减免租金、派驻公办教师、培训教师、教研指导等方式，支持普惠性民办园发展，并将提供普惠性学位数量和办园质量作为奖补和支持的重要依据。

四、健全经费投入长效机制

（十）优化经费投入结构。国家进一步加大学前教育投入力度，逐步提高学前教育财政投入和支持水平，主要用于扩大普惠性资源、补充配备教师、提高教师待遇、改善办园条件。中央财政继续安排支持学前教育发展资金，支持地方多种形式扩大普惠性资源，深化体制机制改革，健全幼儿资助制度，重点向中西部农村地区和贫困地区倾斜。研究中央专项彩票公益金等支持学前教育发展的政策。地方各级政府要健全学前教育经费投入机制，规范使用管理，强化绩效评价，提高使用效益。

（十一）健全学前教育成本分担机制。各地要从实际出发，科学核定办园成本，以提供普惠性服务为衡量标准，统筹制定财政补助和收费政策，合理确定分担比例。到 2020 年，各省（自治区、直辖市）制定并落实公办园生均财政拨款标准或生均公用经费标准，合理确定并动态调整拨款水平；因地制宜制定企事业单位、部队、街道、村集体办幼儿园财政补助政策；根据办园成本、经济发展水平和群众承受能力等因素，合理确定公办园收费标准并建立定期动态调整机制。民办园收费项目和标准根据办园成本、市场需求等因素合理确定，向社会公示，并接受有关主管部门的监督。非营利性民办园（包括普惠性民办园）收费具体办法由省级政府制定。营利性民办园收费标准实行市场调节，由幼儿园自主决定。地方政府依法加强对民办园收费的价格监管，坚决抑制过高收费。

（十二）完善学前教育资助制度。各地要认真落实幼儿资助政策，确保接受普惠性学前教育的家庭经济困难儿童（含建档立卡家庭儿童、低保家庭儿童、特困救助供养儿童等）、孤儿和残疾儿童得到资助。

五、大力加强幼儿园教师队伍建设

（十三）严格依标配备教职工。各地要及时补充公办园教职工，严禁“有编不补”、长期使用代课教师。民办园按照配备标准配足配齐教职工。各类幼儿园按照国家相关规定配备卫生保健人员。

（十四）依法保障幼儿园教师地位和待遇。各地要认真落实公办园教师工资待遇保障政策，统筹工资收入政策、经费支出渠道，确保教师工资及时足额发放、同工同酬。有条件的地方可试点实施乡村公办园教师生活补助政策。按照政府购买服务范围的规定，可将公办园中保育员、安保、厨师等服务纳入政府购买服务范围，所需资金从地方财政预算中统筹安排。民办园要参照当地公办园教师工资收入水平，合理确定相应教师的工资收入。各类幼儿园依法依规足额足项为教职工缴纳社会保险和住房公积金。各地要根据学前教育特点和幼儿园教师专业标准，完善幼儿园教师职称评聘标准，畅通职称评聘通道，提高高级职称比例。对作出突出贡献的幼儿园园长、教师，按照国家有关规定予以表彰和奖励。

(十五)完善教师培养体系。办好一批幼儿师范专科学校和若干所幼儿师范学院，支持师范院校设立并办好学前教育专业。中等职业学校相关专业重点培养保育员。根据基本普及学前教育目标，制定学前教育专业培养规划，扩大本专科层次培养规模及学前教育专业公费师范生招生规模。前移培养起点，大力培养初中毕业起点的五年制专科学历的幼儿园教师。引导学前教育专业毕业生从事幼教工作，鼓励师范院校在校生辅修或转入学前教育专业，扩大有质量教师供给。创新培养模式，优化培养课程体系，突出保教融合，健全学前教育法规及规章制度，加强儿童发展、幼儿园保育教育实践类课程建设，提高培养专业化水平。2018年启动师范院校学前教育专业国家认证工作，建立培养质量保障制度。

(十六)健全教师培训制度。出台幼儿园教师培训课程指导标准，实行幼儿园园长、教师定期培训和全员轮训制度。研究制定全国幼儿园教师培训工作方案，用两年半左右时间，通过国家、省、县三级培训网络，大规模培训幼儿园园长、教师，重点加强师德师风全员培训、非学前教育专业教师全员补偿培训和未成年人保护方面的法律培训等。创新培训模式，支持师范院校与优质幼儿园协同建立培训基地，强化专业学习与跟岗实践相结合，增强培训针对性和实效性，切实提高教师专业水平和科学保教能力。

(十七)严格教师队伍管理。认真落实教师资格准入与定期注册制度，严格执行幼儿园园长、教师专业标准，坚持公开招聘制度，全面落实幼儿园教师持证上岗，切实把好幼儿园园长、教师入口关。非学前教育专业毕业生到幼儿园从教须经专业培训并取得相应教师资格。强化师德师风建设，通过加强师德教育、完善考评制度、加大监察监督、建立信用记录、完善诚信承诺和失信惩戒机制等措施，提高教师职业素养，培养热爱幼教、热爱幼儿的职业情怀。对违反职业行为规范、影响恶劣的实行“一票否决”，终身不得从教。

六、完善监管体系

(十八)落实监管责任。强化各级党委和政府及各有关部门的监管责任，建立健全教育部门主管、各有关部门分工负责的监管机制。健全各级教育部门学前教育管理机构，充实管理力量，建设一支与学前教育事业发展规模和监管任务相适应的专业化管理队伍。

(十九)加强源头监管。严格幼儿园准入管理，各地依据国家基本标准调整完善幼儿园设置标准，严格掌握审批条件，加强对教职工资质与配备标准、办园条件等方面的审核。幼儿园审批严格执行“先证后照”制度，由县级教育部门依法进行前置审批，取得办园许可证后，到相关部门办理法人登记。对符合条件的幼儿园，按照国家相关规定进行事业单位登记。

(二十)完善过程监管。强化对幼儿园教职工资质和配备、收费行为、安全防护、卫生保健、保教质量、经费使用以及财务管理等方面的动态监管，完善年检制度。各地建立幼儿园基本信息备案及公示制度，充分利用互联网等信息化手段，向社会及时公布并更新幼儿园教职工配备、收费标准、质量评估等方面信息，主动接受社会监督。教育、民政、市场监管等部门要健全家长投诉渠道，及时回应和解决家长反映的问题。健全家长志愿者驻园值守制度，充分发挥幼儿园家长委员会作用，推动家长有效参与幼儿园重大事项决策和日常管理。建设全国学前教育管理信息系统，提高学前教育信息化管理水平。

(二十一)强化安全监管。落实相关部门对幼儿园安全保卫和监管责任，提升人防、物防、技防能力，建立全覆盖的幼儿园安全风险防控体系。幼儿园所在街道(乡镇)、城乡社区居民委员会(村民委员会)共同做好幼儿园安全监管工作。幼儿园必须把保护幼儿生命安全和健康放在首位，落实园长安全主体责任，健全各项安全管理制度和安全责任制，强化法治教育和安全教育，提高家长安全防范意识和能力，并通过符合幼儿身心特点的方式提高幼儿感知、体悟、躲避危险和伤害的能力。

(二十二)严格依法监管。加强办园行为督导，实行幼儿园责任督学挂牌督导制度。幼儿园提供虚假或误导家长信息的，纳入诚信记录。对存在伤害儿童、违规收费等行为的幼儿园，及时进行整改、追究责任；造成恶劣影响的，依法吊销办园许可证，有关责任人终身不得办学和执教；构成犯罪的，依法追究其刑事责任。

七、规范发展民办园

(二十三)稳妥实施分类管理。2019 年 6 月底前，各省(自治区、直辖市)要制定民办园分类管理实施办法，明确分类管理政策。现有民办园根据举办者申请，限期归口进行非营利性民办园或营利性民办园分类登记。在此期间，县级以上教育、民政、市场监管部门做好衔接等工作，确保分类登记平稳实施、有序进行。

(二十四)遏制过度逐利行为。民办园应依法建立财务、会计和资产管理制度，按照国家有关规定设置会计账簿，收取的费用应主要用于幼儿保教活动、改善办园条件和保障教职工待遇，每年依规向当地教育、民政或市场监管部门提交经审计的财务报告。社会资本不得通过兼并收购、受托经营、加盟连锁、利用可变利益实体、协议控制等方式控制国有资产或集体资产举办的幼儿园、非营利性幼儿园；已违规的，由教育部门会同有关部门进行清理整治，清理整治完成前不得进行增资扩股。参与并购、加盟、连锁经营的营利性幼儿园，应将与相关利益企业签订的协议报县级以上教育部门备案并向社会公布；当地教育部门应对相关利益企业和幼儿园的资质、办园方向、课程资源、数量规模及管理能力等进行严格审核，实施加盟、连锁行为的营利性幼儿园原则上应取得省级示范园资质。幼儿园控制主体或品牌加盟主体变更，须经所在区县教育部门审批，举办者变更须按规定办理核准登记手续，按法定程序履行资产交割。所属幼儿园出现安全、经营、管理、质量、财务、资产等方面问题时，举办者、实际控制人、负责幼儿园经营的管理机构应承担相应责任。民办园一律不准单独或作为一部分资产打包上市。上市公司不得通过股票市场融资投资营利性幼儿园，不得通过发行股份或支付现金等方式购买营利性幼儿园资产。

（二十五）分类治理无证办园。各地要将无证园全部纳入监管范围，建立工作台账，稳妥做好排查、分类、扶持和治理工作。加大整改扶持力度，通过整改扶持规范一批无证园，达到基本标准的，颁发办园许可证。整改后仍达不到安全卫生等办园基本要求的，地方政府要坚决予以取缔，并妥善分流和安置幼儿。2020年年底前，各地要稳妥完成无证园治理工作。

八、提高幼儿园保教质量

（二十六）全面改善办园条件。幼儿园园舍条件、玩教具和幼儿图书配备应达到规定要求。国家制定幼儿园玩教具和图书配备指南，广泛征集遴选符合幼儿身心特点的优质游戏活动资源和体现中国优秀传统文化、现代生活特色的绘本。各地要加强对玩教具和图书配备的指导，支持引导幼儿园充分利用当地自然和文化资源，合理布局空间、设施，为幼儿提供有利于激发学习探索、安全、丰富、适宜的游戏材料和玩教具，防止盲目攀比、不切实际。

（二十七）注重保教结合。幼儿园要遵循幼儿身心发展规律，树立科学保教理念，建立良好师幼关系。合理安排幼儿一日生活，为幼儿提供均衡的营养，保证充足的睡眠和适宜的锻炼，传授基本的文明礼仪，培育幼儿良好的卫生、生活、行为习惯和自我保护能力。坚持以游戏为基本活动，珍视幼儿游戏活动的独特价值，保护幼儿的好奇心和学习兴趣，尊重个体差异，鼓励支持幼儿通过亲近自然、直接感知、实际操作、亲身体验等方式学习探索，促进幼儿快乐健康成长。开展幼儿园“小学化”专项治理行动，坚决克服和纠正“小学化”倾向，小学起始年级必须按国家课程标准坚持零起点教学。

（二十八）完善学前教育教研体系。健全各级学前教育教研机构，充实教研队伍，落实教研指导责任区制度，加强园本教研、区域教研，及时解决幼儿园教师在教育实践过程中的困惑和问题。充分发挥城镇优质幼儿园和农村乡镇中心园的辐射带动作用，加强对薄弱园的专业引领和实践指导。

（二十九）健全质量评估监测体系。国家制定幼儿园保教质量评估指南，各省(自治区、直辖市)完善幼儿园质量评估标准，健全分级分类评估体系，建立一支立足实践、熟悉业务的专业化质量评估队伍，将各类幼儿园全部纳入质量评估范畴，定期向社会公布评估结果。加强幼儿园保育教育资源监管，在幼儿园推行使用的课程教学类资源须经省级学前教育专家指导委员会审核。

九、加强组织领导

(三十)加强党的领导。全面加强党对学前教育事业的领导，按照管党建与管业务相结合的原则，市、县级党委教育工作部门或教育行政部门党组织统一领导和指导幼儿园党建工作。认真落实全面从严治党要求，实现幼儿园党的组织和党的工作全覆盖。充分发挥幼儿园党组织作用，保障正确办园方向，认真做好教职工思想政治工作，厚植立德树人基础。

(三十一)健全管理体制。认真落实国务院领导、省市统筹、以县为主的学前教育管理体制。积极推动各地理顺机关、企事业单位办幼儿园的办园体制，实行属地化管理。国家完善相关法规制度，制定学前教育发展规划，推进普及学前教育，构建覆盖城乡的学前教育公共服务体系。地方政府是发展学前教育的责任主体，省级和市级政府负责统筹加强学前教育工作，推动出台地方性学前教育法规，制定相关规章和本地学前教育发展规划，健全投入机制，明确分担责任，完善相关政策措施并组织实施；县级政府对本县域学前教育发展负主体责任，负责制定学前教育发展规划和幼儿园布局、公办园的建设、教师配备补充、工资待遇及幼儿园运转，面向各类幼儿园进行监督管理，指导幼儿园做好保教工作，在土地划拨等方面对幼儿园予以优惠和支持，确保县域内学前教育规范有序健康发展。城市街道办事处、乡(镇)政府要积极支持办好本行政区域内各类幼儿园。

(三十二)完善部门协调机制。教育部门要完善政策，制定标准，充实管理、教研力量，加强学前教育的科学指导和监督管理。编制部门要结合实际合理核定公办园教职工编制。发展改革部门要把学前教育纳入当地经济社会发展规划，支持幼儿园建设发展。财政部门要完善财政支持政策，支持扩大普惠性学前教育资源。自然资源、住房城乡建设部门要将城镇小区和新农村配套幼儿园必要建设用地及时纳入相关规划，会同教育部门加强对配套幼儿园的建设、验收、移交等环节的监管落实。人力资源社会保障部门要制定完善幼儿园教职工人事(劳动)、工资待遇、社会保障和职称评聘政策。价格、财政、教育部门要根据职责分工，加强幼儿园收费管理。卫生健康部门要监督指导幼儿园卫生保健工作。民政、市场监管部门要分别对取得办学许可证的非营利性幼儿园和营利性幼儿园依法办理法人登记手续。金融监管部门要对民办园并购、融资上市等行为进行规范监管。党委政法委组织协调公安、司法等政法机关和有关部门进一步加强幼儿园安全保卫工作的指导，依法严厉打击侵害幼儿人身安全的违法犯罪行为，推动幼儿园及周边社会治安综合治理。

（三十三）建立督导问责机制。将学前教育普及普惠目标和相关政策措施落实情况作为对省级政府履行教育职责督导评估的重要内容，作为地方各级党委和政府督查工作的重点任务，纳入督导评估和目标考核体系。国务院教育督导委员会制定普及学前教育督导评估办法，以县为单位对普及学前教育情况进行评估，省级为主推动实施，国家审核认定。省一级建立专项督查机制，加强对普惠性资源配置、教师队伍建设、经费投入与成本分担机制等政府责任落实情况的督导检查，并将结果向社会公示。对发展学前教育成绩突出的地区予以表彰奖励，对履行职责不力、没有如期完成发展目标地区的责任人予以问责。

（三十四）研究制定学前教育法。加快推进学前教育立法，进一步明确学前教育在国民教育体系中的地位和公益普惠属性，强化政府和各有关部门在学前教育规划、投入、资源配置、师资队伍建设和监管等方面的责任，明确举办者对幼儿园办园条件、师资聘任、工资待遇、运转保障、经费使用与财务管理等方面的责任，促进学前教育事业健康可持续发展。加大对违法违规办园行为的惩治力度，推进学前教育走上依法办园、依法治教的轨道，保障幼儿身心健康成长。

（三十五）营造良好氛围。教育部门会同宣传、广电部门及新闻媒体认真遴选并广泛宣传各地学前教育工作的典型经验，以及为发展学前教育事业作出突出贡献的先进个人事迹，积极开展“全国学前教育宣传月”等宣传教育活动，传播科学育儿理念和知识，集中宣传展示先进典型经验，大力营造全社会关心支持学前教育改革发展的良好氛围。

附录七

国务院关于当前发展学前教育的若干意见

国发〔2010〕41 号

各省、自治区、直辖市人民政府，国务院各部委、各直属机构：

为贯彻落实党的十七届五中全会、全国教育工作会议精神和《国家中长期教育改革和发展规划纲要（2010—2020 年）》，积极发展学前教育，着力解决当前存在的“入园难”问题，满足适龄儿童入园需求，促进学前教育事业科学发展，现提出如下意见。

一、把发展学前教育摆在更加重要的位置。学前教育是终身学习的开端，是国民教育体系的重要组成部分，是重要的社会公益事业。改革开放特别是新世纪以来，我国学前教育取得长足发展，普及程度逐步提高。但总体上看，学前教育仍是各级各类教育中的薄弱环节，主要表现为教育资源短缺、投入不足，师资队伍不健全，体制机制不完善，城乡区域发展不平衡，一些地方“入园难”问题突出。办好学前教育，关系亿万儿童的健康成长，关系千家万户的切身利益，关系国家和民族的未来。

发展学前教育，必须坚持公益性和普惠性，努力构建覆盖城乡、布局合理的学前教育公共服务体系，保障适龄儿童接受基本的、有质量的学前教育；必须坚持政府主导，社会参与，公办民办并举，落实各级政府责任，充分调动各方面积极性；必须坚持改革创新，着力破除制约学前教育科学发展的体制机制障碍；必须坚持因地制宜，从实际出发，为幼儿和家长提供方便就近、灵活多样、多种层次的学前教育服务；必须坚持科学育儿，遵循幼儿身心发展规律，促进幼儿健康快乐成长。

各级政府要充分认识发展学前教育的重要性和紧迫性，将大力发展学前教育作为贯彻落实教育规划纲要的突破口，作为推动教育事业科学发展的重要任务，作为建设社会主义和谐社会的重大民生工程，纳入政府工作重要议事日程，切实抓紧抓好。

二、多种形式扩大学前教育资源。大力发展公办幼儿园，提供“广覆盖、保基本”的学前教育公共服务。加大政府投入，新建、改建、扩建一批安全、适用的幼儿园。不得用政府投入建设超标准、高收费的幼儿园。中小学布局调整后的富余教育资源和其他富余公共资源，优先改建成幼儿园。鼓励优质公办幼儿园举办分园或合作办园。制定优惠政策，支持街道、农村集体举办幼儿园。

鼓励社会力量以多种形式举办幼儿园。通过保证合理用地、减免税费等方式，支持社会力量办园。积极扶持民办幼儿园特别是面向大众、收费较低的普惠性民办幼儿园发展。采取政府购买服务、减免租金、以奖代补、派驻公办教师等方式，引导和支持民办幼儿园提供普惠性服务。民办幼儿园在审批登记、分类定级、评估指导、教师培训、职称评定、资格认定、表彰奖励等方面与公办幼儿园具有同等地位。

城镇小区没有配套幼儿园的，应根据居住区规划和居住人口规模，按照国家有关规定配套建设幼儿园。新建小区配套幼儿园要与小区同步规划、同步建设、同步交付使用。建设用地按国家有关规定予以保障。未按规定安排配套幼儿园建设的小区规划不予审批。城镇小区配套幼儿园作为公共教育资源由当地政府统筹安排，举办公办幼儿园或委托办成普惠性民办幼儿园。城镇幼儿园建设要充分考虑进城务工人员随迁子女接受学前教育的需求。

努力扩大农村学前教育资源。各地要把发展学前教育作为社会主义新农村建设的重要内容，将幼儿园作为新农村公共服务设施统一规划，优先建设，加快发展。各级政府要加大对农村学前教育的投入，从今年开始，国家实施推进农村学前教育项目，重点支持中西部地区；地方各级政府要安排专门资金，重点建设农村幼儿园。乡镇和大村独立建园，小村设分园或联合办园，人口分散地区举办流动幼儿园、季节班等，配备专职巡回指导教师，逐步完善县、乡、村学前教育网络。改善农村幼儿园保教条件，配备基本的保教设施、玩教具、幼儿读物等。创造更多条件，着力保障留守儿童入园。发展农村学前教育要充分考虑农村人口分布和流动趋势，合理布局，有效使用资源。

三、多种途径加强幼儿教师队伍建设。加快建设一支师德高尚、热爱儿童、业务精良、结构合理的幼儿教师队伍。各地根据国家要求，结合本地实际，合理确定生师比，核定公办幼儿园教职工编制，逐步配齐幼儿园教职工。健全幼儿教师资格准入制度，严把入口关。2010年国家颁布幼儿教师专业标准。公开招聘具备条件的毕业生充实幼儿教师队伍。中小学富余教师经培训合格后可转入学前教育。

依法落实幼儿教师地位和待遇。切实维护幼儿教师权益，完善落实幼儿园教职工工资保障办法、专业技术职称(职务)评聘机制和社会保障政策。对长期在农村基层和艰苦边远地区工作的公办幼儿教师，按国家规定实行工资倾斜政策。对优秀幼儿园园长、教师进行表彰。

完善学前教育师资培养培训体系。办好中等幼儿师范学校。办好高等师范院校学前教育专业。建设一批幼儿师范专科学校。加大面向农村的幼儿教师培养力度，扩大免费师范生学前教育专业招生规模。积极探索初中毕业起点五年制学前教育专科学历教师培养模式。重视对幼儿特教师资的培养。建立幼儿园园长和教师培训体系，满足幼儿教师多样化的学习和发展需求。创新培训模式，为有志于从事学前教育的非师范专业毕业生提供培训。三年内对1万名幼儿园园长和骨干教师进行国家级培训。各地五年内对幼儿园园长和教师进行一轮全员专业培训。

四、多种渠道加大学前教育投入。各级政府要将学前教育经费列入财政预算。新增教育经费要向学前教育倾斜。财政性学前教育经费在同级财政性教育经费中要占合理比例，未来三年要有明显提高。各地根据实际研究制定公办幼儿园生均经费标准和生均财政拨款标准。制定优惠政策，鼓励社会力量办园和捐资助园。家庭合理分担学前教育成本。建立学前教育资助制度，资助家庭经济困难儿童、孤儿和残疾儿童接受普惠性学前教育。发展残疾儿童学前康复教育。中央财政设立专项经费，支持中西部农村地区、少数民族地区和边疆地区发展学前教育和学前双语教育。地方政府要加大投入，重点支持边远贫困地区和少数民族地区发展学前教育。规范学前教育经费的使用和管理。

五、加强幼儿园准入管理。完善法律法规，规范学前教育管理。严格执行幼儿园准入制度。各地根据国家基本标准和社会对幼儿保教的不同需求，制定各种类型幼儿园的办园标准，实行分类管理、分类指导。县级教育行政部门负责审批各类幼儿园，建立幼儿园信息管理系统，对幼儿园实行动态监管。完善和落实幼儿园年检制度。未取得办园许可证和未办理登记注册手续，任何单位和个人不得举办幼儿园。对社会各类幼儿培训机构和早期教育指导机构，审批主管部门要加强监督管理。

分类治理、妥善解决无证办园问题。各地要对目前存在的无证办园进行全面排查，加强指导，督促整改。整改期间，要保证幼儿正常接受学前教育。经整改达到相应标准的，颁发办园许可证。整改后仍未达到保障幼儿安全、健康等基本要求的，当地政府要依法予以取缔，妥善分流和安置幼儿。

六、强化幼儿园安全监管。各地要高度重视幼儿园安全保障工作，加强安全设施建设，配备保安人员，健全各项安全管理制度和安全责任制，落实各项措施，严防事故发生。相关部门按职能分工，建立全覆盖的幼儿园安全防护体系，切实加大工作力度，加强监督指导。幼儿园要提高安全防范意识，加强内部安全管理。幼儿园所在街道、社区和村民委员会要共同做好幼儿园安全管理工作。

七、规范幼儿园收费管理。国家有关部门2011年出台幼儿园收费管理办法。省级有关部门根据城乡经济社会发展水平、办园成本和群众承受能力，按照非义务教育阶段家庭合理分担教育成本的原则，制定公办幼儿园收费标准。加强民办幼儿园收费管理，完善备案程序，加强分类指导。幼儿园实行收费公示制度，接受社会监督。加强收费监管，坚决查处乱收费。

八、坚持科学保教，促进幼儿身心健康发展。加强对幼儿园保教工作的指导，2010年国家颁布幼儿学习与发展指南。遵循幼儿身心发展规律，面向全体幼儿，关注个体差异，坚持以游戏为基本活动，保教结合，寓教于乐，促进幼儿健康成长。加强对幼儿园玩教具、幼儿图书的配备与指导，为儿童创设丰富多彩的教育环境，防止和纠正幼儿园教育“小学化”倾向。研究制定幼儿园教师指导用书审定办法。建立幼儿园保教质量评估监管体系。健全学前教育教研指导网络。要把幼儿园教育和家庭教育紧密结合，共同为幼儿的健康成长创造良好环境。

九、完善工作机制，加强组织领导。各级政府要加强对学前教育的统筹协调，健全教育部门主管、有关部门分工负责的工作机制，形成推动学前教育发展的合力。教育部门要完善政策，制定标准，充实管理、教研力量，加强学前教育的监督管理和科学指导。机构编制部门要结合实际合理确定公办幼儿园教职工编制。发展改革部门要把学前教育纳入当地经济社会发展规划，支持幼儿园建设发展。财政部门要加大投入，制定支持学前教育的优惠政策。城乡建设和国土资源部门要落实城镇小区和新农村配套幼儿园的规划、用地。人力资源和社会保障部门要制定幼儿园教职工的人事(劳动)、工资待遇、社会保障和技术职称(职务)评聘政策。价格、财政、教育部门要根据职责分工，加强幼儿园收费管理。综治、公安部门要加强对幼儿园安全保卫工作的监督指导，整治、净化周边环境。卫生部门要监督指导幼儿园卫生保健工作。民政、工商、质检、安全生产监管、食品药品监管等部门要根据职能分工，加强对幼儿园的指导和管理。妇联、残联等单位要积极开展对家庭教育、残疾儿童早期教育的宣传指导。充分发挥城市社区居委会和农村村民自治组织的作用，建立社区和家长参与幼儿园管理和监督的机制。

十、统筹规划，实施学前教育三年行动计划。各省(区、市)政府要深入调查，准确掌握当地学前教育基本状况和存在的突出问题，结合本区域经济社会发展状况和适龄人口分布、变化趋势，科学测算入园需求和供需缺口，确定发展目标，分解年度任务，落实经费，以县为单位编制学前教育三年行动计划，有效缓解“入园难”。2011年3月底前，各省(区、市)行动计划报国家教育体制改革领导小组办公室备案。

地方政府是发展学前教育、解决“入园难”问题的责任主体。各省(区、市)要建立督促检查、考核奖惩和问责机制，确保大力发展学前教育的各项举措落到实处，取得实效。各级教育督导部门要把学前教育作为督导重点，加强对政府责任落实、教师队伍建设、经费投入、安全管理等方面的督导检查，并将结果向社会公示。教育部会同有关部门对各地学前教育三年行动计划进展情况进行专项督查，组织宣传和推广先进经验，对发展学前教育成绩突出的地区予以表彰奖励，营造全社会关心支持学前教育的良好氛围。

附录八

幼儿园教育指导纲要(试行)

(2001年7月2日　教育部印发)

第一部分　总　　则

一、为贯彻《中华人民共和国教育法》、《幼儿园管理条例》和《幼儿园工作规程》，指导幼儿园深入实施素质教育，特制定本纲要。

二、幼儿园教育是基础教育的重要组成部分，是我国学校教育和终身教育的奠基阶段。城乡各类幼儿园都应从实际出发，因地制宜地实施素质教育，为幼儿一生的发展打好基础。

三、幼儿园应与家庭、社区密切合作，与小学相互衔接，综合利用各种教育资源，共同为幼儿的发展创造良好的条件。

四、幼儿园应为幼儿提供健康、丰富的生活和活动环境，满足他们多方面发展的需要，使他们在快乐的童年生活中获得有益于身心发展的经验。

五、幼儿园教育应尊重幼儿的人格和权利，尊重幼儿身心发展的规律和学习特点，以游戏为基本活动，保教并重，关注个别差异，促进每个幼儿富有个性的发展。

第二部分　教育内容与要求

幼儿园的教育内容是全面的、启蒙性的，可以相对划分为健康、语言、社会、科学、艺术等五个领域，也可作其他不同的划分。各领域的内容相互渗透，从不同的角度促进幼儿情感、态度、能力、知识、技能等方面的发展。

一、健康

(一)目标

1. 身体健康，在集体生活中情绪安定、愉快；

2. 生活、卫生习惯良好，有基本的生活自理能力；

3. 知道必要的安全保健常识，学习保护自己；

4. 喜欢参加体育活动，动作协调、灵活。

(二)内容与要求

1. 建立良好的师生、同伴关系，让幼儿在集体生活中感到温暖，心情愉快，形成安全感、信赖感。

2. 与家长配合，根据幼儿的需要建立科学的生活常规。培养幼儿良好的饮食、睡眠、盥洗、排泄等生活习惯和生活自理能力。

3. 教育幼儿爱清洁、讲卫生，注意保持个人和生活场所的整洁和卫生。

4. 密切结合幼儿的生活进行安全、营养和保健教育，提高幼儿的自我保护意识和能力。

5. 开展丰富多彩的户外游戏和体育活动，培养幼儿参加体育活动的兴趣和习惯，增强体质，提高对环境的适应能力。

6. 用幼儿感兴趣的方式发展基本动作，提高动作的协调性、灵活性。

7. 在体育活动中，培养幼儿坚强、勇敢、不怕困难的意志品质和主动、乐观、合作的态度。

(三)指导要点

1. 幼儿园必须把保护幼儿的生命和促进幼儿的健康放在工作的首位。树立正确的健康观念，在重视幼儿身体健康的同时，要高度重视幼儿的心理健康。

2. 既要高度重视和满足幼儿受保护、受照顾的需要，又要尊重和满足他们不断增长的独立要求，避免过度保护和包办代替，鼓励并指导幼儿自理、自立的尝试。

3. 健康领域的活动要充分尊重幼儿生长发育的规律，严禁以任何名义进行有损幼儿健康的比赛、表演或训练等。

4. 培养幼儿对体育活动的兴趣是幼儿园体育的重要目标，要根据幼儿的特点组织生动有趣、形式多样的体育活动，吸引幼儿主动参与。

二、语言

(一)目标

1. 乐观与人交谈，讲话礼貌；

2. 注意倾听对方讲话，能理解日常用语；

3. 能清楚地说出自己想说的事；

4. 喜欢听故事、看图书；

5. 能听懂和会说普通话。

(二)内容与要求

1. 创造一个自由、宽松的语言交往环境，支持、鼓励、吸引幼儿与教师、同伴或其他人交谈，体验语言交流的乐趣，学习使用适当的、礼貌的语言交往。

2. 养成幼儿注意倾听的习惯，发展语言理解能力。

3. 鼓励幼儿大胆、清楚地表达自己的想法和感受，尝试说明、描述简单的事物或过程，发展语言表达能力和思维能力。

4. 引导幼儿接触优秀的儿童文学作品，使之感受语言的丰富和优美，并通过多种活动帮助幼儿加深对作品的体验和理解。

5. 培养幼儿对生活中常见的简单标记和文字符号的兴趣。

6. 利用图书、绘画和其他多种方式，引发幼儿对书籍、阅读和书写的兴趣，培养前阅读和前书写技能。

7. 提供普通话的语言环境，帮助幼儿熟悉、听懂并学说普通话。少数民族地区还应帮助幼儿学习本民族语言。

(三)指导要点

1. 语言能力是在运用的过程中发展起来的，发展幼儿语言的关键是创设一个能使他们想说、敢说、喜欢说、有机会说并能得到积极应答的环境。

2. 幼儿语言的发展与其情感、经验、思维、社会交往能力等其他方面的发展密切相关，因此，发展幼儿语言的重要途径是通过互相渗透的各领域的教育，在丰富多彩的活动中去扩展幼儿的经验，提供促进语言发展的条件。

3. 幼儿的语言学习具有个别化的特点，教师与幼儿的个别交流、幼儿之间的自由交谈等，对幼儿语言发展具有特殊意义。

4. 对有语言障碍的儿童要给予特别关注，要与家长和有关方面密切配合，积极地帮助他们提高语言能力。

三、社会

(一)目标

1. 能主动地参与各项活动，有自信心；

2. 乐意与人交往，学习互助、合作和分享，有同情心；

3. 理解并遵守日常生活中基本的社会行为规则；

4. 能努力做好力所能及的事，不怕困难，有初步的责任感；

5. 爱父母长辈、老师和同伴，爱集体、爱家乡、爱祖国。

(二)内容与要求

1. 引导幼儿参加各种集体活动，体验与教师、同伴等共同生活的乐趣，帮助他们正确认识自己和他人，养成对他人、社会亲近、合作的态度，学习初步的人际交往技能。

2. 为每个幼儿提供表现自己长处和获得成功的机会，增强其自尊心和自信心。

3. 提供自由活动的机会，支持幼儿自主地选择、计划活动，鼓励他们通过多方面的努力解决问题，不轻易放弃克服困难的尝试。

4. 在共同的生活和活动中，以多种方式引导幼儿认识、体验并理解基本的社会行为规则，学习自律和尊重他人。

5. 教育幼儿爱护玩具和其他物品，爱护公物和公共环境。

6. 与家庭、社区合作，引导幼儿了解自己的亲人以及与自己生活有关的各行各业人们的劳动，培养其对劳动者的热爱和对劳动成果的尊重。

7. 充分利用社会资源，引导幼儿实际感受祖国文化的丰富与优秀，感受家乡的变化和发展，激发幼儿爱家乡、爱祖国的情感。

8. 适当向幼儿介绍我国各民族和世界其他国家、民族的文化，使其感知人类文化的多样性和差异性，培养理解、尊重、平等的态度。

（三）指导要点

1. 社会领域的教育具有潜移默化的特点。幼儿社会态度和社会情感的培养尤应渗透在多种活动和一日生活的各个环节之中，要创设一个能使幼儿感受到接纳、关爱和支持的良好环境，避免单一呆板的言语说教。

2. 幼儿与成人、同伴之间的共同生活、交往、探索、游戏等，是其社会学习的重要途径。应为幼儿提供人际间相互交往和共同活动的机会和条件，并加以指导。

3. 社会学习是一个漫长的积累过程，需要幼儿园、家庭和社会密切合作，协调一致，共同促进幼儿良好社会性品质的形成。

四、科学

（一）目标

1. 对周围的事物、现象感兴趣，有好奇心和求知欲；

2. 能运用各种感官，动手动脑，探究问题；

3. 能用适当的方式表达、交流探索的过程和结果；

4. 能从生活和游戏中感受事物的数量关系并体验到数学的重要和有趣；

5. 爱护动植物，关心周围环境，亲近大自然，珍惜自然资源，有初步的环保意识。

（二）内容与要求

1. 引导幼儿对身边常见事物和现象的特点、变化规律产生兴趣和探究的欲望。

2. 为幼儿的探究活动创造宽松的环境，让每个幼儿都有机会参与尝试，支持、鼓励他们大胆提出问题，发表不同意见，学会尊重别人的观点和经验。

3. 提供丰富的可操作的材料，为每个幼儿都能运用多种感官、多种方式进行探索提供活动的条件。

4. 通过引导幼儿积极参加小组讨论、探索等方式，培养幼儿合作学习的意识和能力，学习用多种方式表现、交流、分享探索的过程和结果。

5. 引导幼儿对周围环境中的数、量、形、时间和空间等现象产生兴趣，建构初步的数概念，并学习用简单的数学方法解决生活和游戏中某些简单的问题。

6. 从生活或媒体中幼儿熟悉的科技成果入手，引导幼儿感受科学技术对生活的影响，培养他们对科学的兴趣和对科学家的崇敬。

7. 在幼儿生活经验的基础上，帮助幼儿了解自然、环境与人类生活的关系。从身边的小事入手，培养初步的环保意识和行为。

（三）指导要点

1. 幼儿的科学教育是科学启蒙教育，重在激发幼儿的认识兴趣和探究欲望。

2. 要尽量创造条件让幼儿实际参加探究活动，使他们感受科学探究的过程和方法，体验发现的乐趣。

3. 科学教育应密切联系幼儿的实际生活进行，利用身边的事物与现象作为科学探索的对象。

五、艺术

（一）目标

1. 能初步感受并喜爱环境、生活和艺术中的美；

2. 喜欢参加艺术活动，并能大胆地表现自己的情感和体验；

3. 能用自己喜欢的方式进行艺术表现活动。

（二）内容与要求

1. 引导幼儿接触周围环境和生活中美好的人、事、物，丰富他们的感性经验和审美情趣，激发他们表现美、创造美的情趣。

2. 在艺术活动中面向全体幼儿，要针对他们的不同特点和需要，让每个幼儿都得到美的熏陶和培养。对有艺术天赋的幼儿要注意发展他们的艺术潜能。

3. 提供自由表现的机会，鼓励幼儿用不同艺术形式大胆地表达自己的情感、理解和想象，尊重每个幼儿的想法和创造，肯定和接纳他们独特的审美感受和表现方式，分享他们创造的快乐。

4. 在支持、鼓励幼儿积极参加各种艺术活动并大胆表现的同时，帮助他们提高表现的技能和能力。

5. 指导幼儿利用身边的物品或废旧材料制作玩具、手工艺品等来美化自己的生活或开展其他活动。

6. 为幼儿创设展示自己作品的条件，引导幼儿相互交流、相互欣赏、共同提高。

（三）指导要点

1. 艺术是实施美育的主要途径，应充分发挥艺术的情感教育功能，促进幼儿健全人格的形成。要避免仅仅重视表现技能或艺术活动的结果，而忽视幼儿在活动过程中的情感体验和态度的倾向。

2. 幼儿的创作过程和作品是他们表达自己的认识和情感的重要方式，应支持幼儿富有个性和创造性的表达，克服过分强调技能技巧和标准化要求的偏向。

3. 幼儿艺术活动的能力是在大胆表现的过程中逐渐发展起来的，教师的作用应主要在于激发幼儿感受美、表现美的情趣，丰富他们的审美经验，使之体验自由表达和创造的快乐。在此基础上，根据幼儿的发展状况和需要，对表现方式和技能技巧给予适时、适当的指导。

第三部分　组织与实施

一、幼儿园的教育是为所有在园幼儿的健康成长服务的，要为每一个儿童，包括有特殊需要的儿童提供积极的支持和帮助。

二、幼儿园的教育活动，是教师以多种形式有目的、有计划地引导幼儿生动、活泼、主动活动的教育过程。

三、教育活动的组织与实施过程是教师创造性地开展工作的过程。教师要根据本《纲要》，从本地、本园的条件出发，结合本班幼儿的实际情况，制定切实可行的工作计划并灵活地执行。

四、教育活动目标要以《幼儿园工作规程》和本《纲要》所提出的各领域目标为指导，结合本班幼儿的发展水平、经验和需要来确定。

五、教育活动内容的选择应遵照本《纲要》第二部分的有关条款进行，同时体现以下原则：

(一)既适合幼儿的现有水平，又有一定的挑战性。

(二)既符合幼儿的现实需要，又有利于其长远发展。

(三)既贴近幼儿的生活来选择幼儿感兴趣的事物和问题，又有助于拓展幼儿的经验和视野。

六、教育活动内容的组织应充分考虑幼儿的学习特点和认识规律，各领域的内容要有机联系，相互渗透，注重综合性、趣味性、活动性，寓教育于生活、游戏之中。

七、教育活动的组织形式应根据需要合理安排，因时、因地、因内容、因材料灵活地运用。

八、环境是重要的教育资源，应通过环境的创设和利用，有效地促进幼儿的发展。

(一)幼儿园的空间、设施、活动材料和常规要求等应有利于引发、支持幼儿的游戏和各种探索活动，有利于引发、支持幼儿与周围环境之间积极的相互作用。

(二)幼儿同伴群体及幼儿园教师集体是宝贵的教育资源，应充分发挥这一资源的作用。

(三)教师的态度和管理方式应有助于形成安全、温馨的心理环境；言行举止应成为幼儿学习的良好榜样。

(四)家庭是幼儿园重要的合作伙伴。应本着尊重、平等、合作的原则，争取家长的理解、支持和主动参与，并积极支持、帮助家长提高教育能力。

(五)充分利用自然环境和社区的教育资源，扩展幼儿生活和学习的空间。幼儿园同时应为社区的早期教育提供服务。

九、科学、合理地安排和组织一日生活。

(一)时间安排应有相对的稳定性与灵活性，既有利于形成秩序，又能满足幼儿的合理需要，照顾到个体差异。

(二)教师直接指导的活动和间接指导的活动相结合，保证幼儿每天有适当的自主选择和自由活动时间。教师直接指导的集体活动要能保证幼儿的积极参与，避免时间的隐性浪费。

(三)尽量减少不必要的集体行动和过渡环节，减少和消除消极等待现象。

(四)建立良好的常规，避免不必要的管理行为，逐步引导幼儿学习自我管理。

十、教师应成为幼儿学习活动的支持者、合作者、引导者。

(一)以关怀、接纳、尊重的态度与幼儿交往。耐心倾听，努力理解幼儿的想法与感受，支持、鼓励他们大胆探索与表达。

(二)善于发现幼儿感兴趣的事物、游戏和偶发事件中所隐含的教育价值，把握时机，积极引导。

(三)关注幼儿在活动中的表现和反应，敏感地察觉他们的需要，及时以适当的方式应答，形成合作探究式的师生互动。

(四)尊重幼儿在发展水平、能力、经验、学习方式等方面的个体差异，因人施教，努力使每一个幼儿都能获得满足和成功。

(五)关注幼儿的特殊需要，包括各种发展潜能和不同发展障碍，与家庭密切配合，共同促进幼儿健康成长。

十一、幼儿园教育要与0～3岁儿童的保育教育以及小学教育相互衔接。

第四部分　教育评价

一、教育评价是幼儿园教育工作的重要组成部分，是了解教育的适宜性、有效性，调整和改进工作，促进每一个幼儿发展，提高教育质量的必要手段。

二、管理人员、教师、幼儿及其家长均是幼儿园教育评价工作的参与者。评价过程是各方共同参与、相互支持与合作的过程。

三、评价的过程，是教师运用专业知识审视教育实践，发现、分析、研究、解决问题的过程，也是其自我成长的重要途径。

四、幼儿园教育工作评价实行以教师自评为主，园长以及有关管理人员、其他教师和家长等参与评价的制度。

五、评价应自然地伴随着整个教育过程进行。综合采用观察、谈话、作品分析等多种方法。

六、幼儿的行为表现和发展变化具有重要的评价意义，教师应视之为重要的评价信息和改进工作的依据。

七、教育工作评价宜重点考察以下方面：

(一)教育计划和教育活动的目标是否建立在了解本班幼儿现状的基础上。

(二)教育的内容、方式、策略、环境条件是否能调动幼儿学习的积极性。

(三)教育过程是否能为幼儿提供有益的学习经验，并符合其发展需要。

(四)教育内容、要求能否兼顾群体需要和个体差异，使每个幼儿都能得到发展，都有成功感。

(五)教师的指导是否有利于幼儿主动、有效地学习。

八、对幼儿发展状况的评估，要注意：

(一)明确评价的目的是了解幼儿的发展需要，以便提供更加适宜的帮助和指导。

(二)全面了解幼儿的发展状况，防止片面性，尤其要避免只重知识和技能，忽略情感、社会性和实际能力的倾向。

(三)在日常活动与教育教学过程中采用自然的方法进行。平时观察所获的具有典型意义的幼儿行为表现和所积累的各种作品等，是评价的重要依据。

(四)承认和关注幼儿的个体差异，避免用划一的标准评价不同的幼儿，在幼儿面前慎用横向的比较。

(五)以发展的眼光看待幼儿，既要了解现有水平，更要关注其发展的速度、特点和倾向等。

附录九

3—6岁儿童学习与发展指南

（2012年9月　教育部）

一、健康

健康是指人在身体、心理和社会适应方面的良好状态。幼儿阶段是儿童身体发育和机能发展极为迅速的时期，也是形成安全感和乐观态度的重要阶段。发育良好的身体、愉快的情绪、强健的体质、协调的动作、良好的生活习惯和基本生活能力是幼儿身心健康的重要标志，也是其他领域学习与发展的基础。

为有效促进幼儿身心健康发展，成人应为幼儿提供合理均衡的营养，保证充足的睡眠和适宜的锻炼，满足幼儿生长发育的需要；创设温馨的人际环境，让幼儿充分感受到亲情和关爱，形成积极稳定的情绪情感；帮助幼儿养成良好的生活与卫生习惯，提高自我保护能力，形成使其终身受益的生活能力和文明生活方式。

幼儿身心发育尚未成熟，需要成人的精心呵护和照顾，但不宜过度保护和包办代替，以免剥夺幼儿自主学习的机会，养成过于依赖的不良习惯，影响其主动性、独立性的发展。

(一)身心状况

目标1　具有健康的体态

3～4岁	4～5岁	5～6岁
1. 身高和体重适宜。参考标准： 男孩： 身高：94.9～111.7厘米 体重：12.7～21.2公斤 女孩： 身高：94.1～111.3厘米 体重：12.3～21.5公斤 2. 在提醒下能自然坐直、站直。	1. 身高和体重适宜。参考标准： 男孩： 身高：100.7～119.2厘米 体重：14.1～24.2公斤 女孩： 身高：99.9～118.9厘米 体重：13.7～24.9公斤 2. 在提醒下能保持正确的站、坐和行走姿势。	1. 身高和体重适宜。参考标准： 男孩： 身高：106.1～125.8厘米 体重：15.9～27.1公斤 女孩： 身高：104.9～125.4厘米 体重：15.3～27.8公斤 2. 经常保持正确的站、坐和行走姿势。

注：身高和体重数据来源：《2006年世界卫生组织儿童生长标准》4、5、6周岁儿童身高和体重的参考数据。

教育建议：

1. 为幼儿提供营养丰富、健康的饮食。如：

■ 参照《中国孕期、哺乳期妇女和 0～6 岁儿童膳食指南》，为幼儿提供谷物、蔬菜、水果、肉、奶、蛋、豆制品等多样化的食物，均衡搭配。

■ 烹调方式要科学，尽量少煎炸、烧烤、腌制。

2. 保证幼儿每天睡 11～12 小时，其中午睡一般应达到 2 小时左右。午睡时间可根据幼儿的年龄、季节的变化和个体差异适当减少。

3. 注意幼儿的体态，帮助他们形成正确的姿势。如：

■ 提醒幼儿要保持正确的站、坐、走姿势；发现有八字脚、罗圈腿、驼背等骨骼发育异常的情况，应及时就医矫治。

■ 桌、椅和床要合适。椅子的高度以幼儿写画时双脚能自然着地、大腿基本保持水平状为宜；桌子的高度以写画时身体能坐直，不驼背、不耸肩为宜；床不宜过软。

4. 每年为幼儿进行健康检查。

目标 2　情绪安定愉快

3～4 岁	4～5 岁	5～6 岁
1. 情绪比较稳定，很少因一点小事哭闹不止。 2. 有比较强烈的情绪反应时，能在成人的安抚下逐渐平静下来。	1. 经常保持愉快的情绪，不高兴时能较快缓解。 2. 有比较强烈情绪反应时，能在成人提醒下逐渐平静下来。 3. 愿意把自己的情绪告诉亲近的人，一起分享快乐或求得安慰。	1. 经常保持愉快的情绪。知道引起自己某种情绪的原因，并努力缓解。 2. 表达情绪的方式比较适度，不乱发脾气。 3. 能随着活动的需要转换情绪和注意。

教育建议：

1. 营造温暖、轻松的心理环境，让幼儿形成安全感和信赖感。如：

■ 保持良好的情绪状态，以积极、愉快的情绪影响幼儿。

■ 以欣赏的态度对待幼儿。注意发现幼儿的优点，接纳他们的个体差异，不简单与同伴做横向比较。

■ 幼儿做错事时要冷静处理，不厉声斥责，更不能打骂。

2. 帮助幼儿学会恰当表达和调控情绪。如：

■ 成人用恰当的方式表达情绪，为幼儿作出榜样。如生气时不乱发脾气，不迁怒于人。

■ 成人和幼儿一起谈论自己高兴或生气的事，鼓励幼儿与人分享自己的情绪。

■ 允许幼儿表达自己的情绪，并给予适当的引导。如幼儿发脾气时不硬性压制，等其平静后告诉他什么行为是可以接受的。

■发现幼儿不高兴时，主动询问情况，帮助他们化解消极情绪。

目标3　具有一定的适应能力

3～4岁	4～5岁	5～6岁
1. 能在较热或较冷的户外环境中活动。 2. 换新环境时情绪能较快稳定，睡眠、饮食基本正常。 3. 在帮助下能较快适应集体生活。	1. 能在较热或较冷的户外环境中连续活动半小时左右。 2. 换新环境时较少出现身体不适。 3. 能较快适应人际环境中发生的变化。如换了新老师能较快适应。	1. 能在较热或较冷的户外环境中连续活动半小时以上。 2. 天气变化时较少感冒，能适应车、船等交通工具造成的轻微颠簸。 3. 能较快融入新的人际关系环境。如换了新的幼儿园或班级能较快适应。

教育建议：

1. 保证幼儿的户外活动时间，提高幼儿适应季节变化的能力。

■幼儿每天的户外活动时间一般不少于2小时，其中体育活动时间不少于1小时，季节交替时要坚持。

■气温过热或过冷的季节或地区应因地制宜，选择温度适当的时间段开展户外活动，也可根据气温的变化和幼儿的个体差异，适当减少活动的时间。

2. 经常与幼儿玩拉手转圈、秋千、转椅等游戏活动，让幼儿适应轻微的摆动、颠簸、旋转，促进其平衡机能的发展。

3. 锻炼幼儿适应生活环境变化的能力。如：

■注意观察幼儿在新环境中的饮食、睡眠、游戏等方面的情况，采取相应的措施帮助他们尽快适应新环境。

■经常带幼儿接触不同的人际环境，如参加亲戚朋友聚会，多和不熟悉的小朋友玩，使幼儿较快适应新的人际关系。

(二)动作发展

目标1　具有一定的平衡能力，动作协调、灵敏

3～4岁	4～5岁	5～6岁
1. 能沿地面直线或在较窄的低矮物体上走一段距离。 2. 能双脚灵活交替上下楼梯。 3. 能身体平稳地双脚连续向前跳。 4. 分散跑时能躲避他人的碰撞。 5. 能双手向上抛球。	1. 能在较窄的低矮物体上平稳地走一段距离。 2. 能以匍匐、膝盖悬空等多种方式钻爬。 3. 能助跑跨跳过一定距离，或助跑跨跳过一定高度的物体。 4. 能与他人玩追逐、躲闪跑的游戏。 5. 能连续自抛自接球。	1. 能在斜坡、荡桥和有一定间隔的物体上较平稳地行走。 2. 能以手脚并用的方式安全地爬攀登架、网等。 3. 能连续跳绳。 4. 能躲避他人滚过来的球或扔过来的沙包。 5. 能连续拍球。

教育建议：

1. 利用多种活动发展身体平衡和协调能力。如：

■ 走平衡木，或沿着地面直线、田埂行走。

■ 玩跳房子、踢毽子、蒙眼走路、踩小高跷等游戏活动。

2. 发展幼儿动作的协调性和灵活性。如：

■ 鼓励幼儿进行跑跳、钻爬、攀登、投掷、拍球等活动。

■ 玩跳竹竿、滚铁环等传统体育游戏。

3. 对于拍球、跳绳等技能性活动，不要过于要求数量，更不能机械训练。

4. 结合活动内容对幼儿进行安全教育，注重在活动中培养幼儿的自我保护能力。

目标 2　具有一定的力量和耐力

3～4 岁	4～5 岁	5～6 岁
1. 能双手抓杠悬空吊起 10 秒左右。 2. 能单手将沙包向前投掷 2 米左右。 3. 能单脚连续向前跳 2 米左右。 4. 能快跑 15 米左右。 5. 能行走 1 公里左右(途中可适当停歇)。	1. 能双手抓杠悬空吊起 15 秒左右。 2. 能单手将沙包向前投掷 4 米左右。 3. 能单脚连续向前跳 5 米左右。 4. 能快跑 20 米左右。 5. 能连续行走 1.5 公里左右(途中可适当停歇)。	1. 能双手抓杠悬空吊起 20 秒左右。 2. 能单手将沙包向前投掷 5 米左右。 3. 能单脚连续向前跳 8 米左右。 4. 能快跑 25 米左右。 5. 能连续行走 1.5 公里以上(途中可适当停歇)。

教育建议：

1. 开展丰富多样、适合幼儿年龄特点的各种身体活动，如走、跑、跳、攀、爬等，鼓励幼儿坚持下来，不怕累。

2. 日常生活中鼓励幼儿多走路、少坐车；自己上下楼梯、自己背包。

目标 3　手的动作灵活协调

3～4 岁	4～5 岁	5～6 岁
1. 能用笔涂涂画画。 2. 能熟练地用勺子吃饭。 3. 能用剪刀沿直线剪，边线基本吻合。	1. 能沿边线较直地画出简单图形，或能边线基本对齐地折纸。 2. 会用筷子吃饭。 3. 能沿轮廓线剪出由直线构成的简单图形，边线吻合。	1. 能根据需要画出图形，线条基本平滑。 2. 能熟练使用筷子。 3. 能沿轮廓线剪出由曲线构成的简单图形，边线吻合且平滑。 4. 能使用简单的劳动工具或用具。

教育建议：

1. 创造条件和机会，促进幼儿手的动作灵活协调。如：

■ 提供画笔、剪刀、纸张、泥团等工具和材料，或充分利用各种自然、废旧材料和常见物品，让幼儿进行画、剪、折、粘等美工活动。

■ 引导幼儿生活自理或参与家务劳动，发展其手的动作。如练习自己用筷子吃饭、扣扣子，帮助家人择菜叶、做面食等。

■ 幼儿园在布置娃娃家、商店等活动区时，多提供原材料和半成品，让幼儿有更多机会参与制作活动。

2. 引导幼儿注意活动安全。如：

■ 为幼儿提供的塑料粒、珠子等活动材料要足够大，材质要安全，以免造成异物进入气管、铅中毒等伤害。提供幼儿用安全剪刀。

■ 为幼儿示范拿筷子、握笔的正确姿势以及使用剪刀、锤子等工具的方法。

■ 提醒幼儿不要拿剪刀等锋利工具玩耍，用完后要放回原处。

(三)生活习惯与生活能力

目标1　具有良好的生活与卫生习惯

3～4岁	4～5岁	5～6岁
1. 在提醒下，按时睡觉和起床，并能坚持午睡。 2. 喜欢参加体育活动。 3. 在引导下，不偏食、挑食。喜欢吃瓜果、蔬菜等新鲜食品。 4. 愿意饮用白开水，不贪喝饮料。 5. 不用脏手揉眼睛，连续看电视等不超过15分钟。 6. 在提醒下，每天早晚刷牙、饭前便后洗手。	1. 每天按时睡觉和起床，并能坚持午睡。 2. 喜欢参加体育活动。 3. 不偏食、挑食，不暴饮暴食。喜欢吃瓜果、蔬菜等新鲜食品。 4. 常喝白开水，不贪喝饮料。 5. 知道保护眼睛，不在光线过强或过暗的地方看书，连续看电视等不超过20分钟。 6. 每天早晚刷牙、饭前便后洗手，方法基本正确。	1. 养成每天按时睡觉和起床的习惯。 2. 能主动参加体育活动。 3. 吃东西时细嚼慢咽。 4. 主动饮用白开水，不贪喝饮料。 5. 主动保护眼睛。不在光线过强或过暗的地方看书，连续看电视等不超过30分钟。 6. 每天早晚主动刷牙，饭前便后主动洗手，方法正确。

教育建议：

1. 让幼儿保持有规律的生活，养成良好的作息习惯。如：早睡早起、每天午睡、按时进餐、吃好早餐等。

2. 帮助幼儿养成良好的饮食习惯。如：

■ 合理安排餐点，帮助幼儿养成定点、定时、定量进餐的习惯。

■ 帮助幼儿了解食物的营养价值，引导他们不偏食不挑食、少吃或不吃不利于健康的食品；多喝白开水，少喝饮料。

■ 吃饭时不过分催促，提醒幼儿细嚼慢咽，不要边吃边玩。

3. 帮助幼儿养成良好的个人卫生习惯。如：

■ 早晚刷牙、饭后漱口。

■ 勤为幼儿洗澡、换衣服、剪指甲。

■ 提醒幼儿保护五官，如不乱挖耳朵、鼻孔，看电视时保持 3 米左右的距离等。

4. 激发幼儿参加体育活动的兴趣，养成锻炼的习惯。如：

■ 为幼儿准备多种体育活动材料，鼓励他选择自己喜欢的材料开展活动。

■ 经常和幼儿一起在户外运动和游戏，鼓励幼儿和同伴一起开展体育活动。

■ 和幼儿一起观看体育比赛或有关体育赛事的电视节目，培养他对体育活动的兴趣。

目标 2　具有基本的生活自理能力

3～4 岁	4～5 岁	5～6 岁
1. 在帮助下能穿脱衣服或鞋袜。 2. 能将玩具和图书放回原处。	1. 能自己穿脱衣服、鞋袜、扣纽扣。 2. 能整理自己的物品。	1. 能知道根据冷热增减衣服。 2. 会自己系鞋带。 3. 能按类别整理好自己的物品。

教育建议：

1. 鼓励幼儿做力所能及的事情，对幼儿的尝试与努力给予肯定，不因做不好或做得慢而包办代替。

2. 指导幼儿学习和掌握生活自理的基本方法，如穿脱衣服和鞋袜、洗手洗脸、擦鼻涕、擦屁股的正确方法。

3. 提供有利于幼儿生活自理的条件。如：

■ 提供一些纸箱、盒子，供幼儿收拾和存放自己的玩具、图书或生活用品等。

■ 幼儿的衣服、鞋子等要简单实用，便于自己穿脱。

目标 3　具备基本的安全知识和自我保护能力

3～4 岁	4～5 岁	5～6 岁
1. 不吃陌生人给的东西，不跟陌生人走。 2. 在提醒下能注意安全，不做危险的事。 3. 在公共场所走失时，能向警察或有关人员说出自己和家长的名字、电话号码等简单信息。	1. 知道在公共场合不远离成人的视线单独活动。 2. 认识常见的安全标志，能遵守安全规则。 3. 运动时能主动躲避危险。 4. 知道简单的求助方式。	1. 未经大人允许不给陌生人开门。 2. 能自觉遵守基本的安全规则和交通规则。 3. 运动时能注意安全，不给他人造成危险。 4. 知道一些基本的防灾知识。

教育建议：

1. 创设安全的生活环境，提供必要的保护措施。如：

■要把热水瓶、药品、火柴、刀具等物品放到幼儿够不到的地方；阳台或窗台要有安全保护措施；要使用安全的电源插座等。

■在公共场所要注意照看好幼儿；幼儿乘车、乘电梯时要有成人陪伴；不把幼儿单独留在家里或汽车里等。

2. 结合生活实际对幼儿进行安全教育。如：

■外出时，提醒幼儿要紧跟成人，不远离成人的视线，不跟陌生人走，不吃陌生人给的东西；不在河边和马路边玩耍；要遵守交通规则等。

■帮助幼儿了解周围环境中不安全的事物，不做危险的事。如不动热水壶，不玩火柴或打火机，不摸电源插座，不攀爬窗户或阳台等。

■帮助幼儿认识常见的安全标识，如：小心触电、小心有毒、禁止下河游泳、紧急出口等。

■告诉幼儿不允许别人触摸自己的隐私部位。

3. 教给幼儿简单的自救和求救的方法。如：

■记住自己家庭的住址、电话号码、父母的姓名和单位，一旦走失时知道向成人求助，并能提供必要信息。

■遇到火灾或其他紧急情况时，知道要拨打 110、120、119 等求救电话。

■可利用图书、音像等材料对幼儿进行逃生和求救方面的教育，并运用游戏方式模拟练习。

■幼儿园应定期进行火灾、地震等自然灾害的逃生演习。

二、语言

语言是交流和思维的工具。幼儿期是语言发展，特别是口语发展的重要时期。幼儿语言的发展贯穿于各个领域，也对其他领域的学习与发展有着重要的影响：幼儿在运用语言进行交流的同时，也在发展着人际交往能力、理解他人和判断交往情境的能力、组织自己思想的能力。通过语言获取信息，幼儿的学习逐步超越个体的直接感知。

幼儿的语言能力是在交流和运用的过程中发展起来的。应为幼儿创设自由、宽松的语言交往环境，鼓励和支持幼儿与成人、同伴交流，让幼儿想说、敢说、喜欢说并能得到积极回应。为幼儿提供丰富、适宜的低幼读物，经常和幼儿一起看图书、讲故事，丰富其语言表达能力，培养阅读兴趣和良好的阅读习惯，进一步拓展学习经验。

幼儿的语言学习需要相应的社会经验支持，应通过多种活动扩展幼儿的生活经验，丰富语言的内容，增强理解和表达能力。应在生活情境和阅读活动中引导幼儿自然而然地产生对文字的兴趣，用机械记忆和强化训练的方式让幼儿过早识字不符合其学习特点和接受能力。

(一)倾听与表达

目标 1　认真听并能听懂常用语言

3～4 岁	4～5 岁	5～6 岁
1. 别人对自己说话时能注意听并作出回应。 2. 能听懂日常会话。	1. 在群体中能有意识地听与自己有关的信息。 2. 能结合情境感受到不同语气、语调所表达的不同意思。 3. 方言地区和少数民族幼儿能基本听懂普通话。	1. 在集体中能注意听老师或其他人讲话。 2. 听不懂或有疑问时能主动提问。 3. 能结合情境理解一些表示因果、假设等相对复杂的句子。

教育建议：

1. 多给幼儿提供倾听和交谈的机会。如：经常和幼儿一起谈论他感兴趣的话题，或一起看图书、讲故事。

2. 引导幼儿学会认真倾听。如：

■ 成人要耐心倾听别人(包括幼儿)的讲话，等别人讲完再表达自己的观点。

■ 与幼儿交谈时，要用幼儿能听得懂的语言。

■ 对幼儿提要求和布置任务时要求他注意听，鼓励他主动提问。

3. 对幼儿讲话时，注意结合情境使用丰富的语言，以便于幼儿理解。如：

■ 说话时注意语气、语调，让幼儿感受语气、语调的作用。如对幼儿的不合理要求以比较坚定的语气表示不同意；讲故事时，尽量把故事人物高兴、悲伤的心情用不同的语气、语调表现出来。

■ 根据幼儿的理解水平有意识地使用一些反映因果、假设、条件等关系的句子。

目标 2　愿意讲话并能清楚地表达

3～4 岁	4～5 岁	5～6 岁
1. 愿意在熟悉的人面前说话，能大方地与人打招呼。 2. 基本会说本民族或本地区的语言。 3. 愿意表达自己的需要和想法，必要时能配以手势动作。 4. 能口齿清楚地说儿歌、童谣或复述简短的故事。	1. 愿意与他人交谈，喜欢谈论自己感兴趣的话题。 2. 会说本民族或本地区的语言，基本会说普通话。少数民族聚居地区幼儿会用普通话进行日常会话。 3. 能基本完整地讲述自己的所见所闻和经历的事情。 4. 讲述比较连贯。	1. 愿意与他人讨论问题，敢在众人面前说话。 2. 会说本民族或本地区的语言和普通话，发音正确清晰。少数民族聚居地区幼儿基本会说普通话。 3. 能有序、连贯、清楚地讲述一件事情。 4. 讲述时能使用常见的形容词、同义词等，语言比较生动。

教育建议：

1. 为幼儿创造说话的机会并体验语言交往的乐趣。

■ 每天有足够的时间与幼儿交谈。如谈论他感兴趣的话题，询问和听取他对自己事情的意见等。

■ 尊重和接纳幼儿的说话方式，无论幼儿的表达水平如何，都应认真地倾听并给予积极的回应。

■ 鼓励和支持幼儿与同伴一起玩耍、交谈，相互讲述见闻、趣事或看过的图书、动画片等。

■ 方言和少数民族地区应积极为幼儿创设用普通话交流的语言环境。

2. 引导幼儿清楚地表达。如：

■ 和幼儿讲话时，成人自身的语言要清楚、简洁。

■ 当幼儿因为急于表达而说不清楚的时候，提醒他不要着急，慢慢说；同时要耐心倾听，给予必要的补充，帮助他理清思路并清晰地说出来。

目标 3　具有文明的语言习惯

3～4 岁	4～5 岁	5～6 岁
1. 与别人讲话时知道眼睛要看着对方。 2. 说话自然，声音大小适中。 3. 能在成人的提醒下使用恰当的礼貌用语。	1. 别人对自己讲话时能回应。 2. 能根据场合调节自己说话声音的大小。 3. 能主动使用礼貌用语，不说脏话、粗话。	1. 别人讲话时能积极主动地回应。 2. 能根据谈话对象和需要，调整说话的语气。 3. 懂得按次序轮流讲话，不随意打断别人。 4. 能依据所处情境使用恰当的语言。如在别人难过时会用恰当的语言表示安慰。

教育建议：

1. 成人注意语言文明，为幼儿作出表率。如：

■ 与他人交谈时，认真倾听，使用礼貌用语。

■ 在公共场合不大声说话，不说脏话、粗话。

■ 幼儿表达意见时，成人可蹲下来，眼睛平视幼儿，耐心听他把话说完。

2. 帮助幼儿养成良好的语言行为习惯。如：

■ 结合情境提醒幼儿一些必要的交流礼节。如对长辈说话要有礼貌，客人来访时要打招呼，得到帮助时要说谢谢等。

■ 提醒幼儿遵守集体生活的语言规则，如轮流发言，不随意打断别人讲话等。

■ 提醒幼儿注意公共场所的语言文明，如不大声喧哗。

(二)阅读与书写准备

目标 1　喜欢听故事，看图书

3～4 岁	4～5 岁	5～6 岁
1. 主动要求成人讲故事、读图书。 2. 喜欢跟读韵律感强的儿歌、童谣。 3. 爱护图书，不乱撕、乱扔。	1. 反复看自己喜欢的图书。 2. 喜欢把听过的故事或看过的图书讲给别人听。 3. 对生活中常见的标识、符号感兴趣，知道它们表示一定的意义。	1. 专注地阅读图书。 2. 喜欢与他人一起谈论图书和故事的有关内容。 3. 对图书和生活情境中的文字符号感兴趣，知道文字表示一定的意义。

教育建议：

1. 为幼儿提供良好的阅读环境和条件。如：

■ 提供一定数量、符合幼儿年龄特点、富有童趣的图画书。

■ 提供相对安静的地方，尽量减少干扰，保证幼儿自主阅读。

2. 激发幼儿的阅读兴趣，培养阅读习惯。如：

■ 经常抽时间与幼儿一起看图书、讲故事。

■ 提供童谣、故事和诗歌等不同体裁的儿童文学作品，让幼儿自主选择和阅读。

■ 当幼儿遇到感兴趣的事物或问题时，和他一起查阅图书资料，让他感受图书的作用，体会通过阅读获取信息的乐趣。

3. 引导幼儿体会标识、文字符号的用途。如：

■ 向幼儿介绍医院、公用电话等生活中的常见标识，让他知道标识可以代表具体事物。

■ 结合生活实际，帮助幼儿体会文字的用途。如买来新玩具时，把说明书上的文字念给幼儿听，了解玩具的玩法。

目标 2　具有初步的阅读理解能力

3～4 岁	4～5 岁	5～6 岁
1. 能听懂短小的儿歌或故事。 2. 会看画面，能根据画面说出图中有什么，发生了什么事等。 3. 能理解图书上的文字是和画面对应的，是用来表达画面意义的。	1. 能大体讲出所听故事的主要内容。 2. 能根据连续画面提供的信息，大致说出故事的情节。 3. 能随着作品的展开产生喜悦、担忧等相应的情绪反应，体会作品所表达的情绪情感。	1. 能说出所阅读的幼儿文学作品的主要内容。 2. 能根据故事的部分情节或图书画面的线索猜想故事情节的发展，或续编、创编故事。 3. 对看过的图书、听过的故事能说出自己的看法。 4. 能初步感受文学语言的美。

教育建议：

1. 经常和幼儿一起阅读，引导他以自己的经验为基础理解图书的内容。如：

■ 引导幼儿仔细观察画面，结合画面讨论故事内容，学习建立画面与故事内容的联系。

■ 和幼儿一起讨论或回忆书中的故事情节，引导他有条理地说出故事的大致内容。

■ 在给幼儿读书或讲故事时，可先不告诉名字，让幼儿听完后自己命名，并说出这样命名的理由。

■ 鼓励幼儿自主阅读，并与他人讨论自己在阅读中的发现、体会和想法。

2. 在阅读中发展幼儿的想象和创造能力。如：

■ 鼓励幼儿依据画面线索讲述故事，大胆推测、想象故事情节的发展，改编故事部分情节或续编故事结尾。

■ 鼓励幼儿用故事表演、绘画等不同的方式表达自己对图书和故事的理解。

■ 鼓励和支持幼儿自编故事，并为自编的故事配上图画，制成图画书。

3. 引导幼儿感受文学作品的美。如：

■ 有意识地引导幼儿欣赏或模仿文学作品的语言节奏和韵律。

■ 给幼儿读书时，通过表情、动作和抑扬顿挫的声音传达书中的情绪情感，让幼儿体会作品的感染力和表现力。

目标 3　具有书面表达的愿望和初步技能

3～4 岁	4～5 岁	5～6 岁
1. 喜欢用涂涂画画表达一定的意思。	1. 愿意用图画和符号表达自己的愿望和想法。 2. 在成人提醒下，写写画画时姿势正确。	1. 愿意用图画和符号表现事物或故事。 2. 会正确书写自己的名字。 3. 写画时姿势正确。

教育建议：

1. 让幼儿在写写画画的过程中体验文字符号的功能，培养书写兴趣。如：

■ 准备供幼儿随时取放的纸、笔等材料，也可利用沙地、树枝等自然材料，满足幼儿自由涂画的需要。

■ 鼓励幼儿将自己感兴趣的事情或故事画下来并讲给别人听，让幼儿体会写写画画的方式可以表达自己的想法和情感。

■ 把幼儿讲过的事情用文字记录下来，并念给他听，使幼儿知道说的话可以用文字记录下来，从中体会文字的用途。

2. 在绘画和游戏中做必要的书写准备，如：

■ 通过把虚线画出的图形轮廓连成实线等游戏，促进手眼协调，同时帮助幼儿学习由上至下、由左至右的运笔技能。

■ 鼓励幼儿学习书写自己的名字。

■ 提醒幼儿写画时保持正确姿势。

三、社会

幼儿社会领域的学习与发展过程是其社会性不断完善并奠定健全人格基础的过程。人际交往和社会适应是幼儿社会学习的主要内容，也是其社会性发展的基本途径。幼儿在与成人和同伴交往的过程中，不仅学习如何与人友好相处，也在学习如何看待自己、对待他人，不断发展适应社会生活的能力。良好的社会性发展对幼儿身心健康和其他各方面的发展都具有重要影响。

家庭、幼儿园和社会应共同努力，为幼儿创设温暖、关爱、平等的家庭和集体生活氛围，建立良好的亲子关系、师生关系和同伴关系，让幼儿在积极健康的人际关系中获得安全感和信任感，发展自信和自尊，在良好的社会环境及文化的熏陶中学会遵守规则，形成基本的认同感和归属感。

幼儿的社会性主要是在日常生活和游戏中通过观察和模仿潜移默化地发展起来的。成人应注重自己言行的榜样作用，避免简单生硬的说教。

(一)人际交往

目标 1　愿意与人交往

3～4 岁	4～5 岁	5～6 岁
1. 愿意和小朋友一起游戏。 2. 愿意与熟悉的长辈一起活动。	1. 喜欢和小朋友一起游戏，有经常一起玩的小伙伴。 2. 喜欢和长辈交谈，有事愿意告诉长辈。	1. 有自己的好朋友，也喜欢结交新朋友。 2. 有问题愿意向别人请教。 3. 有高兴的或有趣的事愿意与大家分享。

教育建议：

1. 主动亲近和关心幼儿，经常和他一起游戏或活动，让幼儿感受到与成人交往的快乐，建立亲密的亲子关系和师生关系。

2. 创造交往的机会，让幼儿体会交往的乐趣。如：

■利用走亲戚、到朋友家做客或有客人来访的时机，鼓励幼儿与他人接触和交谈。

■鼓励幼儿参加小朋友的游戏，邀请小朋友到家里玩，感受有朋友一起玩的快乐。

■幼儿园应多为幼儿提供自由交往和游戏的机会，鼓励他们自主选择、自由结伴开展活动。

目标 2　能与同伴友好相处

3～4 岁	4～5 岁	5～6 岁
1. 想加入同伴的游戏时，能友好地提出请求。 2. 在成人指导下，不争抢、不独霸玩具。 3. 与同伴发生冲突时，能听从成人的劝解。	1. 会运用介绍自己、交换玩具等简单技巧加入同伴游戏。 2. 对大家都喜欢的东西能轮流、分享。 3. 与同伴发生冲突时，能在他人帮助下和平解决。 4. 活动时愿意接受同伴的意见和建议。 5. 不欺负弱小。	1. 能想办法吸引同伴和自己一起游戏。 2. 活动时能与同伴分工合作，遇到困难能一起克服。 3. 与同伴发生冲突时能自己协商解决。 4. 知道别人的想法有时和自己不一样，能倾听和接受别人的意见，不能接受时会说明理由。 5. 不欺负别人，也不允许别人欺负自己。

教育建议：

1. 结合具体情境，指导幼儿学习交往的基本规则和技能。如：

■ 当幼儿不知怎样加入同伴游戏，或提出请求不被接受时，建议他拿出玩具邀请大家一起玩；或者扮成某个角色加入同伴的游戏。

■ 对幼儿与别人分享玩具、图书等行为给予肯定，让他对自己的表现感到高兴和满足。

■ 当幼儿与同伴发生矛盾或冲突时，指导他尝试用协商、交换、轮流玩、合作等方式解决冲突。

■ 利用相关的图书、故事，结合幼儿的交往经验，和他讨论什么样的行为受大家欢迎，想要得到别人的接纳应该怎样做。

■ 幼儿园应多为幼儿提供需要大家齐心协力才能完成的活动，让幼儿在具体活动中体会合作的重要性，学习分工合作。

2. 结合具体情境，引导幼儿换位思考，学习理解别人。如：

■ 幼儿有争抢玩具等不友好行为时，引导他们想想“假如你是那个小朋友，你有什么感受?”让幼儿学习理解别人的想法和感受。

3. 和幼儿一起谈谈他的好朋友，说说喜欢这个朋友的原因，引导他多发现同伴的优点、长处。

目标 3　具有自尊、自信、自主的表现

3～4 岁	4～5 岁	5～6 岁
1. 能根据自己的兴趣选择游戏或其他活动。 2. 为自己的好行为或活动成果感到高兴。 3. 自己能做的事情愿意自己做。 4. 喜欢承担一些小任务。	1. 能按自己的想法进行游戏或其他活动。 2. 知道自己的一些优点和长处，并对此感到满意。 3. 自己的事情尽量自己做，不愿意依赖别人。 4. 敢于尝试有一定难度的活动和任务。	1. 能主动发起活动或在活动中出主意、想办法。 2. 做了好事或取得了成功后还想做得更好。 3. 自己的事情自己做，不会的愿意学。 4. 主动承担任务，遇到困难能够坚持而不轻易求助。 5. 与别人的看法不同时，敢于坚持自己的意见并说出理由。

教育建议：

1. 关注幼儿的感受，保护其自尊心和自信心。如：

■能以平等的态度对待幼儿，使幼儿切实感受到自己被尊重。

■对幼儿好的行为表现多给予具体、有针对性的肯定和表扬，让他对自己的优点和长处有所认识并感到满足和自豪。

■不要拿幼儿的不足与其他幼儿的优点作比较。

2. 鼓励幼儿自主决定，独立做事，增强其自尊心和自信心。如：

■与幼儿有关的事情要征求他的意见，即使他的意见与成人不同，也要认真倾听，接受他的合理要求。

■在保证安全的情况下，支持幼儿按自己的想法做事；或提供必要的条件，帮助他实现自己的想法。

■幼儿自己的事情尽量放手让他自己做，即使做得不够好，也应鼓励并给予一定的指导，让他在做事中树立自尊和自信。

■鼓励幼儿尝试有一定难度的任务，并注意调整难度，让他感受经过努力获得的成就感。

目标 4　关心尊重他人

3～4 岁	4～5 岁	5～6 岁
1. 长辈讲话时能认真听，并能听从长辈的要求。 2. 身边的人生病或不开心时表示同情。 3. 在提醒下能做到不打扰别人。	1. 会用礼貌的方式向长辈表达自己的要求和想法。 2. 能注意到别人的情绪，并有关心、体贴的表现。 3. 知道父母的职业，能体会到父母为养育自己所付出的辛劳。	1. 能有礼貌地与人交往。 2. 能关注别人的情绪和需要，并能给予力所能及的帮助。 3. 尊重为大家提供服务的人，珍惜他们的劳动成果。 4. 接纳、尊重与自己的生活方式或习惯不同的人。

教育建议：

1. 成人以身作则，以尊重、关心的态度对待自己的父母、长辈和其他人。如：

■ 经常问候父母，主动做家务。

■ 礼貌地对待老年人，如坐车时主动为老人让座。

■ 看到别人有困难能主动关心并给予一定的帮助。

2. 引导幼儿尊重、关心长辈和身边的人，尊重他人劳动及成果。如：

■ 提醒幼儿关心身边的人，如妈妈累了，知道让她安静休息一会儿。

■ 借助故事、图书等给幼儿讲讲父母抚育孩子成长的经历，让幼儿理解和体会父爱与母爱。

■ 结合实际情境，提醒幼儿注意别人的情绪，了解他们的需要，给予适当的关心和帮助。

■ 利用生活机会和角色游戏，帮助幼儿了解与自己关系密切的社会服务机构及其工作，如商场、邮局、医院等，体会这些机构给大家提供的便利和服务，懂得尊重工作人员的劳动，珍惜劳动成果。

3. 引导幼儿学习用平等、接纳和尊重的态度对待差异。如：

■ 了解每个人都有自己的兴趣、爱好和特长，可以相互学习。

■ 利用民间游戏、传统节日等，适当向幼儿介绍我国主要民族和世界其他国家和民族的文化，帮助幼儿感知文化的多样性和差异性，理解人们之间是平等的，应该互相尊重，友好相处。

(二)社会适应

目标 1　喜欢并适应群体生活

3～4 岁	4～5 岁	5～6 岁
1. 对群体活动有兴趣。 2. 对幼儿园的生活好奇，喜欢上幼儿园。	1. 愿意并主动参加群体活动。 2. 愿意与家长一起参加社区的一些群体活动。	1. 在群体活动中积极、快乐。 2. 对小学生活有好奇和向往。

教育建议：

1. 经常和幼儿一起参加一些群体性的活动，让幼儿体会群体活动的乐趣。如：参加亲戚、朋友和同事间的聚会以及适合幼儿参加的社区活动等，支持幼儿和不同群体的同伴一起游戏，丰富其群体活动的经验。

2. 幼儿园组织活动时，可以经常打破班级的界限，让幼儿有更多机会参加不同群体的活动。

3. 带领大班幼儿参观小学，讲讲小学有趣的活动，唤起他们对小学生活的好奇和向往，为入学做好心理准备。

目标 2　遵守基本的行为规范

3～4 岁	4～5 岁	5～6 岁
1. 在提醒下，能遵守游戏和公共场所的规则。 2. 知道不经允许不能拿别人的东西，借别人的东西要归还。 3. 在成人提醒下，爱护玩具和其他物品。	1. 感受规则的意义，并能基本遵守规则。 2. 不私自拿不属于自己的东西。 3. 知道说谎是不对的。 4. 知道接受了的任务要努力完成。 5. 在提醒下，能节约粮食、水电等。	1. 理解规则的意义，能与同伴协商制定游戏和活动规则。 2. 爱惜物品，用别人的东西时也知道爱护。 3. 做了错事敢于承认，不说谎。 4. 能认真负责地完成自己所接受的任务。 5. 爱护身边的环境，注意节约资源。

教育建议：

1. 成人要遵守社会行为规则，为幼儿树立良好的榜样。如：答应幼儿的事一定要做到、尊老爱幼、爱护公共环境，节约水电等。

2. 结合社会生活实际，帮助幼儿了解基本行为规则或其他游戏规则，体会规则的重要性，学习自觉遵守规则。如：

■ 经常和幼儿玩带有规则的游戏，遵守共同约定的游戏规则。

■ 利用实际生活情境和图书故事，向幼儿介绍一些必要的社会行为规则，以及为什么要遵守这些规则。

■ 在幼儿园的区域活动中，创设情境，让幼儿体会没有规则的不方便，鼓励他们讨论制定规则并自觉遵守。

■ 对幼儿表现出的遵守规则的行为要及时肯定，对违规行为给予纠正。如：幼儿主动为老人让座时要表扬；幼儿损害别人的物品或公共物品时要及时制止并主动赔偿。

3. 教育幼儿要诚实守信。如：

■ 对幼儿诚实守信的行为要及时肯定。

■ 允许幼儿犯错误，告诉他改了就好。不要打骂幼儿，以免他因害怕惩罚而说谎。

■ 小年龄幼儿经常分不清想象和现实，成人不要误认为他是在说谎。

■ 发现幼儿说谎时，要反思是否是因自己对幼儿的要求过高过严造成的。如果是，要及时调整自己的行为，同时要严肃地告诉幼儿说谎是不对的。

■ 经常给幼儿分配一些力所能及的任务，要求他完成并及时给予表扬，培养他的责任感和认真负责的态度。

目标 3　具有初步的归属感

3～4 岁	4～5 岁	5～6 岁
1. 知道和自己一起生活的家庭成员及与自己的关系，体会到自己是家庭的一员。 2. 能感受到家庭生活的温暖，爱父母，亲近与信赖长辈。 3. 能说出自己家所在街道、小区(乡镇、村)的名称。 4. 认识国旗，知道国歌。	1. 喜欢自己所在的幼儿园和班级，积极参加集体活动。 2. 能说出自己家所在地的省、市、县(区)名称，知道当地有代表性的物产或景观。 3. 知道自己是中国人。 4. 奏国歌、升国旗时能自动站好。	1. 愿意为集体做事，为集体的成绩感到高兴。 2. 能感受到家乡的发展变化并为此感到高兴。 3. 知道自己的民族，知道中国是一个多民族的大家庭，各民族之间要互相尊重，团结友爱。 4. 知道国家一些重大成就，爱祖国，为自己是中国人感到自豪。

教育建议：

1. 亲切地对待幼儿，关心幼儿，让他感到长辈是可亲、可敬、可信赖的，家庭和幼儿园是温暖的。如：

■ 多和孩子一起游戏、谈笑，尽量在家庭和班级中营造温馨的氛围。

■ 通过和幼儿一起翻阅照片、讲幼儿成长的故事等，让幼儿感受到家庭和幼儿园的温暖，老师的和蔼可亲，对养育自己的人产生感激之情。

2. 吸引和鼓励幼儿参加集体活动，萌发集体意识。如：

■ 幼儿园和班级里的重大事情和计划，请幼儿集体讨论决定。

■ 幼儿园应经常组织多种形式的集体活动，萌发幼儿的集体荣誉感。

3. 运用幼儿喜闻乐见和能够理解的方式激发幼儿爱家乡、爱祖国的情感。如：

■ 和幼儿说一说或在地图上找一找自己家所在的省、市、县(区)名称。

■ 和幼儿一起外出游玩，一起看有关的电视节目或画报等；和他们一起收集有关家乡、祖国各地的风景名胜、著名的建筑、独特物产的图片等，在观看和欣赏的过程中激发幼儿的自豪感和热爱之情。

■ 利用电视节目或参加升旗等活动，向幼儿介绍国旗、国歌以及观看升旗、奏国歌的礼仪。

■ 向幼儿介绍反映中国人聪明才智的发明和创造，激发幼儿的民族自豪感。

四、科学

幼儿的科学学习是在探究具体事物和解决实际问题中，尝试发现事物间的异同和联系的过程。幼儿在对自然事物的探究和运用数学解决实际生活问题的过程中，不仅获得丰富的感性经验，充分发展形象思维，而且初步尝试归类、排序、判断、推理，逐步发展逻辑思维能力，为其他领域的深入学习奠定基础。

幼儿科学学习的核心是激发探究兴趣，体验探究过程，发展初步的探究能力。成人要善于发现和保护幼儿的好奇心，充分利用自然和实际生活机会，引导幼儿通过观察、比较、操作、实验等方法，学习发现问题、分析问题和解决问题；帮助幼儿不断积累经验，并运用于新的学习活动，形成受益终身的学习态度和能力。

幼儿的思维特点是以具体形象思维为主，应注重引导幼儿通过直接感知、亲身体验和实际操作进行科学学习，不应为追求知识和技能的掌握，对幼儿进行灌输和强化训练。

(一)科学探究

目标 1　亲近自然，喜欢探究

3～4 岁	4～5 岁	5～6 岁
1. 喜欢接触大自然，对周围的很多事物和现象感兴趣。 2. 经常问各种问题，或好奇地摆弄物品。	1. 喜欢接触新事物，经常问一些与新事物有关的问题。 2. 常常动手动脑探索物体和材料，并乐在其中。	1. 对自己感兴趣的问题总是刨根问底。 2. 能经常动手动脑寻找问题的答案。 3. 探索中有所发现时感到兴奋和满足。

教育建议：

1. 经常带幼儿接触大自然，激发其好奇心与探究欲望。如：

■ 为幼儿提供一些有趣的探究工具，用自己的好奇心和探究积极性感染和带动幼儿。

■ 和幼儿一起发现并分享周围新奇、有趣的事物或现象，一起寻找问题的答案。

■ 通过拍照和画图等方式保留和积累有趣的探索与发现。

2. 真诚地接纳、多方面支持和鼓励幼儿的探索行为。如：

■ 认真对待幼儿的问题，引导他们猜一猜、想一想，有条件时和幼儿一起做一些简易的调查或有趣的小实验。

■ 容忍幼儿因探究而弄脏、弄乱，甚至破坏物品的行为，引导他们活动后做好收拾整理。

■ 多为幼儿选择一些能操作、多变化、多功能的玩具材料或废旧材料，在保证安全的前提下，鼓励幼儿拆装或动手自制玩具。

目标 2　具有初步的探究能力

3～4 岁	4～5 岁	5～6 岁
1. 对感兴趣的事物能仔细观察，发现其明显特征。 2. 能用多种感官或动作去探索物体，关注动作所产生的结果。	1. 能对事物或现象进行观察比较，发现其相同与不同。 2. 能根据观察结果提出问题，并大胆猜测答案。 3. 能通过简单的调查收集信息。 4. 能用图画或其他符号进行记录。	1. 能通过观察、比较与分析，发现并描述不同种类物体的特征或某个事物前后的变化。 2. 能用一定的方法验证自己的猜测。 3. 在成人的帮助下能制订简单的调查计划并执行。 4. 能用数字、图画、图表或其他符号记录。 5. 探究中能与他人合作与交流。

教育建议：

1. 有意识地引导幼儿观察周围事物，学习观察的基本方法，培养观察与分类能力。如：

■ 支持幼儿自发的观察活动，对其发现表示赞赏。

■ 通过提问等方式引导幼儿思考并对事物进行比较观察和连续观察。

■ 引导幼儿在观察和探索的基础上，尝试进行简单的分类、概括。如：根据运动方式给动物分类，根据生长环境给植物分类，根据外部特征给物体分类等等。

2. 支持和鼓励幼儿在探究的过程中积极动手动脑寻找答案或解决问题。如：

■ 鼓励幼儿根据观察或发现提出值得继续探究的问题，或成人提出有探究意义且能激发幼儿兴趣的问题。如：皮球、轮胎、竹筒等物体滚动时都走直线吗？怎样让橡皮泥球浮在水面上？

■ 支持和鼓励幼儿大胆联想、猜测问题的答案，并设法验证。如：玩风车时，鼓励幼儿猜测风车转动方向及速度快慢的原因和条件，并实际去验证。

■ 支持、引导幼儿学习用适宜的方法探究和解决问题，或为自己的想法收集证据。如：想知道院子里有多少种植物，可以进行实地调查；想知道球在平地上还是在斜坡上滚得快，可以动手试一试；想证明影子的方向与太阳的位置有关，可以做个小实验进行验证等。

3. 鼓励和引导幼儿学习做简单的计划和记录，并与他人交流分享。如：

■和幼儿共同制订调查计划，讨论调查对象、步骤和方法等，也可以和幼儿一起设法用图画、箭头等标识呈现计划。

■鼓励幼儿用绘画、照相、做标本等办法记录观察和探究的过程与结果，注意要让记录有意义，通过记录帮助幼儿丰富观察经验、建立事物之间的联系和分享发现。

■支持幼儿与同伴合作探究与分享交流，引导他们在交流中尝试整理、概括自己探究的成果，体验合作探究和发现的乐趣。如一起讨论和分享自己的问题与发现，一起想办法收集资料和验证猜测。

4. 帮助幼儿回顾自己探究过程，讨论自己做了什么，怎么做的，结果与计划目标是否一致，分析一下原因以及下一步要怎样做等。

目标3　在探究中认识周围事物和现象

3～4岁	4～5岁	5～6岁
1. 认识常见的动植物，能注意并发现周围的动植物是多种多样的。 2. 能感知和发现物体和材料的软硬、光滑和粗糙等特性。 3. 能感知和体验天气对自己生活和活动的影响。 4. 初步了解和体会动植物和人们生活的关系。	1. 能感知和发现动植物的生长变化及其基本条件。 2. 能感知和发现常见材料的溶解、传热等性质或用途。 3. 能感知和发现简单物理现象，如物体形态或位置变化等。 4. 能感知和发现不同季节的特点，体验季节对动植物和人的影响。 5. 初步感知常用科技产品与自己生活的关系，知道科技产品有利也有弊。	1. 能察觉到动植物的外形特征、习性与生存环境的适应关系。 2. 能发现常见物体的结构与功能之间的关系。 3. 能探索并发现常见的物理现象产生的条件或影响因素，如影子、沉浮等。 4. 感知并了解季节变化的周期性，知道变化的顺序。 5. 初步了解人们的生活与自然环境的密切关系，知道尊重和珍惜生命，保护环境。

教育建议：

1. 支持幼儿在接触自然、生活事物和现象中积累有益的直接经验和感性认识。如：

■和幼儿一起通过户外活动、参观考察、种植和饲养活动，感知生物的多样性和独特性，以及生长发育、繁殖和死亡的过程。

■给幼儿提供丰富的材料和适宜的工具，支持幼儿在游戏过程中探索并感知常见物质、材料的特性和物体的结构特点。

2. 引导幼儿在探究中思考，尝试进行简单的推理和分析，发现事物之间明显的关联。如：

■引导5岁以上幼儿关注和思考动植物的外部特征、习性与生活环境对动植物生存的意义。如兔子的长耳朵具有自我保护的作用；植物种子的形状有助于其传播等。

■ 引导幼儿根据常见物质、材料的特性和物体的结构特点，推测和证实它们的用途。如：带轮子的物体方便移动；不同用途的车辆有不同的结构等等。

3. 引导幼儿关注和了解自然、科技产品与人们生活的密切关系，逐渐懂得热爱、尊重、保护自然。如：

■ 结合幼儿的生活需要，引导他们体会人与自然、动植物的依赖关系。如：动植物、季节变化与人们生活的关系、常见灾害性天气给人们生产和生活带来的影响等。

■ 和幼儿一起讨论常见科技产品的用途和弊端，如：汽车等交通工具给生活带来的方便和对环境的污染等。

(二)数学认知

目标 1　初步感知生活中数学的有用和有趣

3～4 岁	4～5 岁	5～6 岁
1. 感知和发现周围物体的形状是多种多样的，对不同的形状感兴趣。 2. 体验和发现生活中很多地方都用到数。	1. 在指导下，感知和体会有些事物可以用形状来描述。 2. 在指导下，感知和体会有些事物可以用数来描述，对环境中各种数字的含义有进一步探究的兴趣。	1. 能发现事物简单的排列规律，并尝试创造新的排列规律。 2. 能发现生活中许多问题都可以用数学的方法来解决，体验解决问题的乐趣。

教育建议：

1. 引导幼儿注意事物的形状特征，尝试用表示形状的词来描述事物，体会描述的生动形象性和趣味性。如：

■ 参观游览后，和幼儿一起谈论所看到的事物的形状，鼓励幼儿产生联想，并用自己的语言进行描述。如：熊猫的身体圆圆的，全身好像是一个个的圆形组成的。

■ 和幼儿交谈或读书讲故事时，适当地运用一些有关形状的词汇来描述事物，如看图片时，和幼儿讨论奥运会场馆的形状，体会为什么有的场馆叫“水立方”，有的叫“鸟巢”。

2. 引导幼儿感知和体会生活中很多地方都用到数，关注周围与自己生活密切相关的数的信息，体会数可以代表不同的意义。如：

■ 和幼儿一起寻找发现生活中用数字作标识的事物，如电话号码、时钟、日历和商品的价签等。

■ 引导幼儿了解和感受数用在不同的地方，表示的意义是不一样的。如天气预报中表示气温的数代表冷热状况；钟表上的数表明时间的早晚等。

■鼓励幼儿尝试使用数的信息进行一些简单的推理。如知道今天是星期五，能推断明天是星期六，爸爸妈妈休息。

3. 引导幼儿观察发现按照一定规律排列的事物，体会其中的排列特点与规律，并尝试自己创造出新的排列规律。如：

■和幼儿一起发现和体会按一定顺序排列的队形整齐有序。

■提供具有重复性旋律和词语的音乐、儿歌和故事，或利用环境中有序排列的图案(如按颜色间隔排列的瓷砖、按形状间隔排列的珠帘等)，鼓励幼儿发现和感受其中的规律。

■鼓励幼儿尝试自己设计有规律的花边图案、创编有一定规律的动作，或者按某种规律进行搭建活动。

■引导幼儿体会生活中很多事情都是有一定顺序和规律的，如一周七天的顺序是从周一到周日，一年四季按照春夏秋冬轮回等。

4. 鼓励和支持幼儿发现、尝试解决日常生活中需要用到数学的问题，体会数学的用处。如：

■拍球、跳绳、跳远或投沙包时，可通过数数、测量的方法确定名次。

■讨论春游去哪里玩时，让幼儿商量想去哪里玩？每个想去的地方有多少人？根据统计结果作出决定。

■滑滑梯时，按照“先来先玩”的规则有序地排队玩。

目标 2　感知和理解数、量及数量关系

3～4 岁	4～5 岁	5～6 岁
1. 能感知和区分物体的大小、多少、高矮长短等量方面的特点，并能用相应的词表示。 2. 能通过一一对应的方法比较两组物体的多少。 3. 能手口一致地点数 5 个以内的物体，并能说出总数。能按数取物。 4. 能用数词描述事物或动作。如我有 4 本图书。	1. 能感知和区分物体的粗细、厚薄、轻重等量方面的特点，并能用相应的词语描述。 2. 能通过数数比较两组物体的多少。 3. 能通过实际操作理解数与数之间的关系，如 5 比 4 多 1；2 和 3 合在一起是 5。 4. 会用数词描述事物的排列顺序和位置。	1. 初步理解量的相对性。 2. 借助实际情境和操作(如合并或拿取)理解“加”和“减”的实际意义。 3. 能通过实物操作或其他方法进行 10 以内的加减运算。 4. 能用简单的记录表、统计图等表示简单的数量关系。

教育建议：

1. 引导幼儿感知和理解事物“量”的特征。如：

■感知常见事物的大小、多少、高矮、粗细等量的特征，学习使用相应的词汇描述这些特征。

■结合具体事物让幼儿通过多次比较逐渐理解“量”是相对的。如小亮比小明高，但比小强矮。

■收拾物品时，根据情况，鼓励幼儿按照物体量的特征分类整理。如整理图书时按照大小摆放。

2. 结合日常生活，指导幼儿学习通过对应或数数的方式比较物体的多少。如：

■鼓励幼儿在一对一配对的过程中发现两组物体的多少。如，在给桌子上的每个碗配上勺子时，发现碗和勺多少的不同。

■鼓励幼儿通过数数比较两样东西的多少。如数一数有多少个苹果，多少个梨，判断苹果和梨哪个多，哪个少。

3. 利用生活和游戏中的实际情境，引导幼儿理解数概念。如：

■结合生活需要，和幼儿一起手口一致点数物体，得出物体的总数。

■通过点数的方式让幼儿体会物体的数量不会因排列形式、空间位置的不同而发生变化。如鼓励幼儿将一定数量的扣子以不同的形式摆放，体会扣子的数量是不变的。

■结合日常生活，为幼儿提供“按数取物”的机会，如游戏时，请幼儿按要求拿出几个球。

4. 通过实物操作引导幼儿理解数与数之间的关系，并用“加”或“减”的办法来解决问题。如：

■游戏中遇到让 4 个小动物住进两间房子的问题，或生活中遇到将 5 块饼干分给两个小朋友问题时，让幼儿尝试不同的分法。

■鼓励幼儿尝试自己解决生活中的数学问题。如家里来了 5 位客人，桌子上只有 3 个杯子，还需要几个杯子等。

■购少量物品时，有意识地鼓励幼儿参与计算和付款的过程等。

目标 3　感知形状与空间关系

3～4 岁	4～5 岁	5～6 岁
1. 能注意物体较明显的形状特征，并能用自己的语言描述。 2. 能感知物体基本的空间位置与方位，理解上下、前后、里外等方位词。	1. 能感知物体的形体结构特征，画出或拼搭出该物体的造型。 2. 能感知和发现常见几何图形的基本特征，并能进行分类。 3. 能使用上下、前后、里外、中间、旁边等方位词描述物体的位置和运动方向。	1. 能用常见的几何形体有创意地拼搭和画出物体的造型。 2. 能按语言指示或根据简单示意图正确取放物品。 3. 能辨别自己的左右。

教育建议：

1. 用多种方法帮助幼儿在物体与几何形体之间建立联系。如：

■ 引导幼儿感受生活中各种物品的形状特征，并尝试识别和描述。如感受和识别盘子、桌子、车轮、地砖等物品的形状特征。

■ 鼓励和支持幼儿用积木、纸盒、拼板等各种形状材料进行建构游戏或制作活动。如用长方形的纸盒加两个圆形瓶盖制作"汽车"。

■ 收拾整理积木时，引导幼儿体验图形之间的转换。如两个三角形可组合成一个正方形，两个正方形可组合成一个长方形。

■ 引导幼儿注意观察生活物品的图形特征，鼓励他们按形状分类整理物品。

2. 丰富幼儿空间方位识别的经验，引导幼儿运用空间方位经验解决问题。如：

■ 请幼儿取放物体时，使用他们能够理解的方位词，如把桌子下面的东西放到窗台上，把花盆放在大树旁边等。

■ 和幼儿一起识别熟悉场所的位置。如超市在家的旁边，邮局在幼儿园的前面。

■ 在体育、音乐和舞蹈活动中，引导幼儿感受空间方位和运动方向。

■ 和幼儿玩按指令找宝的游戏。对年龄小的幼儿要求他们按语言指令寻找，对年龄大些的幼儿可要求按照简单的示意图寻找。

五、艺术

艺术是人类感受美、表现美和创造美的重要形式，也是表达自己对周围世界的认识和情绪态度的独特方式。

每个幼儿心里都有一颗美的种子。幼儿艺术领域学习的关键在于充分创造条件和机会，在大自然和社会文化生活中萌发幼儿对美的感受和体验，丰富其想象力和创造力，引导幼儿学会用心灵去感受和发现美，用自己的方式去表现和创造美。

幼儿对事物的感受和理解不同于成人，他们表达自己认识和情感的方式也有别于成人。幼儿独特的笔触、动作和语言往往蕴含着丰富的想象和情感，成人应对幼儿的艺术表现给予充分的理解和尊重，不能用自己的审美标准去评判幼儿，更不能为追求结果的"完美"而对幼儿进行千篇一律的训练，以免扼杀其想象与创造的萌芽。

(一)感受与欣赏

目标 1　喜欢自然界与生活中美的事物

3～4 岁	4～5 岁	5～6 岁
1. 喜欢观看花草树木、日月星空等大自然中美的事物。 2. 容易被自然界中的鸟鸣、风声、雨声等好听的声音所吸引。	1. 在欣赏自然界和生活环境中美的事物时，关注其色彩、形态等特征。 2. 喜欢倾听各种好听的声音，感知声音的高低、长短、强弱等变化。	1. 乐于收集美的物品或向别人介绍所发现的美的事物。 2. 乐于模仿自然界和生活环境中有特点的声音，并产生相应的联想。

教育建议：

1. 和幼儿一起感受、发现和欣赏自然环境和人文景观中美的事物。如：

■ 让幼儿多接触大自然，感受和欣赏美丽的景色和好听的声音。

■ 经常带幼儿参观园林、名胜古迹等人文景观，讲讲有关的历史故事、传说，与幼儿一起讨论和交流对美的感受。

2. 和幼儿一起发现美的事物的特征，感受和欣赏美。如：

■ 让幼儿观察常见动植物以及其他物体，引导幼儿用自己的语言、动作等描述它们美的方面，如颜色、形状、形态等。

■ 让幼儿倾听和分辨各种声响，引导幼儿用自己的方式来表达他对音色、强弱、快慢的感受。

■ 支持幼儿收集喜欢的物品并和他一起欣赏。

目标 2　喜欢欣赏多种多样的艺术形式和作品

3～4 岁	4～5 岁	5～6 岁
1. 喜欢听音乐或观看舞蹈、戏剧等表演。 2. 乐于观看绘画、泥塑或其他艺术形式的作品。	1. 能够专心地观看自己喜欢的文艺演出或艺术品，有模仿和参与的愿望。 2. 欣赏艺术作品时会产生相应的联想和情绪反应。	1. 艺术欣赏时常常用表情、动作、语言等方式表达自己的理解。 2. 愿意和别人分享、交流自己喜爱的艺术作品和美感体验。

教育建议：

1. 创造条件让幼儿接触多种艺术形式和作品。如：

■ 经常让幼儿接触适宜的、各种形式的音乐作品，丰富幼儿对音乐的感受和体验。

■ 和幼儿一起用图画、手工制品等装饰和美化环境。

■带幼儿观看或共同参与传统民间艺术和地方民俗文化活动，如皮影戏、剪纸和捏面人等。

■有条件的情况下，带幼儿去剧院、美术馆、博物馆等欣赏文艺表演和艺术作品。

2. 尊重幼儿的兴趣和独特感受，理解他们欣赏时的行为。如：

■理解和尊重幼儿在欣赏艺术作品时的手舞足蹈、即兴模仿等行为。

■当幼儿主动介绍自己喜爱的舞蹈、戏曲、绘画或工艺品时，要耐心倾听并给予积极回应和鼓励。

(二)表现与创造

目标1　喜欢进行艺术活动并大胆表现

3～4岁	4～5岁	5～6岁
1. 经常自哼自唱或模仿有趣的动作、表情和声调。 2. 经常涂涂画画、粘粘贴贴并乐在其中。	1. 经常唱唱跳跳，愿意参加歌唱、律动、舞蹈、表演等活动。 2. 经常用绘画、捏泥、手工制作等多种方式表现自己的所见所想。	1. 积极参与艺术活动，有自己比较喜欢的活动形式。 2. 能用多种工具、材料或不同的表现手法表达自己的感受和想象。 3. 艺术活动中能与他人相互配合，也能独立表现。

教育建议：

1. 创造机会和条件，支持幼儿自发的艺术表现和创造。

■提供丰富的便于幼儿取放的材料、工具或物品，支持幼儿进行自主绘画、手工、歌唱、表演等艺术活动。

■经常和幼儿一起唱歌、表演、绘画、制作，共同分享艺术活动的乐趣。

2. 营造安全的心理氛围，让幼儿敢于并乐于表达表现。如：

■欣赏和回应幼儿的哼哼唱唱、模仿表演等自发的艺术活动，赞赏他独特的表现方式。

■在幼儿自主表达创作过程中，不做过多干预或把自己的意愿强加给幼儿，在幼儿需要时再给予具体的帮助。

■了解并倾听幼儿艺术表现的想法或感受，领会并尊重幼儿的创作意图，不简单用“像不像”“好不好”等成人标准来评价。

■展示幼儿的作品，鼓励幼儿用自己的作品或艺术品布置环境。

目标 2　具有初步的艺术表现与创造能力

3～4 岁	4～5 岁	5～6 岁
1. 能模仿学唱短小歌曲。 2. 能跟随熟悉的音乐做身体动作。 3. 能用声音、动作、姿态模拟自然界的事物和生活情景。 4. 能用简单的线条和色彩大体画出自己想画的人或事物。	1. 能用自然的、音量适中的声音基本准确地唱歌。 2. 能通过即兴哼唱、即兴表演或给熟悉的歌曲编词来表达自己的心情。 3. 能用拍手、踏脚等身体动作或可敲击的物品敲打节拍和基本节奏。 4. 能运用绘画、手工制作等表现自己观察到或想象的事物。	1. 能用基本准确的节奏和音调唱歌。 2. 能用律动或简单的舞蹈动作表现自己的情绪或自然界的情景。 3. 能自编自演故事，并为表演选择和搭配简单的服饰、道具或布景。 4. 能用自己制作的美术作品布置环境、美化生活。

教育建议：

尊重幼儿自发的表现和创造，并给予适当的指导。如：

■ 鼓励幼儿在生活中细心观察、体验，为艺术活动积累经验与素材。如，观察不同树种的形态、色彩等。

■ 提供丰富的材料，如图书、照片、绘画或音乐作品等，让幼儿自主选择，用自己喜欢的方式去模仿或创作，成人不做过多要求。

■ 根据幼儿的生活经验，与幼儿共同确定艺术表达表现的主题，引导幼儿围绕主题展开想象，进行艺术表现。

■ 幼儿绘画时，不宜提供范画，特别不应要求幼儿完全按照范画来画。

■ 肯定幼儿作品的优点，用表达自己感受的方式引导其提高。如，“你的画用了这么多红颜色，感觉就像过年一样喜庆”“你扮演的大灰狼声音真像，要是表情再凶一点就更好了”等。

附录十

幼儿园教师专业标准(试行)

为促进幼儿园教师专业发展，建设高素质幼儿园教师队伍，根据《中华人民共和国教师法》，特制定《幼儿园教师专业标准(试行)》(以下简称《专业标准》)。

幼儿园教师是履行幼儿园教育教学工作职责的专业人员，需要经过严格的培养与培训，具有良好的职业道德，掌握系统的专业知识和专业技能。《专业标准》是国家对合格幼儿园教师专业素质的基本要求，是幼儿园教师实施保教行为的基本规范，是引领幼儿园教师专业发展的基本准则，是幼儿园教师培养、准入、培训、考核等工作的重要依据。

一、基本理念

(一)师德为先

热爱学前教育事业，具有职业理想，践行社会主义核心价值体系，履行教师职业道德规范，依法执教。关爱幼儿，尊重幼儿人格，富有爱心、责任心、耐心和细心；为人师表，教书育人，自尊自律，做幼儿健康成长的启蒙者和引路人。

(二)幼儿为本

尊重幼儿权益，以幼儿为主体，充分调动和发挥幼儿的主动性；遵循幼儿身心发展特点和保教活动规律，提供适合的教育，保障幼儿快乐健康成长。

(三)能力为重

把学前教育理论与保教实践相结合，突出保教实践能力；研究幼儿，遵循幼儿成长规律，提升保教工作专业化水平；坚持实践、反思、再实践、再反思，不断提高专业能力。

(四)终身学习

学习先进学前教育理论，了解国内外学前教育改革与发展的经验和做法；优化知识结构，提高文化素养；具有终身学习与持续发展的意识和能力，做终身学习的典范。

二、基本内容

维度	领域	基本要求
专业理念与师德	(一)职业理解与认识	1. 贯彻党和国家教育方针政策，遵守教育法律法规。 2. 理解幼儿保教工作的意义，热爱学前教育事业，具有职业理想和敬业精神。 3. 认同幼儿园教师的专业性和独特性，注重自身专业发展。 4. 具有良好职业道德修养，为人师表。 5. 具有团队合作精神，积极开展协作与交流。
	(二)对幼儿的态度与行为	6. 关爱幼儿，重视幼儿身心健康，将保护幼儿生命安全放在首位。 7. 尊重幼儿人格，维护幼儿合法权益，平等对待每一位幼儿。不讽刺、挖苦、歧视幼儿，不体罚或变相体罚幼儿。 8. 信任幼儿，尊重个体差异，主动了解和满足有益于幼儿身心发展的不同需求。 9. 重视生活对幼儿健康成长的重要价值，积极创造条件，让幼儿拥有快乐的幼儿园生活。
	(三)幼儿保育和教育的态度与行为	10. 注重保教结合，培育幼儿良好的意志品质，帮助幼儿养成良好的行为习惯。 11. 注重保护幼儿的好奇心，培养幼儿的想象力，发掘幼儿的兴趣爱好。 12. 重视环境和游戏对幼儿发展的独特作用，创设富有教育意义的环境氛围，将游戏作为幼儿的主要活动。 13. 重视丰富幼儿多方面的直接经验，将探索、交往等实践活动作为幼儿最重要的学习方式。 14. 重视自身日常态度言行对幼儿发展的重要影响与作用。 15. 重视幼儿园、家庭和社区的合作，综合利用各种资源。
	(四)个人修养与行为	16. 富有爱心、责任心、耐心和细心。 17. 乐观向上、热情开朗，有亲和力。 18. 善于自我调节情绪，保持平和心态。 19. 勤于学习，不断进取。 20. 衣着整洁得体，语言规范健康，举止文明礼貌。
专业知识	(五)幼儿发展知识	21. 了解关于幼儿生存、发展和保护的有关法律法规及政策规定。 22. 掌握不同年龄幼儿身心发展特点、规律和促进幼儿全面发展的策略与方法。 23. 了解幼儿在发展水平、速度与优势领域等方面的个体差异，掌握对应的策略与方法。 24. 了解幼儿发展中容易出现的问题与适宜的对策。 25. 了解有特殊需要幼儿的身心发展特点及教育策略与方法。

续表

维度	领域	基本要求
专业知识	(六)幼儿保育和教育知识	26. 熟悉幼儿园教育的目标、任务、内容、要求和基本原则。 27. 掌握幼儿园各领域教育的学科特点与基本知识。 28. 掌握幼儿园环境创设、一日生活安排、游戏与教育活动、保育和班级管理的知识与方法。 29. 熟知幼儿园的安全应急预案，掌握意外事故和危险情况下幼儿安全防护与救助的基本方法。 30. 掌握观察、谈话、记录等了解幼儿的基本方法和教育心理学的基本原理和方法。 31. 了解0～3岁婴幼儿保教和幼小衔接的有关知识与基本方法。
	(七)通识性知识	32. 具有一定的自然科学和人文社会科学知识。 33. 了解中国教育基本情况。 34. 具有相应的艺术欣赏与表现知识。 35. 具有一定的现代信息技术知识。
专业能力	(八)环境的创设与利用	36. 建立良好的师幼关系，帮助幼儿建立良好的同伴关系，让幼儿感到温暖和愉悦。 37. 建立班级秩序与规则，营造良好的班级氛围，让幼儿感受到安全、舒适。 38. 创设有助于促进幼儿成长、学习、游戏的教育环境。 39. 合理利用资源，为幼儿提供和制作适合的玩教具和学习材料，引发和支持幼儿的主动活动。
	(九)一日生活的组织与保育	40. 合理安排和组织一日生活的各个环节，将教育灵活地渗透到一日生活中。 41. 科学照料幼儿日常生活，指导和协助保育员做好班级常规保育和卫生工作。 42. 充分利用各种教育契机，对幼儿进行随机教育。 43. 有效保护幼儿，及时处理幼儿的常见事故，危险情况优先救护幼儿。
	(十)游戏活动的支持与引导	44. 提供符合幼儿兴趣需要、年龄特点和发展目标的游戏条件。 45. 充分利用与合理设计游戏活动空间，提供丰富、适宜的游戏材料，支持、引发和促进幼儿的游戏。 46. 鼓励幼儿自主选择游戏内容、伙伴和材料，支持幼儿主动地、创造性地开展游戏，充分体验游戏的快乐和满足。 47. 引导幼儿在游戏活动中获得身体、认知、语言和社会性等多方面的发展。

续表

维度	领域	基本要求
专业能力	(十一)教育活动的计划与实施	48. 制订阶段性的教育活动计划和具体活动方案。 49. 在教育活动中观察幼儿，根据幼儿的表现和需要，调整活动，给予适宜的指导。 50. 在教育活动的设计和实施中体现趣味性、综合性和生活化，灵活运用各种组织形式和适宜的教育方式。 51. 提供更多的操作探索、交流合作、表达表现的机会，支持和促进幼儿主动学习。
	(十二)激励与评价	52. 关注幼儿日常表现，及时发现和赏识每个幼儿的点滴进步，注重激发和保护幼儿的积极性、自信心。 53. 有效运用观察、谈话、家园联系、作品分析等多种方法，客观地、全面地了解和评价幼儿。 54. 有效运用评价结果，指导下一步教育活动的开展。
	(十三)沟通与合作	55. 使用符合幼儿年龄特点的语言进行保教工作。 56. 善于倾听，和蔼可亲，与幼儿进行有效沟通。 57. 与同事合作交流，分享经验和资源，共同发展。 58. 与家长进行有效沟通合作，共同促进幼儿发展。 59. 协助幼儿园与社区建立合作互助的良好关系。
	(十四)反思与发展	60. 主动收集分析相关信息，不断进行反思，改进保教工作。 61. 针对保教工作中的现实需要与问题，进行探索和研究。 62. 制定专业发展规划，积极参加专业培训，不断提高自身专业素质。

三、实施建议

(一)各级教育行政部门要将《专业标准》作为幼儿园教师队伍建设的基本依据。根据学前教育改革发展的需要，充分发挥《专业标准》引领和导向作用，深化教师教育改革，建立教师教育质量保障体系，不断提高幼儿园教师培养培训质量。制定幼儿园教师准入标准，严把幼儿园教师入口关；制定幼儿园教师聘任(聘用)、考核、退出等管理制度，保障教师合法权益，形成科学有效的幼儿园教师队伍管理和督导机制。

(二)开展幼儿园教师教育的院校要将《专业标准》作为幼儿园教师培养培训的主要依据。重视幼儿园教师职业特点，加强学前教育学科和专业建设。完善幼儿园教师培养培训方案，科学设置教师教育课程，改革教育教学方式；重视幼儿园教师职业道德教育，重视社会实践和教育实习；加强从事幼儿园教师教育的师资队伍建设，建立科学的质量评价制度。

(三)幼儿园要将《专业标准》作为教师管理的重要依据。制定幼儿园教师专业发展规划，注重教师职业理想与职业道德教育，增强教师育人的责任感与使命感；开展园本研修，促进教师专业发展；完善教师岗位职责和考核评价制度，健全幼儿园教师绩效管理机制。

(四)幼儿园教师要将《专业标准》作为自身专业发展的基本依据。制定自我专业发展规划，爱岗敬业，增强专业发展自觉性；大胆开展保教实践，不断创新；积极进行自我评价，主动参加教师培训和自主研修，逐步提升专业发展水平。

附录十一

新时代幼儿园教师职业行为十项准则

（2018 年 11 月　教育部）

教师是人类灵魂的工程师，是人类文明的传承者。长期以来，广大教师贯彻党的教育方针，教书育人，呕心沥血，默默奉献，为国家发展和民族振兴作出了重大贡献。新时代对广大教师落实立德树人根本任务提出新的更高要求，为进一步增强教师的责任感、使命感、荣誉感，规范职业行为，明确师德底线，引导广大教师努力成为有理想信念、有道德情操、有扎实学识、有仁爱之心的好老师，着力培养德智体美劳全面发展的社会主义建设者和接班人，特制定以下准则。

一、坚定政治方向。坚持以习近平新时代中国特色社会主义思想为指导，拥护中国共产党的领导，贯彻党的教育方针；不得在保教活动中及其他场合有损害党中央权威和违背党的路线方针政策的言行。

二、自觉爱国守法。忠于祖国，忠于人民，恪守宪法原则，遵守法律法规，依法履行教师职责；不得损害国家利益、社会公共利益，或违背社会公序良俗。

三、传播优秀文化。带头践行社会主义核心价值观，弘扬真善美，传递正能量；不得通过保教活动、论坛、讲座、信息网络及其他渠道发表、转发错误观点，或编造散布虚假信息、不良信息。

四、潜心培幼育人。落实立德树人根本任务，爱岗敬业，细致耐心；不得在工作期间玩忽职守、消极怠工，或空岗、未经批准找人替班，不得利用职务之便兼职兼薪。

五、加强安全防范。增强安全意识，加强安全教育，保护幼儿安全，防范事故风险；不得在保教活动中遇突发事件、面临危险时，不顾幼儿安危，擅离职守，自行逃离。

六、关心爱护幼儿。呵护幼儿健康，保障快乐成长；不得体罚和变相体罚幼儿，不得歧视、侮辱幼儿，严禁猥亵、虐待、伤害幼儿。

七、遵循幼教规律。循序渐进，寓教于乐；不得采用学校教育方式提前教授小学内容，不得组织有碍幼儿身心健康的活动。

八、秉持公平诚信。坚持原则，处事公道，光明磊落，为人正直；不得在入园招生、绩效考核、岗位聘用、职称评聘、评优评奖等工作中徇私舞弊、弄虚作假。

九、坚守廉洁自律。严于律己，清廉从教；不得索要、收受幼儿家长财物或参加由家长付费的宴请、旅游、娱乐休闲等活动，不得推销幼儿读物、社会保险或利用家长资源谋取私利。

十、规范保教行为。尊重幼儿权益，抵制不良风气；不得组织幼儿参加以营利为目的的表演、竞赛等活动，或泄露幼儿与家长的信息。

附录十二

幼儿园教师违反职业道德行为处理办法

（2018 年 11 月　教育部）

第一条　为规范幼儿园教师职业行为，保障教师、幼儿的合法权益，根据《中华人民共和国教育法》《中华人民共和国未成年人保护法》《中华人民共和国教师法》《教师资格条例》和《新时代幼儿园教师职业行为十项准则》等法律法规和制度规范，制定本办法。

第二条　本办法所称幼儿园教师包括公办幼儿园、民办幼儿园的教师。

第三条　本办法所称处理包括处分和其他处理。处分包括警告、记过、降低岗位等级或撤职、开除。警告期限为 6 个月，记过期限为 12 个月，降低岗位等级或撤职期限为 24 个月。是中共党员的，同时给予党纪处分。

其他处理包括给予批评教育、诫勉谈话、责令检查、通报批评，以及取消在评奖评优、职务晋升、职称评定、岗位聘用、工资晋级、申报人才计划等方面的资格。取消相关资格的处理执行期限不得少于 24 个月。

教师涉嫌违法犯罪的，及时移送司法机关依法处理。

第四条　应予处理的教师违反职业道德行为如下：

（一）在保教活动中及其他场合有损害党中央权威和违背党的路线方针政策的言行。

（二）损害国家利益、社会公共利益，或违背社会公序良俗。

（三）通过保教活动、论坛、讲座、信息网络及其他渠道发表、转发错误观点，或编造散布虚假信息、不良信息。

（四）在工作期间玩忽职守、消极怠工，或空岗、未经批准找人替班，利用职务之便兼职兼薪。

（五）在保教活动中遇突发事件、面临危险时，不顾幼儿安危，擅离职守，自行逃离。

（六）体罚和变相体罚幼儿，歧视、侮辱幼儿，猥亵、虐待、伤害幼儿。

（七）采用学校教育方式提前教授小学内容，组织有碍幼儿身心健康的活动。

（八）在入园招生、绩效考核、岗位聘用、职称评聘、评优评奖等工作中徇私舞弊、弄虚作假。

（九）索要、收受幼儿家长财物或参加由家长付费的宴请、旅游、娱乐休闲等活动，推销幼儿读物、社会保险或利用家长资源谋取私利。

(十)组织幼儿参加以营利为目的的表演、竞赛活动，或泄露幼儿与家长的信息。

(十一)其他违反职业道德的行为。

第五条　幼儿园及幼儿园主管部门发现教师存在第四条列举行为的，应当及时组织调查核实，视情节轻重给予相应处理。作出处理决定前，应当听取教师的陈述和申辩，调查了解幼儿情况，听取其他教师、家长委员会或者家长代表意见，并告知教师有要求举行听证的权利。对于拟给予降低岗位等级以上的处分，教师要求听证的，拟作出处理决定的部门应当组织听证。

第六条　给予教师处理，应当坚持公平公正、教育与惩处相结合的原则；应当与其违反职业道德行为的性质、情节、危害程度相适应；应当事实清楚、证据确凿、定性准确、处理恰当、程序合法、手续完备。

第七条　给予教师处理按照以下权限决定：

(一)警告和记过处分，公办幼儿园教师由所在幼儿园提出建议，幼儿园主管部门决定。民办幼儿园教师由所在幼儿园提出建议，幼儿园举办者作出决定，并报主管部门备案。

(二)降低岗位等级或撤职处分，公办幼儿园由教师所在幼儿园提出建议，幼儿园主管部门决定并报同级人事部门备案。民办幼儿园教师由所在幼儿园提出建议，幼儿园举办者作出决定，并报主管部门备案。

(三)开除处分，公办幼儿园在编教师由所在幼儿园提出建议，幼儿园主管部门决定并报同级人事部门备案。未纳入编制管理的教师由所在幼儿园决定并解除其聘任合同，报主管部门备案。民办幼儿园教师由所在幼儿园提出建议，幼儿园举办者作出决定并解除其聘任合同，报主管部门备案。

(四)给予批评教育、诫勉谈话、责令检查、通报批评，以及取消在评奖评优、职务晋升、职称评定、岗位聘用、工资晋级、申报人才计划等方面资格的其他处理，按照管理权限，由教师所在幼儿园或主管部门视其情节轻重作出决定。

第八条　处理决定应当书面通知教师本人并载明认定的事实、理由、依据、期限及申诉途径等内容。

第九条　教师不服处理决定的，可以向幼儿园主管部门申请复核。对复核结果不服的，可以向幼儿园主管部门的上一级行政部门提出申诉。

对教师的处理，在期满后根据悔改表现予以延期或解除，处理决定和处理解除决定都应完整存入人事档案及教师管理信息系统。

第十条　教师受到处分的，符合《教师资格条例》第十九条规定的，由县级以上教育行政部门依法撤销其教师资格。

教师受处分期间暂缓教师资格定期注册。依据《中华人民共和国教师法》第十四条规定丧失教师资格的，不能重新取得教师资格。

教师受记过以上处分期间不能参加专业技术职务任职资格评审。

第十一条　教师被依法判处刑罚的，依据《事业单位工作人员处分暂行规定》给予降低岗位等级或者撤职以上处分。其中，被依法判处有期徒刑以上刑罚的，给予开除处分。教师受到剥夺政治权利或者故意犯罪受到有期徒刑以上刑事处罚的，丧失教师资格。

第十二条　公办幼儿园、民办幼儿园举办者及主管部门不履行或不正确履行师德师风建设管理职责，有下列情形的，上一级行政部门应当视情节轻重采取约谈、诫勉谈话、通报批评、纪律处分和组织处理等方式严肃追究主要负责人、分管负责人和直接责任人的责任：

（一）师德师风长效机制建设、日常教育督导不到位；

（二）师德失范问题排查发现不及时；

（三）对已发现的师德失范行为处置不力、方式不当或拒不处分、拖延处分、推诿隐瞒的；

（四）已作出的师德失范行为处理决定落实不到位，师德失范行为整改不彻底；

（五）多次出现师德失范问题或因师德失范行为引起不良社会影响；

（六）其他应当问责的失职失责情形。

第十三条　省级教育行政部门应当结合当地实际情况制定实施细则，并报国务院教育行政部门备案。

第十四条　本办法自发布之日起施行。

案例索引